国家出版基金项目
NATIONAL PUBLICATION FOUNDATION

"十二五"国家重点图书
出版规划项目

《东南亚研究》第二辑

梁敏和 著

印度尼西亚文化概论

YINDUNIXIYA WENHUA GAILUN

中国出版集团
世界图书出版公司

图书在版编目（CIP）数据

印度尼西亚文化概论 / 梁敏和著. —广州：世界
图书出版广东有限公司，2014.12（2022.1重印）
　ISBN 978-7-5100-9117-9

　Ⅰ.①印… Ⅱ.①梁… Ⅲ.①文化—概况—印度尼西
亚 Ⅳ.①G134.2

　中国版本图书馆 CIP 数据核字（2014）第 283416 号

印度尼西亚文化概论

项目策划：陈　岩
项目负责：卢家彬　刘正武
责任编辑：程　静　张东文
出版发行：世界图书出版有限公司　世界图书出版广东有限公司
　　　　　　（地址：广州市新港西路大江冲 25 号　邮编：510300
　　　　　　网址：http://www.gdst.com.cn）
联系方式：020-84451969　84459539　E-mail：pub@gdst.com.cn
经　　销：各地新华书店
印　　刷：广东虎彩云印刷有限公司
版　　次：2014 年 12 月第 1 版
印　　次：2022 年 1 月第 4 次印刷
开　　本：787 mm×1092 mm　1/16
字　　数：315 千
印　　张：19
ISBN 978-7-5100-9117-9 / G·1757
定　　价：76.00 元

前　言

　　东南亚是指亚洲的东南部地区。根据地理特征，东南亚可以分为中南半岛和马来群岛两部分，包括位于中南半岛的越南、老挝、柬埔寨、泰国、缅甸和位于马来群岛的菲律宾、马来西亚、文莱、新加坡、印度尼西亚、东帝汶共11个国家。东南亚大部分地区位于北回归线以南，跨越赤道，最南抵达南纬11°，最北延伸至北纬28°左右。该地区北接东亚大陆，南邻澳大利亚，东濒太平洋，西接印度洋，是沟通亚洲、非洲、欧洲以及大洋洲的交通枢纽，也是中国从海上通向世界的重要通道。

　　由于地理位置上的邻近、民族关系的密切和文化上的相通，早在两千多年前东南亚各国就与中国建立了较为密切的政治、经济和文化联系。新中国成立后奉行睦邻外交政策，我国与东南亚各国的友好关系有了新的发展。进入21世纪后，中国政府明确提出了"与邻为善、以邻为伴"的思想，制定了"大国是关键、周边是首要、发展中国家是基础、多边是重要舞台"的外交方针，进一步强调"积极开展区域合作，共同营造和平稳定、平等互信、合作共赢的地区环境"。

　　本着这一精神，中国与东南亚国家展开了各种双边与多边合作，形成了多方位、多层次的合作框架，增进了彼此间的信任。随着2011年11月中国—东盟中心的正式成立，中国和东南亚国家间的务实合作关系得到了进一步提升，呈现出强劲的发展势头。世界上，像中国和东南亚这样，在两千多年时间里绵延不断地保持友好关系、进行友好交往的实属罕见。这种源远流长的友谊，成为双方加强合作的基础。

　　作为多样性突出地区，东南亚各国在民族、语言、历史、宗教和文化等方面五彩缤纷，各具特色。加强东南亚国别与区域研究，可以更好地帮助国人加深对东南亚的了解。为此，解放军外国语学院亚非语系集东南亚语种群自1959年办学以来之经验，在完成2012年度国家出版基金项目《东南亚研究》第一辑的基础上，与世界图书出版广东有限公司一道，继续申报了2014年度国家出版基金项目《东南亚研究》第二辑并获得了成功，本丛书便是该项目的最终成果。

参加本丛书编写工作的同志主要为解放军外国语学院东南亚语种群的专家学者。北京大学、北京外国语大学、南京国际关系学院和云南民族大学的部分专家学者也应邀参加了本丛书的编写。丛书参编人员精通英语和东南亚语言，有赴东南亚留学和工作的经历，熟悉东南亚文化。在编写过程中多采用第一手资料，为高质量地完成丛书奠定了基础。我们希望本丛书的编辑出版有助于读者加深对东南亚国家国情文化的认识，有助于促进中国与东南亚国家间的交流。

由于本丛书涉及面广，受资料收集和学术水平诸多因素的限制，书中的描述与分析难免存在疏漏与不足，恳请同行专家和广大读者不吝批评指正。

解放军外国语学院亚非语系
《东南亚文化概论》编辑委员会
2014年10月于洛阳

目 录

引　言

　　文化的概念有广义与狭义之分：前者是指人类在社会历史发展过程中创造的物质和精神财富的总和；后者是指精神财富，如文学、艺术、教育、科学和宗教等。笔者取后者。印度尼西亚（以下简称"印尼"）文化是印尼社会上层建筑的一个重要组成部分，它是印尼社会、经济形态的产物，反过来它又影响社会和经济的发展。印尼拥有 2.5 亿人口，位居世界第四位，是东南亚最大的国家。印尼又是群岛国家和赤道国家，拥有广阔的海洋，古代交通不便，有碍自身交流。其热带气候适合农作物的生长，加之火山灰的增多，故土壤肥沃，物产丰富。这些自然条件，对印尼社会、政治、经济和民族心理产生巨大影响。印尼民族是由 300 余个部族组成，各部族都有各自的风俗习惯和文化特点。即使同一个部族，不同地区也有不同的文化特色。如东爪哇和中爪哇人都属于爪哇族，但他们的爪哇语方言又有区别。印尼文化正是在各部族文化的基础上形成和发展的。

　　历史上，东西方文化与印尼本土文化相遇、互动并且互相影响和融合，在语言、音乐、文学、建筑、雕刻、宗教等方面都呈现了这种文化融合的现象，使得印尼的文化变得更加多元、更加复杂，同时又千姿百态，异彩纷呈。印尼最早受到印度文化的影响；13 世纪后随着伊斯兰教的传入，受到波斯、阿拉伯文化的影响；16 世纪前后西方殖民主义染指印尼，欧洲文化开始对印尼产生影响；19 世纪末以来大批中国移民来到印尼群岛后，中国文化在印尼也有一定的影响。概括地说，就宗教文化而言，印尼西部以伊斯兰文化为主，中部以各种宗教文化交叉为主，东部以基督教和天主教文化为主。而在巴厘岛和龙目岛，则以印度文化为主。

　　印尼拥有丰富而多样的传统文化和艺术形式，人们的生活方式和文化精髓体现在"互助"（gotong royong）、"协商"（musyawarah）达成"一致"（mufakat）方面。这一传统的理念起源于原始的农业，今天仍然渗透于社会生活体系中。印尼古老而悠久的传统和风俗还深深地扎根在社会生活和典礼仪式以及印尼习惯法中，对印尼社会和人民生活方面有着很大的影响，特别是在维护妇女儿童的平等地位和权益中发挥着重要作用。在印尼历史长河中，宗教所带来的影响遍布了整个群岛，直接影响着人们的生活。像世界其他地方的文化发展那样，印尼的艺术形式不仅仅起源于其历史和神话传说，其中一部分是由古代王国的宫廷文化发展演变而来的。

原始印尼人相信"万物有灵"，不论是动物、植物，还是山脉、河流、房舍、雷电都被认为具有精灵。爪哇人还特别相信格利斯剑、佳美兰乐器和古老的榕树等有精灵，崇拜精灵者得福，触犯精灵者遭殃。佛教影响很重要的表现是在爪哇人的因果观念上，即善有善报，恶有恶报。他们认为现世人的贫富穷困，是前世所造善恶的结果，今生的善恶行为，亦必将导致来世的祸福报应。巴厘人有着自己的世界观和价值观，他们认为世界是平衡的，善与恶是均衡的，善不可能完全战胜恶，整个世界是在善恶之间的斗争中延续的。伊斯兰教的"信前定"，就是相信世间一切事物都是由真主预定和安排的，它是伊斯兰教六大信仰之一，即相信世间一切，包括天地万物，人的富贵贫贱、吉凶祸福、生死寿限等，皆由真主的旨意而定，个人自身无法改变。

印尼伊斯兰教是以和平方式传入的，在传入时期没有和当地原有宗教发生冲突。相反，伊斯兰教吸收当地原有宗教和习俗的某些成分，得以存在和发展。而印尼民族特别是爪哇族具有"容忍"的特性，这种特性在宗教生活中则体现在容忍不同宗教的存在方面，印尼的宗教和睦有赖于这种特性。还有一点很重要，即印尼的"潘查希拉"（Pancasila）①的第一项内容就是"信仰神道"（Ketuhanan Yang Maha Esa）。它意味着在此基础上公民有选择任何一种宗教的自由，没有把信奉真主作为必须奉行的义务，而是把宗教信仰自由作为神圣不可侵犯的原则。印尼历任总统都强调遵循"潘查希拉"，号召不同宗教信徒和睦相处，一贯反对建立伊斯兰教国的主张，坚决镇压极端分子利用宗教制造的

---

① 印尼建国五项基本原则，又称建国五基。

任何骚动和叛乱，印尼宗教和睦得以维护。

印尼人重视合作关系，互助合作精神体现在印尼人生活的方方面面。绝大多数印尼人谦卑，尊重他人，克己让人，崇尚人与人之间的和睦和平等，建立协调的良好关系，尽可能避免争执与冲突。倘若发生意见分歧，主张有关各方坐下来耐心协商，和平解决。这种协商精神也充分体现在国事、民事的处理上。遇有重大国事，总统召集各界名人进行协商，交换意见，达成共识。民事方面协商精神更为突出，在农村，首先由村长或长辈出面调解，若失败，再由公众对双方或一方施加压力，使其让步，以解除纠纷。如公众施加压力后，纠纷仍解除不了，则提交法院审理。而法院也是以调解为主，调解不成才进行判决。有的部族在调解成功后，按习俗要错误的一方向另一方送物品或牲畜，以示赔礼道歉。托拉查人一般性赔礼是送对方一只鸡，大的过错要送一只羊，犯有罪过的则要送一头牛；巴厘人是赔钱，数额视错误大小而定。印尼人绝大多数遵守公德，邻里关系和睦。那些不认错、道德败坏者定会受到人们的指责，轻者不被信任，还要被处以罚款；重者会被赶出村子，甚至会被众人打死。

优越的自然条件在客观上也助长了印尼人满足现状和听天由命的心态，从而缺乏进取心。3 个多世纪以来，荷兰殖民当局推行民族等级政策，向印尼人宣扬西方民族"优越"、印尼土著"低劣"的观念，也助长了部分印尼人传统心态中的消极因素。印尼传统文化特别是传统心态的消极方面，严重影响一些人的积极性、创造性的发挥，与现代化建设的要求相矛盾。想要改变这种消极因素，就需要树立自信心和责任心，具有远大目标，加强创新意识。

文化的发展，离不开经济繁荣和社会安定。反之，经济的恶化和社会矛盾的尖锐化阻碍文化的健康发展。这在东南亚经济危机和印尼骚乱中已得到验证，血的历史教训值得深思。具有悠久历史和灿烂文化的印尼民族，一定能把自己的祖国建设成为高度文明和繁荣的现代化国家，为人类的进步和幸福做出更大的贡献。

印尼在我国对周边国家实行的外交和经济政策中占据着重要的位置。了解和研究印尼文化，有助于我们进一步认识印尼的社会及其历史，在处理相关问题时达到事半功倍的效果。

第一章　文化地理环境

印尼位于东经 94° 45′ 至东经 141° 05′，北纬 6° 08′ 至南纬 11° 15′，地处亚澳两大陆之间，是连接太平洋和印度洋的重要通道。印尼约由大小 17508 个岛屿组成[①]，被誉为"万岛之国"，是世界上最大的群岛之国。在约 190 万平方千米的领土面积中，65% 的陆地被森林和各种植物覆盖，郁郁葱葱，加之地跨赤道南北，因而素有"赤道翡翠"之称。

印尼地理构造复杂，全境岛屿较分散，其疆域南北走向 1930 千米，东西走向 5150 千米，由大巽他群岛（爪哇岛、苏门答腊岛、加里曼丹岛［南部］、苏拉威西岛）、努沙登加拉群岛（巴厘岛、龙目岛、松巴哇岛、弗洛勒斯岛、西帝汶岛等爪哇以东诸岛）、马鲁古群岛（布鲁岛、哈马黑拉岛、安汶岛、塞兰岛、班达岛、阿鲁群岛、苏拉威西岛与巴布亚岛［西部］之间诸岛）、巴布亚岛等组成。其中加里曼丹岛、苏门答腊岛、巴布亚岛、苏拉威西岛和爪哇岛是其五大岛屿。各岛多山，仅沿海有平原。大巽他群岛中的爪哇岛北部是平原，土壤肥沃。南部是熔岩高原和山地，火山岛之间有宽广的山间盆地。印尼海岸线全长约 35000 千米。爪哇岛及其延伸的马都拉岛历史上为国家中心所在，称为内岛及内省，其余各岛通称为外岛和外省。

印尼北临太平洋，南临印度洋，岛与岛之间形成许多内海和海峡，如苏门答腊岛与加里曼丹岛之间的南中国海，以及爪哇海、班达海、阿拉弗拉海等；著名的海峡有马六甲、巽他、龙目、望加锡、马鲁古等海峡。印尼是多河流国家，长度在 40 千米以上的河流有 100 余条，除巴布亚的几条源于雪山的河流外，其余均为雨水河，最长的河流为西加里曼丹的卡普阿斯河，全长 1010 千

---

① Widjiono Wasus, *Ensiklopedi Nusantara* (努山塔拉百科全书), Mawar Gempita, 1989, p.90.

米，该河出口在坤甸。印尼沿海岸线有狭长的平原和沼泽，形成许多湖泊，但更多的是火山湖，共有大小湖泊 51 个，其中苏门答腊岛的多巴湖最为壮观。

印尼多山，境内主要有两条山脉经过，即沿南美洲的安德斯、阿拉斯加山途经日本、菲律宾至巴布亚的环绕太平洋山脉和沿北非、南欧、喜马拉雅山途经缅甸至印尼苏门答腊、爪哇、努沙登加拉、班达岛的地中海山脉。后者是一条年轻的山脉，其山势险峻，高度均在海拔 4000 米左右。该山脉是世界上地震和火山爆发最多的地带，形成缅甸—爪哇火山弧，素有"灯火走廊"之称，仅爪哇岛每年就有大小地震约 50 次。印尼火山多达数百座，其中约有 70 座为活火山，几乎每年都有火山爆发，给周围居民带来灾祸，造成巨大损失。然而，火山的爆发也有利于人类，火山喷发物中含有钙、镁、磷、钾等大量矿物质成分，可生成肥沃的土壤，利于农作物的生长。一般情况下，火山灰较多的地区，其农业都很发达。火山附近还形成金属矿和硫黄矿，个别地方由此产生可治疗疾病的温泉和矿泉。印尼的活火山多为圆锥状，山口直径大小不一，常年有烟雾喷出。有的口内岩浆翻滚，隆隆作响，震耳欲聋，喷发的热气可将下抛的石块托住，甚至喷至空中。火山口周围的熔岩壳散发着热量，软得如同橡胶。火山区白日烟云缭绕，早晚有红霞出现，景色极为壮观。

印尼属于典型的赤道海洋性气候，高温、多雨、微风和潮湿是其四大特点。年平均温度在 26 摄氏度左右，印尼因此被誉为"长夏之国"。不同地区有温差，沿海为 27 摄氏度，内地为 25 摄氏度，山区为 22 摄氏度，高原早晚有冷雾。由于受季候风的影响，印尼一年只分两个季节，即旱季（4—9 月）和雨季（10 月—翌年 3 月）。年降雨量平均为 3000 毫米左右，西部雨水多于东部。风力一般保持在 2—3 级左右，全年昼夜时差平均在半小时左右，东西时差约 3 小时，太阳终年几乎在同一个方位。

第一节　文化的主体——民族

从民族渊源看，印尼民族的形成与亚洲大陆南部的移民有密切关系。早在公元前 1500 年左右，由于战争和自然灾害等原因，大批原始马来人从亚洲大陆南部迁至印尼群岛。当时印尼本地有小黑人族，称作尼格里多族（Negerito）

和韦达族（Vedda 或 Wedda）。原住民可分为纯种族和繁杂种族两种，前者如苏门答腊的巴达克人、米南加保人，加里曼丹的达雅人，巴布亚的巴布亚和阿斯玛特人等，他们在一定程度上保持着种族的纯洁性；后者如巽他人、爪哇人、马都拉人、巴厘人、马来人等。公元前 200 年—公元 300 年，从亚洲南部又有一批移民至此，考古学家称其为新马来人或续至马来人。他们与在印尼群岛的原始马来人通婚，或把他们中的一部分排挤至偏远的地区。原始马来人从亚洲大陆南迁的路线大致有两条：一是从中国云南一带经暹罗、中南半岛、马来半岛，越过马六甲海峡，进入苏门答腊后向东分散至印尼其他一些岛屿，印尼的出土文物证明了这一点；另一条是从中国闽粤一带经台湾岛和菲律宾群岛至加里曼丹、爪哇等岛屿。这些马来移民后来成了当今印尼民族的主要成分。上述结论分别得到人类学、考古学、民俗学和比较语言学等的考察和证明。千百年的自然界的分隔状态使印尼族群在各自不同的条件下成长和发展，形成了拥有自己独特的语言和文化的部族。

1. 爪哇（Jawa）族

爪哇族占全国人口总数的 47%，约 1 亿人。绝大多数居住在中爪哇和东爪哇。居住在农村和沿海的爪哇人主要从事农业、种植业和捕鱼业。居住在城镇的爪哇人，主要在政府机关和企事业部门工作，其余为商人和手工业者。爪哇人对王族、身居高位的官绅及长辈非常敬重，在上司面前毕恭毕敬，在父母生日或结婚纪念日，儿女要向父母跪拜。爪哇人的王公后裔至今在其名前保留着贵族称号，并受到人们的尊敬。爪哇人在梵文的基础上于公元 9 世纪创造了自己的文字，爪哇语词汇丰富，有雅语、中等语和平民语之分，雅语又分为宫廷用语和长者用语，就连男性和女性使用的语言亦有区别。爪哇文学融合了外来文学的精髓，对印尼文学产生了重大影响。公元 8 世纪，印度两大史诗《摩诃婆罗多》和《罗摩衍那》传入爪哇，丰富了爪哇文学。

爪哇人的宗教信仰是多元的，他们最早信仰拜物教，认为自然界的万物都有灵魂。他们还崇拜祖先灵魂及祖传圣物，王宫的器物、格利斯短剑、皮影戏傀儡和木偶等也成为顶礼膜拜的对象。爪哇人把最初信仰的万物有灵论等原始宗教与后来传入的印度教、佛教糅合在一起，成为爪哇印度教，至今在爪哇各地人们还能看到许多遗留的印度教建筑和湿婆雕像。目前，绝大多数爪哇人信奉伊斯兰教，但在部分仪式上尚能见到原始宗教的影子，而巫术在爪哇农村还相当流行，存在着神汉和巫师。爪哇族作为印尼最大的部族，也产生了与其他部族极为不同的特有习俗，表现在待人接物方面尤为明显。这些具有爪哇部族特色的习俗有其形成的深刻原因，体现了一个部族的精神特质。爪哇人崇尚协商和互助精神，他们性情温存，举止谈吐文雅，讲究礼貌，待人热情。他们自我控制的能力和忍耐力较强，平时谨言慎行，含而不露，不愿冒尖，回避竞争，但有很强的自尊心，做事一般不喜欢被催促。

爪哇人的传统心态对整个印尼民族有很大的影响，其中"包容"、"协商"、"合作"、"忍让"、"中庸"、"安于现状"、"怀旧"、"部族优越感"和"等级观念"等影响颇深。但是，爪哇族对其他部族及外来文化的包容心态也是其文化独具魅力的地方。

2. 巽他 (Sunda) 族

巽他人占全国人口的 14%，主要居住在西爪哇，属蒙古人种马来类型，为新马来人和后至移民的混血后裔。历史上巽他人曾建立过巴查查兰、万丹等著名王国，其中巴查查兰王国在爪哇人建立的麻喏巴歇王朝中是唯一独立的国家。巽他人务农、经商、从政者居多。巽他人感情丰富细腻，性格豁达，比较务实。15 世纪下半叶，该族绝大多数人皈依伊斯兰教，属逊尼派。他们信仰伊斯兰教很虔诚，恪守伊斯兰教教义，但仍保留了传统的巫术和万物有灵信仰。巽他语有雅俗之别，但不像爪哇语那样复杂，巽他人的印尼语语调优美动听，情感丰富。西爪哇还定期举办巽他语国际研讨会，以发展和丰富自己的语言。巽他人的生活习俗与爪哇人近似，有自己的神话传说和民间故事。巽他族流行着类似我国新疆的阿凡提故事，称作"卡巴延"（Kabayan），该故事在当地家喻户晓。巽他人喜好斗羊。生活在高原地带的巽他族女性有着白皙的皮肤，其美丽动人在印尼享有较高的知名度，以致印尼流行着巽他出美女的说法。

3. 马都拉 (Madura) 族

马都拉族人口占全国人口的 7%，集中居住在马都拉岛和东爪哇。马都拉人以务农、经商为主，他们以勤劳勇敢著称。马都拉人有男人不进厨房的习俗。据说，很早很早以前，一个仙女下凡，嫁给了一个马都拉人。婚后，两个人过着幸福的生活。每天，丈夫出门种田，妻子在家里做家务。但是，有一点丈夫觉得奇怪，那就是妻子每天都起得很晚，根本就不舂米。更奇怪的是，自家的粮仓一直满满的，米总也吃不完。一天，妻子在厨房准备午饭，丈夫正要出门，妻子走进房间对丈夫说："我肚子有点疼，你帮我烧烧火，要不然饭就夹生了。"丈夫向厨房走去。妻子叫住丈夫，说："你烧火就行了，千万别揭开锅盖啊！"丈夫一边答应着，一边走进了厨房。好奇心的驱使，使他忍不住揭开了锅盖，锅里竟只有一粒米。丈夫怕妻子知道，马上合上了锅盖，继续烧火。过了一会儿，妻子走进厨房说："肚子不疼了，你去忙你的吧！"丈夫一边种田，一边想：奇怪啊，怎么一粒米就能做出香喷喷的米饭呢？最后他终于明白是怎么回事了，赶忙飞奔回家。一到家，就看见妻子在抽泣着，她十分委屈地说："叫你不要揭开锅盖，你不听，你破了我的法力，我再也没法做饭了，你我的缘分到此结束了。"说罢，妻子变回了仙女，腾空而起，飞向空中。望着妻子远去的身影，丈夫后悔不迭。从此，马都拉的男人再也不进厨房了。

4. 米南加保（Minangkabau）族

米南加保族占全国人口的 3.4%，分布于苏门答腊岛的西南部，集中居住在巴东高原地区。"米南加保"的词义是"牛的胜利"，相传公元 14 世纪时，麻喏巴歇王国派遣一支强大的舰队来到该地区，试图用武力征服这块土地。面对强敌，当地人向入侵者提出以斗牛决胜负。爪哇人自以为爪哇水牛凶猛善斗，天下无敌，便答应了对方的提议。斗牛时，爪哇人牵出一条强壮的大公牛。当地人放出的却是一头尚未断奶的小牛犊。斗牛前，人们把小牛犊与母牛强行分开，断奶一日。斗牛时又在牛犊的头部绑上一把锋利的尖刀。上场后，整整饿了一天，又饥又渴的小牛犊一见大水牛，误认为是母牛，便迫不及待地奔到大水牛肚子下找奶吃。绑在头上的尖刀一下刺入大水牛的腹部，大水牛越是拼命躲闪，小牛犊越是往它肚下钻。不一会儿工夫，大水牛便落荒而逃。斗牛胜利，家园得以保全。为了纪念这一胜利，他们把"牛的胜利"作为本族的名称，一直沿用至今。也有学者认为，米南加保是槟榔加保（Pinang Kabau）的传讹，应解释为水牛部族的槟榔氏族。他们的天地创造的传说也同大牯牛有关，认为地球就像一个圆盘，放在一条大牯牛的角上，大牯牛站在一个卵上，卵又在一尾鱼的背上，鱼在无垠的大海中慢慢游动。在海底有着黑暗的空间，有时飞虫进入牛耳里，牛便摇头而产生地震。这一传说看来是同他们部落生产有关系的，牛的饲养已成为部落的主要生产，水牛也就成为他们部落的图腾了。米南加保人多从事教育和商业活动，该族至今保留了母系社会的残余。

5. 巴达克（Batak）族

巴达克族占全国人口的 2.4%，集中居住在苏门答腊北部多巴湖周边地区，主要以农耕、捕鱼为生。该族 1500 年前就开始了自己的文明史，有自己的语言文字、历法和习俗。巴达克族实行的是典型的父系制，有完整的父系家谱和族谱，至今还在延续。巴达克人十分好客，如果到巴达克人家里做客，主人一定会把客人留下就餐。用餐时，主人会把鸡头让给客人吃。这时，客人不可推辞或谦让，即便不爱吃鸡头，也要象征性把它吃完，以示礼貌。鸡臀一般留给女主人，这表示客人至上和主人自谦。在巴达克人居住的部分乡村，儿媳与公公不能直接对话，有事要说时，须经过"中间人"。如儿媳要问公公中午吃什么饭，须对在场的第三者发问："某某，请问一下我公公，中午吃什么饭？"公公答："某某，请告诉她，中午吃米饭。"而充当中间人的第三者不必讲话，该做什么仍做什么，因翁媳二人都在场，双方都能听见，等于直接对话。如没有第三者在场，房屋、家具、石头、树木等一切物品均可充当"中间人"。如儿媳在路上遇到公公，而且没有别人在场，她便朝路旁的大树说："大树，请问公公到哪儿去？"公公应答："大树，请告诉她，我去市场。"

巴达克人将世界分为三界，上界是神及家族祖先的住处，中界为人类生活之地，下界则是死人、鬼怪的场所。但三界区分不严，因为有些鬼魂待在中界。巴达克人的这种信仰体现了当地的原始宗教与婆罗门教的结合。

在巴达克人看来，榕木拐杖与格利斯短剑一样具有特殊的意义，它是权威和荣誉的象征，被认为是具有超凡神力的魔物。在交往中，如果得到对方馈赠的榕木手杖，则是一件荣幸的事。巴达克人能歌善舞，多巴湖地区是印尼民歌发源地之一，当地民歌的曲调深沉委婉，深受大众的喜爱。20 世纪 50 年代传入我国的《星星索》、《宝贝》等就是巴达克民歌。巴达克族妇女喜欢穿黑色长衫，用黑布裹头，平时喜欢佩戴金银首饰；男人喜欢边听音乐边下棋。居住在山区的巴达克人至今尊崇一些令人毛骨悚然的古老仪式，如一定时间内将家族重要成员的尸骨挖掘出来，洗刷后重埋，这是一项神圣的仪式，表示对先人的敬意，该习俗已延续数百年。巴达克人以性格豪爽、勇敢著称。

6. 马来（Melayu）族

马来族占全国人口的 1.6%，分布于苏门答腊、加里曼丹等沿海地带。马来人脸庞大都呈圆形，眼睛大，身材较高，皮肤呈浅褐色，头发卷曲或平直。到马来人家里做客应注意礼节，如客人谦和、彬彬有礼，会被视作上宾加以款待；如客人傲慢、不尊重主人或言行有失检点，会被慢待，甚至被逐出门。印尼语的前身是该族使用的马来语。马来人主要从事渔业和农业，普遍种植水稻、旱稻，捕捞鱼虾等。居住在城里的马来人主要从事商业活动或应聘为企业员工。马来人绝大多数信奉伊斯兰教。

7. 亚齐（Aceh）族

亚齐族占全国人口的 1.4%，集中居住在苏门答腊北端，以务农、经商和放牧为生。亚齐是伊斯兰教传入印尼的门户，绝大多数亚齐人信奉伊斯兰教。他们的一切活动都以《古兰经》和穆罕默德言行录为准则，社会生活的各个方面无不充满了浓厚的伊斯兰教色彩，就连大饭店房间里的装饰物都是《古兰经》的节录，并提示麦加方向。他们严格地履行伊斯兰教"五功"，按时做礼拜。亚齐族的婚、丧仪式及财产继承等，均按伊斯兰教规举行和分配。违法行为亦按伊斯兰教规裁决和处罚，民事纠纷亦由伊斯兰教法庭审理。村村都有伊斯兰小学，城镇有伊斯兰中学，省会有一所伊斯兰学院。2001 年 8 月，经国会讨论决定，印尼成立了亚齐达鲁萨兰囊戈鲁省（Nanggroe Aceh Darussalam）。中央政府同意在该省实行伊斯兰教法，伊斯兰教法在亚齐具有国家法律地位。亚齐族男人平时很少待在家里，要么在工作，要么聚集在清真寺里，子女的家庭教育主要由母亲承担。

亚齐族讲究男女平等，妇女与男人享有同等的权利和地位。亚齐人善于交际，但不讲究排场，平时喜欢穿黑色衣服，男子外出佩带格利斯短剑。在亚齐，来访者要在台阶下用伊斯兰教用语问候，待主人回答后方可入屋。进屋前要洗脚。主人面对门而坐，客人则背朝门坐，一般是盘腿席地而坐。赶上吃饭时，如主人发出邀请，客人不能回绝，否则主人会猜疑客人担心饭里有毒而产生误解。他们习惯存金条，不习惯存现金。勤劳、勇敢、聪慧、懂礼节、好学习和善经商，是亚齐人的特点。

8. 巴厘 (Bali) 族

巴厘族现有人口 200 余万，集中居住在 5560 平方千米的巴厘岛。巴厘人主要分两种："巴厘阿嘎"（Bali Aga）是纯巴厘人，即土著巴厘人；一般称谓的巴厘人是指后期外来移民。土著巴厘人为数较少，主要居住在巴厘北部山区，他们是巴厘岛上最古老的部族，一些史学家和人类学家认为，他们与巴达克、达雅[①]、托拉查族一样，属原始马来人的后代。

印尼不少部族相继皈依伊斯兰教，唯有巴厘岛及龙目岛上一些部族仍然信奉印度教。但是他们信仰的印度教与正统印度教不完全相同，里面融合了不少本地的原始宗教成分，故人们称之为"巴厘印度教"。该宗教渗透到巴厘社会生活的各个方面，形成了巴厘岛神多、庙多、宗教仪式多和节日多的特点。根据巴厘印度教的历法，一年为 210 天，而节日竟多达 198 个。因而，巴厘人几乎天天在过节。节日里，人们祭拜神灵和祖先，慰藉据传能够兴风作浪的恶魔。

按宗教习俗，巴厘族分成 4 个种姓，即婆罗门、刹帝利、吠舍和首陀罗。目前，这 4 个种姓仍然存在，其中婆罗门种姓的人由于教育程度高，多在外地发展。巴厘人比较开放，异性间交往也很自由，他们经常在同一条河里裸体洗浴，婚前同居也为人们所接受。巴厘人擅长舞蹈和雕刻，雕刻品起初只是用于祭神，带有宗教性质，后来逐渐成为手工艺品在市场出售。在巴厘岛，用于祈求平安的小花篮到处可见，花篮用鲜花和枝叶编插而成，每天一换。市场上的巴厘商人必用当天开张的钱币敲打货架上的货物，以使这些货物畅销。巴厘

---

① 多数人将其译为"达雅"，印尼文为"dayak"，按印尼语拼读法，作为闭音节的"k"不发音。如按照汉语拼音读出"克"，很难被印尼人理解。故而译为"达雅"比较合适。

岛有"神明之岛"、"魔幻岛"、"恶魔岛"、"罗曼斯岛"、"绮丽岛"、"天堂岛"等称谓，别称之多居世界之首。

在巴厘岛，不管城市还是农村，几乎家家供奉神龛，少则一两个，多的有十余个。有的神龛直接建在庭院前后的地面上，有的则高高竖立在石柱之上，酷似灯塔。神龛一般用当地黑色的火山石雕凿而成，大小不一，尖顶之下四面透空，以供朝拜的信徒供放花盒或香火。在当地人心目中，神的形象可来自个人的想象和喜爱，可以是老虎、大象、猴子等动物，也可以是人与动物的结合体。因此，巴厘岛各地的神像雕刻千姿百态，神态各异，充满着丰富的想象力和艺术创造力。

巴厘岛上都是低矮的建筑，其高度一律不准超过路旁的棕榈树，这是当地政府做出的硬性规定。

9. 达雅（Dayak，又译"达雅克"）族

达雅族人口近百万，集中居住在中加里曼丹。由于自然环境较差，达雅族居住地区开发较晚，经济发展缓慢，文化比较落后。居住在城市里的达雅人生活较富裕，教育程度较高；居住在市郊和农村的达雅人多务农，并掌握了较先进的耕种技术，生活水平一般；居住在偏远山区的达雅人仍过着刀耕火种、狩猎和采集的生活。妇女则因地制宜，利用当地的丰富资源编织树皮布、藤制品，如席子、帽子、座椅、扇子和箩筐等。达雅族妇女的耳饰非常特别，她们戴着大而重的耳环，有的戴5—6个之多。随着时间的推移，耳垂被拉长，甚至垂至肩部。目前，这种现象只能在老年妇女的身上看到，而年轻妇女已不再悬挂这种耳饰。

达雅人相信万物有灵论，崇拜祖先的灵魂，经常举行各种仪式凭吊祖先以求保佑。他们认为月亮是自己的祖先，每当月食之时，父母便为女儿虔诚地祭拜月亮，祈望自己的女儿在祖先的保佑下找到如意郎君。更多的人则用竹竿或木棍敲打树干或庄稼，企盼月亮给他们带来大丰收。达雅人居住房屋较长，有的长达300米，宽10—20米，可容纳数百人。长屋里的住户是一小集体，一家有难众人相助，邻里关系密切。达雅人至今保持着古朴的民风，他们有许多不成文的习规，违者必究，并根据所犯罪行的程度进行罚款罚物。在落后地

区，至今流行易货贸易，货物多为兽皮、食盐和烟草。达雅人非常守约，一旦违约，违约者从此不再被人信任。

达雅人过去有猎人头风俗，即在部落战争中如果猎得对方人头，将被视为英雄。进入 20 世纪 30 年代后，此风俗已经绝迹。遗憾的是，2001 年 2 月在中加里曼丹桑皮特镇发生的种族冲突中，这种风俗再次死灰复燃。一些达雅人身穿"猎人头"服装，拿着"专取人头"的"曼道"利剑砍杀马都拉移民。有的达雅年轻人一手拎着猎得的人头，一手夹着香烟，在路上行走，炫耀自己的"勇敢"。令人不解的是，他们并没有猎人头的经历，只是从祖辈那里得知这种风俗，在社会进入现代文明的今天还敢于实践！可见，在印尼彻底铲除陋习、进行人道主义教育任重道远。

10. 托拉查 (Toraja) 族

托拉查族人口 100 余万，分布于苏拉威西内地，少数生活在丛林中。过去，托拉查人去世后，被葬在崖壁的洞穴中。该族妇女在耕种时要故意披头散发，按习俗，此举会获得大丰收。托拉查人重视红白喜事，办婚丧事时，要宰杀十几头甚至几十头牲畜。虽然托拉查族是一个单一的部族，他们说着相同的托拉查语，围着相似的兜裙，而且都信仰"阿鲁克"（Aluk）仪规，其包含了贯穿人类一生的生老病死、婚丧嫁娶、建屋乔迁、播种丰收等重要时刻举行的各种仪式，但是事实上，每个地区信仰的"阿鲁克"相互间都有差别。由于托拉查地区为高山地形，多年来各个聚居点之间缺乏交流，各地所信仰的"阿鲁克"在教义和仪式上便逐渐产生差异。荷兰殖民时期，政府将托拉查划分为32 个"风俗区"[①]，使各个地区间的差异得到了巩固。另外，每一个托拉查家族都有关于自己祖先的传说，为了提高自身血统的高贵性，都将自己的祖先追溯为神灵之子，说法不一。

11. 望加锡 (Makasar) 族和布吉斯 (Bugis) 族

望加锡族和布吉斯族人口分别 100 余万。这两个部族分布于苏拉威西岛西南部，两族原为一个祖先，后一分为二，形成两个部族。但两族在习俗、性

---

① Departemen pendidikan dan kebudayaan, *Upacara tradisional (Upacara kematian) daerah Sulawesi Selatan*, Jakarta: Proyek Inverntarisasi dan Dokumentasi Kebudayaan Daerah, 1984H, p. 91.

格和文化等方面非常相似，所不同的是两族语言有所区别。这两个部族主要从事农耕和渔业。男子多为水手，常年漂泊在外。两族男子一般都有顽强的毅力和吃苦精神，对家庭有高度责任感。

望加锡和布吉斯人平时注重对男孩品格的培养，让他们从小就体验到生活的艰辛和从父辈那里学会各种谋生的技能。当他们逐渐成熟并掌握一定生产技能后，父母便鼓励他们离开故乡，到外地谋生。布吉斯族妇女的"波东衣"流行全国，成为印尼妇女喜爱的服装。此外，两族生产的蓝黑色格子图案的丝绸纱笼在印尼也成为畅销物品。望加锡和布吉斯人热爱自由，有较强的自尊心，争强好斗。他们的贝叶文学是两族宝贵的文化遗产，上面记述了古老的神话传说、历史故事、王侯及英雄传奇、童话和寓言，成为印尼文学的一个组成部分。

12. 尼亚斯（Nias）族

尼亚斯族原为游牧民族，20 世纪 60 年代才定居下来，近百万人口，分布于苏门答腊东南沿海一带，集中居住在北苏门答腊省，习俗与卡罗族类似，多信奉基督教。亚齐传说中，有个关于尼亚斯人的故事。从前有个公主，患了可怕的麻风病，因之被放逐到尼亚斯岛上去，只带一只狗。在岛上她找到一种植物，并用这植物治愈了麻风病。其中怎样同狗结了婚没有说清楚。但她同狗结婚后生养了一个男孩。孩子长大了想结婚，但尼亚斯没有居民，他母亲送给他一个指环，告诉他说，他第一个碰到的女人，把指环给她套上，就是他的妻子。他走遍全岛，没有碰到一个女人。最后，他还是找到了他母亲，指环正适合她。这样，他们就结了婚，他们的后代就是尼亚斯人。

尼亚斯人深受石文化影响，几乎每个村落都有巨形石头。住宅门旁置有石头座位，村中的礼仪广场用石板铺成。他们的人生礼仪与石头密切相关。岛上流行一种自古相传的跳石磴比赛，石磴由大小石块砌成，高矮不一，一般高为 3 米左右，参加比赛的是男性青少年。顺利跳过石磴者被视为英雄而受到赞赏，反之则被耻笑。因此，小伙子们平日劳动之余，常三五成群地练习腾跳，这已成为尼亚斯人村落中常见的一道风景线。传统的尼亚斯村落，其布局一般呈 U 形，村中贵族的住房在 U 字形的底部，普通百姓的住房分别在两侧，平行相对。他们的高脚屋外形与苏门答腊岛上其他部族的差别不大，仅室内地板结构不同，中厅地板不是平铺，而是分成若干层，家人或客人要按各自的地位身份就座，地位越高坐的层越高。尼亚斯人待客很奇特，在欢迎贵客时，把一头肥猪绑在两根木杠上，由四名小伙子用肩抬着从客人面前经过，后面紧跟着身穿民族服装的队列，然后把猪放到"迎客台"上。猪越肥，表示对贵客越尊敬。

13. 卡罗（Karo）族

卡罗族人口 100 余万，有 80 个分支，分布于苏门答腊岛亚齐、棉兰一带。卡罗人喜欢穿红、黑色衣服，他们认为红色象征勇敢拼搏，黑色象征不畏艰辛、勇于战胜困难。卡罗人好客，乐于助人，更喜欢留客人在家中用餐。一家人可信奉不同的宗教，讲究民主。有自己的习俗和语言。

14. 巴度伊（Badui）族

巴度伊族人口 5000 余人，分布于西爪哇勒巴克县的 40 多个大小村庄。巴度伊族原属巽他族，他们至今仍使用古巽他语。他们的祖先原为巴查查兰王国王室成员，当伊斯兰教势力控制西爪哇时，多数人都皈依了伊斯兰教。而拒绝接受该宗教的这批王室成员，为了坚持自己的文化，躲进深山老林，过起与世隔绝、封闭式的生活。几百年来，他们代代繁衍，保持着 16 世纪的生活方式。

随着时代的发展，他们与巽他族差异越来越大，最终发展成一个独特的落后的小部族。巴度伊族忌享乐、避邪恶，如出门只能步行，不准乘车；只能抽旱烟，不准抽纸烟；只能喝白开水和茶，不准喝酒；除猫、狗和鸡之外，不准饲养和食用其他禽畜；衣服只能是白、蓝、黑三种颜色，不许穿艳丽的服装；只能卧地席，不准睡软床；只能用油灯照明，不能用其他灯具；除了在传统仪式上，平时不准唱歌跳舞；要在天黑以后进晚餐；公开场合男女之间严禁调情，男人不许用异样的目光注视女人；丧偶的男女不许重新婚配；不许接受现代教育；不许拍照；不许接受和主动索取他人的礼物；不准使用现代化农具；不准以现代医疗方法和器械治病；严禁说谎、行窃、行凶及淫荡等。在巴度伊人居住的地方没有集市、店铺、诊所、学校和娱乐场所，到处笼罩在古朴、肃穆而压抑的气氛下。大多数巴度伊人都墨守成规，以禁欲为荣。他们自觉遵守习规，如有人违规，将受到处罚，轻则罚物，重则罚不许进食、没收土地或被赶出居住地。他们性格内向，感情轻易不外露。

巴度伊人很少关心本部族以外的事情，他们默默无闻地生活在自己的天地里。在西爪哇发达的经济、文化和科学的影响下，年轻人开始向往现代物质文明的生活方式，思想逐步发生变化，当地政府也开始通过多种渠道向他们灌输现代生活意识。近来，一些巴度伊人村寨不再禁止外族人或外国人入内。在当地旅游部门的努力下，这些村寨目前已成为西爪哇的民俗旅游景点，他们的生活方式正在随之发生变化。

15. 莫拉尼西亚（Melanesia）族

莫拉尼西亚族约有 250 个分支，多信奉天主教，分布于巴布亚岛。莫拉尼西亚人体形和外表类似非洲黑人，其皮肤呈棕黑色，头发卷曲，嘴唇较厚。该族较落后，多数人以务农、渔猎、采集为生。他们多居住在山林中，卫生条件较差，传染病肆虐，加之医疗条件差，当地居民多未老先衰。该族分支共有 90 余种语言，尽管政府加大印尼语的普及度，但该族懂得印尼语的人还是为数不多。

莫拉尼西亚人习惯裸体，十几岁的儿童大都一丝不挂，成年男子仅以"高代加"（Koteka）套住生殖器，所谓"高代加"是用一头粗一头细的瓢瓜掏空晒干制成。粗头的一端套在男人的阳具上，另细头的一端钻有细孔用绳子系在腰间。"高代加"上一般都绘有各种花纹或图案，有的还在顶端装饰上鸟的羽毛。该族男人可以什么都不穿，但不能不戴"高代加"。他们常年穿梭于森林之中，保护阳具成为男人最重要的事情之一，这关系到家族的延续。妇女只在腰间围上草裙，用以遮羞，上身不穿衣服。1963 年，西巴布亚回归印尼后，在政府的指导下，当地居民衣着方面有所改变。现在的城镇居民基本上都已穿上现代服装，街上已很少见到赤身裸体只戴"高代加"的男人或裸露上身、下身穿草裙的女人。但在乡村和山区，这种旧习至今未改，尤其在山区的部落村寨里，男人依旧全戴着"高代加"，女人裸露上身。族长到城里开会，被迫穿衣，回来后立刻换成"高代加"。

　　成年男人的传统装饰是用野猪牙穿过鼻孔，戴上羽毛扎的头饰。内地的莫拉尼西亚人遵守男女有别的戒律，夫妻也不能同居一室，只能在约会时亲热，子女超过 3 岁的夫妻就连上述约会也受很严格的限制。通奸、乱伦和强奸的行为极为少见。当地人的生活必需品大都取自大自然，或从与外岛进行物物交换获得。该族妇女地位极其低下，她们是男人的附庸和廉价劳动力。一个男人往往有几个妻子，目的之一是让她们为自己干活。在田间劳作或在集市上售货的大都是妇女，而男人多半在家干家务。许多隆重的宗教仪式不准妇女参加。妇女的经血被看作是肮脏之物，妇女若参加圣典，一定得罪神灵，给众人带来灾祸。猪是当地最宝贵的财产，除了作为聘礼外，还是祭祀和庆宴的必备物品。有的妇女疼爱小猪胜过疼爱子女，宁可让自己的婴儿挨饿，也要把奶水喂给猪崽。

　　莫拉尼西亚人好客，当客人到来时，他们就在广场上奔跑，一面哼着单调的歌曲，一面大声嚷嚷。他们来回跑几次，欢迎仪式就告结束，然后拿出他们喜爱的土灶烤猪肉款待客人。制作烤猪肉时，要举行全村人参加的仪式。首先，他们把几头猪拖到广场，其中一人揪住猪耳朵，另一人抓住猪后腿，两人把猪举到空中，第三人弯弓射箭，锋利的竹箭刺穿猪的心脏。接着，妇女们把切得很薄的猪肉和块根植物放在烧红的石头上，盖上草和香蕉叶，浇上水，使其产生蒸汽直至烤熟。如果外来客人尊重他们的风俗和人格，他们就会以诚相待，真心实意地把客人看作是自己的亲人。

　　莫拉尼西亚人保留着自己古老的部落文化和传统习俗，风格各异的传统服饰、热情豪放的部落舞蹈至今流行。他们经常在月光下围成一圈，载歌载舞直至深夜。莫拉尼西亚人最大的特点是好动、坐不住。

16. 华族 (Keturunan Orang Tionghoa)

　　印尼现有华人 800 余万，约占印尼总人口的 4%。自公元 1 世纪前后起就有中国人陆续到印尼定居，到 15 世纪初，定居印尼的中国人不断增加，初步形成了华侨社区。明清时期广东和福建沿海又有大批居民陆续流向印尼，据马欢记载，他们曾到过拥有 1000 余人的"唐人村"。华侨定居印尼后与原住民通婚，出现了一代又一代的华—印尼混血种人。从地区分布上看，华侨、华人集中居住在爪哇、苏门答腊、加里曼丹、苏拉威西、巴厘等岛。华人数量较多的城市有雅加达、万隆、泗水、茂物、棉兰、巴东、巨港、坤甸、马辰、巴厘巴板、万鸦老、登巴萨及安汶等。

印尼华人社会成分复杂，他们的祖籍、方言、职业、经济地位不同，形成了不同的群体。印尼华人主要来自我国福建、广东和海南三省，而来自上海、浙江、江苏、山东等省的华人为数不多。居住在城镇的华人从事工商、金融业活动的较多，除规定只准国家经营的钢铁、石油、军工、航空等工业外，其他工业领域中私营大企业多为华人开办。华人在商业批发和零售领域的作用非常突出，他们经营的商业网点遍及印尼城乡。在旅游和餐饮业，华人也占有重要地位。雅加达著名的夜总会海莱、沁园、王朝的老板都是华人。另有部分华人从事教育、科研、医务等工作。农村地区的华人主要经营蔬菜和养殖业。华人中贫富差距较大，巨富仅占极少数，大多数则是中产阶级和小商贩。而从事农业生产的华人，生活水平基本上与当地原住民相同。

2001年8月，政府宣布华人春节为印尼法定放假节日，各地华人多以舞龙舞狮等活动来庆祝自己的节日。为了体现民族团结和互助精神，部分华人社团主动把春节庆祝活动改为"慈善活动"，为救济灾民和穷人募捐。华人长期与当地人民生活在一起，其文化和生活习俗亦受到印尼文化的影响，但大多数人仍保持着中国的传统文化，依旧按传统方式庆祝中国的传统节日。华人是印尼民族的组成部分，同其他部族一样应享有同等的权利，负有同等的义务。华族既继承和发扬中华文化，又吸收当地文化，从而形成自己独特的文化。

第二节　文化区域的划分

文化区是文化地理学研究的重要内容之一，是指相似文化特征和生存方式的某一区域，根据生产方式、语言、宗教、政治形态、日常生活、房屋构造、风俗以及对自然的适应的各种文化现象的差别所划分的地域。在每一个文化区中，主要文化现象如语言、宗教信仰、艺术形成、生活习惯、道德、观念、社会组织、经济特色等，具有相对一致性。它是在政治、经济或社会方面具有独特的统一体功能的空间单位，是人们进行地域文化特色研究的一种人为分类和界定。文化区的重要性与它的范围大小没有必然的联系，不同性质的文化区表现出不同的区域文化和行为功能。文化区的划分由于缺少客观的标准，不同学者常划出不同的文化区。

从印尼文化区看，爪哇文化、马来文化、巽他文化和巴厘文化最为发达。印尼文化有多元性、融合性和爪哇文化影响最大等特点。印尼民族由 300 多个部族（suku bangsa）组成，各部族有其富有特色的文化。例如，在宗教建筑中，既有历史悠久的佛教寺庙和印度教的陵庙，又有雄伟壮观的清真寺，还有天主教或基督教教堂。每个部族又都有各自的风俗习惯。即使同一个部族，不同地区也有不同的文化特色。如东爪哇人和中爪哇人都属于爪哇族，但他们的爪哇语方言又有区别。印尼的文化是在各部族文化的基础上构成的，同时又千姿百态，异彩纷呈，体现了其文化的多元性。印尼民族善于接受和融合外来文化，并结合社会需要加以"本地化"。印尼共和国国徽上的"殊途同归"字样，其含义是指印尼虽然有着许多不同之处，是多元的，但印尼民族是团结的，国家是统一的，印尼是一个不可分割的整体。

总之，印尼岛屿众多、部族众多、宗教众多，很难准确地划分文化区域。除了按部族集中居住区划分外，可考虑按宗教文化划分区域。如伊斯兰文化区域集中在苏门答腊、爪哇、加里曼丹沿海地区，基督教、天主教文化区域集中在苏拉威西、马鲁古、巴布亚等东部地区，印度文化区域集中在巴厘和龙目。

第二章 文化发展沿革

第一节 文化的孕育和形成

印尼是一个有着悠久历史文化的国家，是人类起源地之一。200 万年以前，在印尼群岛就有充沛的降雨，使得大量热带植物生长繁茂，为史前文化的出现提供了必要条件。大约在 100 万年以前，就有原始人类在印尼的土地上劳动、生息和繁衍后代。当时，澳、亚大陆还连在一片。在冰川第四纪时期，两极冰水大量融化，把一些较低的地区淹没，形成海洋，使澳、亚大陆分开。印尼群岛就是由海洋中的某些较高的山脉形成的，距今约 50 万年。

考古学家在爪哇梭罗河和普兰塔斯河流域发现了原始人的活动遗迹，挖掘出许多人类化石和石器。1889 年，杜波依斯（E. Dubois）在东爪哇多隆阿贡附近的瓦查克发现几个头盖骨，它们是 1.2 万年前的人类化石，称作"瓦查克人"（Wajak），身高为 1.30—2.10 米，体重估计为 30—150 千克。[1] 其脑容量完全与现代人一样，进入"真人"阶段了。一些学者认为，瓦查克人可能就是马来—印尼人种。1890—1892 年，先后在梭罗河畔特里尼村发掘出一块颚骨、一个头盖骨、一颗白齿和一根左腿骨，经考证是从猿人进化到人的过渡生物，称为"爪哇直立猿人"，距今已有 50 万—60 万年的历史，与北京周口店发掘的猿人骨化石类似。1931—1934 年，先后在梭罗河畔坎塘发掘出 11 个头盖骨，其中有的非常完整，其脑容量远比猿人大，完全接近现代人，考古学家称之为"梭罗人"（Solo）或"坎塘人"（Ngandong）。在同一区域发掘出许

---

[1] Departemen Pendidikan dan Kebudayaan, *Sejarah Nasional Indonesia*, untuk SMP, Jilid II, Balai Pustaka, 1976, p.15.

多石器（如手握石斧）和各种骨器（如渔叉和用于掘土的农具），这充分说明梭罗人已开始从事渔猎和原始农业了。考古学家还在这一地区发现了梭罗人使用火的遗迹。印尼最古老的化石是 1936 年在东爪哇惹班附近发现的"惹班猿人"化石。有的学者估计，惹班猿人出现在 200 万年以前（见印尼学者昆扎拉宁拉特的《爪哇文化》）。但也有人估计为 35 万年至 45 万年以前，或 60 万年以前。学者们推断的有关年代，有的相距甚远。但绝大多数学者认为，约在 40 万至 50 万年以前，爪哇已出现了原始人类是可以肯定的。1941 年在梭罗河畔桑伊兰村发掘出一块下颚骨，形态粗大，比猩猩的下颚骨还大，从其臼齿看，已具有人的特征，但更多具备猿的特征，是 60 万年前的巨大猿人化石，被命名为"爪哇魁人"。

印尼新石器时代始于公元前 3000 年左右。这一时期，人类开始对石器进行再加工，掌握了磨制技术，生产和活动范围也随之扩大，人类从狩猎、采集进入到锄耕农业和畜牧业，由于群居人数不断增加，逐渐形成部落，并逐步定居下来，原始群逐渐被氏族公社所替代。氏族是以血缘亲属关系构成的，妇女从事农业和采拾，而男子则多从事渔猎，故妇女在社会上有很高的地位，形成了以母权制为特点的氏族社会。

石器在氏族公社初期已被广泛使用，其中石斧更为普遍，印尼石斧以方形和椭圆形为主，方形石斧主要分布于爪哇岛、苏门答腊岛、努沙登加拉群岛等；椭圆形石斧主要分布于印尼东部群岛，尤以西巴布亚为多。还有一种锛形斧，主要分布于加里曼丹、明古鲁、南苏拉威西和北苏门答腊等地。此外，在爪哇、南苏门答腊、南苏拉威西、弗洛勒斯等地发现了很多石锥、石刨、石刀、石镯、石珠等石器和石制首饰。骨制品常见于东爪哇，以骨箭头为多。在苏拉威西的拉蒙庄（Lamoncong）也发现过狩猎用的骨箭头。

在新石器时代，印尼古人发明了独木舟，即在去掉枝叶的树干上挖空用于坐人，放入水中便可使用，并逐渐掌握了编织、纺织及制作陶器等技术，在日惹附近发现了许多印有纺织花纹的陶器碎片，花纹非常美丽。陶器上的花纹及图案是在陶坯潮湿未干时，用刻有花纹或图案的木板敲击印成，或用绳索、竹片编织物、纺织品、贝壳等物在陶坯上压印而成。在此之前，印尼人已会雕刻和绘画，在苏拉威西南部莱昂莱昂（Leang Leang）洞穴的石壁上发现雕刻的红手印和野猪图，野猪作奔跑状，是印尼古人在狩猎过程中的艺术创作，距今已有上万年的历史。在苏门答腊中部和西爪哇发现了古代石棺，在松巴岛的墨洛洛（Melolo）发现了古代瓮棺和石像。石像以人头像为多，很粗糙，如眼睛只有眼窝而无眼球。石像代表棺中之人，用于祭奠死者。这说明，印尼古人已有原始宗教的观念。此外，他们还崇拜图腾，认为植物和自然景物也有生命。如火山爆发，便认为是山神发怒等。

氏族公社后期，铜器尤其是青铜器逐渐替代了石器。据范斯坦（Povo van Stein Callenfels）考证，印尼青铜器制作始于公元前 300 年。青铜器的使用与外来移民有着密切的联系。在印尼出土的青铜器种类较多，最普遍的是青铜斧、青铜鼓，其次为用青铜制作的兵器、容器、农具及装饰物等。在苏门答腊和马都拉发现了酷似篓的青铜容器。在廖内则发现了跳舞的青铜人像。当时制作青铜器的方法是先做蜡模，用陶土包上，然后加温，直至陶土变硬，而受热融化的蜡则从孔隙流出，再把青铜熔液倾注入内，待冷却后将陶土去掉，容器便制成。在万隆附近曾发现制作青铜斧的土模，在巴厘发现了制作青铜鼓的石模，模上的花纹与北镇青铜鼓的部分图案是一致的。

自使用青铜器后的 2—3 个世纪，印尼人开始铸造铁器，工具的种类日渐增多。金属工具的产生及使用促进了生产力的发展，出现了社会分工，原始公社成员的财富随之出现差别，从而加速了私有制的产生。不同氏族的人开始杂居，氏族公社开始解体，个体家庭逐渐成为社会的经济单位，并形成了以经济和区域关系为基础的农村公社，私有制开始形成，即除山川河流、森林草原等仍属于公社所有外，农具、牲畜、房屋及住处周围土地等都成为各家庭的私有财产。由于私有制的发展，掠夺战争在部落之间时有发生，战俘不再被处死，而是作为奴隶生存下来。社会内部分成两个对立的阶级，即剥削阶级和被剥削阶级，奴隶成为私有财产。印尼的奴隶制不发达，多为家奴，浓厚的农村公社残余构成了印尼奴隶社会的基本特征。随着奴隶的不断增加，氏族制已失去作用，部落首领的权力范围日益扩大，由军事首长转化为最早的自治者，用于阶级压迫的政权机构也随之出现，社会发生巨大变革，古老的氏族制被国家所代替。

第二节　文化的发展

随着生产力的不断发展，男子从事的游牧和较发达的农业在氏族公社中越来越起决定作用，男子的社会和经济地位超过女子，母权氏族制被父权氏族制所取代，男子成为氏族首领。在从母系社会过渡到父系社会过程中，母系血缘关系仍处于主导地位。在印尼古代，母系血缘关系在王权继承上的体现更为突出，印尼"自辛陀建国以来，女系继承权始终在王国的政治事务中发挥很大的作用，而这种继承权无疑是在部落的古老氏族公社的传统上发展下来的"[①]。氏族社会以血缘关系为纽带，有助于人类保持持久而紧密的结合。

印尼一些印度教寺庙遗址至今还保留着林伽（Lingga）和瑜尼（Yoni）的雕像，如爪哇岛加维陵庙（Candi Jawi）内设有石台。这种石台由两部分组成，下部是呈四方形的基座，在基座台面的一侧延伸凸出一个中间带有凹槽的小石渠。上部是一个顶部呈弧形半球状的石柱并被放置在下层基座的正中央，被称为林伽，是男性的象征；下部的基座被称为瑜尼，是女性的象征。在印度教看来，这种造型的石台是性、生殖与繁衍的象征，带有神圣和纯洁的含义。每逢印度教节日，教徒们会举行特定的仪式，即在林伽的顶部浇水，水流顺着石柱流下，并汇集在瑜尼的台面上，积存在台面上的水会最终从其一侧的小石渠溢出，溢出的水流被认作是经过了净化的圣水。印度教徒们正是接取这样的水来清洗、擦身，以求圣洁。东爪哇的勃拉汗陵庙（Candi Belahan）建在半山腰上，引流泉水的构思非常巧妙，拉克斯米和吉祥仙女手托乳房的火山岩雕像紧贴寺院后墙，汇集的泉水通过雕像的乳头流入池中，女神雕像曲线优美，流出的泉水犹如挤出的乳汁，正在哺育众生。女性崇拜是母系社会的典型特点，这在印尼古代有充分的体现。

据考证，"爪哇"（Jawa）一词中的"Ja"源自爪哇文"Jalu"（男性），表示父亲之意；"Wa"源自爪哇文"Wanita"（女性），表示母亲之意。因此"爪哇"一词的含义为男女的结合，含有"生命"之意。上述概念与印度教中湿

────────────────

[①]　王任叔：《印度尼西亚古代史》上册，中国社会科学出版社，1987年，第173页。

婆神的男性生殖器林伽和女神戴维（Devi）的女性生殖器瑜尼结合的象征相吻合[①]。瑜尼在印尼古代宗教建筑中体现了至少妇女与男子平等的地位。

印尼古代除了母系社会血缘关系影响外，当时盛行的印度教和佛教也起到了一定作用，尤其是印度教的种姓制中"血缘或出身和婚姻尤为重要"[②]。印度教崇尚女神，这种对女神的崇拜为人们接受女性执政者提供了心理基础，人们甚至期望女性能用她们独特的力量来改变不尽如人意的社会状况。虽然印尼古代王国深受印度文化影响，但保留了本土文化的特点，其中印尼女性的社会地位相对高于印度女性这一点就是一证明。在印尼古代，女性担任国王的较早记载是在公元7世纪："爪哇，即古阇婆国。门遮把逸山，系官场所居，宫室壮丽。地广人稠，实甲东洋诸番。旧传国王系雷震石中而出，令女子为酋以长之。"[③]另据《新唐书》记载，公元674年爪哇诃陵（Holing）国由一女王统治，号悉莫，国法严明，道不举遗。大食国君闻之不信，令人把一袋金子弃至该国路上。结果，行人避之，3年完好。一日，王子路过此处，由于好奇，用脚碰了一下金袋。悉莫得知下令斩之，众大臣讲情，免死罪，但把王子触金袋的5个脚趾剁掉了。大食国君闻之不敢用兵。可见，女性治国成就斐然。

在母系氏族阶段，氏族的世系从母亲一方来确定，形成只承认女系的事实。母系的世系家庭，包括一个女祖先，其女儿的子女，以及她的女性子孙的子女，由女性世代相传，从而构成了母系氏族。在王权继承上，母系氏族的血缘关系就落在王后和公主身上。母系血缘关系在王位继承上发挥至关重要的作用，王后、公主、王子具有同等的王位继承权，而公主在王权继承上的血缘关系更为突出。母系氏族是和原始社会长期存在的婚姻制度及生产力水平相适应的，在对偶婚制度下，两性的结合不稳定，所生子女一般情况下只知其母，不知其父，世系只能从母亲方面来确定和统计，从而确立了妇女在社会生活中的主导地位。在此基础上，母系血缘关系对王位继承发挥巨大影响。人们在中爪哇葛都附近的章嘎尔（Canggal）村发现一块立于公元732年的石碑，碑文中记述了当地王国的一些情况，其中有"高贵的陛下，为一切智者所敬仰。熟知

---

① ［法］G.赛代斯：《东南亚的印度化国家》，蔡华、杨保筠译，商务印书馆，2008年，第176页。

② 参见尚会鹏：《种姓与印度教社会》，北京大学出版社，2001年，第13页。

③ 汪大渊：《岛夷志略·爪哇》。

众书，又复澈悟奥义。唯此国王，刚强勇毅，有如室利罗摩（Sri Rama），征服周围诸国国王，其名为室利散查亚（Sanjaya）国王陛下。功勋有如太阳，全世光耀，使人获得幸福。陛下为桑散纳诃（Sanaha）之子。桑散纳诃为国王散纳（Sanna）之女弟"①。可见，室利散查亚国王的母亲是一位公主，散查亚继承了他舅舅的王位，这说明，当时爪哇母系社会尚存。

人们在东爪哇泗水以南和玛琅以北的迪纳亚地区发现一块立于公元750年的石碑，碑铭中记载："利斯瓦陛下生得一女，父王赐名乌德雅纳，立为国之公主，冀以继承父王世系。"②前马达兰国王沙马拉同嘎（Samaratungga，又称沙玛拉戈拉威拉 Samaragrawira）执政时期（824—838），该国国势强盛。沙马拉同嘎国王有一公主，名叫普拉莫达娃尔达妮（Pramodawardhani），公主下嫁散查亚家族的马达兰藩侯比卡丹（Pikatan）。另有一与公主同父异母的王子，名叫巴拉普特拉（Balaputra）。国王去世后，巴拉普特拉继位，因年龄尚小，由比卡丹以公主的名义摄政。850年，比卡丹与巴拉普特拉之间爆发王位争夺战，巴拉普特拉战败，逃往外地，856年继承了室利佛逝王位。巴拉普特拉登上王位后，加强与印度南部的商业往来和北部的文化往来，在印度那烂陀捐建了一所寺庙，供前往印度学习的印尼和尚居住。寺内有一石碑，碑文注明巴拉普特拉来自夏连特拉家族，其父萨玛拉咚嘎（Samaratungga）和祖父乌伊拉外利玛塔玛（Wirawairimathama）都是爪哇国王，他是室利佛逝国王达尔玛瑟图（Dharmasetu）③的公主所生④。巴拉普特拉的母亲原为室利佛逝公主⑤，为他继承室利佛逝王位提供了血缘依据，更符合当时尚存的母系社会特点。

前马达兰国王辛陀（Sindok，929—947年在位）是前国王达克萨（Daksa，910—919年在位）的孙子，称作斯里·马哈拉加·拉克·黑诺·斯里·伊萨纳·维克拉玛达尔莫东嘎戴瓦（Sri Maharaja Rake Hino Sri Isana Wikramadharmottunggadewa），已具有王族血统。他在图洛栋（Tulodhong）执

① 王任叔：《印度尼西亚古代史》上册，中国社会科学出版社，1987年，第393页。
② 王任叔：《印度尼西亚古代史》上册，中国社会科学出版社，1987年，第396页。
③ 公元775年在马来半岛Ligor地区修建佛教建筑的室利佛逝国王。见［印尼］萨尔托诺·卡尔托迪尔佐等：《印尼民族史》第二册，印尼文教部，1975年，第57页。
④ ［印尼］萨尔托诺·卡尔托迪尔佐等：《印尼民族史》第二册，印尼文教部，1975年，第58页。
⑤ ［法］G.赛代斯：《东南亚的印度化国家》，蔡华、杨保筠译，商务印书馆，2008年，第188页。

政时期（919—924）任哈鲁，在瓦瓦（Wawa）执政时期（924—929）任黑诺。一般情况下，上述两个职务由即将继承王位的王子担任。辛陀为使自己的王位更加正统与合法，同瓦瓦的公主芭旺（Bawang）成婚，二人共同治理国家，而王权实际上掌握在辛陀手里。芭旺公主的血缘纽带使得辛陀的王位更加巩固，他们后代的王族血统更加纯正。辛陀死后由公主斯莉·伊萨娜冬卡维查雅（Sri Isanatunggawijaya）继位，成为前马达兰的女国王，驸马为罗卡帕拉王（Raja Lokapala）。她统治前马达兰长达 28 年，后由王子玛库塔旺萨瓦尔达纳（Makutawangsawardhana）继承王位（975—990 年在位）。关于玛库塔旺萨瓦尔达纳的情况无史料可查，仅从石碑上的碑文得知，他有一位漂亮的公主，名叫玛痕德拉达塔（Mahendradatta），是时任国王达尔玛旺夏（Dharmawangsa）的妹妹，也是新托克的曾外孙女，嫁给了巴厘国王乌达亚纳（Udayana），他们的儿子取名爱尔朗卡（Airlangga）。

1293 年拉登·威查亚借助元军，建立了麻喏巴歇王国。拉登·威查亚是新柯沙里国王庚·阿洛克（Ken Arok，1222—1227 年在位）和肯·黛黛丝（Ken Dedes）所出的第四代孙，为了使王位更加合法，同时为了避免他人与自己争夺王位，拉登·威查亚同时娶了新柯沙里国王克尔塔纳加拉[①]的 4 位公主：大公主特里布娃奈丝哇里（Tribhuwaneswari）、二公主娜伦德拉杜黑塔（Narendraduhita）、三公主普拉蒂娜帕拉米塔（Pradynaparamita）和小公主嘎亚特里·拉查帕特妮（Gayatri Rajapatni）。[②] 新柯沙里王国在王位继承上吸收了母系氏族的残余传统，以女方为合法继承人，以女方配偶行使国王权力。

1294 年初，原新柯沙里远征军还带回两位室利佛逝公主：大公主达拉·京嘎（Dara Jingga），后以联姻方式与马来王国国王毛利瓦尔曼（Mauliwarman）成婚，生了阿迪特亚瓦尔曼（Adityawarman）王子，由于公主已打上麻喏巴歇的烙印，该王子少儿时就被送到麻喏巴歇接受教育，同时作为人质。王子长大后曾参加麻喏巴歇的平叛战斗，并两次代表麻喏巴歇出使中国，45 岁时回到苏门答腊接替马来王国的王位。在麻喏巴歇时代，出现了

---

① 克尔塔纳加拉国王是杜马坡藩侯栋古尔·阿墨东（Tunggul Ametung）与肯·黛黛丝第三代孙，与拉登·威查亚都是肯·黛黛丝的后代，有血缘关系。

② ［印尼］萨尔托诺·卡尔托迪尔佐等：《印尼民族史》第二册，印尼文教部，1975 年，第 260 页。

借用俘获的公主，打上麻喏巴歇的烙印后再与其出生地国王以政治联姻的方式成婚，其子送到麻喏巴歇接受教育，日后回国继承王位的现象。二公主达拉·勃达克（Dara Petak）与拉登·威查亚成亲，1294 年末生王子卡拉·戈米特（Kala Gemit）。1295 年，卡拉·戈米特被封为太子和达哈（Daha）王，封号为查亚纳加拉（Jayanagara），此举引起大臣们的不满，认为他是室利佛逝公主所生，不是纯爪哇人。一直以来，大臣们对受宠的王后达拉·勃达克存有戒心，而拥护生有两位公主的原新柯沙里公主嘎亚特里。该派代表人物为原马都拉藩侯威拉拉查（Wiraraja）大将军。可见，公主出生国和血统非常重要。

拉登·威查亚长期患病，宠妃达拉·勃达克专权。拉登·威查亚去世后，查亚纳加拉继位（1309—1328 年在位）。他感到自己是马来公主所生，母亲是一侧室，担心王位生变，所以想娶同父异母的妹妹[①] 为妻，借以防止妹妹外嫁。否则，她的配偶和子女将会要求王位的继承权，他的想法遭到大臣们的强烈反对。在这种情况下，他"禁止所有贵族进入麻喏巴歇的宫廷，触犯这禁令的处斩"[②]，断绝了外界与宫内的接触。为了防止王权旁落，他自己不能娶也不让别人娶，阻断母系血缘关系的延续，借以封杀公主，达到垄断王权的目的。

在麻喏巴歇王国时期，至少有 4 位国王或王子娶了自己的表妹，即：哈奄·武禄、威克拉马·哇尔塔纳、维拉布米和拉查沙瓦尔达纳。在王位继承上，王后、公主与王子具有同等的权利。"在国王世系内所生王子的地位，也各有不同。通例为王族之女所生之王子，地位较高，官吏之女所生之王子，地位较低。"[③]

伊斯兰教传入印尼后，母系社会血缘关系逐渐减弱或消失。虽然在伊斯兰教中并不存在明显的女性崇拜，在《古兰经》里并没有明显束缚和贬低女性的规定，但在后来的传播和发展过程中，由于个别伊斯兰教传播地区本身有歧视妇女的文化背景，因而对妇女的偏见被圣训化。在爪哇岛，信奉伊斯兰教的淡目王国取代麻喏巴歇。自此，母系社会的血缘关系逐渐被父系社会的血缘关系

---

① 即嘎亚特里的女儿。

② 王任叔：《印度尼西亚古代史》下册，中国社会科学出版社，1987 年，第 558 页。

③ 王任叔：《印度尼西亚古代史》下册，中国社会科学出版社，1987 年，第 648 页。

所取代。女性担任国王的现象减少，公主的作用减弱。

外来宗教文化在影响印尼宗教文化的同时，也在适应当地原有的传统宗教文化。外来宗教文化和本土宗教文化的融合就是彼此既改造对方，又被对方改造的过程，最终达到融合。印度教和佛教都是信仰多神的宗教，这一显著特点，迎合了印尼本身就具有的以"万物有灵"为核心的原始信仰。因此，印尼人易接受同样具有浓厚的神秘主义色彩的印度教和同样信仰多神的大乘佛教，并使之与自身的本土宗教信仰相融合。在印尼古代，印度教和佛教的推行者往往是印尼古代各王国的王室，遗留下来的宗教遗迹也大都是国王下令修建的，有的还立碑纪念。相关碑文还记录了王国统治者对于印度教或佛教的热情和关注。可见，印度教和佛教符合当地统治阶层的需求，受到他们的青睐，得以自上而下加以推广和传播。如果说印尼的印度教和佛教在初传时期还保留了印度宗教的本来面貌，那么，随着本土化的发展，最终形成了本土化的印尼的宗教了。文化的形成取决于社会诸因素，其中爪哇原始宗教、印度教、佛教和伊斯兰教以及神秘主义等对印尼文化产生影响。

印尼宽阔的海洋带来的不仅是新的知识，还带来了对外的交流，本土文化和外来文化的融合，孕育出一种具有新特征的文化。印尼地理环境、饮食习惯、建筑风格、交通工具、衣着服饰等，在历经数百年之后，终于形成别具特色的文化体系。原始宗教和外来宗教的融合推动了民间祭祀、建筑艺术、歌舞、游艺的兴起和发展。印尼文化一方面吸取了许多外来文化新的文化因素；另一方面，文化区域内汲取外来文化的程度不同及其他原因形成差异，而又不断地彼此交流融合互补，推动了文化的不断发展。

第三章　物质文化习俗

第一节　饮食文化

　　饮食是人类的天然本能，作为人类大家庭的成员，印尼人民同样经历了自然饮食和调制饮食的状态，从最原始的自然采集、渔猎、生食阶段发展到调制食物、熟食阶段，他们用自己的智慧和技能创造了具有文明和特色的饮食文化。1890—1892 年，印尼考古学家先后在爪哇岛梭罗河畔特里尼村发掘出一块颚骨、一个头盖骨、一颗臼齿和一根左腿骨，经考证是从猿人进化到人的过渡生物，被称为"爪哇直立猿人"，距今已有 50 万—60 万年的历史。在同一区域发掘出许多石器，手握石斧和各种骨器，如渔叉和用于掘土的农具，这充分说明梭罗人已开始从事渔猎和原始农业了。考古学家还在这一地区发现了梭罗人使用火的遗迹，火的使用是饮食文化形成的关键。最早的熟食法以烧、烤为代表，这和原始渔猎生产的发展有密切关系，即把捕获的野兽和鱼剥割、收拾后，放在火中烧烤。后来，又发展到间接烧烤和炖煮法。从利用石杵、石臼和烤热的石板、石块，到使用贝壳、椰壳、竹筒等各种物质的容器，印尼的饮食文化随之形成和发展。印尼有 300 余个部族，分布在 7000 余个岛屿上。由于地理、宗教、习俗、文化、社会背景不同，各部族的饮食文化亦有所不同。上述饮食文化在传承基础上经过融合和发展，构成了印尼独特的饮食文化。

　　1. 稻作文化

　　印尼人的主食为大米，在印尼民间传说和神话中有大量的以稻谷为题材的故事，食大米的传承得到印证。如稻谷女神卢英的传说，传说把稻米的来源与为公众利益勇于献身的英雄事迹联系在一起。卢英·姻东的名字在加里曼丹地区家喻户晓，她是稻谷女神，还负责护送人的亡灵。每当举行宗教大典时，人们总是边撒稻米，边念叨她的名字，以求她的保佑。卢英女神来自人间，她原本是个长相俊俏、活泼可爱的女孩，很受家人宠爱。在关键时刻，她为了多数人的利益献出了自己年轻宝贵的生命，最终成为女神，受到人们的尊崇。

有一年，加里曼丹岛的灵沃村久旱无雨。在炽热的阳光下，河流断水，石头爆裂，庄稼和树木都已枯死，村民们面临着饥饿的威胁。人们恐慌不安，议论纷纷，很多人试图探究干旱的原因。面对如此大旱和即将来临的饥荒，就连富有生活经验的老人们也束手无策。最后，人们都把希望寄托于族长伯力图·塔文。族长在村里有很高的威望，是人们最信赖的人。这几日，他一直焚香祷告，闭门冥想。终于有一天，他获得祖先的启示：干旱的原因是一些村民违反了祖先的戒律，如男女青年随意同居，人们为鸡毛蒜皮的小事大打出手，偷盗、抢劫、凶杀等事件经常发生。为此，祖先用干旱来惩罚后代。要想摆脱灾难，必须向祖先谢罪。方法是一个有罪的人自愿献出自己的生命，用鲜血滋润一块干裂的土地。否则干旱将继续下去，饥荒就不可避免。伯力图把祖先的启示告诉了众人。不久，全村人都聚集到族长家门前。人们交头接耳，议论纷纷，等待着自愿献身者挺身而出。有罪的人一个也不敢站出来，平时自夸勇敢的人此时都变成了"哑巴"，小偷都在为如何把偷到的东西悄悄送还失主而伤脑筋。几个时辰过去了，仍然无人站出来献身。老人们建议抓阄，抓到谁，谁就是谢罪人。一些人当即表示反对，他们认为抓阄就不是出于自愿，这是违背祖先意愿的，心不诚则不灵。还有一部分人建议，祖先的启示不必理睬，听天由命算了。伯力图对村民的表现感到十分失望。为什么没有人肯为大多数人的利益献出生命？为什么放过洗清罪过的良机？为什么敢做而不敢当？祖上遗传的勇敢精神到哪儿去了？他百思不得其解。

正当人们不知如何是好时，伯力图的小女儿卢英挺身而出，表示愿意代人受过，以自己的生命和热血洗清村民们所犯的罪过。众人很不理解：卢英没干过任何坏事，再说她还是个孩子。卢英的母亲和亲友为此大为吃惊，纷纷上前劝阻。这时，伯力图正在进行激烈的思想斗争，卢英是自己最疼爱的女儿，他怎么能接受这个现实呢？但身为一族之长，他又不该阻止女儿为全村人献身。他前思后想，左右为难。妻子在一旁再三恳求他拒绝女儿的请求。卢英已下定献身的决心，只见她镇静从容，毫无惧色。在场的人们屏息凝神，等待族长的决定。伯力图沉思片刻，突然向前跨了几步，当众宣布道："看来，祖先选中了我的女儿。我同意女儿的请求。"说完，他举起内装石子的竹竿向房柱用力击去，做出最后决定。目睹这一切，在场的人无不深受感动，干过坏事的人更是无地自容。人们佩服卢英的勇敢，对族长更加敬重。伯力图马上派人做准备。卢英打扮完毕，在众人的簇拥下来到村外的一块空地。全村人都赶来为她送行。只见她身着节日盛装，镇定自若地站在场地中间，身边站着两个手握鬼头刀的刽子手。时辰到了，刽子手无情地举起夺命刀，卢英面带微笑，倒在血泊之中。流淌的热血慢慢地渗入干裂的泥土。人们痛苦地闭上双眼，不忍目睹这悲壮的场面，就在卢英倒下的一刹那，忽然电光闪闪，雷声隆隆，好像在为卢英的灵魂送行。转眼间，下起瓢泼大雨。大雨整整持续了一天一夜。看来，卢英的血洗清了村民们的罪过，使祖先原谅了后代。次日，大地复苏。庄稼神奇般地由黄变绿，森林又披上了绿装，河水缓缓地流淌，大自然恢复了以往的生机。卢英的母亲怀着悲痛的心情来到女儿献身的空地，发现女儿鲜血渗透的地方长出一株植物，上面结有金黄的穗状物。这就是人们后来称作的稻子。从此，卢英便被村民们尊崇为稻谷女神。

有的相关传说把稻米来源与爱情神话故事联系在一起，如连体稻。

蒂斯娜·哇蒂是巴塔拉·古鲁天神的女儿。她容貌秀美，生性调皮。由于过惯了天上的生活，她十分羡慕人间的繁华，她每当窥探人间时，总是感叹地说："啊！要是我也能生活在人间该多好呀！"为此，她天天缠着父亲，要去人间。一天，古鲁天神被缠无奈，便答应了女儿的请求。但他有个条件：让女儿先嫁给天神，由天神陪伴她去人间。

蒂斯娜·哇蒂听后急嚷："爸爸！我已经有了心上人。"

"是谁？"古鲁神惊奇地问道，"我不希望你嫁给风魔的后代，嫁给我的敌人，我是绝不会允许的。"

"啊，不是的，爸爸。他不是风魔的儿子，也不是天上的神仙，而是下界凡人。"

她把父亲拉到天门口，用手指着下界对父亲说："您瞧，就是他。那个正在山脚下锄地的青年。"

"你疯了！他是凡人，你是仙女，怎么能相配！"

"可我喜欢他，非他不嫁。"蒂斯娜倔强地说。

"我再说一遍，你不能下嫁凡人，假如你嫁给那个凡人，我就把你变成一棵稻子。"古鲁神真的生气了。

蒂斯娜见状有些害怕，她不想被变成稻子。但她已下决心，非要嫁给那个农夫不可。

第二天，当古鲁神准备外出为女儿择婿时，部下来报，说风魔来骚扰。古鲁神急忙迎战。临行前他告诫女儿说："你在家好好待着，回头我一定为你找个好丈夫。"

蒂斯娜假意答应下来。待父亲离去后，她立即随风下到人间。她落在离那个农夫不远的地方，慢慢朝他走去。农夫见一位动人的姑娘走来，很是高兴。他情不自禁地问道：

"美丽的姑娘，你找谁呀？"

"我就找你，找我的心上人。"蒂斯娜鼓足勇气回答。

农夫一愣，随后开心地笑了，蒂斯娜也跟着笑起来。笑声惊动了与风魔作战的古鲁神，他停手朝下望去，见女儿正与凡人在一起，便撇开风魔降到人间。古鲁神的突然降临，使农夫和蒂斯娜大吃一惊。

"快跟我回天庭！"古鲁神不由分说，拉着女儿就走。

"不！我不回去，我要留在人间，与我所爱的人生活在一起。"

蒂斯娜执意不从。

"好吧，我就成全你，让你永远留在人间，但不是作为人，而是稻子。"古鲁神大动肝火地说。古鲁神的话音刚落，蒂斯娜便成了一棵细长的稻子，长在农夫刚锄过的地里，沉甸甸的稻穗朝农夫低垂着。然后古鲁神愤然离去。自此，农夫无心干活，整日守着那棵稻子，时不时地吻吻它。古鲁神在天上看到这一切，后悔当初没有成全他俩。可是，木已成舟，后悔有什么用呢？最后，古鲁神决定把农夫也变成稻子，以使他免受思念之苦。于是，农夫也变成了稻子，并且和蒂斯娜变成的稻子挨在一起，两个稻穗相对下垂，稻叶相连，恰似一对拥抱着的恋人。

在印尼，以稻谷为素材的成语、谚语和格言就有 30 余条，寓意深刻。所有这些，为我们提供了印尼人民食米的古代传承线索。如：

Ayam bertelur di atas padi mati kelaparan. 鸡生蛋于谷堆而死于饥饿（条件虽好，生活却很苦）。

Bak ilmu padi, kian berisi kian runduk. 犹如稻穗，越饱满越下垂（越有真才实学的人，越谦恭）。

Menyisip padi dengan lalang. 往稻子里面插茅草（在好东西里掺进坏东西，好东西也变坏了）。

Pagar makan padi. 篱笆吃稻谷（执法犯法）。

Seperti padi hampa, makin lama makin mencongkak. 犹如空稻谷，越长越仰天（越是不学无术的人，越是骄傲）。

Kalau tiada padi, sebarang kerja tak jadi. 没有稻谷就会一事无成（没钱就办不成事）。

Bak membawa rasmi padi, jangan membawa rasmi lalang. 应学稻子的美德，莫学茅草的陋习。

Nasi sudah menjadi bubur. 米饭已经成粥（木已成舟，无可挽回）。

在印尼部分地区，至今流传着迎谷神、祭谷神的习俗和仪式。这充分说明稻谷在印尼人民生活中占有非同寻常的位置，并形成稻作文化。

稻米种植是印尼最重要的经济命脉。印尼的稻作文化还体现在梯田文化方面，印尼多山，梯田种稻是最常见的形式，其特点是灌溉充足。其中苏门答腊岛占碑省"葛林芝"（Kerinci）高地梯田，位于巴厘土地肥沃、风景如画的塔班南县（Tabanan）"加德威"（Jatiluwih）梯田和"加姆布尔"（Jambul）梯田最为著名。热带风光与田园景色，田中点缀的椰树和火山背景完美的契合，令这些梯田别具一格，充满魅力。

2. 日常饮食惯制

人类生理需求是日常饮食惯制产生的基础，主要目的是为了恢复体力。最早采用早晚两餐制，这与人类当时早出晚归的劳作有关。后来，随着农业的进步和发展，一日三餐制才逐渐形成，并成为当今人们普遍认可的正常饮食制度。印尼人除伊斯兰教徒的斋月外，终年一日三餐，这是印尼的气候所决定的。印尼只分旱季和雨季两个季度，一年四季可耕种，一日两餐显然不适应常年劳作，更不利于恢复体力。印尼人三顿正餐中间的间食、点心、果品的食用与咖啡、茶水、果汁的饮用是必不可少的。

3. 饮食结构及习惯

印尼人的口味是喜欢吃脆、酥、香、酸、甜的食物，尤其喜欢辛辣作料，如咖喱、胡椒、辣椒、葱、姜、蒜等。他们爱吃的辣椒酱是用红辣椒、虾酱、糖、盐、葱、西红柿等混合而成的。他们还喜欢把苦瓜煮熟后蘸辣酱油吃，喜欢炸、烤、煮、爆、炒等方法制作的菜肴，喜欢牛、羊、鱼、虾、鸡、鸭及动物的内脏和新鲜的蔬菜。印尼人一般常吃的菜肴有炸肠、烤鸡炖肝、炸牛肚、清炖鸡、炒虾、煎牛脑、炸羊排、土豆丸子、炒豆芽、茄子汤等。印尼人口轻，忌咸。

印尼是举世闻名的香料之国，其饭菜别具一格。在调味时，除葱、姜、蒜、食盐和味精外，多喜欢放胡椒、豆蔻、虾酱、椰浆、酸果、青芒果、橘子叶、酸小洋桃、干辣椒、黄姜叶、露兜树叶、圣罗勒叶、蒲桃叶、红糖、白砂糖、桂皮、甜酱油、香菜、葡萄干、黄油、咖喱、肉豆蔻、香兰果和花生酱等。印尼风味小吃种类很多，主要有棕榈糖花生、可可果饼干、炸香蕉、糯米团、糯米糕、鱼肉丸、涂酱羊肉串、炒米饭及各种烤制糕点。印尼人喜欢吃甜食，餐后点心品种多，多用糯米粉、面粉、木薯粉、豆粉加椰蓉和糖做的各种糕点。东部地区的糕点则常用硕莪粉制作。

印尼常见的蔬菜有卷心菜、芹菜、韭菜、苦瓜、菜豆、西红柿、黄瓜、葱头、萝卜、苋菜、土豆、辣椒、臭豆、生菜、油菜、胡萝卜、葱、姜、蒜等。

除大米外，印尼还出产另外 66 种碳水化合物食物，比如玉米、西米、木薯、红薯、马铃薯等。它们可以代替大米，成为主食。肉类、家禽、海产以及各式各样的蔬果为主要副食品。由于地区广阔，部族众多，因此印尼不同岛屿和区域的人们的口味也各不相同。如苏门答腊人喜辛辣，爪哇人喜酸辣和甜辣等。

虽然各种菜式不同，但是用料几乎都离不开椰子、辣椒、棕树糖、虾酱、花生、石栗子、阿参酸果，以及各种浓烈的香料和葱蒜等，而辣椒更是每一道印尼菜所不可缺少的。

印尼热带水果品种齐全，出产有"水果之王"之称的榴莲、有"水果之后"之称的山竹，以及芒果、红毛丹、杜古、蛇皮果、木瓜、人心果、牛心果、西番莲、香蕉、菠萝、番荔枝、鳄梨、柚、橙、苹果、梨、柑橘、葡萄等水果。在餐馆或宴会桌上，也常用西瓜、白兰瓜等作为餐后水果。印尼不产梨、核桃、大柿子、山楂和桃。

印尼人饭后有喝咖啡或茶的习惯，喝时一般都加少许糖。印尼人多习惯喝红茶。餐桌上常见的饮料有矿泉水、椰子汁、橘子汁、鳄梨汁、西瓜汁和白兰瓜汁等。印尼最常见的矿泉水，牌子为"阿瓜"（Aqua），在订餐时若要矿泉水，说"阿瓜"即可。常见的啤酒为印尼国产的"星牌"（Bintang）啤酒。

印尼咖啡一般采用半水洗法，即去掉咖啡豆外部的果皮与果肉，保留咖啡豆上的薄膜组织，经过浸水发酵的程序筛选出结实下沉的良豆进行日晒，再以烘干机使含水率达到要求的标准。独特的是用羊皮纸包裹还有薄膜的咖啡豆，其保持 18% 的水分，出货前再把咖啡豆表面薄膜抛光。正规的咖啡厂可以精准地掌控各个环节，咖啡农则在自家院子以传统的加工方式处理咖啡豆，不同的处理方式与技巧会生产出口味不同的咖啡。苏拉威西托拉查人还维持着古老的传统生产方式，他们同时用水洗、干洗和半水洗三种方式处理咖啡豆，使咖啡少了一些土腥味，多了些清爽的水果味。这种咖啡的注册商标为"比那莱斯塔里"（Bina Lestari）^①。

巴厘岛生产的"火轮"（Kapal Api）牌咖啡在印尼也很有名气。最贵的咖啡当属"猫屎咖啡"（Kopi Luwak），"Kopi"是印尼语的"咖啡"之意，而"Luwak"则是生长于印尼群岛的野生麝香猫。可见，"猫屎咖啡"与印尼野生麝香猫有密切关系。麝香猫属于杂食动物，它们生性孤僻，喜欢夜间活动，栖息在热带雨林、亚热带山地灌丛地。其食物包括小型兽类、鸟类、爬行类、昆虫、植物果实和种子等。这种麝香猫喜好食用成熟的咖啡豆，由于麝香猫的肠道酸性腐蚀，果肉部分被消化，而不能消化的咖啡豆则随着麝香猫的排泄物一并排出。麝香猫的消化系统破坏了咖啡豆中原有的蛋白质。"猫屎咖啡"的加工程序较复杂，要经过挑选、晾晒、除臭、烘焙等数道工序。这些经过麝香猫"处理"的咖啡豆，加工后冲泡出来的咖啡味道独特，"猫屎咖啡"因而得名。对于其味道有两种截然相反的评价，一种认为该咖啡是"人间极品"，味道独特，如巧克力般润滑，带有泥土和麝香的气味，回味无穷，堪称咖啡中之极品；而另一种评价是有臭味，难以下咽。印尼野生麝香猫被捕猎严重，数量减少。为了获取更多的利润，农民开始家养麝香猫，喂食咖啡豆，收集排泄物中的咖啡豆进行处理和加工。"猫屎咖啡"售价堪比黄金。在国际市场上，这种咖啡始终是名副其实的奢侈品。这种靠其消化系统才能造就的咖啡，靠现代技术是难以生产出来的。

印尼的菜肴不如我国那样分类明确，"菜系"多以部族划分，而不是以地域划分。其主要原因是印尼气候、地理区别不大，除个别蔬菜、水果和宗教习俗外，饮食原料基本相同。所不同的是农村的饮食结构比较单一，食物主要有大米、木薯、蔬菜和少量肉、蛋、咸鱼干，多以填饱肚子为目的。城市与外界交流日益广泛，饮食结构发生了较大变化，早餐牛奶、面包、果酱已相当普遍。海鲜、菜肴的烹饪方法已多样化，人们开始注重菜肴的营养成分。电视台开设了烹饪和药膳节目，对平民的烹调技术给予指导。无论在农村还是在城市，传统食物至今仍受欢迎。这些食物的制作方式比较原始，但有很大的营养成分。

---

① 词义为"保持原味"。

此外，不同地区有各自的饮食习惯，如苏门答腊廖内省的居民平日吃木薯、红薯、玉米，配以椰丝、椰糖、咸鱼、辣酱、虾酱等。亚齐人喜欢喝什锦粥，即用几十种的植物叶子、椰肉、绿豆和大米等掺在一起煮熟。其他还有豆粥，用大米、糯米、绿豆等煮成；水果粥，用各种水果同大米或糯米煮成；糯米粥，用椰浆、香蕉、菠萝、糯米煮成。

印尼人大都信伊斯兰教，他们不吃猪肉，而是以牛羊肉为主。巴厘人正相反，他们信印度教，不食牛肉，而以吃鸡肉、猪肉为主。

印尼最常见的菜肴有凉拌什锦菜（gadogado，中文译名为咖哆咖哆、加多加多，又称作蔬菜沙拉）、烤羊肉串（sate，即沙爹）、烤鱼（ikan panggang）、烤牛肉（sapi panggang）、烤羊肉（kambing panggang）等。汤多为牛肉汤（soto sapi）、羊肉汤（soto kambing）和鸡肉汤（soto ayam）。

因天气热，印尼人一般不喜欢吃热饭、热菜，不喝很烫的汤。他们无论煮熟了什么东西，都要放凉了才吃，且喜欢边吃边饮冷冻水。冷、凉、冻是他们的饮食习惯，用以克制因吃太多辛辣食物而引起的"火气"。

4. 特色饭菜

（1）黄姜饭（Nasi）

黄姜饭是印尼人办喜事必做的一种食物，有好运来临的寓意。其做法是：把黄姜洗净，然后在礤床上搓成末，兑水榨出浓汁，加上椰汁、香茅草和小橘叶。将大米洗净，然后放入上述汁叶煮熟，出锅后即成黄米饭。吃时，饭上盖以肉丝、鸡蛋丝、鸡汤、炸黄豆和炸红葱等。印尼人视黄色为吉祥的象征，故黄米饭成为礼饭，在婚礼和祭祀上必不可少。黄姜也可以用来做汤，用鸡汤打底，再加上黄姜粉、卷心菜、粉丝、鸡肉、柠檬汁等调料，味道十分浓郁。因为汤的口味比较偏重，所以一般印尼人会将米饭倒进汤里一起吃，这样既可以使汤的美味渗入到米饭里，又可以让汤喝起来更爽口。另外，黄姜还可以制作成一种女人常喝的饮料，把黄姜先切成片放到水里，加上一些罗望子糊和红糖一起煮，煮熟之后可以当茶喝。这种茶既可以治疗女性痛经，还可以减肥，更可以使皮肤变得光滑。

（2）炸香蕉（Pisang Goreng）

根据香蕉的品种，吃法也不同。有生吃的，有煮吃的；有用油炸的，有用炭火烤的。用油炸的最为畅销，其做法是：一般先将香蕉去皮，切成两半，用稀面裹上，再用油炸。用火烤的，一般是先把带皮的香蕉压扁，然后在炭火上烤熟，吃时蘸糖酱。

（3）凉拌什锦菜

凉拌什锦菜是印尼标准的开胃菜，通常会有马铃薯、番茄、白煮蛋、小黄瓜、豆角以及炸豆酵饼（Tempe）和一些蔬菜。其做法是：先将喜欢吃的各种蔬菜洗净，切好后用开水煮烫至大半熟，捞出后用各种作料拌在一起，作料以花生酱为主，吃起来格外清凉。凉拌什锦菜是印尼的大众菜，是家宴中不可缺少的一道菜，既实惠、可口又可补充维生素。

（4）豆酵饼

早在殖民地时期，豆酵饼就成为印尼大众食品，老少皆宜。独立后，政府开始重视豆酵饼的生产，建立了豆酵饼、豆腐生产合作社和生产基地，将制作豆酵饼的专业人员集中到一起，基地随之发展成豆酵饼村、豆酵饼镇。从事这一行业的生产队伍不断扩大，生产单位也由小作坊发展成规模较大的工厂。材料主要是黄豆，制作方法及程序是：选择优质大豆，挑出杂质，用水洗净，浸泡半日，放入锅或铁桶里煮至半熟，浸入凉水，脱皮（将煮熟的大豆放入大盆，边搅拌、揉搓，边注入清水，或将大盆置于喷头下，脱掉的豆皮将漂浮在水面，随水流出；或放入布袋，封口，用脚多次踩踏，然后用水将豆皮冲走）。待豆皮脱光后，把大豆放入瓮或缸里浸泡一夜，每两小时左右换一次水，去掉异味。然后煮熟，用竹簸箕将水控干，捞出后铺到席子上晾晒，半干后撒上豆酵饼酵母粉（将鲜豆酵饼切成条，晒干后碾成末即成酵母），一勺酵母粉可用于一升的黄豆。将撒了酵母粉的豆子搅拌均匀，分块摊在长木槽内，盖上香蕉叶或带孔塑料布，用木棍压住，置于荫凉处发酵。两日后发酵过的大豆呈白色，风干后装入袋子上市。

该豆酵饼含有高蛋白、多种维生素，易消化，价格低。切成块，放盐、作料可烧制美味菜肴，随着人们口味的变化，豆酵饼制作者不断开发新产品，目前出现了豆酵饼汉堡，吃起来有肉的口感。尽管出现了许多膨化食品和新食品，但豆酵饼仍是印尼人的首选食品。由于制作过程产生大量的纳豆素，对于消化系统及心血管有很好的保健功效，开始受到日本及欧美各国的青睐。

（5）"谷代戈"（Gudeg）什锦饭

此饭用到一种名为"南卡"的特制香辣调味料，它用嫩菠萝、鸡肉、蛋、椰奶和日惹特产水牛皮制成，拌饭食用，味道稍带甜味。"谷代戈"什锦饭属于爪哇式咖喱饭，是当地人喜爱的早餐食品。

（6）沙爹（Sate，烤肉串）

印尼的烤肉串与我国常见的烤制方法类似，但作料不同，我们常见的是在烧烤时直接往肉串上撒作料，多以孜然、辣椒面、盐等为料。而印尼人则配以花生酱、辣椒酱等调制的调料，涂抹或沾着吃。

（7）烤乳猪（Babi Guling）

烤乳猪是巴厘岛的特产，用药草、香料、红椒等为佐料制成。派生出的配以猪血条、猪肉丝、油亮脆猪皮的烤乳猪饭非常有名。

（8）巴厘脏鸭（Bebek Betutu）

巴厘脏鸭的主要材料就是半只鸭腿，用香蕉叶、药草、香料和酱汁腌制而成，而后加以烘烤。烤出来的鸭腿酥软香脆。在小竹叶里还配有甜辣两种不同味道的酱汁，另有用胡萝卜丝、豆芽、青菜叶和芝麻制成调味汁，吃起来爽口。还有一小块饭团和一份沙爹牛肉，肉质鲜嫩。饮料是一杯冰爽酸甜的柠檬汁，用以冲淡油腻味。

（9）什锦饭（Nasi Campur）

什锦饭配有鸡肉、沙爹、橘子汁、四季豆、炸豆酵饼、鸡蛋和特制辣酱，用黑豆酿成的甜酱油是必不可少的，可谓色香味俱全。

（10）"登登"（Dendeng）牛肉干

"登登"牛肉干的制作方法是：把鲜嫩的牛肉切成薄片，涂上伴有香料的酱油，略放些糖，然后晒干。吃的时候，用油炸，味道美。

(11)"格卜"（Empal）

"格卜"是印尼语的音译，其做法是：将大块牛肉煮熟，切成厚片，用刀背将牛肉片打松散。将打松散了的牛肉和香叶、葱、芫荽粒、沙姜等原料一起下锅煮，直至整块牛肉入味。将入味的牛肉捞起，放到平底锅双面煎至微焦，上盘，洒上少许炸洋葱片，一道香气袭人的"牛肉格卜"就做成了。"牛肉格卜"有点像牛肉干，但比牛肉干香软，炸洋葱片和蒜片香脆浓郁。

(12)蝙蝠（Kelelawar）

万鸦老人对倒吊栖息在洞穴内的黑蝙蝠情有独钟，他们在洞口张网，然后派人从洞穴内惊扰里面的蝙蝠，只要蝙蝠群一冲出洞口，就会被外面的网子罩住，成了万鸦老人的腹中佳肴。万鸦老人最喜欢吃的蝙蝠是一种吃水果长大的蝙蝠，其肉质较为细嫩，味鲜美。通常万鸦老人料理蝙蝠的方式是油炸，或把蝙蝠切成块，放上咖喱粉、黄姜和辣椒在锅里卤。卤好的蝙蝠肉质鲜嫩，非常有嚼头。吃时，再配以竹叶饭团，美味可口。此外，也可料理成清爽的蝙蝠汤，该汤有治疗气喘的功效。

(13)巴东牛肉

巴东牛肉这道菜仅调料就多达10种：印尼青橘子、香叶、香茅、橘子叶、南姜、洋葱、辣椒、咖喱等。先将洋葱和咖喱爆香后，将牛肉和各种香料放入锅里爆炒，再倒入椰酱，将牛肉煮至软熟。上盘的巴东牛肉因为辣椒酱的缘故，入口仍然保持火辣口味，牛肉很嫩，多种香料糅合在牛肉之中形成独有的香味。

(14)醉虾

印尼盛产鱼虾，吃鱼虾也很讲究。除了煎、炸之外，有的鱼开膛后，在鱼肚里涂上香料和辣酱，然后烤熟吃。醉虾的做法是：把活虾放在玻璃锅内，倒上酒精，点上火，盖锅盖，片刻便把活虾烧熟，然后蘸辣酱吃。

（15）蛇肉汉堡

在爪哇日惹，有一种美味的汉堡，是用捕杀的眼镜蛇肉做成的。活的眼镜蛇被捕捉、剥皮、剁头、切碎、烹煮，直到最后做成精致汉堡在当地餐厅出售。

5. 饮食方式的传承

印尼人至今保留着原始的手抓饭食法，无论在农村还是在城市，无论是"上等人"还是"下等人"，在日常用餐时，还是习惯用手抓饭吃。用餐时，先将手指用清水涮净，然后用手把放好佐料的炒米饭捏成团送入口中，或者把白米饭捏成团蘸佐料吃，有时分餐，有时同抓一盘饭。饭桌边上要放一碗清水，边抓饭，边不时用手蘸蘸清水，以免使米饭粘在手指上。喜欢手抓饭的人，觉得这样吃很开胃。盛饭的餐具，城乡不同，城市一般用碗盘，农村习惯用芭蕉叶。印尼的餐厅多为木长桌或者方桌，很少有圆桌。

巴东菜是印尼人大众菜，饭馆上菜方式很特别，介于点菜和自助餐之间：客人入座后，服务员开始上菜，无需客人点菜，少则十几盘，多则几十盘，有时摆放几层，荤素搭配，供客人选食。除了菜外，还有水果和米饭等，不愿吃的饭菜，不要动筷子或刀叉。结账时，服务员根据动过的菜计价。未动过的菜撤回，然后放到别的餐桌上，供其他客人选食。该食法的传承线索可追溯到过去群居生活的饮食习惯，即将现有食物摆上供大家食用。随着饮食文化的发展和节约意识的增强，逐步发展到今日的独特食法。

6. 信仰饮食惯制

自古以来，印尼人就把饮食生活转移到了信仰生活中，以各种食物和瓜果作为祭品供奉神灵和祖先，带有浓厚的迷信和宗教色彩。受上述惯制和宗教的影响，在饮食惯制中形成了许多饮食禁忌。

每年巽他年历 12 月 22 日都有成千上万的巽他人从四面八方汇集到西爪哇苦宁岸县吉古古尔村，举行传统的庆丰收仪式，以表达他们对真主的感激之情。庆祝仪式在一座古老的殿堂举行。每一个参加者都要带来一些当年收获的稻谷、水果和蔬菜等。按规定必须备齐与庆丰收日期数字相同的稻谷 22 公担，在 18 日堆放在庆祝场地的东、西、南、北 4 个方向，这象征着真主的八种恩赐来自四面八方。往庆丰收场地运送稻子时，11 对男女青年身穿节日盛装，头顶稻谷，走在队伍的最前面，这象征着新生活充满朝气和希望。后面跟着的是一群头顶稻谷的已婚妇女，表示母亲们在为儿女祈求幸福。最后是一群已婚男子，他们肩挑稻谷，象征父亲们应该担起抚养家庭、教育后代的重任。

稻谷在预定地点堆放完毕，仪式主持人登上讲台，背对丰收的果实，面向参加仪式的群众。然后一对夫妇走出群众队伍，用巽他语高声朗诵吉冬诗，感谢真主的恩赐，祈求来年获得更大的丰收。接着，举行舂米仪式。参加舂米的小伙子们必须身穿妇女服装，因为妇女是文雅和善良的象征，此外，也意味着男女具有同等地位，负有同样的权利和义务。按习俗须舂米 20 公担，余下的两公担作为种子。舂过的稻米连同种子全部分发给参加仪式的群众，象征真主的赐福。

信仰饮食惯制还反映在其他习俗中，如南加里曼丹班加尔族建房时在房柱上凿一小孔，塞进一点盐、棉花，以保障住户的吃、穿。在房基正中埋入一带灰的小土灶，保佑住户永不断炊。

居住在加里曼丹岛的达雅人，每年年初都要举行播种仪式。他们认为，稻子也和人一样，有出生（播种），有成年（收获），也有死亡（封仓）。播种前一天，土地的主人便用甘蔗杆在地里搭起祭祀台，祭台周围种上黄花和红花。祭台上的供品很多，有 10 多个盛着红白两色江米饭的竹筒，有稻种、咸鱼、嫩椰、鸡蛋，有象征今世与来世之间联系的棉线，还有 3 只鸡。其中两只灰色豹花点公鸡在举行祈祷仪式时杀掉，剩下的白鸡用作祭祀。宰杀后的公鸡血必须滴在所有的供品上，搭祭台的甘蔗杆也涂上鸡血。达雅人认为，鸡血象征人血，洒了鸡血，就能保证全年平安，不致出现伤亡流血事故。达雅人有猎人头和生吃人心习俗，过去在部落冲突和种族仇杀中，把对方的头颅砍下，作为炫耀自己勇敢的战利品。他们认为，把被自己杀死的人的心脏生吃掉，就会有使不完的劲儿，就会把对方的灵魂摄入自己的体内，受控于自己。2001 年 3月在中加里曼丹爆发的种族冲突中，达雅人的上述陋习再次死灰复燃。

信仰饮食惯制还反映在葬礼中，如居住在松巴岛的古拉人在举行葬礼时，先摆上入葬仪式所需的器皿和祭品。然后把一个椰果切成两半，一半连同一把勺子扔在东边，另一半同砂锅里的水，往参加葬礼者身上点洒，以驱散邪气。最后宰杀牲畜，包括宰杀死者生前骑过的马，把肉分给参加葬礼的人。次日清晨，死者家属去墓地为死者送嫩香蕉、嫩甘蔗等祭品，如此时看见蝙蝠飞过，说明死者已把祭品收下。第四天，家人为死者送饭、猪肉和椰浆，以祭奠亡灵。第五天，举行打狗送亡灵仪式。须将狗（或以其他牲畜代替）一棍子打死。然后死者家属共餐狗肉，以示吊丧结束。死者去世一周年，家属须举行宰牲祭奠仪式。逝世两周年纪念仪式上，要向亡灵祈求恩赐和保佑。印尼人用于祭奠的供品主要有点心、锥形黄米饭、鸡、水果等。

在信仰惯制中形成了许多饮食禁忌，如巴达克人用餐时不得随意打扰，但在任何宴席上可以逮捕罪犯。巽他人不吃牛脑，否则会变坏；不吃动物内脏，否则遇到麻烦事；两个人不同时用一个盘子用餐，否则受人侮辱；不吃椰渣，否则不被人尊重；日落后不吃酸性食物，否则丧母；妇女生育时，家里不能宰鸡，否则生下的婴儿脖子上会有刀痕等。托拉查人按当地习俗，死者在入殓之前，其家人不得吃米饭。在北苏拉威西，孕妇不能吃鲨鱼肉，否则生下的孩子会变斜眼，这是因为鲨鱼头大，两眼距离远，似斜眼状。大多数印尼人不食甲鱼、蛇等动物。带骨的菜肴也不受欢迎。

7. 印尼饮食文化与中国饮食文化的融合

中华民族与印尼民族有着长期友好往来的历史。特别是数个世纪来大批中国沿海居民移居印尼，民族间的交往，必然伴随着语言的接触，借词是语言接触的最明显成果之一。借词可以表现两种文化接触后在语言上所发生的影响。反过来说，从语言的糅合可以窥察文化的交流。国际学术界把印尼语、马来西亚语以及文莱、新加坡的现代马来语统称为马来语。在马来语汉语借词中有关饮食的类别是主要部分：

蔬菜、水果、饮食类，如：bacang 肉粽、bakmi 肉面、bakpao 包子、bakpia 馅饼、bakso 肉丸子、beko 米糕、cah 炒素菜、caisim 青菜、cakue 油条、capcai 什锦炒菜、ciu 酒、cuka 醋、kecap 酱油、kucai 韭菜、kue 糕点、lengkeng 龙眼、lumpia 春卷、mihun 米粉、mi 面条、pangsit 馄饨、popia 薄饼、samsu 米酒、siobak 烧肉、siomai 烧卖、sohun 粉丝、sopia 烧饼、swike

田鸡、tahu 豆腐、taoge 豆芽、tauci 豆豉、tauco 黄酱、taukua 豆腐干、teh 茶、yan-oh 燕窝等。

饮食用品类，如：anglo 火炉、cawan 茶碗、cang 小勺、cukin 餐巾等。

这说明中国部分食品传入印尼，并对印尼人的饮食习惯、饮食结构产生影响。其中包子、肉丸、春卷、豆腐、豆芽、烧卖、肉面、油条等已被大多数印尼人接受，并在原有基础上加以改进，使之更加适合印尼人的口味，成为印尼的大众食品。印尼人来到中国喜欢吃木耳菜、烤鸭（外加米饭）、香酥鸡、扬州炒饭、烤白薯等。

传自中国的豆腐和豆芽现在已成为印尼百姓普遍的食物。中国餐馆不少中餐厨师对传统的中餐特色进行了本土化的改良，将猪肉从菜谱中去除是普遍的做法。为了迎合印尼人喜欢甜、酸、辣的特点，类似于咕咾肉的菠萝牛肉和改良版酸辣鱼的新甜酸鱼等新菜问世。食品中加榴莲丝是印尼当地的习俗，华人制作榴莲月饼体现了华人的食品文化，它丰富了印尼食品，也丰富了印尼饮食文化。许多改良版的中国菜和其传统口味差别很大，在主食方面，各式各样改良版的炒饭、炒面、炒粉在印尼人的日常生活中随处可见。

同时，印尼部分传统食品，如凉拌什锦菜、肉串、印尼炒饭等，也成为华人的大众食品，并通过印尼归侨传入中国大陆。印尼辣椒酱味道比较特别，除辣椒外，还配有蒜泥、醋、盐等。该辣椒酱出现在我国部分城市的超市货架上，很受欢迎。

印尼饮食文化带有鲜明的传承和惯制特点，随着人类文明的发展和进步，印尼饮食文化不断丰富和发展。

第二节　服饰文化

印尼人日常服装简朴轻便，服装布料多为蜡染布，其花纹图案争芳斗艳。其主要有方格、线条等几何图案，还有花、鸟、鱼、虫等动植物图案，宗教人物、山川、湖泊、世界名胜古迹、各国书法等图案也被用来美化蜡染服饰，体现了不同文化的影响。其基本色调为棕、蓝、黑、红、白、灰、金色。

1. 巴迪（Batik）

巴迪是印尼的蜡染花布，具有轻薄透气的特点，适合在热带穿着。印尼人服装，多以蜡染布缝制而成。巴迪布料的图案由千变万化的线条与点巧妙构成，加之色彩斑斓，显得绚丽夺目。总的来说，爪哇蜡染布多色彩，巴厘蜡染布以金黄色为主。蜡染是印尼古老的手工工艺，流传至今已有800多年的历史。早在4—5世纪达鲁玛王国就使用染料制作服饰。16世纪，蜡染布最初是在中爪哇地区的王室和贵族中流行。中爪哇地区的蜡染布的传统颜色是靛青和浅蓝色，具有某些特殊图案或特殊主题的蜡染布衣服只能由王室和贵族穿用。印尼人通常用棉布或丝布来制作蜡染布。染料是用印尼本土植物的叶子、木材、树皮和香料来制作的。不过，有时他们也会用人造染料。起初，他们是用植物打成的糊、动物脂肪，甚至泥土来绘制图案，后来才开始采用蜡染的方法。印尼人使用的蜡通常是合成蜡，不过，有些印尼人也会用石蜡和蜂蜡合成的蜡来绘图。印尼历届总统喜欢在各种场合上穿着蜡染服装。"南非前总统曼德拉在各种场合喜欢穿蜡染服装，他所穿的蜡染服装就是印尼生产的。"[1]当今蜡染工艺主要分为手工蜡染、铜模印染和机器印染三种。传统的手工蜡染比较复杂，有十几道工序。首先洗去白布粉浆，用植物油浸泡，然后用苏打水反复洗净油渍，晾干后摊在长板上，以木槌把布捶软，然后在上面绘制图案。用特制的框架把白布绷紧，用盛蜡溶液的尖嘴壶将不染色的图案点上蜡溶液，随后放入染缸染色。第一次染色后将布晾干，然后刮蜡洗净进行第二次不同颜色染色。有的蜡染布颜色多达十几种，染制一块色彩多样、图案复杂的蜡染布既费时又费力。19世纪开始采用铜模，铜模上面刻有图案。染布时先将模蘸进蜡溶液，拿出后印在白布上，然后将布放入染缸，其他工序与手工绘染相同。20世纪开始采用机器印染，图案不如手工制作细致多样，但沿用蜡染布的图案，习惯上通称为蜡染布。其产量远高于手工蜡染布和铜模蜡染布。

印尼著名的巴迪衫是由巴迪蜡染花布制作而成的，有丝质和棉质等多种面料，质地柔软。印尼各地的巴迪布花色图案大不相同，大体分为几何图形、花鸟鱼虫、动植物、头像、建筑、书法等。有讲究对称的，也有偏爱错落的；有

① Kompas, *1000 Tahun Nusantara*, Penerbit Harian Kompas, 2000, p.234.

写意的，也有抽象的。人们在巴迪衫的设计中，融入了自己的生活习俗、审美情趣、文化特色和宗教传统。镶金裹银的丝质巴迪衫和手工绘制的印染巴迪衫，做工精细，价格昂贵。而批量生产的机制巴迪衫经济实惠。各地不同的巴迪衫反映出地方特色和文化多样性，共性中有个性，个性中有共性，相辅相成。印尼很多省都有自己特定的蜡染图案和颜色。例如，爪哇北岸的蜡染布颜色比较鲜艳，图案大多是花鸟和动物，而爪哇中部的蜡染布颜色较少，图案大多是几何图形。巴迪产品遍及商场、超市和饭店。除巴迪衫和纱笼外，巴迪布料还用于围裙、头巾、领带、桌布、床罩、手帕、拖鞋、坐垫、抱枕、挂画、工艺扇、灯罩、背袋、手提包和钱包等。印尼蜡染服装的产地集中在爪哇、巴厘、马都拉和苏门答腊的棉兰地区。其中，爪哇梭罗市生产的格利斯（Batik Keris）、斯玛尔（Batik Semar）和达纳尔哈迪（Batik Danarhadi）品牌的巴迪衫享有盛誉。在印尼，上至高官出席隆重宴会，下至凡夫俗子在市场做买卖，都会穿着传统的蜡染服饰。印尼的巴迪衫设计师们开始打破传统，大量吸收、借鉴世界各民族服饰文化的精髓，对巴迪衫的图案设计、色彩搭配、服装款式等进行大胆改革和创新，设计和制作出多种体现时尚元素的现代巴迪衫。2009年10月2日，联合国教科文组织将印尼巴迪衫列为世界"人类非物质文化遗产"。目前，蜡染已成为中小学的手工课。印尼经常举办以蜡染为主题的大型活动，蜡染工艺得到进一步传承。

2. 克巴亚（Kebaya）

克巴亚是印尼妇女传统的上衣，为长袖、无领、无纽扣，穿时用别针将左右两片襟边别住。两襟相对，襟角略长。其分长式、短式和便服、礼服。长的齐膝，镶金边，常用作新娘的新婚礼服；短的到臀部；日常便服以单色式为主，不加绣饰。礼服料子通常为纱、绸式浮花锦缎。前襟两边及袖口有用艳丽彩线绣的各式漂亮图案，有的全身前后均绣花。别针为铁或金质，有的是三枚胸针，用金链连在一起，更讲究的胸针还镶有钻石。下身一般是色彩艳丽的纱笼。这样的穿戴一般要佩戴披肩，披肩多用于女性，有的部族男性也用披肩。披肩形状、大小各异，但以长方形、三角形、四方形为多。

不同部族和地区的披肩有不同的披法：爪哇人一般搭在右肩上，下摆自然垂落；巴厘人和松巴人将披巾置于右肩，两头置于胸前，缠在纱笼或缠胸布里面；亚齐人和松巴人将披巾两头置于胸前左右，然后用腰带系紧；托拉查人将披巾两头交叉在胸前，背后呈三角形；居住在苏门答腊岛的卡罗人，左右肩各戴一披肩，在胸前交叉，披肩两头在腰部左右连接；米南加保人将披肩斜披在右肩，两端在背后相接；苏门答腊占碑地区，披肩置于右肩，两头在胸前左侧对折，用腰带固定；努沙登加拉地区男士搭在左肩上，女士搭在右肩上，用腰带固定；西巴布亚部分地区，男士搭在左肩上，女士搭在右肩上，披肩下摆自然下垂。

按习俗和审美情趣，上衣、纱笼、腰带和披肩的色调要搭配。披肩可以用作抱婴背带、购物袋等，天凉时还可用来包头。印尼人用的腰带做工精细，常以蜡染布、丝绸为材料，图案完整，长5—10米，宽10—12厘米不等。爪哇人喜欢用长布，苏门答腊人多用纱笼布，而松巴人则用红、黄、绿色布或银色布。

体现印尼服装样式的关键部位集中在领、袖、襟上，衣服的规格体现在长短、宽窄、肥瘦上，尤其是对襟、斜襟、前襟、后襟、裙、裤各不相同。马鲁古一带的上衣较为宽松，袖口通常缝有7个装饰扣，扣子的材质不同，有铜制、合金制和金制等，也有金纽扣镶嵌钻石的。前胸多用链形别针别住。加里曼丹的上衣为高领；巴厘人的上衣较短，前襟角与后襟边是平的，用长巾围裹腰部。成年妇女用色彩鲜艳的格子布裹身，多从腰部围起，上半身半裸露，配以长及脚面的纱笼。妇女半裸露胸部主要源于巴厘人对身体的认识，他们认为神为男人设计了美丽的胡须，以显示阳刚之气，神为女人设计了丰满的乳房，以显示温柔丰满。男人的胡须可以露在外面，女人的乳房当然也可以露在外面。爪哇人的上衣其前襟较窄，胸前上方襟边缝有一长方形布块，多在上衣胸前印上完整的图案，袖子与衣襟的连接部分稍微凸起，袖口稍窄。西部色彩鲜艳，其他地区为暗灰色。在米南加保地区，未婚妇女穿颜色较暗淡的长型克巴亚。其作为礼服穿时，下身配以纱笼。

3. 纱笼

印尼人普遍穿纱笼，纱笼一般长约2米、宽约1米。纱笼除了围下身外，睡觉时可当被单裹身防蚊虫叮咬；冷时可围身御寒，天热时男子则把纱笼叠起，斜披于肩上，以便轻松活动；在河里洗澡时用于围下身遮羞等。

各地区的纱笼穿法亦有区别。亚齐地区妇女的纱笼套在黑绸长裤外，纱笼从腰部到膝盖的长度约等于全纱笼的三分之二，另三分之一往里折，然后用左手将纱笼往前拉，使后面和右边部分紧贴身子，再把左边的纱笼往右折，系上腰带。裤脚饰以金线，脚腕戴上有小铃的金镯。爪哇妇女的穿法较复杂，先将纱笼折叠成从胸部到脚腕的宽度，自左向右围一圈半，在右腰处用别针别住，再用带子系腰，然后将剩余的部分每10厘米折一个褶，把折好的部分拉至身前，使下垂至脚腕的部分与已围好的纱笼底边相齐，再把纱笼自左向右围，使有褶部分呈扇形，系上腰带，并使裙角露出下垂，然后用别针固定。苏门答腊等地的纱笼与爪哇的近似，整条纱笼分两部分，前面部分称裙首，其余部分称裙身。裙首部分的图案为尖齿形，从上往下排列。裙身部分的图案是几何形或花鸟等。从腰到脚踝处自左往右缠3层，围在里面的一端要拉紧，底层的边不露在外边，以不露脚腕为宜。按习俗，已婚妇女在右侧对折，未婚妇女在左侧对折。布吉斯人的纱笼以花格图案居多，上部分的图案往往用金线绣成。松巴人的纱笼印有小格，格里有用银线钩织的花卉图案。为防止纱笼脱落，用腰带系紧。

苏拉威西中部、加里曼丹和巴布亚地区，人们喜欢穿一种用树皮加工制作的纱笼。这种树皮纱笼做工复杂，首先剥取树皮外层，反复用石锤敲打，然后用水煮，煮过后再反复锤打，然后挤掉水分，叠起后用树叶包裹捂盖。一周后取出再反复锤打，打成圆筒纱笼形状，最后染色画图案，常见的是红、黄、绿色。树皮衣除可印制图案外，还可刺绣、粘接羽毛。其穿法也很特别，纱笼套进上身时，将最上部分往外叠一层，之后拉至腋下，纱笼的底边盖住脚腕，然后在臀部系上腰带，把先前叠好的部分垂下遮住臀部的腰带，由于折叠，层次感较强。这种树皮衣多在干农活时穿，每当农忙来临之际，人们纷纷赶制树皮衣，敲击加工树皮声不绝于耳，树皮衣一般能穿半年，不能用水洗。

4. 缠头

印尼许多地方流行缠头的习俗，头巾长2.5米，宽1米左右。男子缠头巾较短，料子讲究，印有各种图案，扎的方式各地而异，常见的形状是四角对折，也有扎成三角形或圆形的。米南加保族妇女习惯把头缠成牛角状，但不同地区的牛角状有区别。武吉丁宜地区的牛角很尖，帕亚昆布地区呈钝角，巴图桑卡尔地区呈平角。缠头时，里面要垫上白布，以便撑起"牛角"，所缠"牛角"上的饰物亦有区别，未婚妇女的"牛角"带悬穗，而已婚妇女的则不带。男子的头巾，缠成向上的螺旋状。巴厘男子用布沿头的四周缠一圈，右上角有一缠好的布角向上伸出，头发露在头巾外。中爪哇男子通常出席正式场合时都会佩戴一块方形的蜡染包头巾。加里曼丹人的头巾旁插有禽类的羽毛。托拉查男子的头巾，左高右低，头巾三角形的一角从后侧拉至前额。巴布亚人则以天堂鸟标本作为头饰。伊斯兰教妇女戴包头巾，多数戴伊斯兰头巾者不戴面纱。印尼不戴头巾出门的伊斯兰教女信徒日渐增多，已成为普遍的现象。日常生活可以不带，但祈祷时一定要戴。做礼拜时，伊斯兰妇女需换上白色衣裙，佩戴白色的伊斯兰头巾，在伊斯兰文化中，白色象征圣洁。伊斯兰职业妇女会随身携带礼拜所用的衣裙和伊斯兰头巾，方便礼拜时使用。除了伊斯兰头巾外，女孩子们喜欢戴着布质、花色、颜色各异的头巾，有的女孩讲求时尚，在头巾上配上绚丽的珠花等。印尼男子头上戴的无边黑色小礼帽，通常是用平绒布制作的，颜色发亮。按印尼人的习惯，这种礼帽象征成年男人。

随着印尼社会的现代化进程，民众的服装也在不断变化，女青年追求时髦已成风尚。身着新潮连衣裙、套裙、T恤衫、牛仔服，烫各式发型，脚蹬高跟鞋的女性到处可见。男人穿西服、长短袖衬衫、长裤，打领带，脚蹬皮鞋。农村人的服装也在变化，也和城市居民一样，穿时装的人越来越多。在正式场合，男士则以西装或蜡染上衣为主，穿蜡染上衣时，配以长裤。女士上身以克巴亚为主，下身配以纱笼。目前，除婚礼、传统仪式外，在城市已很少见到纱笼。在农村，纱笼仍是日常服装。

5. 格利斯短剑（Keris）

印尼人喜欢新颖独特、富有趣味和想象力的装饰品，如项链、耳环、手镯、别针等，将其佩戴在简单朴素的服装上。印尼男子在穿着民族服装时，大都佩带格利斯短剑。该剑是一种波刃短剑，人称神剑。早在公元7世纪前后，印尼就有了佛陀格利斯短剑；麻喏巴歇（Majapahit）时期，格利斯短剑得到普及，拥有豪宅、贤妻、良驹、翠鸟和神剑是当时印尼男子向往的美满生活。《瀛涯胜览》中提及格利斯短剑："男子腰插不剌头一把，三岁小儿至百岁老人，贫富贵贱皆有此刀，皆是兔毫雪花上等镔铁为之，其柄用金或犀角、象牙，雕刻人形鬼面之状，制极细巧。"男人佩带格利斯短剑则表明他已成人，对家庭和社会负有责任。该剑传至泰国南部、柬埔寨、马来西亚、文莱和菲律宾南部。

王族和平民的格利斯短剑有明显的高级和低级之分，在印度教盛行时期，因受种姓制的影响，格利斯短剑也随种姓分为若干类并冠以不同含义，如供婆罗门用的象征神圣；供刹帝利用的象征勇猛；供吠舍用的象征生意兴隆、财源广进；供首陀罗用的则象征人畜兴旺、五谷丰登。15世纪下半叶，淡目王朝的建立标志着爪哇岛的全面伊斯兰教化，格利斯短剑随之失去印度种姓的影响。这一时期，格利斯短剑仍分为宫内和宫外两大剑类。宫内锻造的格利斯短剑工艺精湛，宫外锻造的一般比较粗糙。宫廷内有专门铸造格利斯短剑的工匠，其铸剑工艺代代相传，他们受国王或苏丹赐名，封官赏地。

铸造一把高贵的格利斯短剑要花数月工夫，并在铸前举行祈祷仪式，以求神赋予短剑神奇之力，使剑能很好地用于护身杀敌。据传，具有神力的格利斯短剑，能使主人化险为夷，还能自行出鞘穿过茫茫夜空，刺死仇敌，然后又会在黎明前神不知鬼不觉地飞回英雄的剑鞘。根据传说，人们把格利斯短剑看作神力的依附物，可保佑持有者升官发财、事业有成、逢凶化吉、平平安安。甚至连小偷都借此保佑自己偷技过人，不被抓获。托拉查人有病时，其亲人将格利斯短剑用火烤热，然后放在病人的身旁，用于驱除病魔。在爪哇，当某人遇阻不能出席重要仪式或活动时，祖传的或其佩带的格利斯短剑可替代之，这种代替具有合法性。如举行婚礼时，新郎出远门不能按时归来，家人可用祖传的格利斯短剑代替他本人，婚礼照常举行。在古代，两国交换格利斯短剑以示结盟和友好。

格利斯短剑如同健美的艺术身躯，它集印尼雕刻艺术于一身。铸造短剑波刃面需将含有钛、钢、镍、银、锆等不同成分的铁先后熔为一体，反复锤炼，划出沟痕，填入其他金属后锻平，形成不同金属的完整的剑刃，或利用含镍铁与普通铁颜色的差异，使刃面上形成精美图案。然后用砷和柠檬素加以腐蚀处理，刃面的花纹细密秀美，千姿百态，具有神奇的色彩。短剑的剑柄由贵重木材、象牙等雕刻而成，上有各种装饰物，甚至镀金银、镶宝石，精打细磨，华贵无比。不同地区的格利斯短剑有所不同，如巴厘、爪哇短剑靠近柄部两侧的刀刃对称，刻有当地文字，因厚重而略显笨拙；布吉斯和马来人制作的短剑多为蛇形。

格利斯短剑不同于日本的东洋刀、欧洲的剑和其他武器，它不是进攻性武器。在印尼传统的防身术中并无格利斯短剑，偶尔用于防身也是迫不得已。荷兰殖民印尼时期，宫廷对格利斯短剑的需求下降，制造短剑的工匠人数随之减少；日本侵占印尼时期，格利斯短剑制造业处于停顿状态。印尼独立后，格利斯短剑作为工艺品，其产量逐渐增加。梭罗、日惹和雅加达等城市先后成立了格利斯短剑爱好者协会。1982 年，雅加达伊斯麦尔·马祖吉文化公园（Taman Ismail Marzuki）还举办过格利斯短剑展览。20 世纪 90 年代初，在雅加达缩影公园内增加了一所格利斯短剑博物馆。现珍藏于雅加达中央博物馆内迄今发现的最古老的格利斯短剑，是麻喏巴歇王朝时期铸造的。

印尼人对祖传的格利斯短剑格外珍惜，一般用丝绒将其包裹起来，还经常用茉莉花水清洗，用安息香烟熏，使格利斯短剑的神力永存。独立前，格利斯短剑是佩带者地位的象征，如今，格利斯短剑成为一种传统文化的象征，主要用作男子参加传统仪式的配饰，以示男子气概。而祖传的格利斯短剑，被认为能消灾避邪，具有护身符的作用。按照印尼旧习俗，神奇的格利斯短剑不可作为礼物赠送，只能卖给密友。通常在馈赠前，馈赠者悄悄塞给对方一枚硬币，对方在接受格利斯短剑时"付给"一枚硬币，表示不是赠送，而是购买的。而今，印尼人把制作精美的格利斯短剑作为贵重礼物馈赠宾客。此外，格利斯短剑多用作传统戏剧、舞蹈的道具。异彩纷呈的格利斯短剑已发展成一种文化，这种文化反映了印尼人民的智慧与创造力。

6. 妇女头饰

印尼妇女的头饰多为梳子、发簪和鲜花。梳子多为木质，簪子多为手工制作的金簪、银簪、铜簪和木簪。木簪多为檀木、红木和沉香木，样式多为筷子和 U 形状。簪子把手形状各异，多饰以彩绘、雕刻和悬挂玉坠。发簪数量视发髻的形状，巴厘妇女的发髻一般盘成横写的"8"字，通常插一把长梳子，另外再插上 2 个大簪子和 4 个小簪子；马鲁古妇女在脑后盘一大发髻，置于脑后正中，发髻右边插 4 个金簪子，上边绕有白花环，已婚妇女在发髻正中插一圆形金饰物，未婚妇女只能用半圆形梳子加固发髻；松巴岛妇女喜欢将头发往后梳，在头顶插一把梳子，露出梳背，然后将梳好的长发在梳子上缠绕几道，再用一条花色扎头带，折成 5 厘米左右宽，在头上扎一圈，带结打在脑后，让剩余的头带垂至腰部以下；苏门答腊妇女的发髻盘得很紧，发髻上插一把长梳子，另插 2 个大簪子和 4 个小簪子。爪哇妇女习惯梳圆形发髻，脑后的发髻呈扁圆状，盘结很大，有时加假发，并插上金银发簪，饰以鲜艳花朵，显得文雅、大方、华贵。

第三节　民居文化

当人类开始用树枝、树叶、树皮、植物编制成遮风挡雨的粗糙棚屋时，居住生活的习俗便产生了。这是人类从适应到战胜大自然的一个飞跃，也是把自身的部分社会生活与大自然隔离开来的一大创举。人类找到了保护自己不受恶劣天气和猛兽昆虫侵害的有效方法。住宅的设施和格局依据住宅的功能而定，首先要保障人身安全及健康，其次要从生活需求出发尽可能合理和舒适。印尼的居住习俗随着社会的发展而变化，屋内格局由无间隔的伙居发展到有间隔的分墙间壁，或分男女，或分族系，或分小家庭。储藏设施也由最初的人、畜、物杂存的状况向分别储放、人畜分离的方向转变，牲畜饲养处、家什用品存放处各得其所，或上、下分层，或间隔分开，或分隔数处。印尼人的住房因地因部族而异。城市居民的住宅多是楼房、平房和木板房，农村住房更具有地方色彩和特点。

爪哇人、巽他人的住房，一般是方形的，多建在筑高的地基上，也有离地面不高的高脚屋。米南加保人的住房十分别致，屋顶两端翘起来呈牛角状，两边对称。内有高至屋顶的柱子，用来分隔房间，供小家庭居住。房屋分上下两层。上面住人，下面用作牲口棚，上下楼备有竹梯。按当地习俗，有几代人同屋居住，屋顶就有几对牛角，每增加一代人，就增加一对牛角。

巴厘人的住房，一般都盖在小院内，院子用土墙围着，院内有住房、配房和家庙。住房是供人居住的，配房是厨房和仓库，家庙设有祭台，用以祭祀祖先和神祇。

中爪哇日惹、梭罗地区的贵族住宅独具特色。房屋四周无墙，中心有4根大柱，周围数根小柱，尖屋顶，地基高于平地，有的坐南朝北，有的坐北朝南。称作"本多波"的大厅用于接待宾客、摆宴席和举行庆典仪式。因皇宫大厅坐西朝东，故贵族大厅均不朝东。大厅后是一排正房，堂屋的台基与大厅齐高。有的大厅与正房由走廊相连，有的则是隔开的。大厅前是个极宽敞的庭院，通常种植若干排果树，整套住宅四周有围墙，大门不居中，而设于偏左或偏右。

中爪哇的古突斯族住宅分前后两部分，前部分的房顶呈三角状，房身为四方形，外有立柱支撑房檐。后部分的面呈长方形，其房身也为长方形，类似我国的瓦房，前后部分相通。一律是木制结构，四周为木板墙，形状规格一样，非常考究。地基为石头，离地面约1米，门下及房屋四周铺有石阶。房屋面积很大，少则几十平方米，多则上百平方米，房高十几米。

巴布亚居民的房屋很长，建材都是木板，房身建在木桩上，屋顶呈尖形状，并铺有棕榈叶。另有圆形、低矮的茅草屋。

巴布亚阿斯玛特人的长屋约80米长。其过去用树皮做屋顶、墙壁和地板；现在用硕莪树叶和树干。长屋可分成两种：一种是阿斯玛特北部地区的长屋，男人、女人和孩子都可居住。另一种是沿海地区的长屋，一般只住男人，未婚青年必须在这里居住，举行成年仪式后方可搬出。女人则在举行正式仪式等活动时才可入内。通常一个长屋内住有一个大家族，按血统分成两支，因此长屋分成两个部分。每家各有一个炉灶和一个门，此外还有一个公共炉灶和公共门。长屋除了用来居住外，还用来举行祭祖、成年、结婚、安葬等仪式，讨论战争、土地、遗产等重大问题，存放武器和礼仪器具等。

加里曼丹达雅族的房屋长达200—300米，宽10—20米，可容纳几百人居住；加里曼丹南部地势较低，沼泽地和河流较多，因此该地民房大都建在木桩上，下面是水，素有"浮脚楼"之称，小船在这里是必不可少的交通工具。

南加里曼丹的班加尔族房屋样式始于 1850 年，原为苏丹住所，后来民间仿建，至 1930 年已在该地区普及。房屋为木制结构，呈"十"字形，建在木桩上，离地面约 2 米。屋脊高约 5—7 米。前部分为主体建筑，前后各有一个门，上下用木梯。内分大中小 9 个房间，面积分别为 49、35、29 平方米。各房间地板高度不同，中部高，两头低，其中厨房最低，须有台阶方能通行。建房前选地址须征求族长意见，并选择吉日，一般定在星期一、四、五，据当地习俗，上述三日为吉日。月份选在阿拉伯历中与伊斯兰教节日有关的 1、3、7、9 或 12 月，并选择月亮升起的第一到第四天中的一天，此举旨在希望住户的生活像月亮那样美好圆满。其他日期被认为是不吉利的。

动工前要举行立柱仪式，即把 5 根房柱插入地里。仪式由长老主持。立柱前把鸡血喷在柱子上，用以避邪，并在柱上凿一小孔，塞进一点盐、棉花、木灰和金属屑，以保障住户的吃、穿、用。傍晚，由长老在地基上诵读《古兰经》第三十六节，使住户日后免遭鬼魂的打扰。诵经后，人们共聚晚餐。立柱时间选在半夜或清晨，主要视长老的身体状况而定。立柱时，亲朋好友在附近严密守护和巡视，防止仇人和坏人趁机在周围埋入盖过死尸的白布片。按该族习俗，建房时，如附近埋入缠尸布，该住户将多灾多难，不得安宁。立柱有先后顺序：第一根在落日的右侧，第二根与第一根交叉，第三根在第二根右侧，第四根与第三根交叉，第五根立于中间。5 根立柱呈古阿拉伯文字形，词义为"上帝至尊"。立第一、三、五根时面朝西，立第二、四根时面朝东。建房顺序为：立柱、搭架、上屋顶、铺地板、钉墙板、上天棚、安门窗和架楼梯。建房用料 2—5 米高的大小立柱 52 根，檩条 20 余根，地板、墙板和屋顶均用木板条。如木料不足，可用竹子代替。

可见，建造住宅时的各种仪式，都是把居住和信仰习俗结合在一起的。新居盖好后，搬家日期大都安排在星期一或星期五晚上。一般先运粮食和餐具，尔后搬运其他物品。搬家完毕，在新居边上栽种一棵香蕉树。按习俗，树长得好，住户生活富裕。树长得不好，住户生活贫困。因此，住户对这棵香蕉树倍加爱惜。班加尔族传统住宅图案先后被用作南加里曼丹省省徽、马辰市市徽、该省旅游发展局局徽、该省工商会会徽和南加里曼丹的民宅样板。加里曼丹农村的房屋在入门处、门上、墙上有各种图案的雕刻，是用来驱邪镇魔的。其具有各地部族特色、形状各异、古色古香的传统房屋，色彩浓艳，造型简洁。其迎合现代审美情趣的同时，又不失自然古朴气息，即实用又美观。

在龙目岛上有一名为萨萨克（Sasak）族的古老部落，这个部落已有近2000年的历史，现有700余村民。他们的房子是用牛粪、土和石灰砌成的，已婚的妇女每个月都要用牛粪、水来加固和清理房子。

苏拉威西岛的农村住房大多是高脚屋，地板离地面2米或更高，主要是为了防水和野兽。屋顶多用棕榈叶编织盖成斜坡，下雨时雨水可顺流而下。一般住房内分为几间，房屋门前都搭有梯子。

印尼的民用建筑虽风格各异，但有共同之处，即建材多是木头或竹子，房屋较大，屋顶多为尖形，并配有各种形状的雕刻物。房屋很少用铁钉，多是咬合和捆绑。沼泽地带的房屋多建在水上，称作"高脚屋"或"浮脚楼"。印尼大多数部族的房屋是斗拱结构的木质房屋建筑，采用过渡搭接方式连接支撑点的梁架，以便保障木结构房屋的牢固和安全，整体风格体现了崇尚自然，着重通风、遮阳、隔热、防潮和防野兽的实用价值。上述木结构建筑的外观由房基、屋身、屋顶三部分组成。其特点是用圆木柱支撑屋顶骨架，用木板或者竹板钉制墙面，墙面预留门窗。屋顶有曲线形，有层叠形，有起脊形，上面覆盖棕榈叶、茅草、竹席或青灰瓦片。室内隔断可以用隔扇、门、屏等，便于安装和拆卸，方便改变空间布局。此外，印尼气候炎热，因此房屋不必有墙，能遮雨即可。

第四章　民间信仰

第一节　祖先崇拜

　　祖先崇拜是指对先祖亡灵的崇拜，以求得祖先灵魂的保佑。在印尼，祖先崇拜的风习大概起源于新石器时代的氏族社会，然而祖先崇拜的观念存在于整个印尼历史进程。例如在印尼的不少乡村，村口或村中央竖一木雕像，这一雕像即为同一氏族的村民的祖先。在印尼的木雕塑像中既有男子雕像，也有女子雕像。爪哇的皮影戏也是一个很好的例子。爪哇人把牛皮制成200多种人形，用灯光把它们影射在白布幕上，那些影子被认为是体现着祖宗的灵魂。皮影戏开场前，人们先焚香祈祷，在烟雾缭绕中把祖宗的灵魂接来。然后在悦耳动听的佳美兰的乐声中，导演将皮影按故事情节映射在白色布幕上，边解说，边活动皮影。在爪哇岛，这种与崇拜祖宗相联系的皮影戏，至今还为人们喜闻乐见。另外，祖传的宝物被认为寄托着祖宗的灵魂，能赐福禳灾。巴达克人的祭祀与祖先崇拜密切相关。他们认为，活人应告诉死者关于家庭中的重要事件。阴间的祖宗既可以庇护，也可能降祸于活着的子孙后代。因此生者应善于利用祖宗的力量，增进部族的繁荣、兴旺，打击损害家族的仇敌。巴厘岛有祭祖舞蹈，祭祀之日，男人建造祭坛、布置祭场；女人则头顶高高的几层供品，排着整齐的行列，缓步入场，然后翩翩起舞，祈求神的庇护，也抚慰祖先的亡灵。

　　印尼一些部族认为，一定种类的动物或自然物同本部族有亲属或其他特殊关系。这样的信仰叫作图腾崇拜。被一个部族称作图腾之物，即成为该族的标志，被认为可起到保护和庇佑的作用。如米南加保族名称中的"米南"是"胜利"（menang）的意思，"加保"则是"水牛"（kerbau）之意。"米南加保"的词义是"牛的胜利"。虎和豹是巴比亚特（Babiyat）氏族的图腾；狗是东普尔（Tompul）氏族的图腾；猿和山羊是锡勒加（Siregar）氏族的图腾；鸽子是哈腊哈普（Harahap）氏族的图腾；猫是锡博斯博斯（Sipospos）氏族的图腾。凡是属于氏族的图腾的动植物都是相关部族禁止食用的。在印尼，不同宗教信仰的人大都崇拜祖先。

第二节　神灵信仰

印尼原始人相信"万物有灵"。世间万物，不论是动物、植物，还是山脉、河流、雷电、房舍、工具都被认为具有精灵。崇拜精灵者得福，触犯精灵者遭殃，英国人类学家泰勒把原始人的上述观念称作"万物有灵论"。精灵崇拜是万物有灵论的重要内容。至今它在印尼还有相当大的影响。例如印尼还有不少人相信，如果在古老的榕树下许愿，榕树的精灵就会帮助他实现自己的愿望。印尼的托拉查族在收获稻谷时，总是轻声细语，生怕吓走了稻谷的精灵，造成歉收。在他们看来，人的精灵就是灵魂，它存在于人的躯体之中，人死后，灵魂便离开躯体。在印尼的习俗中，严禁把熟睡者突然叫醒。因为当人熟睡时，灵魂离开躯体出外漫游。人猛然惊醒，会使灵魂来不及返回躯体，这就会使人患病，甚至有生命危险。同样，不能在熟睡者脸上乱涂，做恶作剧，否则会使出外漫游的灵魂返回时认不出原来的躯体，熟睡者有可能失去灵魂而身亡。生病者被认为是其灵魂一时丢失或被妖魔取走。于是人们请巫医举行仪式，把失去的灵魂追回，病人方得痊愈。印尼人认为灵魂藏在人的头颅中。正是这个缘故，印尼小孩不让别人摸他的头，怕灵魂被摸走。人死了，据说灵魂犹存，它会转移到别处。

印尼人还相信人的灵魂能附在人的名字、用过的东西或他的头发、指甲等上面。例如托拉查族的小伙子失恋，便悄悄地偷取他所爱的姑娘的一束头发或经常穿的一件衣服，吐上唾液，那姑娘的灵魂便会感动，使姑娘爱上他。但如果把某人的头发投入火中，吐上萎叶渣，那么，附在头发上的灵魂就会受伤害，头发的原所有者就会一命呜呼。印尼的不同部族，对灵魂的观念不尽一致。例如巴达克人认为人类、动物、植物都有灵魂，而无生物则无灵魂。人的灵魂只有一个，人死时，灵魂一去不返。一个人的幸福在于使自己的灵魂快乐，以别人或他物的灵魂来养自己的灵魂。从宗教观念上看，"灵魂"与"精灵"都是"超自然体"，但两者有区别。灵魂是居于人的躯体内主宰躯体的超自然体。而精灵存在于神与人之间的超自然体，地位低于神而高于人，神通广大，有善恶之分，善的可帮助人类，恶的则会危害人类。也有人把精灵看作鬼怪。

印尼人相信鬼神。那些神灵鬼魂是肉眼看不见的，却能给人带来祸福。例如，印尼的农村中至今还有人相信"菜篮神"，实际上它是一种扶乩。祈求"菜篮神"的方法是：在菜篮上方的把柄上吊一根细棍儿，菜篮里垫上布，布上放沙。两人扶住菜篮，轻轻晃动。细棍儿就在沙上画出模模糊糊的字形，据说这就是"菜篮神"的指示。它也是神灵崇拜的一种表现。有人认为，这是起源于华侨社会的一种占卜，即信"菜篮公"（Jailangkung，闽南方言）。

巴达克族有萨满（Shamanism）信仰，即神巫信仰。萨满或神巫请求神鬼附身于自己，向当事人转达神鬼的意图。神巫祈请神鬼附身时用两种鼓，即贡堂（Gondang）和高尔堂（Gordang），同时还要焚香。每个神鬼都有其特殊乐调，神巫在火的周围伴乐而舞，舞姿奇特。每个神鬼又各有其特殊的衣服色彩。神巫同时要请多个神鬼附身，就必须穿多种色彩的衣服。神巫在神鬼附身时，须让自身的灵魂暂时退让。奏乐的作用既是暂时赶走自身的灵魂，又是引导神鬼附身。这时神巫若讲话，那便是神鬼借他的口讲的。不经解释，众人是听不懂的。于是请神鬼的那户居民的户主便问神鬼的名字，神鬼则问为什么召他来。双方通过神巫达成协议，例如神鬼帮助救治那户的病人，而病人家属则给神鬼祭祀。

苏门答腊岛西侧的明达威（Mentawi）群岛，当地人为避鬼而在村口树立拜柱（Kera）。拜柱有神灵的法力，能拒鬼于村外。人们还相信，疾病是因灵魂暂时脱壳，死亡是永久的失魂。人死后，离体的灵魂变成鬼。鬼带疾病到人间。当鬼带病回村时，村民才不得不祭鬼以求祛病禳灾。生病者被认为是其灵魂一时丢失或被妖魔取走，人们便请巫医举行招魂仪式，把失去的灵魂追回，病才能病愈。印尼伯鲁族人认为，如果在坟地上撞上一只萤火虫，那萤火虫就是死者灵魂的寄托之处。爪哇族、达雅族和望加锡等一些部族认为，家蛇身上有死者的灵魂。尼亚斯族则认为，不育妇女死去后，其灵魂转移到老鼠身上。在印尼的一些部族中，人们把尸首埋葬后，还在坟墓旁造一个小屋，供死者的灵魂安居。有些妇女相信，如果她们穿上有蛟龙图案的蜡染衣裙，精灵会帮助她们征服丈夫的心等。

巴达克人原有食人的风俗即与此信仰有关。人们可祈求灵魂，也可诅咒灵魂。生病时，向灵魂祭供；受惊时，撒米于地，发出招呼小鸡的声音，以便把灵魂招回。灵魂的离身和入身都以囟门为通道。巴达克人认为灵魂与鬼不同。灵魂生活在人体内，直至人死，因为灵魂需要从人体内获得食物。而鬼无家可归，四处漂泊，到处流浪觅食。因而鬼有时通过媒介接近人类，寻求祭祀。上述精灵崇拜的思想存在于信奉不同宗教的印尼人生活中，影响着他们的宗教生活。

第三节　禁忌与预兆

印尼社会中存在着各种禁忌，例如对某些事物，人们不能直呼其名，必须避讳。这与万物有灵论有一定的联系，生怕因直呼其名而触犯了这些事物的精灵而遭到惩罚。在老虎出没的苏门答腊和爪哇等地，人们不敢直呼"老虎"，而称其为"祖先"或"祖宗"，这说明老虎曾是当地人崇拜的图腾。生活中也有诸多禁忌，为人们所遵守。当人们坐下来时，两腿不能交叉，如非要交叉，要把一条腿的膝盖放在另一条腿的膝盖上面。印尼人召唤出租车，用手势，而在其他场合叫人，应将掌心向下伸出手指做内屈运动，不可用一个手指。印尼人不喜欢当面打呵欠，如果难以控制，要用右手将嘴捂上。在同别人说话时，将手放在臀部会被认为对人不敬或不礼貌。印尼人常用笑声来掩饰震惊，但他们反感嘲笑别人的错误，也不能模仿他人的动作，否则会伤害他们的感情。印尼人忌讳在街道上或走路时吃东西，认为此举是不礼貌的行为。印尼人与别人谈话或进别人家都要摘下太阳镜。随地吐痰、挖鼻孔是人们避讳的行为。印尼人把头视作神圣不可侵犯的部位，除长辈外，别人不得触摸，否则被视为挑衅或污辱。有时，小孩子在寻衅打架前，往往拣块小石头说："这是你爸爸的头。"然后扔到地上踩几脚。这么一来，双方间的一场恶斗便不可避免了。

　　印尼人递东西习惯用右手，而不单独用左手，否则被认为不礼貌或者是有意污辱对方。原因是印尼人便后不用卫生纸，而习惯用左手撩水洗。因此，左手被认为不净，递东西时要用右手或双手，切不可用左手。在印尼，大便处均备有水池或水罐，高级宾馆都设两个马桶，其中一个用于水洗。在巴厘岛，坐下时两腿要平放在地板上。如果把脚尖或鞋底对着别人，会被认为是对别人的侮辱。行走时要留意路上的祭祀用品，千万不可踩踏。当地人经常把祭品摆放在门口，很普通的事物如树木也被当作神灵祭祀，所以街边也经常摆放着祭祀用品。

　　不要进入印度教寺庙内部，非印度教徒是被禁止进入的。本地人跪拜祈祷时，不要站在其前方，这是非常不礼貌的。游人参观庙宇或清真寺时，不能穿短裤、无袖服、背心或裸露的服装，进入清真寺前，必须先脱鞋。进入寺庙时，下半身衣物要盖过膝盖并须系黄或绿或红色腰带，若着短裤入庙，可于入口处租条纱笼布遮盖。西爪哇万丹南部山区的巴杜伊人信奉印度教。他们有许多禁忌。一般每幢房屋住两户人家，来人未经屋主许可，不准进入屋院。他们忌讳吸丁香烟，吃饭用蕉叶而忌讳用盘碟，喝水用椰壳而忌讳用玻璃杯。他们还忌讳种水田、养羊和养鱼，而只许养鸡和养狗。睡觉时，要先将双脚放在脚枕上，然后才将头枕在一节树干上，忌讳用枕头。他们认为，脚比头更重要，因为脚是身躯的支柱，有脚才能去四处谋生。巴杜伊人衣着色彩除了他们崇尚的白色、蓝色和黑色之外，禁忌穿戴其他色彩的衣服，甚至连谈论都不允许。衣服穿破之前禁止换洗。巴杜伊人严禁同异族人通婚。

　　巴厘岛少女在月经初潮时被幽禁在自己的卧室，房门前悬挂着鲜嫩的椰叶。任何男人和外人在此期间都不得进入甚至靠近少女的卧室。巴达克族女婿不能靠近岳母坐。马鲁古地区禁止人们贩卖母牛，否则对其罚款或判刑。对有生殖能力的母牛更是倍加爱护，不得宰杀。

　　班加尔族流行一些关于住宅的禁忌，如不得在屋内拍打竹筐，否则老鼠多；蝗虫入室要立即清除出去，否则住户疾病缠身；有孕妇的房间，不能通过窗口递东西，出入该户要走同一个门，否则该孕妇将难产；不可在屋内敲击墙板和地板，否则住户将负债；清晨不可在门口久站，否则鬼魂附身。该族还有其他习俗：屋檐下有燕窝，意味着该住户日后发大财；蝴蝶飞入房间，意味着将有贵客临门；房内墙上挂牛角可防止遭雷击等。

印尼赌徒们在赌输时常哀叹"倒霉"（celaka），这在赌博中是犯禁的。当赌徒一输再输，实在忍不住要喊"倒霉"时，便把该词改音，把 celaka 改成 cilekek，既发泄了心中的不满和哀愁，又不致犯忌遭殃。印尼人对乌龟特别忌讳，认为乌龟是一种令人厌恶的低级动物，它给人以"丑陋"、"春药"、"污辱"等坏印象。他们忌讳老鼠，认为老鼠是一种害人的动物，给人以"肮脏"、"瘟疫"和"灾难"的印象。爪哇人忌讳吹口哨，认为这是一种下流举止，并会招来幽灵。[①]爪哇人相信周围有许多鬼怪存在，需要通过某些特殊的行为或仪式来避免鬼神的侵害。所以在待人接物中，他们也常常会因为相信鬼神的存在而对某些特定行为有所禁忌。

---

① 一说此禁忌为印尼人共有的禁忌，有待考证。

第五章　宗教文化

据考古学家的考证，早在 100 万年以前，就有原始人类在印尼的土地上劳动、生息和繁衍后代。早在印度教、佛教、伊斯兰教、天主教、基督教等传入之前，印尼就有了原始宗教，原始宗教是指发源于原始社会中处于初期状态的宗教，是研究宗教起源和宗教演化史的重要内容。印尼人的宗教信仰是多元的，他们最早信仰拜物教，认为自然界的万物都有灵魂。在伊斯兰教传入前，他们把最初信仰的万物有灵论等原始宗教与后来传入的印度教、佛教糅合在一起，形成印尼特有的宗教文化。印尼是多神论和多宗教国家，官方认可的六大宗教分别是伊斯兰教、基督教、天主教、印度教、佛教和孔教。印尼不同宗教有着不同的文化，这些文化相互影响，并渗透于印尼各个领域，对印尼社会有着巨大的影响。

第一节　印度教

古代印度宗教文化中那种浓厚的神秘主义色彩同印尼盛行的精灵崇拜有相通之处。因此，印度教很容易被当地社会特别是上层统治阶层所接受和利用，王国的统治者以佛教或印度教作为思想武器，大力推行印度宗教文化。由于统治阶级的需要和提倡，印度宗教文化在印尼发挥了巨大的影响。印度和印尼的关系是宗教文化方面的关系，印尼目前保存完好的印度教寺庙普兰巴南和佛教建筑婆罗浮屠佛塔，是印度宗教文化对印尼影响的历史见证。

公元元年前后，印度商人及宗教人士在与印尼群岛商品交易的过程中逐步深入印尼群岛，传播印度文化。印度语言、文字、文学、舞蹈和宗教对印尼有很大影响，其中宗教文化的影响尤为突出。印度宗教的改革和变化是印尼宗教变化的晴雨表，印尼宗教演变基本与印度本土相同，乃至出现不同宗教并存的局面。不同的是，印尼把印度宗教与本国原始宗教融合在一起，形成自己的特点。

　　早在公元初年，婆罗门教由印度的科罗曼德尔海岸，通过苏门答腊，传入印尼群岛。公元 4 世纪，印度教传入爪哇，自沿海逐步深入内地。印尼当地王侯还专门把婆罗门教的僧侣请到印尼，专司宗教传播[①]。一些印度的婆罗门教徒在印尼的苏门答腊、爪哇等岛屿定居下来，与印尼人通婚，婆罗门教在印尼迅速传播。印尼最古老的 3 个王国——公元 3—6 世纪在加里曼丹东部出现的古戴王国、4—6 世纪在西爪哇出现的达鲁玛王国和诃陵王国，主要信奉婆罗门教。在古戴地区发现的石碑记载着国王举行命名祭典时，曾赐众婆罗门许多黄金。后来新的君主牟罗跋摩征服了许多部落和村社，又将村社的土地赠予婆罗门。在上述石碑上刻有不同形状的印度教神像，如湿婆等。崇奉印度教的君主征服村社和赠地于婆罗门的事例，也反映了印度教在爪哇的传播往往与僧侣、王族兼并土地联系在一起。在达鲁玛王国遗址上发现的有关碑铭中，可以看出国王信奉的是毗湿奴神。中国东晋高僧法显于公元 412 年曾到过印尼爪哇，他在《佛国记》中谈及耶婆提的历史风情："其国外道，婆罗门兴盛，佛法不足言。"[②]如古戴王国一样，达鲁玛也引进大批婆罗门僧侣，作为其统治工具之一。考古学家在西爪哇加拉横县发现当年达鲁玛印度教陵庙（Candi）[③]残留的石雕和碑文。在中爪哇葛都附近的章加尔，人们发现一块公元 732 年立的碑铭。建碑者为散查亚（Sanjaya）王。他颂扬湿婆教的圣物——林伽。公元 7 世纪爪哇出现了一个由信奉印度教的散查亚家族统治的王朝，《新唐书》称之为诃陵，并有较详细的记载。

　　古戴和达鲁玛王国留下来的碑文使用的都是梵文，文字采用的是南印度的钵罗婆字母，石碑上刻有笈多王朝时期流行的印度教神像。在公元 760 年的丁纳雅的碑铭上还有国王赐予婆罗门黄金、土地、房屋、奴隶等的记载[④]。

---

① ［英］霍尔：《东南亚史》上册，商务印书馆，1982 年，第 39 页。
② 张箭：《法显时代的印尼爪哇岛宗教》，载《宗教学研究》，1997 年第 3 期，第 81 页。
③ "Candi"一词来自梵语中的"candika"，是对印度教中居住在墓地的神灵难近母（Durga）的称呼。
④ 朱明忠：《印度教在世界的传播和影响》，载《南亚研究》，2000 年第 2 期，第 48 页。

伴随着印度与印尼之间的海上贸易往来和印尼本地社会的积极接受，婆罗门教和印度教成为印尼当时主流的宗教文化，并受到宫廷王室的欢迎和保护。印度教三身神（Trimurti）为梵天（Dewa Brahma，即创造神）、毗湿奴（Wisnu，即保护神）和湿婆（Dewa Siwa，即破坏神）。爪哇的印度教以密宗（Mantrayana）为主。印尼早期国家宗教发展和宗教关系上的一个重要特点是，"在绝大多数的王国，湿婆崇拜以及毗湿奴崇拜、大乘佛教和小乘佛教和平共处"[①]。另一特点是湿婆和佛陀成为共同崇拜的对象。印尼湿婆教的一个重要特点是，它混杂了大乘佛教的一些因素。例如在公元 832 年帕塔潘的甘达苏利的碑铭上一开始就有"敬奉湿婆，献身于大乘佛教"的字句。[②]

在爪哇岛的茂物、雅加达和万丹等地共发现了 7 块有关达鲁玛王国的石碑，碑文是用梵文书写的。经考证，达鲁玛王国约建于公元 5 世纪中叶。其中在茂物芝沙丹尼河畔发现的一块大石碑上刻有两个足印，据该碑文记载："足印是远近闻名、举世无双的达鲁玛国王普尔纳·哇尔曼（Purna Warman）陛下的，他正踏着敌人的城市援助其盟友。"[③] 从碑文记载看，那时的战争经常发生，一些国家组成了联盟。在印度，当时流行吻足礼。把国王的足印刻在石碑上，可起到威慑作用。在雅加达发现的石碑记载了普尔纳·哇尔曼在位的第 22 年，开通一条运河，把占特拉巴噶（Candrabaga）河水引入大海，运河长约 11 千米，于 21 天之内完工。竣工之日，国王以 1000 头牛赏赐婆罗门。国王赏赐婆罗门，说明他们在开通运河方面有功劳，发挥了宣传、鼓动及组织作用。如古戴王国一样，达鲁玛也引进大批婆罗门僧侣主持宗教礼仪，为其统治服务。从赏赐的数量和贵重程度看，在古戴和达鲁玛王国，婆罗门有很高的地位。

公元 9 世纪时，中爪哇出现前马达兰王国（公元 7 世纪—1041 年），其 4 位君主都为印度教教徒。其中达克萨国王（Daksa，910—919 年在位）在普兰巴南建了带有湿婆教帕特征的陵庙。辛陀国王（Sindok，929—947 年在位）执政时期建立了一些碑铭，内容主要是关于湿婆教的。达尔玛旺夏国王

---

① 尼古拉斯·塔林主编：《剑桥东南亚史》，贺圣达等译，云南人民出版社，2003 年，第 237 页。

② 孔远志：《印度尼西亚马来西亚文化探析》，南岛出版社，2000 年 9 月，第 28 页。

③ *Sejarah Nasional Indonesia*, jilid I, Balai Pustaka, 1977, p.68.

（Dharmawangsa，990—1007 年在位）根据印度教的法规编纂了一部爪哇历史上著名的法典。1016 年，室利佛逝在墨棠国王达尔玛旺夏为公主与巴厘王子爱尔朗卡举行盛大婚礼而毫无防备的情况下，派兵袭击了墨棠王宫，杀死达尔玛旺夏，焚毁了其国都。爱尔朗卡在卫队的保护下，死里逃生躲进森林。达尔玛旺夏生前曾指定爱尔朗卡为墨棠王位继承人。他逃进森林后，与隐居在那里的僧侣们住在一起，向他们学习宗教知识和讨教治理国家的本领。1019 年，原墨棠的臣民派代表寻到爱尔朗卡，请他出任国王，恢复墨棠王朝。爱尔朗卡接受了代表们的请求，在众僧侣的筹办下登上王位，继死去的达尔玛旺夏之后成为墨棠国王（1019—1041 年在位）。爱尔朗卡落难时曾得到婆罗门僧侣的援助。他执政后没有忘记僧侣在他最困难时的帮助，给予他们很高的礼遇，修建专门寺庙供其居住。爱尔朗卡执政时期，佛教与印度教并存，两种宗教和睦相处，互不侵犯，这从当时修建的庙宇、陵庙得到印证。爱尔朗卡本人信奉印度教，他自称是毗湿奴的化身，他死后的雕像就是乘坐神鹰的毗湿奴。

麻喏巴歇（Majapahit，1293—1519）是印尼最强盛的王国，也是印尼最后一个印度教王国。麻喏巴歇是高度中央集权制国家，值得一提的是，王国设立了宗教管理机构，负责宣传印度教、管理陵庙、安排和组织宗教仪式等。这一时期，印度教与佛教仍然并存。随着麻喏巴歇王朝的没落和崩溃，印度教和佛教影响占统治地位的时代也就进入了尾声，逐渐被后来的伊斯兰文化的影响所取代。

目前印尼印度教组织是"印度教理事会"（Majelis Umat Hindu di Indonesia）。自 1990 年 1 月 16 日起，在《印尼日报》上开辟"印度教专栏"，用中文向华人宣传印度教教义等。印度教机构还从事教育活动，例如巴厘首府登巴萨（巴塘）有国立"印度教大学"。此外，印度教协会还开办了经济学院和法学院等高校。

巴厘印度教

随着 16 世纪爪哇岛的全面伊斯兰化，印度教逐步衰亡。目前，印尼的印度教徒约 360 万，他们主要集中在巴厘岛和龙目岛。其中三分之二的教徒集中在巴厘岛。印度宗教文化至今影响着巴厘人的宗教活动和日常生活。印度教与巴厘的原有文化和宗教相结合，形成具有自己特色的"巴厘印度教"。巴厘印度教教徒信奉祖先，其原始宗教的痕迹仍然存在。巴厘印度教是整个巴厘社会正常活动的支柱，支撑着巴厘社会舞台，影响着巴厘人的宗教理念。巴厘人基本上在某个特定的印度教神庙活动，神庙成为巴厘岛社群划分的基本单位，而众多神庙构成了一个完整的社会网络。巴厘印度教成为巴厘整个社会生活的核心，成为巴厘人的精神支柱。共同的宗教习惯在巴厘形成了相同的价值观，衡量一个人好坏的最重要的标准就是看他是否敬拜巴厘印度教的神灵。

17 世纪，荷兰殖民者来到印尼，他们在推行殖民政策的过程中，一方面传播基督教，阻止伊斯兰教继续东扩；另一方面，由于巴厘人对印度教的执着，迫使荷兰殖民者允许巴厘人保持其传统宗教文化。此外，荷兰殖民者为了阻挡印尼早期反殖民族运动的蔓延，设法使巴厘岛远离爪哇岛的影响，把巴厘和爪哇隔离开来，其中手段之一便是维持其原有的宗教文化。于是"殖民者让巴厘社会在风俗和宗教有关的一切方面，保留独特的原貌"[①]。上述殖民政策客观上给巴厘地区保持原有宗教文化的传承提供了自由与空间。印尼独立后，政府提倡宗教自由，并把巴厘印度教列为印尼六大宗教之一，加以保护，巴厘印度教得以继续发展。印度教与巴厘的原有文化和宗教相结合，形成具有特色的"巴厘印度教"，并成为当今印度宗教化影响印尼的最为代表性的文化。

巴厘印度教的历法规定：一年为 310 天，全年分为 30 周，每周都有不同的节日。重要节日有：静居（Nyepi）日、加隆安（Galungan）、色拉斯哇蒂（Saraswati）、库宁安（Kuningan）、巴格尔威西（Pager Wesi）等。其中静居日成为法定公共假日。最隆重的印度教节日为加隆安。巴厘岛有两种历法：一种是传统的"沙卡历"（Saka），一种是"乌库历"（Wuku）。在每一个乌库年里会举办十天的庆典，这就称为"加隆安"，该节日每隔 216 天举行一次，旨在驱邪扶正、祈祷和欢庆丰收。这一天，巴厘的大小村镇都建起美丽的牌楼，道路两旁插满画有条纹的竹竿，上面挂着各种果实。每家每户会在门口摆放丰盛的祭品及迎神驱邪的物品。村民们穿着传统的民族服装，两次倾家出动上街游行庆祝。他们举着各种丰盛的供品，伴随优美欢快的佳美兰乐曲行进，尔后进

---

① 陈扬：《浅析印尼巴厘岛印度教的传承与发展》，载《东南亚纵横》，2005 年第 6 期，第 41 页。

行集体祈祷、演说、跳舞等活动。地方政府对加隆安节十分重视，届时，省长、县长出面欢迎游行队伍。加隆安的最后一天称为库宁安，这一天的庆典最为隆重。

在巴厘岛，印度教庙宇到处可见，故巴厘又有"庙宇之岛"的称号。巴厘的印度教神庙不追求高大肃穆，反而是以乡间庭院的样式给人以亲近平和的感觉。神庙的大门称为坎迪班塔（Candi Bentar），呈对开式，外观像被切成两半的塔。平民住宅和机关学校的大门，大多采取这种样式，几乎成了巴厘的一种标识。若不仔细辨认，外来的人一时难以分清哪是神庙，哪是住宅和机关。神庙的第二重大门叫帕杜拉克沙（Paduraksa），通常有两个凶猛的石雕巨人守护在两侧。进去是第二层庭院，里面有大殿、神龛和宝塔。大殿里供奉着印度教的石雕神像、林伽、珠宝、古老的手稿等，甚至连一些普通的石头也被当作圣物供奉起来。婆罗门教崇拜湿婆神分为两种形式：一种是现身的湿婆，样子像一位修行者，皮肤白皙，通常为禅坐姿势，有三只眼。这种形象常被雕刻于石拱门的上端，或者神堂的内壁。另一种是不现身的湿婆，其造型为男性生殖器，被称为希瓦楞，被供奉于主塔正中。最早的希瓦楞的样子跟实际的男性生殖器酷似，后来逐渐演变成象征性的圆石柱。生殖器崇拜是早期人类社会普遍存在的一种文化形态，它反映了人类在与自然的斗争过程中，由于生产力低下和缺乏科学知识，对人类自身的再生产过程产生的困惑，经过宗教的加工诠释，从而成为一种信仰或文化形态，集中反映了天（神）、地（自然界）和人的关系。印度教的神龛多立于大殿外，神龛前放置着供品。印度教的庙塔称为梅鲁（Meru），造型奇特，重叠的塔檐用稻草铺就，渐次由大变小，直刺天空。塔的层数为奇数，最高为11层。

巴厘岛家家户户都有自己的神龛，用以供奉祖先的灵魂。神龛比成人稍高，呈塔形。此外，每个村落都设有公祠、普施和苏柏克三间庙堂。苏柏克用来专门供奉主持人间繁荣的女神。拜神时，各阶层人举行的仪式有所不同。每当举行盛大仪式时，巴厘人都要参加朝拜。巴厘人认为，许多事情都与神灵有关，故祭祀节日非常之多，使人感到巴厘人经常在过节。所以人们也称巴厘岛为神仙岛。巴厘人划分为4个等级：婆罗门僧侣、武士阶层、商人地主阶层和仆役阶层。其中以婆罗门僧侣地位最高，仆役阶层地位最低贱。巴厘人所采用的日历与印度相似：每周为 10 天，每天 30 个小时，每月 35 天，每年 12 个月，全年共 420 天。在神庙中，最雄伟壮观的是钵萨给（Besakih）。这里是巴厘印度教的中心发源地，巴厘岛各地居民不论贫富，都不惜一切代价，每年一次到这里朝拜。岛上的象洞，原是湿婆教僧侣修行之处，后来也为佛教徒所用。洞内设有象头神（Ganesa）的塑像，该神长有 4 只手，是印度教传说中的智慧之神，该神集中了人类和大象的智慧，受到湿婆教和毗湿奴信奉者的崇拜。目前，种姓制和摆放小花篮以求平安的习惯仍然存在，并为教徒们所恪守。

随着时代的变化，印度教的部分活动有了新的内涵，有的节日被用来推动社会进步。如巴厘有歌颂神通广大的梵天之妻智慧女神婆罗室伐底的智慧节。节日期间，举行巴厘古书祭祀仪式。学校的教师们则利用这个仪式教育学生要热爱知识，苦学求知和勤奋上进，因为知识是唤起人们灵魂和发挥他们创造力的无穷无尽的源泉。在智慧节上，人们选出象征性的现代智慧女神，该"女神"必须具备动人的姿态，以象征知识永远吸引人们去追求，去探索。她一手拿着吠陀经典，以示"知识宝库"，另一只手拿着钥匙，意味着"知识可以打开人们心灵的门窗"。她的脖子上挂着念珠，象征"永恒"。在巴厘岛的不同地区，印度教的习俗也有所不同。随着社会现代化进程的深入，以及印尼宗教部印度教司的安排和有关印度教组织（Parisada Hindu Dharma）的工作，巴厘各地印度教习俗的区别将逐步减少，整个习俗也将臻于简化。

第二节　伊斯兰教

印尼伊斯兰教在传入印尼前后均受到印度宗教文化的影响。在印度，伊斯兰王朝不仅不能消灭印度教，反而需要借助印度教才能有效地实行统治和传播伊斯兰教。在印度农村，种姓隔离、内婚制、种姓歧视等现象依然非常严重。甚至伊斯兰教本身也染上了种姓制的色彩，在印度的许多清真寺中，伊斯兰教徒按照自己的种姓分开礼拜，这种做法在伊斯兰世界中是非常罕见的。可见，具有强大同化力的伊斯兰文化和具有强大包容性的印度文化互相碰撞、渗透，变得我中有你、你中有我。种姓制度的根基并未动摇，最终在相互影响的基础上适应了外来的伊斯兰教。

1. 伊斯兰教的传入

公元 13 世纪，伊斯兰教自印度胡茶辣国（Gujarat，今古吉特拉）主要由商人大规模传入印尼。伊斯兰教在印尼自西向东迅速扩张，取代了印度教和佛教的地位，直至 16 世纪末 17 世纪初西方殖民者来到印尼并传播基督教和天主教，延缓了伊斯兰教向东传播的速度，形成印尼今天的宗教局面，即中、西部为伊斯兰教徒集中地区，东部为基督教、天主教、印度教相对集中地区。最初从印度传入印尼的是伊斯兰教的苏菲派，该派的神秘色彩与印尼当时的原始宗教、佛教、印度教中的神秘色彩相吻合。印尼是多部族国家，其文化是在各部族文化融合的基础上形成的，印尼文化因此具有融合性，易于接纳其他文化相类似的内容，其中世界四大文明在不同时期对印尼文化产生过重要影响。加之伊斯兰教传入印尼时，已经过印度文化的过滤，因此，对于当时信奉印度教和佛教的印尼人来说，伊斯兰教并不陌生，易于接受和传播。当经历了和本土文化融合的过程，印尼伊斯兰的纯粹性发生变化。印尼伊斯兰教徒至今依然保留着许多原始宗教的信仰和祭拜祖先的习俗。在重要的伊斯兰教节日里，印尼教徒大都有祭祀祖先的习惯。印尼伊斯兰教对死者进行三日祭、七日祭、四十日祭和百日祭等，则是伊斯兰教与当地习俗相结合的一个典型例子，因为伊斯兰教教义中是没有规定上述祭日活动的。

在印尼宪法中，建国五项基本原则中的第一条是"信仰神道"（Ketuhanan Yang Maha Esa），宪法第二十九条又明确规定信仰自由。该"信仰自由"要求人人信奉"神道"，在此前提下，自由信奉各自的宗教。因此，印尼的宗教气氛非常浓郁，几乎人人都是有神论者，印尼从而成为有神论国家。政府设有宗教部，主管宗教事务，对正常宗教活动采取保护和支持的政策。

目前，印尼是世界上伊斯兰教徒最多的国家，其教徒占全国总人口的 88% 以上，印尼伊斯兰教属于逊尼派。印尼第一个伊斯兰教徒居民点（今北亚齐地区的洛克什乌玛威附近）和第一个伊斯兰教王国须文达那—巴赛王国，都出现在 13 世纪下半叶。在此之前已有伊斯兰教教徒在印尼居住和活动。

从伊斯兰教传入苏门答腊，至印尼主要岛屿伊斯兰教化，经历几个世纪的过程。开始时，伊斯兰教无法进入信奉印度宗教的统治阶层的世袭领地，只能在沿海地带的商业区活动。苏门答腊成了伊斯兰教徒商人的落脚点，他们边经商边传教，用伊斯兰教影响地方领主势力，同时借助地方领主的势力从事商业活动。随着商业活动的开展，从中得利的商港领主们的力量不断加强，他们与信奉印度教的麻喏巴歇王朝中央政府的矛盾日益尖锐。为了摆脱麻喏巴歇中央政府的控制，他们非常需要有一件新的强有力的思想武器来与印度教和佛教相抗衡。政教合一的伊斯兰教正好适应他们的这一需要，于是他们纷纷皈依伊斯兰教。地方统治者改奉伊斯兰教，其所管辖的地方也就全部伊斯兰化了。

15 世纪初，麻喏巴歇王朝走向衰落的时候，那些皈依伊斯兰教的地方统治者便逐一挣脱中央王朝的控制而独立，伊斯兰教得到更大的发展。15 世纪以后，信奉印度教的麻喏巴歇王朝日渐衰亡，统治阶级内部争夺王位的斗争愈演愈烈，国内长期陷入混乱状态。这时以淡目为中心的商港领主和新兴的商业地主阶级接受伊斯兰教，并利用伊斯兰教作为精神武器迅速扩大自己的势力，终于在 1518 年建立了爪哇岛第一个伊斯兰王朝，即淡目王朝。几世纪以来印度宗教文化影响占统治地位的历史从此完结，由伊斯兰文化的影响取而代之。

在伊斯兰教传播过程中，除印尼最早传播伊斯兰教的商人外，印尼伊斯兰教"九贤人"功不可没，即公元 15—16 世纪，以毛拉·马立克·易卜拉欣为代表的 9 位伊斯兰教学者在印尼积极传播伊斯兰教，讲授伊斯兰教教义及相关文化。

9 位圣人分别为：苏南毛拉纳·马立克·易卜拉欣（Sunan Maulana Malik Ibrahim）、苏南安佩尔（Sunan Ampel）、苏南吉里（Sunan Giri）、苏南德拉加（Sunan Drajad）、苏南宝囊（Sunan Bonang）、苏南卡里嘉贾（Sunan Kalijaga）、苏南古突斯（Sunan Kudus）、苏南穆里亚（Sunan Muria）、苏南顾农贾提（Sunan Gunung Jati）。

荷兰殖民时期，伊斯兰教受到排斥。清真寺得不到修缮，甚至受到破坏。在殖民政府开办的学校中，没有伊斯兰教课程。

1942 年 3 月日本侵占爪哇后，其宗教事务局强行管制所有清真寺，宣布禁止包括伊斯兰教政党在内的一切政党活动。同时，其又竭力拉拢、利用印尼大伊斯兰理事会。5 月，日本主管印尼伊斯兰教事务的官员崛江与印尼大伊斯兰理事会的代表在泗水会谈。7月，日本占领当局指示在雅加达建立"伊斯兰社会统一准备委员会"，作为"三亚运行"的一个附属机构。爪哇的一些伊斯兰教组织被迫接受由日本占领当局控制的印尼大伊斯兰理事会为其中央领导机构。1943年7月至1945年5月，日本占领当局对伊斯兰教徒基层干部进行3—4周为一期的训练，然后派他们到农村去协助巩固日军的统治。前后举办了17期"伊斯兰教长老讲习会"，把爪哇各地的伊斯兰教长老和伊斯兰教学者分批集中到雅加达进行"再教育"。主要课程是日本史、爪哇史、伊斯兰教史、大东亚战争、协助政府之方法等。参加讲习会的学员近千名，相当于全爪哇伊斯兰教长老和学者的二十分之一。日本占领当局"扶植"印尼伊斯兰教，其目的是利用伊斯兰教动员印尼人民与当局"合作"，并利用伊斯兰教势力与民族主义者的分歧，压制民族主义力量，为其"大东亚圣战"服务，协助其开展"三亚运动"。

早在荷兰殖民时期，苏加诺在被关押的集中营中就专心研究过伊斯兰教问题，得出伊斯兰教是进步和可以利用的结论。印尼独立后，苏加诺在建国五基中提出"信仰神道"的原则，以"纳沙贡"的理论团结印尼各派政治力量。在制订宪法草案过程中，民族主义集团与伊斯兰教集团在伊斯兰教地位这一问题上发生激烈的争论。伊斯兰教集团主张在宪法上列入伊斯兰教是国教的条款，即独立后的印尼应是"伊斯兰国家"，但代表民族资产阶级和受过西方教育的知识分子坚决反对。后双方经过协商，于1945年6月22日达成妥协，制定"雅加达宪章"，它以序言的形式载入宪法草案。另外，"信仰神道"在苏加诺的演讲中原属第五项原则，写入宪法时则提前为第一项原则，但不把信奉真主作为必须奉行的义务，而是把宗教信仰自由作为神圣不可侵犯的原则。宪法明确规定印尼实行政教分离的制度。而印尼共和国总统须是伊斯兰教徒成为不成文的规定。

新秩序时期，政府扶植正常的伊斯兰教研究和传教活动，大量印刷《古兰经》和伊斯兰教读本，大规模修建清真寺，以争取广大伊斯兰教徒的支持。目前，在全国各岛屿上，共有清真寺和小礼拜寺36.9万多座，仅雅加达一地就有清真寺 1000 多座，小礼拜寺 4000 多座。[①] 此外，政府还支持兴建、修缮伊斯兰教学校。朝觐是伊斯兰教"五功"之一。印尼和麦加远隔重洋，但朝觐人数逐年大幅度增加，1969 年为 16538 人，1979 年增至 41000 人，到 1986—1987 年度又增至 57628 人。政府在雅加达、泗水、棉兰、望加锡、马辰、楠榜等机场，提供飞机为朝觐者服务。1981 年、1983 年、1985 年还在苏门答腊的班达亚齐、巴东和加里曼丹的坤甸举行全国性的朗诵《古兰经》的比赛；加强对伊斯兰教的研究。据 1987 年玛萨贡基金会出版的《1945 年以来印尼的伊斯兰教书籍目录》，1945—1987 年印尼出版了 6000 种介绍、研究伊斯兰教的图书，其中包括伊斯兰教法、印尼伊斯兰教史等等。雅加达还有一家相当规模的"九贤书店"，专门出售有关伊斯兰教的书籍和展览珍贵的《古兰经》手抄本。在政府的支持下，1963 年、1978 年和 1980 年分别在棉兰、亚齐和瓜拉新邦召开有关伊斯兰教的学术讨论会。印尼雅加达伊斯兰大学、雅加达宗教学院、日惹伊斯兰教学院、苏门答腊巨港伊斯兰教徒高等学校等，也经常开展有关伊斯兰教的学术活动；苏哈托政府推行同化政策，欢迎和鼓励华人信奉伊斯兰教。20 世纪 80 年代起，有不少华人企业家、知识分子和大学生成了伊斯兰教徒。

　　苏哈托政权的建立，依靠的力量之一是伊斯兰教政党的势力。苏哈托政府也重视新的伊斯兰教政党和群众组织，以加强对伊斯兰势力的控制。例如 1968 年第七十号总统决定书承认新组建印尼伊斯兰教徒党。该党是由穆罕默迪亚·阿尔·依尔夏特以及伊斯兰工人、农民、渔民、教师、学生、学者、妇女等团体联合组成的，其成员不少是马斯友美党党员。印尼伊斯兰教徒党在当时的合作议会中获 18 个席位。政府不准前马斯友美党领导人占据印尼伊斯兰教徒党要位，使其领导权控制在政府所信赖的人的手中。对于反政府和危害社会稳定的各种骚乱，例如 1980 年初和年末先后发生的乌戎巴当和梭罗排华事件，1984 年 9 月和 10 月先后发生的雅加达丹戎不碌流血事件和中央亚细亚银行爆炸事件，1981 年狂热伊斯兰教徒劫机去泰国等事件，苏哈托当局都采取严厉镇压的措施。这些事件，都有复杂的社会背景，并通常有伊斯兰教极端

---

① 详见 http://www.tasenit.com/zi/National_Page.asp?National=Indonesia&Type=7&Id=465。

分子的策动或参加。由此可见，苏哈托政府对于危及其统治的骚乱，即使骚乱者打着伊斯兰教的旗号，也坚决予以镇压。

1999 年 10 月 20 日人民协商会议拒绝了哈比比的国情咨文后，瓦希德以 373 票（60 票之差）击败梅加瓦蒂，当选为印尼共和国第三任总统。他以伊斯兰教温和派的领袖闻名，曾当选为世界宗教及和平会议主席，在国际上享有盛誉。瓦希德总统多次强调民族团结，号召不同的宗教信徒和睦相处。例如 2000 年 11 月 5 日在雅加达的一次天主教徒的集会上，他呼吁人们开展健康的对话和辩论，不热衷于暴力。他谴责某些人将宗教用来扼杀人性。同月 9 日，他在泗水的伊斯兰教学院演讲时指出，宗教徒必须维护民族生活的多元性，它也是印尼国家生活的核心。各种不同的宗教活动，可维护民族团结的精神，共同克服困难的精神。

伊斯兰教的"兄弟精神"也反映在日常经济生活的互帮互助中，直至建立经济团体，维护伊斯兰教徒的利益，并号召教民积极参加国家建设。随着社会的发展，印尼伊斯兰教文化相应地增加了新的内容，对伊斯兰教教义的解释也增加了新的内涵。为了配合政府推行的计划生育运动，伊斯兰教长老对教规进行解释，以说明计划生育同教规不相抵触。如《古兰经》中规定"母亲应给婴儿喂足两年奶"，这意味第三年方可再次怀孕，以此论证晚育和优生，号召教民积极参加计划生育运动。在伊斯兰教节日期间，除了庆祝活动外，还增加了其他活动，如宣传国家政策、打扫公共卫生等义务劳动，使教民关心政治和公益事业，进一步融入社会。

伊斯兰教文化在印尼旅游业中有充分的体现，在亚齐宾馆、饭店客房的墙壁上悬挂或镶嵌着伊斯兰教教规、伊斯兰教教义有关章节，具有宣传、装饰和提示祷告方向的作用。印尼伊斯兰教徒绝大多数属于温和派，他们与其他教徒和睦相处，历史上不同宗教之间极少发生大规模的激烈冲突。印尼伊斯兰教徒多数属于"红派"（又称"阿邦派"），经常做礼拜的多为年长者，而不戴面纱的伊斯兰教妇女在印尼到处可见。尽管如此，晨礼的祷告声不绝于耳，并通过扩音器传向四周，使人们置身于伊斯兰教文化氛围之中。

2. 反色情法

2004 年 3 月，印尼国会部分议员联合提交了一个反色情法案。法案规定在公共场所亲吻的男女可以被判处 5 年的最高有期徒刑，或者被处以 2.9 万美元的罚款；在公开场合组织暴露性舞蹈表演，最高可判处 10 年监禁或 10 亿印尼盾（折合美元约 2.9 万）的罚款。此外，禁止裸泳、天体浴，妇女不得穿露脐装，男子不得赤膊在海滩上晒太阳。反色情法在印尼引起很大争议，支持与反对方分别上街游行示威。2006 年 5 月 21 日，印尼雅加达、泗水、马达兰和三宝垄等地都举行了支持反色情法游行，总人数超过 10 万。在视女性赤裸上身为美的巴厘岛，人们不断上街抗议反色情法。反色情法对色情的定义过于宽泛，没有顾及艺术家和文化工作者的感受和实际情况。

近年来，印尼国内主张加强伊斯兰教力量的呼声不断，包括伊斯兰教士联合会在内的几大组织纷纷发布训令，要求教徒严格遵守《古兰经》，禁止多元化、自由主义和世俗化。反方则认为伊斯兰教走向极端将破坏社会稳定。在此背景下，围绕反色情法的争论，折射出印尼社会在民主改革后的文化冲突，其结果将在一定程度上反映印尼主流文化的走向。

2008 年 10 月 30 日，国会以压倒性多数票通过了反色情法。西爪哇丹格朗市还出台了反色情法附则，规定 19 点后，妇女不得穿短裤在街上跑步，当局有权逮捕疑是妓女的妇女。

亚齐省是印尼唯一一个实行伊斯兰教法的省份，当地有 1500 多名"道德警察"部队，其工作就是确保人们遵守伊斯兰教法规定，特别是紧盯女性的"不当行为"，包括与男性坐在一起，未带头巾，穿紧身裤等。2009 年 9 月，亚齐地方议会通过新法案，其中允许用石块砸死已婚通奸犯。而未婚通奸者可处以 100 下鞭刑。根据该法案，强奸、饮酒和赌博以及同性恋都将受到严惩。

3. 华人伊斯兰教徒

1965 年"9·30"运动后不久，苏哈托政府加紧对华人实行民族同化的政策。在这一形势下，通过皈依伊斯兰教谋求民族同化的华人人数明显增多。早在 13 世纪下半叶伊斯兰教大规模传入苏门答腊以前，印尼已有华人伊斯兰教徒。9 世纪下半叶，唐末黄巢起义军攻占广州，广州一带的中国伊斯兰教徒纷纷移居苏门答腊的三佛齐。15 世纪马欢撰《瀛涯胜览》爪哇条载，麻喏巴歇"国有三等人……一等唐人，皆广东、漳、泉等处人窜居此地，日用美洁，多有饭从回回教门受戒持斋者"。这说明在郑和抵爪哇之前，那里已有华侨伊斯兰教徒。印尼华侨华人伊斯兰教徒曾为当地伊斯兰教传播、国家独立和建设做出了宝贵的贡献。上文提到的爪哇伊斯兰九贤中的苏南安佩尔（彭瑞和）、苏南吉里（拉登·巴古）和苏南贾提（即唐阿茂）等具有华人血统。在淡目建立了爪哇岛上第一个伊斯兰王国的拉登·巴达也具有华人血统，中文名字为陈文（Senopati Jin Bun）。

在印尼人民历次反荷起义中，华侨华人伊斯兰教徒与当地原住民并肩战斗。1928 年 10 月 28 日，印尼第二次全国青年代表大会在雅加达召开。大会通过了具有历史意义的"青年誓词"，即只承认一个祖国——印尼，一个民族——印尼民族，一种语言——印尼语。它表达了印尼人民谋求统一的国家、统一的民族和统一的语言的强烈意愿。几位华侨华人伊斯兰教徒青年参加了这次大会，如穆罕默德·蔡约汉、达乌德·布迪曼、郭添宏、王凯祥、琼·廖全福和蒋仁桂等[①]。1937 年苏加诺被荷兰殖民主义者流放至苏门答腊的明古鲁时，曾受到华人伊斯兰教徒黄清兴的鼎力相助。20 世纪起，随着印尼民族运动高涨，伊斯兰教的影响愈来愈大，华侨华人伊斯兰教组织开始出现。1936 年，在棉兰成立了"华人伊斯兰联合会"（Persatuan Islam Tionghoa）。同年，在苏拉威西的望加锡成立了"印尼伊斯兰华人党"（Partai Tionghoa Islam Indonesia）。19 世纪下半叶，在巴达维亚市政府秘书处工作的华人伊斯兰教徒沙依杜拉·穆罕默德·秦，翻译了大量伊斯兰珍贵手稿。

18 世纪末曾游历巴达维亚的王大海写道："华人有数世不回中华者，遂隔绝声教，语番语，衣番衣，读番书，不屑为爪哇而自号曰息览，奉回教，不食猪犬，其制度与爪哇无异。"[②] 苏哈托执政时期，政府加紧推行"同化"政策，采取了一系列旨在削弱中国文化影响的措施。1967 年 12 月 6 日，印尼政府

---

① 详见 http://blog.sina.com.cn/s/blog_4dc17c8201000b8b.html。
② ［法］隆巴、苏尔梦：《伊斯兰与华人问题》，载印尼卡加玛达大学出版的《人文学知识》论文集，1991 年，第 37 页。

颁布了《关于华人宗教信仰和风俗习惯的第十四号总统决定书》，禁止华人在公共场所举行中国传统的宗教仪式、宴会和庆祝活动。半官方的民族统一意识交流机构 BAKOM-PMB 号召华人放弃儒教和道教，改宗原住民多数部族的宗教，即伊斯兰教、基督教和天主教。社会上一些著名人物呼吁华人与原住民通婚和改宗伊斯兰教，以实现同化。华人实现自然同化是一个漫长、曲折和复杂的过程。唯一正确的途径是：有关各方共同创造条件，加速自然同化的进程。印尼中西部主要岛屿在 16 世纪中叶即已实现伊斯兰化，绝大多数原住民是伊斯兰教徒。华人皈依伊斯兰教，有利于通婚、谋生和融合。加之原住民伊斯兰教徒大都属于戒律不严的"红派"（Abangan），因而华人较易于接受印尼的伊斯兰教。

在荷兰殖民统治时期和苏加诺执政时期，华人伊斯兰教徒队伍发展变缓。其主要原因是：一是荷兰殖民当局的分化和阻挠。荷兰殖民政府在采取民族等级政策的同时，鼓吹宗教等级观念，把伊斯兰教贬为"下等宗教"，阻止华侨皈依伊斯兰教，禁止建立华人伊斯兰教社区。二是印尼独立初期，原住民伊斯兰教徒中少数极端派进行反华和排华活动。历史上原住民伊斯兰教徒曾与华侨商贾进行过激烈的竞争，他们把印尼经济困难归咎于华侨商人，多次参与排华骚乱，这就给华侨华人一种错觉，即印尼伊斯兰教是仇视华侨华人的，造成部分华侨华人对伊斯兰教产生恐惧感。三是长期以来由于殖民当局的挑拨离间等原因，印尼部分原住民伊斯兰教组织拒绝华侨华人入教。而坚持中国传统宗教的华侨华人则贬损皈依伊斯兰教的华侨华人。

苏哈托上台后，政府出于同化目的鼓励华人皈依伊斯兰教，皈依者受到原住民伊斯兰教组织的欢迎。华人伊斯兰教组织也积极开展相关活动，提倡教父教子制度[①]。号召华人仿效早期华侨华人伊斯兰教徒与原住民同化的做法，以消除原住民对华人皈依伊斯兰教的误解。一些华人皈依伊斯兰教是避免成为当地反华排华的牺牲品。更多的华人不愿皈依伊斯兰教，主要是因为他们认为本族文化优于伊斯兰文化，不愿因加入伊斯兰教遭华人社会的白眼，也不愿把斋和改变已定型的生活方式。还有一个原因，即他们中多数人整日忙于生计和经

---

① 把刚入伊斯兰教的华人青少年临时寄养在原住民伊斯兰教徒的家里，接受一定时期的伊斯兰习俗和文化的熏陶。

商，没有更多的时间考虑伊斯兰教事务和做礼拜。

4. 伊斯兰教与社会

19 世纪末 20 世纪初，印尼部分伊斯兰教徒到麦加去朝圣或到中东去留学。他们把起源于埃及开罗的伊斯兰现代运动带回印尼，并于 1912 年创办"伊斯兰教士联合会"，开展了声势浩大的清教运动。该运动的主要内容有：做礼拜时要精确地算出麦加的方向；用天文仪器测量出戒月的始末；反对在室内做礼拜，提倡在广场聚礼；组成专门委员会分配募捐给穷人的钱财和奉献的牲畜；周五聚礼时用教徒们听得懂的语言布道；简化出生、割礼、结婚、丧葬等仪式，去除多神教的成分，简化墓地的装饰，劝阻前往地方圣人的墓地朝圣；对教士不搞个人崇拜；鼓励女伊斯兰教徒佩戴头巾，严格遵守教义。

印尼伊斯兰教融合了原始宗教和印度教思想、艺术等内容，传统的绘画、雕塑、建筑、舞蹈、皮影戏等得以大量保留下来。人们利用传统的印尼艺术型态，如皮影戏、舞蹈和佳美兰音乐等艺术题材完善伊斯兰宗教仪式。伊斯兰禁止一切有关人的清楚影像，以免造成偶像崇拜，而皮影戏中的影像模糊不清，没有违背伊斯兰教教义。"圣墓"崇拜属于偶像崇拜行为，是被伊斯兰教所禁止的，但是在印尼伊斯兰社会却被认为是正常活动，为众多教徒所遵守。印尼历史悠久的多元文化对伊斯兰教产生影响，更多的本土化和现代化因素逐步融入伊斯兰教。伊斯兰文化也逐渐影响印尼本土文化，在伊斯兰教徒集中的地区，教徒之间相遇多屈身俯首，用阿拉伯语相互问候。握手时先将两手微微互擦，表示去不洁，握手之后用右手略按胸口表示致意。年轻者遇见年长者不仅要鞠躬，还要吻对方的右手，以示尊敬。亚齐是伊斯兰教传入印尼的门户，绝大多数亚齐人信奉伊斯兰教。他们的一切活动都以《古兰经》和穆罕默德言行录为准则，社会生活充满了浓厚的伊斯兰色彩。他们严格地履行伊斯兰教五功，按时做礼拜。亚齐族的婚、丧仪式及财产继承等，均按伊斯兰教规举行和分配。违法行为按伊斯兰教规裁决和处罚，民事纠纷由伊斯兰教法庭审理。村村都有伊斯兰小学，城镇有伊斯兰中学，省会有一所伊斯兰学院。2001 年 8 月经国会讨论决定，印尼成立了亚齐达鲁萨兰囊戈鲁省。中央政府同意在该省实行伊斯兰教法，以伊斯兰教教义规范公民的行为准则，伊斯兰教法在亚齐具有了国家法律地位。

印尼几大伊斯兰教组织先后发布训令，要求教徒们严格遵守《古兰经》，禁止伊斯兰教世俗化，主张实行伊斯兰教法禁酒废娼。自 1996 年，印尼政府禁止本国选手参加环球小姐选美赛。对于在本国举行的选美比赛进行抵制。如原定于 2013 年 9 月 28 日在距离首都雅加达 48 千米的冼都（Sentul）举行的"世界小姐决赛"，由于遭到国内部分伊斯兰教人士的强烈反对，后改在以印度教为主的巴厘岛举行。开赛前来自伊斯兰教方面的抗议愈演愈烈，有数千人次参加了雅加达、棉兰、望加锡、泗水等城市的示威活动。示威者焚烧赛事海报，包围赛事承办方大楼。主办方被迫取消了传统的泳装环节，但反对方还是认为该活动有伤风化，认为"世界小姐"候选人穿着裸露，紧身的服装对着镜头做出挑逗的动作，这是违反伊斯兰教义的行为。决赛当日由于保安措施严密，没有发生大规模抗议活动，但数百名伊斯兰教教徒举行集体祷告以示不满和抗议。

当经历了和本土文化融合的过程，印尼伊斯兰的纯粹性发生变化，本土化特点尤为突出。伊斯兰教传入印尼前，印尼本土流行一种特色鼓，在苏门答腊称为"塔布"（Tabuh），在爪哇称为"伯杜克"（Bedug）。这种鼓是用挖空的棕树干蒙上牛皮制作而成的。伊斯兰教传入后，该鼓用于伊斯兰教活动中。人们在清真寺外面放置一面这样的鼓，以击鼓的方式召集教徒。爪哇的一些伊斯兰教徒在吟诵《古兰经》时，用这种鼓伴奏。

印尼伊斯兰教徒至今依然保留着许多原始宗教的信仰。比如苏哈托总统在入主总统府时请巫师清除府内原有神灵，请出庇护苏哈托的神灵；梅加瓦蒂当选总统后，首先去祭祀祖坟；2004 年 10 月 7 日，新当选的印尼第六任总统苏西洛到其父苏西洛·巴姆邦·拉登·苏科佐的墓地进行了拜祭等。"圣墓"崇拜是偶像崇拜行为，是被伊斯兰教所禁止的，但印尼的伊斯兰教徒却认为这是正常活动。就伊斯兰教内在形式而言，其思想内容主要表现为原始宗教和印度教思想等被大量融入。印尼的伊斯兰教带有与地方文化融合的明显的特征。这种融合体现一种共性，即每个部族信奉伊斯兰教必定掺杂着本族一些古代宗教的传统。

印尼伊斯兰教徒庆祝部分宗教节日的方式等与阿拉伯世界有所区别，带有本国、本族特色。如伊斯兰教历 1 月 10 日是伊斯兰教的阿舒拉节，据传这一天是伊斯兰教第四大哈里发阿里的儿子侯赛因被害的日子，世界各地的伊斯兰教徒每年都要举行纪念活动。阿拉伯部分国家的伊斯兰教徒在这一天吃悲痛饭，举行号丧会。埃及的伊斯兰教徒在这一天吃甜食，而印尼的伊斯兰教徒既不举行号丧会，也不吃甜食，而是吃用花生、大米、糯米、嫩玉米、椰浆等煮成的杂粥。喝粥时还吃些其他食品和菜肴，如肉丸、烧鸡、牛羊肉等。除了喝杂粥外，印尼各地的伊斯兰教徒还要举行不同形式的纪念仪式。如西苏门答腊地区的伊斯兰教徒在阿舒拉节这一天举行"抬棺"游行，据传侯赛因遇害后其遗体被折为数段，装棺后，由天马运到天堂。所抬的棺木，当地人称之为"塔布伊"，形状特别，由三部分组成，即 1 米高的木制底座、底座上扎制的彩色天马和用纸花扎制的花台。"塔布伊"重达 1 吨左右，抬棺的人多达数十人。更特别的是，在同一城市或地区，同时有几个游行队伍抬着"塔布伊"游行，多时有 8—9 个。当两个游行队伍相遇或并行时，双方会发生口角和对骂，相互指责对方是杀害侯赛因的"凶手"，所用语言粗俗得不堪入耳。因为所骂对象是杀害侯赛因的"凶手"，所以双方并不介意。当游行队伍到达海边后，人们把"塔布伊"推入大海，象征侯赛因已经骑着天马飞向天堂。此时，人们纷纷跳入大海，撕取"塔布伊"上的饰物，带回家中收藏，以保佑家人平安。

中爪哇古突斯清真寺附近建有印尼早期传播伊斯兰教的"九贤人"之一苏南古突斯的陵墓，当地伊斯兰教徒仿效阿拉伯世界天房换罩仪式，在阿舒拉节这一天也为古突斯圣墓举行换罩仪式。换下的旧布罩被剪成碎片分发给参加仪式的伊斯兰教徒，他们相信，旧布罩附有圣气，带在身上能够保佑他们平安无事，心想事成。由于参加仪式的人多，所以布罩用布多达千米。换罩仪式后，清真寺长老还要在居民点分发装有米饭和牛羊肉的饭包。

在重要的伊斯兰教节日里，印尼教徒大都有祭祀祖先的习惯。对死者进行祭祀，是伊斯兰教与当地习俗相结合的一个典型例子，因为伊斯兰教教义中是没有规定上述祭日活动的。印尼人认为他们的祖先是神的后代，祖先的灵魂飘荡在天地之间，庇护着他们的后代。如果子孙后代对他们不敬，他们就会把灾难降临到子孙后代头上，以示惩罚。因此，印尼人敬重、供奉、祭祀祖先的习俗一直延续到今天。由此派生出崇拜祖先遗物的习俗，认为那是圣物，可保佑家人平安。绝大多数信奉伊斯兰教的印尼人一直保持崇拜祖先遗物的习俗。随着社会的发展和进步，印尼伊斯兰教文化逐步同印尼传统文化和现代文化融为一体，影响着印尼政治、经济、教育、道德规范和习俗。

第三节　天主教和基督教

13 世纪，意大利天主教传教士巴特尔·约翰纳斯（Pater Johanes）前往帝汶岛途中曾在爪哇停留并传教。然而，天主教在印尼较大范围的传教活动是由葡萄牙人、西班牙人和德国人于 16 世纪开始的。当时，葡萄牙和西班牙在印尼马鲁古群岛争夺势力范围，两国驶往印尼的船上都载有神父，为船员进行宗教服务。这些神父在马鲁古群岛向原住民传教。葡萄牙传教士和天主教商人进而在德尔那德（Ternate）、哈尔玛赫拉（Halmahera）、东努沙登加拉和东帝汶继续传播天主教。

印尼最早的天主教政治团体是 1923 年在日惹成立的"爪哇天主教政治协会"（Perkumpulan Politik Katolik Jawi），后更名为"印尼天主教政治联合会"（Persatuan Politik Katolik Indonesia）。在履行天主教教义基础上，该协会主张实现爪哇民族主义，后扩大为实现印尼民族主义。该协会采取与荷兰殖民政府合作的态度。其自 1930 年起从只吸纳爪哇族天主教徒发展至接纳印尼各族的天主教徒，在爪哇、苏拉威西和苏门答腊岛分布着几十个分支部。该协会的正式交际语是印尼语，其会刊《天主教之声》（Suara Katolik）着重关注印尼的社会问题。1941 年，该联合会与其他天主教组织合并组成"天主教联合机构"（Badan Pertalian Katolik）。

17 世纪至 19 世纪，荷兰殖民当局把印尼的天主教活动视作葡萄牙殖民者残余势力的一种体现，因而加以排斥，严禁天主教在印尼传播。这一措施曾得到信奉伊斯兰教的北马鲁古群岛、北苏拉威西和加里曼丹马辰王族和苏丹的支持。

1743 年，荷兰殖民当局曾掀起一次排斥天主教势力的运动。1789 年的法国大革命震撼了整个欧洲，也波及荷兰殖民统治下的印尼。1808 年，荷属东印度总督达恩德尔斯宣布了新的宗教政策，赋予在印尼的各种宗教活动同等的权利。从此，被排斥了两个世纪的天主教在印尼重新开展活动。可是它的传教活动区域受到限制。一些天主教的神父虽也开始获得殖民当局的津贴，但十分有限，不像基督教那样全部费用都由荷兰殖民当局提供。

1847 年，荷兰殖民当局与印尼的天主教会达成协议，使天主教会获得更大的传教自由。在这以后，以佛罗勒斯岛为天主教的传教中心，其神父深入内地、山区进行传教。1940 年，罗马教皇任命 1914 年出生于中爪哇日惹附近的达尔莫尤沃诺（Darmoyuwono）为主教，他是第一位印尼原住民主教。

基督教由荷兰人于 17 世纪传入印尼，属于新教，它与荷兰殖民主义统治印尼密不可分。1602 年荷属东印度公司成立后，为了抵制葡萄牙人在印尼的天主教会势力，荷兰殖民当局在 1731 年和 1733 年，先后将基督教《圣经》的《新约》和《旧约》译成已在印尼各岛屿间广泛传播的马来语。19 世纪起，荷兰为加强对海外领地的控制，在印尼加紧基督教的传教活动。1802 年在荷兰海牙成立了"荷属东印度新教会事务委员会"，以统一管理荷兰统治下的印尼的基督教活动。具体组织教会，则由殖民大臣负责。上述委员会由荷皇任命，去印尼的牧师由委员会介绍。在雅加达的基督教"中央教会董事会"的董事并非由各教会选任，而是由荷兰总督任命。殖民政府负责支付印尼基督教教会人员的薪水和教堂管理费用。荷属东印度公司刚成立时，来印尼的基督教牧师主要是德国人，后来在荷兰政府的鼓励下，许多荷兰牧师来印尼传教。其中有些传教士还是学者，他们深入印尼社会进行传教和科学考察。例如阿特利亚尼博士（Dr. Adriani）、克罗特博士（Dr. A. C. Kruyt）等在印尼土著语言、习惯法和人种学等方面写出了学术报告，为荷兰殖民当局制订行政管理、土地开发等措施提供了重要参考资料。

为了避免刺激当地伊斯兰教徒的宗教感情，1855 年荷兰殖民政府法规第一百二十三条明文规定，基督教、天主教等传教士，未经总督特许，不准擅自在印尼传教。尤其在伊斯兰教徒势力强大的地区，如苏门答腊北部的亚齐、西爪哇的万丹等地，以避免宗教间的冲突。殖民当局还划分了天主教、基督教的传教区域。另外，鉴于巴厘岛居民绝大多数信奉印度教，殖民当局认为天主教、基督教不宜传入。在 1602—1942 年期间，基督教和天主教在印尼都有不同程度的发展。最初，基督教传教重点在伊斯兰教和佛教势力较弱、经济相对落后的内地和山区。1799 年荷属东印度公司垮台，自 1800 年荷属东印度政府取而代之，其殖民制度基本不变。自 19 世纪初开始，印尼的基督教会逐步脱离荷兰本土基督教会的控制，自身活动更加自由。

1942 年日本占领印尼，一些外国传教士遭到迫害，其中不少人被关进集中营。在马鲁古群岛，天主教代主教阿尔托（Aerto）等 10 多名传教士被日军杀害。据统计，在 1942—1945 年间，天主教教会中至少有 74 名祭司、47 名教友和 160 名修女被日军迫害致死。只有少数传教士很侥幸尚能继续从事传教活动。基督教教会同样遭到日本占领当局的排斥和迫害。

印尼独立后，天主教和基督教在印尼有相当大的发展，尤其是在 1965 年"9·30"运动后。其中一个重要原因是，两教教会都获得西方国家有关基金会的资助。它们更积极地开办学校、医院和各种慈善事业，救济贫苦群众，使两教教徒不断增加。在这期间，华人加入基督教、天主教的人数增加，其中一个重要因素是，在北苏拉威西和马鲁古群岛等地，大多数当地居民信奉基督教和天主教，居住在那儿的华人感到入了教会后就有一种安全感。即使在伊斯兰教徒占优势的地区，两教教会也在一些大城市中坚持开办学校，吸引华人子弟。这一措施也促使华人基督教徒和天主教徒人数增加。1968 年，印尼华人基督教徒和天主教徒达 263000 人，占印尼华人总数的 8.8%，或占土生华人总数的 17.5%。

在苏哈托政府"简化政党"的过程中，1973 年 1 月，基督教党、天主教党与以前的印尼民族党、印尼独立维护者协会及平民党合并为印尼民主党。在合并前的 1971 年普选中，基督教党和天主教党在议会中分别获得 1.5% 和 0.7% 的席位。合并后，两党原有的独立性日趋减小。在 1973 年召开的人民政治协商会议中，印尼民主党只有 42 席，而建设团结党（由若干伊斯兰教政党合并而成）有 126 席，执政党"专业集团"则有 392 席。苏哈托政府还采取了一系列措施，限制建设团结党和印尼民主党的活动。如 1975 年政府第三号法令宣布，农村不参与政治活动，不允许政党在区、分区和村一级单位建立支部，实际上使政党失去重要的社会基础。1978 年总统的新内阁中，第一次没有政党代表参加。

1983 年，人民政治协商会议通过了一项关于承认建国五项基本原则为全国各种社会政治势力唯一政治准则的决议。于是，各种社会政治势力必须保证以建国五项基本原则来安排自己的活动。根据上述决议修改的选举法，禁止以宗教原则进行竞选运动。加之印尼民主党内部的争权夺利，印尼基督教和天主教的政治势力明显减弱。苏哈托政府为了巩固自身的统治，一方面限制、削弱天主教、基督教的政治势力；另一方面允许天主教、基督教教会正常传教，并要求各宗教教徒平等、和睦相处，警惕伊斯兰教极端分子的破坏活动。

印尼的基督教徒和天主教徒，与其他宗教教徒一样，也具有宽容的特点。至于苏哈托政权垮台后连续发生的某些地区伊斯兰教徒与基督教徒、天主教徒的流血冲突，是有复杂的社会和政治原因的，是由政客挑起的。如果说佛教和伊斯兰教主要是通过商业往来和文化交流和平地传入印尼的话，那么基督教和天主教则是伴随着西方殖民者的侵入而传至这个万岛之国的。由于葡萄牙和荷兰分别利用天主教与基督教作为其扩张的工具，因此17世纪前后印尼天主教与基督教势力的斗争，在一定程度上反映了葡、荷两个殖民主义者之间的争夺。荷兰殖民当局曾全面控制和资助基督教，排斥和限制天主教，以巩固其统治。

第四节　佛教

佛教在印尼，既是古老的宗教，也是再复兴的宗教。早在公元3世纪，佛教就已传入印尼，在苏门答腊、爪哇和苏拉威西发现的石佛像和铜佛像就是证明。佛教自苏门答腊向爪哇大规模传入则始于公元5世纪。

中国由海道求学取经的僧人往往先在室利佛逝学习梵文，然后再去印度。我国唐朝高僧义净于公元671年在去印度求经途中曾在室利佛逝学习了6个月的梵语，然后到印度取经。10年后，他把收集到的佛经带到室利佛逝翻译，先后住了十几年，写了两部留传至今的著作，即《大唐西域求法高僧传》和《南海寄归内法传》。前一部著作记述了义净求经途中的所见所闻，后一部着重介绍印度、印尼和东南亚其他国家的佛教情况。他在书中对印尼的佛学水平和印尼僧侣勤学好施的精神给予很高的评价，他主张中国僧人在去印度学习前先到室利佛逝学习1—2年。据《大唐西域求法高僧传》载，罽宾国（今克什米尔）王子求那跋摩（Gunawarman）以世乱出家修道，于公元 420 年前后在印尼的阇婆传教，在他的劝说下，该国国王改奉佛教。阇婆成了中爪哇第一个佛教王国，崇奉小乘佛教[①]。从那时起，佛教取代了当地的婆罗门教，成为印尼等周围岛国的主要宗教。义净在《南海寄归内法传》中说："斯乃咸遵佛法，多是小乘，唯末罗游（在占碑地区）大乘耳。"可见，室利佛逝的佛教，起初是小乘教，后来被大乘教取代。这一时期，兴建了不少佛教建筑，至今在武吉丁宜和棉兰等地还保留着当时修建的佛塔。室利佛逝王国巴达普特拉代瓦（Bataputradewa）执政时期，还在印度那烂陀捐建了一所寺庙，供前往印度学习的印尼和尚居住。寺内有一石碑，碑文注明巴达普特拉代瓦来自夏连特拉家族，其父和祖父都是爪哇国王。公元 6 世纪，中国唐朝僧人会宁、运期、法朗、常慜、明远、明朗、道琳、昙润等先后到诃陵研究佛经，义净的《大唐西域求法高僧传》载："会宁律师……爰以麟德年中杖锡南海，泛舶至诃陵洲。"会宁在诃陵居住了 3 年，并与诃陵僧人基格纳婆陀罗（Jig-na-po-to-lo）[若那跋陀罗（Jnanabhadra），意译：智贤]，共同翻译了《阿笈摩经》中关于如来焚身的章节。会宁弟子运期还兼研究古爪哇语，即昆仑语，并把会宁翻译的佛经（小乘佛教）带回中国。

684 年在巨港附近达朗·杜沃（Talang Tuwo）所立的碑铭，记载着国王建花园一事，碑铭末尾是一长串佛教祝福文，并提倡"务须敬爱三宝（即佛、法、僧）"。在苏门答腊遗留的佛教文物大部分是属于大乘佛教的，它说明室利佛逝国所信仰的是大乘佛教。公元 7 世纪，印尼苏门答腊出现佛教大国，即统一苏门答腊和西爪哇的室利佛逝王国。室利佛逝成为东南亚佛教中心，当时印度著名高僧夏基阿基尔特（Syatyakirti）和印度那烂陀高僧达摩婆罗（Dharmapala）等曾到室利佛逝登坛讲学，宣传大乘佛教，周围国家在此研究佛经者多时不下千人。8 世纪初，印度班扎巴那（Pancapana）高僧率那烂陀佛教府众僧人将大乘教派中的瑜伽行派传至印尼，被中爪哇的夏连特拉王朝奉为国教。

在巴厘岛，发现了几块立于公元 9 世纪有关巴厘王国的石碑，最早的一

---

① Sejarah Nasional Indonesia, *Departemen Pendidikan dan Kebudayaan*, Jilid I, Balai Pustaka, 1976, p.78.

块立于 882 年。碑文是用巴厘文刻写的，另外几块是用梵文刻写的，由于石碑残缺不全，无法考证其具体年代。据石碑记载，989—1016 年，巴厘国王是乌达亚纳（Udayana），他有 3 个王子，即爱尔朗卡、玛拉卡塔（Marakata）和阿纳克·翁素（Anak Wungsu）。国王身边有一个由 10 人组成的顾问机构，并得到印度教徒和佛教徒的支持。自 1016 年到 1133 年，有关巴厘国王的石碑约 50 块。从碑文考证得知，这一时期的印度教和佛教有了进一步的发展。

自伊斯兰教传入后，到 19 世纪间，印尼佛教处于停顿状态。直到 1815 年，由于婆罗浮屠佛塔的发现①，印尼佛教才逐渐复苏。现如今，佛教在印尼是一个再发展的宗教。华人成为佛教徒的主体，这一现象保持至今。1953 年，第一个居士林成立于日惹。尔后，居士林普遍设立。1954 年成立"印尼佛教会"，代表上座部、大乘显教与密教 3 个主要宗派。1957 年，三宝垄的印尼佛学社、棉兰的苏岛佛学社也相继创立。1958 年，"印尼佛教菩提总会"在佛陀伽耶寺召开第一次会员大会，全国 17 个城市的代表参加会议，尔后各大城市均设立分会。1959 年组成"印尼僧伽会"，积极展开弘法度众工作。20 世纪 60 年代，印尼政府规定不得使用中文，禁止中文教育，佛教在印尼的传播受到影响，英语成为佛教徒的主要用语。1967 年，分散在印尼各地的佛教徒组织联合成立"印尼佛教徒联盟"。70 年代，印尼政府放宽对华文的禁令，佛教有了进一步的发展。1973 年，佛教徒成立"印尼菩提达摩"组织。两年后，该组织召开首次代表大会，有 38 个分会的代表出席会议。与会代表提出把佛教发扬光大的口号。同年，有 4 座佛寺陆续开光或修建。1978 年，"三达摩会"加入世佛联。新兴起的印尼佛教引起世界佛教界的关注。经过几十年的努力，印尼佛教界逐渐得到政府的认可。1980 年，宗开、永悟、道来等法师由台湾佛光山学成返回印尼弘扬佛法，先后成立寺院道场，举办各种法会和弘法活动。1983 年，政府决定将佛诞节定为国家节日，婆罗浮屠佛塔修复工程也于同期完成。1984 年 10 月，印尼佛教各大宗派在苏门答腊联合创立获得政府批准的"印尼佛教学校"。

1987 年，首届佛教女教徒会议在雅加达召开。同年，印尼"达摩杰卡佛

---

① 公元 1006 年，莫拉比火山爆发，婆罗浮屠佛塔掩埋在火山灰下，逐渐被世人遗忘。

学院"成立，招收全国各地数十名佛教僧侣，为把三藏译成印尼文先期培养专门人才。印尼除了印尼佛教徒联合会的全国性佛教组织外，还有由 16 个佛教基金会创办的数十所佛教团体，佛教青年团也应运而生。印尼现代佛教具有"三教"（佛教、道教和儒教）合一的特点。这一特点在中爪哇三宝垄三保庙中有明显体现，即佛教的外观表现在寺庙的形式上，道教表现在古老遗迹的神秘气氛中，孔教景观呈现在孔子的肖像上。三教合流、华人习俗和地方神灵等因素，使广大华人佛教徒敬奉多元神祇，除了佛教的释迦牟尼、观音、地藏王等，还有道教的玉皇大帝、妈祖（天后）、儒教的孔子，以及鲁班先师、药王华佗、八仙、关帝和大伯公等。其中雅加达"金德院"内就供奉着观音、地藏王、天后、城隍神、土地神、十八罗汉和关帝等神像。

印尼宗教部设有"佛教事务司"，隶属于"印度教、佛教社会指导总司"，该司负责佛教相关事务。2000 年，印尼有佛教庙宇 2400 余座，佛教徒约1000 万人。[①] 每年涅槃节，印尼佛教徒都要举行集会纪念释迦逝世。届时佛教寺院举行法会，挂释迦涅槃图像，诵《遗教经》等。宗教部长时而亲临涅槃节盛会。印尼佛教组织经常举办诵经比赛，近年，诵经比赛用语从只限于巴厘文的《句法经》，扩展至梵文、印尼文、中文和日文。[②]

近年来，印尼传入一种佛教新密宗（Tantrayana）。该密宗要求僧人坚持穿黄色袈裟，不必剃度，允许留长发，参加舞厅社交活动，还可以结婚。传教的"活佛"名叫吕生行（Lu Sheng Yeng），是台湾人，原信奉天主教，上大学后改宗佛教密宗，后移居美国。除佛教外，他也研究道教，利用特异功能给人治病。他创建的现代佛教密宗逐渐在美国、马来西亚、泰国和印尼等地华人中传播。目前，上述佛教密宗已传至印尼的棉兰、巨港、雅加达、泗水和三宝垄等城市。印尼宗教部佛教事务司已认可该密宗，认为其符合释迦牟尼的佛教学说。吕生行新佛教密宗的出现，体现了华人佛教徒们试图使佛教适应现代社会的一种尝试，反映了印尼佛教世俗化的一种趋势。印尼佛教组织经常开展义诊、义务劳动和募捐等活动，以此进一步融入印尼社会大家庭。

印尼的"建国五项基本原则"和 1945 年宪法都规定宗教信仰自由。目前

① 详见 http://www.wuys.com/xz/Article_Show.asp?ArticleID=11024。
② 《印尼与东协》，2000 年第 120 期，第 12 页。

印尼华人中约 95% 已加入印尼籍。但他们中不少人，尤其是中、老年者，依然信奉佛教。现在印尼佛教徒人数约 500 万人。佛教徒除上佛寺外，有的还在家里设庙堂和观音堂。观音堂内设有精致的观音塑像，台前有供佛教徒跪拜的垫子，类似的私人庙堂在雅加达还有不少。资金由众佛徒捐助。庙堂还免费分发《玄学诠释》（*Kitab Uraian Metafisika*）、《弥勒永存》（*Hidup Maitreya*）等宣传佛教的小册子。

印尼全国性佛教组织有"印尼佛教联合会"（Perwalian Umat Buddha Indonesia）、"印尼弥勒佛教徒理事会"（Majelis Pandeta Maitreya Indonesia）和"全印尼佛教徒联合会"（Gabungan Umat Buddha Seluruh Indonesia）等。它们多为大乘佛教组织。

第五节　孔教

孔教是印尼政府正式承认的六大宗教之一。印尼孔教有着悠久的历史，早在 1729 年，巴达维亚华侨社团建立了含有宣扬孔子学说的"明诚书院"（Bing Sing Su Wan），先后出版了若干有关孔子学说的印尼文译本，1897 年李金福翻译了《至圣孔夫子》（*Lie Kim Hoh*）。陈庆忠（Tan Ging Tiong）和尤才祥（Yoe Tjai Siang）1900 年合译了《大学》和《中庸》。1900 年 3 月 17 日，华侨社会尊孔人士建立了"中华会馆"（Tiong Hwa Hwee Koan），该团体的宗旨主要是：遵守孔子教谕，在不违背礼仪的前提下，改进华侨的习俗。中华会馆致力于华文教育，至 1919 年，中华会馆开办的华文学校有 200 余所。华文学校开办之初的宗旨是"尊孔"，每校须悬挂孔子像，在孔子生辰和忌辰，分别放假一日，并举办演讲会等活动，以纪念孔子。庆祝和纪念活动打破了地域、姓氏宗亲等华人之间的界限，发挥了团结华侨的作用。

自 1903 年，泗水、梭罗、茂物等地先后出版了宣传孔子学说的报纸杂志和译著，增进了土生华人对孔子学说的了解。1906 年，泗水修建了东南亚最大的"文庙"。1920 年，泗水孔教会出版孔教杂志《入德之门》。1923 年，印尼各地孔教会代表在中爪哇梭罗市举行了第一次全国代表大会，与会代表一致同意成立孔教总会，把总部设在万隆。1925 年，中爪哇华侨陈文盛（Tan

Boen Sins）把《孝经》翻译成马来文。1934 年印尼华侨社会出现了另一个宗教团体，即"三教会"（Sam Kauw Hwee，即孔教、佛教和道教），其宗旨是把孔教的虔诚、佛教的超凡以及道教的养性分别或结合起来加以倡导和实践。1938 年 12 月 5 日，梭罗孔教会邀请爪哇各地的孔教会举行全爪哇孔教会联合会议，选出孔教总会的领导机构，协调各地宣道工作。大会决定创办《木铎月刊》（Bok Tok Gwat Po）。1955 年，成立了全国性的孔教总会"印尼孔教最高理事会"（Majelis Tinggi Agama Khonghuzu Indonesia，MATAKIN）、"印尼孔教妇女委员会"（简称 PERKIN）和"印尼孔教青年委员会"（简称 GEMAKU）。地方分会称作"印尼孔教理事会"（Majelis Agama Khonghuzu Indonesia，MAKIN；中文名简称为"孔教会"）。

　　1942 年，日本侵占印尼，下令禁止孔教会一切活动。1945 年 8 月，印尼宣布独立，华侨华人的宗教活动重新活跃起来。1954 年 12 月 11—12 日，部分孔教人士在中爪哇梭罗召开了代表会议，探讨重组孔教总会的可能性。1955 年 4 月 16 日，成立了"印尼孔教联合会"（Perserikatan Kung Chiao Hui Indonesia）。1956 年、1957 年和 1959 年先后举行了 3 次印尼孔教联合会全国代表大会，并进行修改孔教联合会的章程等事务。1961 年，印尼孔教在梭罗举行第四次全国代表大会，统一教规，把"印尼孔教联合会"改名为"印尼孔子学说协会"（Lembaga Ajaran Sang Khongcu Indonesia），并拜会宗教部长，要求确认孔教在印尼宗教部的合法地位。1963 年 12 月，"印尼孔子学说协会"在茂物举行会议，又将其团体改名为"全印尼孔教联合会"（Gabungan Perkumpulan Agama Khonghucu se-Indonesia）。1964 年 5 月，在西爪哇打横市（Tasikmalaya）举行的全印尼孔教联合会第五次全国代表大会上，决定把该团体改名为"印尼孔教联合大会"（Gabungan Perhimpunan Agama Khongcu Indonesia），并重新组织全印尼孔教青年联合会。

　　1965 年，苏加诺总统委派大学教授、牙科医生和退休将军等诸多头衔于一身的穆斯塔普博士（Dr. Mustopo）对孔教进行实地考察，决定是否给予孔教以官方宗教地位。穆斯塔普博士在打横孔教礼堂亲眼看到了众多的孔教信徒举行宣道活动的场景，他如实地向苏加诺总统做了汇报。同年，苏加诺总统发布第一号命令，正式确认印尼六大宗教——伊斯兰教、基督教（新教）、天主教、印度教、佛教和孔教。该年，印尼三教联合会举行第三届全国代表大会，决定在联合会领导下成立了印尼三教男女青年会（Persatuan Pemuda Pemudi Sam Kauw Indonesia）。1967 年 8 月，"印尼孔教联合大会"在梭罗举行第六次全国代表大会，代总统苏哈托和临时人民协商会议主席纳苏蒂安做了书面讲话，印尼宗教部印度教、佛教群众指导司司长也发表祝词。大会决定将"印尼孔教联合大会"更名为"印尼孔教最高理事会"，并沿用至今。"联合"改为"最高"，反映出孔教的组织结构由松散向更紧密和集中统一的发展变化，标志着印尼孔教进一步制度化。印尼孔教全国组织名称的多次改变突出反映了印尼孔教的本土化进程。大会讨论并确定了孔教的性质和相关宗教礼仪，从而使孔教更加制度化。

1967 年 12 月 6 日，印尼政府还颁布了《关于华人宗教信仰和风俗习惯的第十四号总统决定书》，禁止华人在公共场所举行中国传统的宗教仪式、宴会和庆祝活动，号召华人放弃孔教、道教，而改奉伊斯兰教、新教和天主教等。1969 年 12 月，在中爪哇北加浪岸市举行了第七次"印尼全国孔教代表大会"。1971 年 12 月，"印尼孔教最高理事会"举行了第八次全国代表大会。会上由总统私人助理苏佐诺和阿里·穆尔托波等发表书面讲话。大会表示接受邀请，同意参加 1974 年在比利时举行的世界宗教与和平会议。1975 年 12 月 19—22 日，在西爪哇唐格朗举行了来自印尼 25 个地区的孔教圣职人员全国代表大会，修订了印尼孔教的敬拜礼仪及孔教结婚仪式。1978 年 7 月 14 日，印尼内政部规定，在填写身份证信奉何种宗教一栏时，如果信仰伊斯兰教、天主教、基督教、印度教和佛教等 5 种宗教以外的某一宗教，则在空格中划一短横线，即"—"。

1978 年 11 月 18 日，印尼内政部发出传阅公函，明文指出政府只承认伊斯兰教、基督教、天主教、印度教和佛教。印尼孔教被排除在外。1979 年 1 月，苏哈托总统指示宗教部长，设法撤销承认"孔教为一种宗教"的法律。同时，孔教的活动受到种种限制，如有关孔教内容不能列入学校宗教课的课程；1979 年 2 月，在梭罗举行的第九届孔教大会在开幕后突然被当局勒令取消；印尼电台拒绝安排宣扬孔教的节目；雅加达缩影公园禁止在园内建立孔教会堂。1979 年 9 月，印尼孔教会应邀参加在纽约举行的"宗教信仰促进世界和平"大会。1984 年 8 月，印尼孔教会应邀参加在非洲肯尼亚奈洛比举办的"宗教信仰促进世界和平"大会。1987 年 1 月 15 日，因受当局多方限制，"印尼孔教最高理事会"内部有限的代表大会上推选茂物的陈王礼为 1987—1991 年度的主席。在陈王礼任职期间，印尼孔教会开始和新加坡孔教会取得联系。1987 年 3 月 14 日，"印尼孔教全国最高理事会"为了适应政府新出的 1998 年第八号宪法而修改了章程。

在政府高压政策下，印尼孔教的宗教活动始终没有停止。日常的礼拜宣道活动，孔教教义的学习，一些不定期刊物、小册子的编辑仍然坚持进行。他们还采取灵活的形式争取孔教仪式公开举行，如利用孔子生日与国家法定的"青年誓词纪念日"时间接近，借庆祝青年宣言纪念日的名义来举行纪念孔圣诞的祭祀仪式。这就使得许多华裔青少年依然有机会接触孔教。1993 年，"印尼孔教全国最高理事会"举行第十二届全国代表大会。1994 年 10 月，印尼孔教代表团参加了在北京举行的"纪念孔子诞辰 2545 周年暨国际儒学研讨会"，会后代表团专程赴曲阜孔庙朝拜孔子。1995 年 7 月，泗水华裔公民傅明茂（Budi Wijaya）与魏爱兰（Lany Guito）在当地文庙按孔教仪式举行婚礼，文庙执事发给他们结婚证书，但当地民事注册局拒绝受理他们的婚姻登记，否认孔教的合法性。为此，傅明茂夫妇向地方法院起诉，瓦希德特地到法院以伊斯兰教士身份出庭作证，指出孔教是近百年来印尼华人信仰的宗教之一，儒家思想被宗教化已为伊斯兰教徒所认同。经过法院审理，最后还是败诉。

1998 年，苏哈托下台后，印尼政府开始放松对孔教会的限制，印尼孔教会借用宗教部地点举行第十三次全国代表大会。时任宗教部长出席了大会开幕式。1999 年 12 月 3 日，瓦希德总统在北京钓鱼台国宾馆举行的记者招待会上明确表示，拥有百万信徒的孔教，可在印尼生存。2000 年，孔教在雅加达成功举办了春节联欢会，在泗水举办了元宵节联欢会，瓦希德亲临现场。自此，印尼总统几乎每年参加孔教春节联欢会。2002 年 9 月 13—15 日，印尼孔教在雅加达举行第十四届全国代表大会，这是孔教有史以来规模最大的一次会议。开幕时，时任印尼人协主席、政治安全统筹部长、宗教部长、教育部长和国家监督机构部长、前总统瓦希德及各宗教代表出席会议。2006 年 2 月 4 日，苏西洛总统出席孔教举办的纪念孔历 2557 年新年庆典，重申政府对孔教的承认。之后，在总统指示下宗教部和内政部发布文件，承认 1965 年第一号和 1969 年第五号总统相关法令有效。2006 年 4 月第一批登记孔教为宗教信仰的居民身份证问世，印尼孔教的法律地位得以确立。2006 年 11 月，总统苏西洛及多位部长出席了"印尼孔教最高理事会"举行的第五次全国代表大会。2007 年，第四届国际儒学研讨会暨第一届国际孔教研讨会 11 月 20 日在雅加达举行。印尼宗教部长马夫特到场并主持开幕式。他在致辞中希望通过此次国际孔教论坛，达成共识，发挥宗教在消灭贫穷与愚昧方面的作用，使孔教价值能为巩固世界和平及实现永久的和谐做出贡献。2010 年 12 月 23 日，总统苏西洛在缩影公园主持孔庙落成仪式，他希望印尼孔教徒成为各种宗教和谐的榜样，共同建设一个没有歧视、和谐、互助合作的社会。随后，苏西洛还主持了印尼孔教总会全国协商会议并为孔庙种植松树。

印尼学术界把孔子学说视为一种哲学。例如，《印尼百科全书》在"孔夫子"的条目中，称"孔子是位哲学家，宣扬革新精神，强调贵族、平民在社会中有各自的位置"。而孔教则是把孔子的学说视作一种宗教教义。目前，孔子学说在印尼正在逐步宗教化和民间化。

目前，印尼孔教徒可以在居民证宗教信仰一栏填写"孔教"，以孔教仪式举行婚礼后可在政府民事登记部门注册，信仰孔教的学生也可在学校的宗教课上学习四书五经。

孔教实行教阶制度，这是印尼孔教作为"制度化宗教"的一个明显标志。1964 年 5 月全印尼第一届孔教宣道师代表大会在尖米士（Ciamis）市举行，专门探讨孔教礼仪制度的统一问题，并颁布统一使用的《印尼孔教宗教制度与仪式规范》。

孔教总会和分会的机构：

（1）执行委员会：实际管理、运作机构，设主任职。

（2）修道院：负责宗教研究、宣道、培训、资料出版。宣道师（教职人员）：院长（最高职位）、学师（高级）、文师（中级）、教生（低级）。

（3）主席团：由精神领袖、德高望重的名流等组成，设主席职。

地方孔教理事会中设有主席（地方孔教会主席一般任期 4 年）、副主席、文书、副文书、司库、副司库以及各小组负责人等。根据具体情况可以不设副职，可根据需要设立地方理事会的顾问委员会，成立各类相关团体。另外，总会和部分分会还设有青年部、研究部、文艺部、附属的学校和幼儿园等。教会组织教徒定期从事宗教祈祷、唱圣歌和学习经书等活动，庆祝和纪念传统节日、孔诞日的祭孔日等，开展和举行的活动有家庭互助、儿童教育、婚丧嫁娶、慈善、赈灾等。经费主要来自教徒捐献、社会捐款和政府少量拨款。

在印尼政府对孔教松绑后，各地尊孔人士纷纷组建相关组织，常见的有孔教宣道会（Kebaktian Agama Khonghuzu Indonesia，缩写为 KAKIN），是指在未能成立孔教理事会的地方，可独立组织孔教宣道礼拜活动的团体；设于三教会（TITD）或华人庙宇（Klenteng）之中的孔教部（组）（Seksi Agama Khonghuzu Indonesia TITD，缩写为 SAKIN）；孔教青年会（Pemuda Majelis Agama Khonghuzu Indonesia，缩写为 PAKIN），在一些尚未成立孔教理事会的地方，一开始直接成立的独立的青年孔教组织，以基金会（Yayasan）命名的孔教组织，大学生组织的孔教团体，以个人名义联系、组织孔教活动的团体等。参与孔教活动的以华人为主体，也开始有少量非华人入教，他们对儒学的理论知识了解并不多，限于知道“己所不欲，勿施于人”、“四海之内皆兄弟”、“慎终追远”、“忠孝”、“仁义礼智信”、“祭拜祖先”等义理。

1. 孔教的基本信仰

印尼孔教基本上是遵照中国传统儒学经典四书五经来确定孔教教义的。其要点：（1）孔教的上帝是至高无上的“天”（Thian），是万物的主宰，是印尼孔教的上帝；（2）孔子是孔教的“圣人”和“先知”（Nabi），孔子圣人负有天所赋予的使命来到人间宣扬“天道”，正如《论语·八佾》中所说“天下之无道也久矣，天将以夫子为木铎”；（3）孔教的圣经是“四书”、“五经”。

目前孔教会已经把这些理论和经典比较系统地介绍给信徒，但在发展的过程中又有一些印尼化的表述。

印尼孔教最重要的教规是“八诚篇规”：（1）诚信皇天，忠诚地信仰至高无上的神或“天”；（2）诚年厥德，忠诚地遵奉和倡导“德”；（3）诚立明命，忠诚地接受“天命”；（4）诚知鬼神，忠诚地认识精神和灵魂的存在；（5）诚养孝思，忠诚地遵奉和倡导“孝顺”的观念；（6）诚顺木铎，忠诚地追随先哲孔夫子和神的感召；（7）诚钦四书，忠诚地信奉"四书"；（8）诚行大道，忠诚地遵循"天道"。

可概括为八大信条：（1）信天；（2）崇德；（3）树天命；（4）知命、修身、养心、戒欲、取中；（5）尽孝；（6）崇孔；（7）敬"四书"；（8）尊圣道。

"八诚篇规"也是印尼孔教的最基本的教规，它全面地体现了孔教教义的根本精神，是所有的孔教信徒都必须严格遵守的根本大法。在每一次礼拜、祭祀或宣道仪式中全体孔教徒都要齐声诵读。

加入孔教，确立孔教信仰的仪式上必诵誓言，共有 3 条：

（1）天命之谓性，率性之谓道，修道之谓教。（《中庸》开篇第一段）

（2）大学之道，在明明德，在亲民，在止于至善。（《大学》开篇第一段）

（3）惟德动天，咸有一德。（选自《尚书》）

这 3 条誓言全部是选自"四书"、"五经"的原文。印尼的孔教的教义规定，加入孔教，就是自觉地接受了"天命"，因而有责任有义务以"诚"对皇天。如果没有以至诚事奉其教的精神，就不能在心灵上获得圆满的成果。[①]

按照印尼孔教的说法，信仰孔教就是拜天公、祭祖先。祖先崇拜是其核心教义之一。孔教的上帝就是"天"，信奉孔教就要敬天、拜天，"天"掌控一切，至高无上。天能洞悉人的一切，天无处不在。天是公正的、完美的、仁慈无比的，人们向天祈祷，就是向天祈求福祉。孔子是圣人先知，是孔教的教主。他从天得到灵感。父母、祖先是天的代表，孔子把天当作活着的祖先来祈祷，信奉孔教就要发扬孝道，爱父母。

孔子作为中华民族历史上的一位伟大的思想家、教育家，他在印尼华人中的影响毋庸置疑，并将长期存在。继续争论孔子学说是哲学还是宗教已没有大的意义，印尼孔教如何更好适应本地现代化的需要，吸引其他部族，乃是急待研究和实践的课题。过去一些宣传孔教的文章、宣讲和教授的内容显得陈旧，对于不谙中文（尤其是古汉语）的绝大多数孔教徒而言，很难理解。可喜的

———————————

① 详见 http://baike.baidu.com/view/2961603.htm。

是，印尼孔教界有识之士充分意识到上述问题，他们把相关中文内容译成印尼文。其中"四书"、"五经"、《孝经》、《二十四孝》、《孔子圣迹故事》、《孔教圣歌》、《孔教章程会规》、《礼仪手册》等大量书籍都已译成现代印尼文。宣讲者结合印尼社会现状用通俗易懂的印尼语加以解释和讲授，取得很好的效果。孔教内部建立了一整套相关礼仪，制度化程度日益提高。如孔教徒见面时要双手抱拳，一人先说"惟德动天"，另一个人回答说"咸有一德"，并用"善哉"结束对话。举行上香仪式的司仪身着白色短袖衬衫，前胸后背绣有木铎和麒麟图案。参加仪式的孔教徒按男左女右分别坐在讲台两侧。宣道仪式一般在"咸有一德"的圣歌中开始和结束。为了巩固团体意识和增加凝聚力，孔教把探望老弱病残作为重要的活动内容。

印尼大部分孔教礼堂，与佛教、道教或福德（土地公）祠庙共享空间，孔子与佛祖、老子、土地公等的牌位或塑像并放。印尼孔教直接利用了现存的其他宗教的庙宇。随着孔教独立性的增强和历史遗留问题的显现，时而引发庙宇产权纠纷，甚至对簿公堂。如北加浪岸孔教礼堂与隔壁佛教寺庙宝安殿的产权纠纷等。法庭审理时出现了双方同拜关公像的一幕。按照印尼相关规定，公民到法庭诉讼或作证，须履行宗教宣誓仪式。在孔教受到排挤的时期，孔教徒在法庭上一般是对着关公像宣誓。关公在印尼孔教占有极为重要的地位。关公同时也被纳入了佛教和道教的众神殿堂，在佛教他是伽蓝菩萨，在道教则是协天大帝。开庭时，宝安殿起诉方的证人和孔教礼堂辩护方的证人，先后向置放在法庭一角的关公像祭拜宣誓，然后才开始作证。

印尼孔教建筑有不同称谓，一般称作孔教礼堂、孔庙、文庙、孔夫子堂和孔道教堂等。印尼4座较大的孔庙为泗水文庙、井里汶孔教礼堂（孔庙）、巴淡孔庙和巴厘岛孔庙。这是孔教建筑原用名和历史所致，虽然称谓不同，但功能一样。孔教礼堂的布局大体是正前方是孔子画像，上书"至圣先师"4字，一左一右是两只麒麟，香案的布幡上绣着"文行忠信"4字，讲台上印着"皇矣上帝"，大门的内侧上方则是"勤俭"两字。礼堂两侧的墙上分别用中文和印尼文写着"己所不欲，勿施于人"和"四海之内，皆兄弟也"等。

2. 印尼部分文庙

（1）泗水文庙（Boen Bio），现易名为孔夫子堂（Gereja Konghucu）。泗水文庙是东南亚地区建立较早，规模最大，具有印尼传统的孔庙。其前身文昌祠建于 1880 年，信徒一直遵循中国儒学礼仪祭拜孔子。1899 年以后，泗水文庙一方面在所办学校进行孔教的教育，同时也开始通过在文庙举行孔教仪式包括唱歌来宣传孔教。文庙的仪式每逢星期天和华人传统节日举行，有礼拜、讲道和唱歌。

（2）井里汶孔教礼堂，其正门上镌刻着"孔教礼堂"四个大字。大厅中央摆放着孔子和其弟子以及儒教诸圣的神位，两边有关公和福德正神的塑像。与其他地方的孔教礼堂不同的是，该礼堂还供奉着三才公的灵位，灵位的上方悬挂一块匾，上面写着"财政之诚" 4 个大字。礼堂还开设了武术、太极、舞狮、中文、弟子规、孔教礼仪和行为规范等课程。紧靠礼堂的左边是一座佛教寺庙万应庙，礼堂的楼上是观音堂，三个道场属于同一建筑群，紧密相连。孔教徒除了到孔教礼堂祭拜孔子，举行宣道活动以外，还同时到万应庙烧香，到观音堂向观音祈福。可以看出，参加 3 个道场活动的多是同一群人，三教合一的特征略见一斑。三教合一情况在各地不同，如加拉瑝的慈恩宫，虽然孔教礼堂、佛寺和道观栖身于同一座建筑内，但是它们相对隔开，参加三个道场活动的也是相对独立的不同人群。相对而言，佛教和道教寺观平时没有宣道活动，只是提供场地和服务，允许善男信女前来烧香磕头，求神拜佛，与俗世保持若即若离的关系。

（3）巴淡岛孔庙。巴淡岛现有居民 150 多万人，其中华人约 30 万人。市中心建有"大伯公庙"和"孔子庙"。

（4）三宝垄的孔道教堂始建于 1450 年间，最初是一座清真寺，后逐渐演变成纪念郑和的场所，又称作三宝庙和三宝公庙。1930 年，其更名为孔道教堂，一直沿用至今。该教堂体现了三教以及伊斯兰教的特点。从其节日活动看，既有尊崇伊斯兰教真主的敬天公节，有道教的玉皇圣诞日，也有孔夫子节。庙内专设孔夫子庙堂。三宝垄的大觉寺（Tay Kak Sie）中有孔子塑像。

（5）万隆孔教礼堂坐落在市中心的繁华地段，由普通的楼房改造而成，拥有独立院落，楼下大厅是庙堂，里面供奉着老子、孔子和释迦牟尼的塑像。上方悬挂一横幅，上书"三教圣人"，一左一右对联为："三圣启坛信仰无分中外，教化众生向善何论东西"。

（6）打横（斗望）孔教礼堂（Kong Miao）建于 1956 年。该礼堂经常与附近的尖米士和班贾尔孔教礼堂联合举办活动。

（7）班贾尔孔教礼堂建于 1972 年，农历每月初一、十五和传统节日、国家节日和婚丧嫁娶日等举行相关活动。

（8）普禾加多孔教礼堂设在闹市区福德庙内，该庙供奉着众多华人信奉的神祇，从福德正神、孔子、关公、老子、释迦牟尼、观音，到福禄寿星、三保公郑和、天母娘娘、尉迟恭、秦叔宝、虎神等等，多达 18 位。

（9）茂物孔教礼堂基本只祭拜孔子及其弟子。

（10）梭罗镇国寺建于 1745 年，是一座儒释道三教合一的寺庙，正门的牌匾上写有"镇国寺"3 个大字。一右一左的门柱上镌刻着两行对联："镇压蛮方普照慈云千古在，国存祀典式昭福德万年新"。镇国寺主要供奉的是观音，释迦牟尼、孔子和老子的塑像则摆放在一个偏厅。除此之外，寺里还供奉有弥勒佛、福德正神、关公、保生大帝、福禄寿、十八罗汉、虎神、司命灶君等共 10 多个神祇。

梭罗在印尼孔教历史上具有举足轻重的地位，曾长期作为印尼孔教总会的所在地，后孔教总会把办公地点迁至雅加达，现在梭罗仍是孔教长老协会的所在地。印尼华人办的中文学校一般都叫三语学校（汉语、英语和印尼语），学生不限于华裔子弟。梭罗孔教会办的三达德公学幼儿园和小学部，老师和学生均来自爪哇族，学生须上孔教的伦理道德课。

（11）雅加达药王先师庙里除供奉药王先师外，还供奉关公、观世音、福德正神、太岁星君、地藏王、释迦牟尼、准提菩萨、弥勒佛、虎神、土地公土地婆等。

另外，其他地方相关庙宇有：玛琅的永安宫、杜班的关圣庙等。印尼宗教多元和宽容性体现在宗教人士的认知和解释方面，如印尼著名伊斯兰教领袖哈姆扎（Hamza）把孔子列为真主的使者之一，他认为孔子的教导同穆罕默德的教导是一致的。在多数场合上，他把孔子的教导同伊斯兰教教义相提并论。

第六章　传统艺术

印尼的艺术形式起源于其历史传说和古代宫廷文化。早在公元 11—14 世纪，音乐舞蹈成为爪哇宫廷教育的重要内容。王家子弟、宫廷侍女等须学会演奏乐器、唱歌、跳舞、绘画或吟诗。印尼人民在音乐、舞蹈、戏剧、绘画、雕刻、民间工艺等领域有着丰富的想象力和创造力，创造出了丰富多彩、别具特色的印尼文化艺术。

第一节　音乐与舞蹈

印尼优美动听的音乐、变幻无穷的乐器、历史悠久的皮影戏、婀娜多姿的舞蹈、充满活力的绘画、五彩缤纷的雕刻等民间传统艺术，至今仍绽放着绚丽的光彩。人们可以从古老的寺庙和佛塔浮雕中发现部分乐器的图案、演奏的场景或舞蹈的动作。

中国古书《瀛涯胜览》一书的作者马欢关于麻喏巴歇的一段记载说："月圆清明之夜，番妇二十余人或三十余人，聚集成队，一妇为首，以臂膊递相联绾不断，于月下徐步而行。为首者口唱番歌一句，众皆齐声和之，到亲戚富贵之家门首，则赠以铜钱等物。名为步月，行乐而已。"

印尼的民间音乐在外来文化的影响下，有很大的变化和发展，仿制和使用了一些外来乐器，创造出新的乐种。以"格朗章"为例，该曲种 16 世纪由葡萄牙人传至印尼，主要用吉他、大提琴、小提琴和四弦琴演奏，后来又增加了横笛和萨克斯管等。20 世纪后，又增加了佳美兰乐曲的因素。马来地区的格朗章还增添了马来民歌板顿。这种音乐，富于浪漫情调，传播很广，深受印尼人民的喜爱。印尼渣里渣里、甘邦·格罗蒙、当杜特、格扎比等乐种也受到外来音乐的影响。在印尼传统的民族音乐中，打击乐器占主要地位，与许多其他东方民族的音乐一样，印尼的民间音乐都是 5 音阶的。个别部族的现代音乐中的 7 音阶旋律，是在西方音乐传入后才有的。各部族的音乐往往与其舞蹈特色相同。生活在印尼群岛的各个部族，有着自己独特的民歌和乐器。爪哇族的旋律悠慢、柔和，音调低沉；西爪哇巽他族的曲调与爪哇族的相似，但更缠绵，如巽他·特姆邦（Tembang Sunda）乐曲，其节奏震颤、独特。演唱时随着傍晚、深夜、天明等时空的变化，音阶也随之变化，听众可感受到其平缓舒展的音乐魅力；巴厘族的音乐气势雄浑；马鲁古和巴达克族的曲调热情奔放；而马来族的曲调活泼明朗，节奏欢快。

在声乐方面，马鲁古人、巴达克人和安汶人的现代民歌，悦耳动听。独立后，印尼音乐人广泛搜集和整理民歌，还创作出一些优秀的歌曲。其中有印尼人民争取和捍卫祖国独立的战歌，如《哈罗，哈罗，万隆》、《独立勇士》、《大印尼》、《奋勇前进》、《红旗》、《潘查希拉轰响》等；有歌颂祖国、赞美壮丽山河的歌曲，如《祖国》、《梭罗河》、《手帕》、《椰岛赞歌》、《印尼——我的珍珠》等；有描述热爱劳动和生活情趣的歌曲，如《在收割的季节里》、《拉藤歌》、《鹦鹉》、《划舱板》等；有怀念家乡和亲人的抒情歌曲，如《扬帆远航》、《回安汶》、《巴厘岛》、《哦嘞唏哦》、《拉都哈拉海岸》等；有表达诚挚爱情的歌曲，如《曼蒂》、《安汶姑娘黝黑迷人》、《婀娜多姿》、《呼啦戒指》等。其中有一些歌曲，诸如《宝贝》、《梭罗河》、《星星索》等，在我国流行也很广，深受中国听众的喜爱。随着西方音乐的传入，近年来，在印尼的各大城市，也流行着各种通俗歌曲。说唱音乐和电子音乐深受年轻人喜爱，他们把说唱元素融入传统音乐中，使得相关传统表演更加现代。

一、独具特色的乐器

1. 主要打击乐器

鼓类：以牛皮、羊皮等制成。如根堂，木桶似的双面鼓；格第蓬，小于根堂的一种双面鼓，又叫小长鼓；勒巳那，一种形似大圆盘的单面鼓；牛脚鼓，流行于马鲁古一带的牛脚状的小鼓；达达加宁，流行于苏门答腊达克族地区的一种排鼓（由若干大小不等的双面鼓纵列排成）。伊斯兰教传入印尼前，印尼流行一种特色鼓，在苏门答腊称为"塔布"（Tabuh），在爪哇称为"卜杜克"（Bedug）。这种鼓是用挖空的棕树干蒙上牛皮制作而成的。伊斯兰教传入后，该鼓用于伊斯兰教活动中。亚齐人在清真寺外面放置一面这样的鼓，以击鼓的方式召集教徒。爪哇的一些伊斯兰教徒在吟诵《古兰经》时，用这种鼓伴奏。

锣类：贡，一对大铜锣；排锣，以大小不同，依音阶排列、平置木架中以双手击打的锣群；大釜锣，平置木架上的一种平锣。

排琴类：干邦，一种木排琴，用坚木削成的一块块木条排金属板组成。

甘邦（Gambang）：甘邦是一种竹制打击乐器，流行于巴厘岛，共有 14 块竹片，演出时，用一 Y 字形的棒子敲击，该乐器与公元 14 世纪东爪哇的帕纳塔兰（Panataran）寺庙墙上所画的乐器图案相同。

2. 主要弦乐器

勒巴卜琴，属波斯系统的弓弦乐器，共鸣箱由椰壳制成，形如中国南方的胡琴，但它的拉弓在两弦之外。这种琴流行于爪哇和巽他族中。

格扎比琴，形似中国的扬琴。用右手指弹拨，左手按木弓的左端琴弦，以控制琴声颤动。它流行于巽他族地区。

塞山多琴，这是一种用一节大竹筒制成的弹拨乐器，源自帝汶和罗帝岛。原先以竹皮为弦，后改用金属弦线。

3. 主要吹奏乐器

箫，形似中国的洞箫，种类繁多，流行于爪哇、巽他、米南加保、马鲁古、巴布亚、加里曼丹等部族或地区。

笛，与中国的横笛基本相同，但多半不贴笛膜。它只流行于马鲁古和印尼北端的桑义赫。另有一种横笛名为思苏林·仑邦，其流行于南苏拉威西的达那·托拉查。这种笛子长 60—100 厘米。吹洞呈方形，有 6 个，用于笛子独奏。

唢呐，与中国的唢呐类似，流行于爪哇、马都拉和苏门答腊诸岛。

卡琳丁（Karinding），是西爪哇巽他族的传统乐器，通常由棕榈中脉或竹子制成。竹制卡琳丁在一竹筒表面挑起竹皮为琴弦，用手指弹拨和拍打"竹皮弦琴"，不需呼气，只需做出不同形状的口型，利用共振和舌头就能产生各种旋律、节奏和声音。巽他人早期用其自娱自乐，打发时间。它发出来的声音特别，故也能用来祛除稻田中的害虫及鸟类。如今，用卡琳丁弹奏音乐是万丹省青少年生活的一部分，是他们增进感情和互相了解的一种方式，也是传递爱情的导线。

4. 印尼传统音乐

（1）"佳美兰"（Gamelan）

佳美兰是印尼人民喜闻乐见的一种民族乐队，它所演奏的音乐也称为甘美兰。"佳美兰"一词来自爪哇语，其原意是"鼓、敲、抓"，主要是指以打击乐为主的合奏音乐，同时又泛指一切合奏音乐和演奏这些音乐的乐队。佳美兰具有悠久的历史，早在公元 8 世纪佛教庙宇的浮雕上，就雕刻着佳美兰乐队所使用的一些乐器。15—16 世纪，印尼的麻喏巴歇王朝时代，大型的佳美兰乐队的乐器已基本完善，分为室内和室外两种乐器组合的形式及规模。到了后马达兰王国时期，二者又逐渐统一起来，形成规模较大的佳美兰乐队，民间自发的佳美兰乐队随处可见，佳美兰成为印尼传统音乐文化的象征和世界人民了解印尼音乐的一个中介。"佳美兰"乐器主要由各种铜锣、各式"甘邦"和大小不一的鼓组成。"佳美兰"乐队通常由 24 人组成，可以单独演奏印尼民间音乐，也可以为戏剧、舞蹈和演唱伴奏，同时也用于各种宗教仪式。佳美兰乐队中最早的乐器是锣，其数目不等，后增加了其他乐器。目前大型乐队的乐器主要有四类：

第一类，锣（Bonang）：小吊锣、中吊锣、大吊锣、凸心云锣、凸心排锣、卧式锣，大锣起主音作用，中锣和小锣则起强音作用。大锣（Bonang Panembung）为低音，中锣（Bonang Barung）为中音，小锣（Bonang Panerus）为高音。挂锣（Kenpul），从 1 个到一组 10 个不等，是挂着演奏的。平锣（Kenong），从 1 个到 3 个，是平放在特殊的木盒中演奏的。

第二类，琴：金属排琴用金属片或铜片制成，演奏时用木槌敲打，琴座有共鸣箱。其中 13 片琴键的排琴称作根德尔（Gender），是乐队中表现旋律的乐器。14 片的称根德尔·巴朗（Gender Barung）。10 片的称根德尔·哇扬（Gender Wayang）。甘邦（Gambang）是木琴，击棒的材质是牛角，有共鸣筒。

吉林彭（Gelempung）琴有 26 弦，可调成 13 对音色。勒巴普（Rebab）琴是流行于中亚和阿拉伯地区的二弦琴，声音柔和，拉弓弦的材质是马尾。琴类中，三弦琵琶、筝、钹、勒巴那鼓等起伴音用。

第三类，管弦乐器：包括弓弦乐器列巴布、拨弦乐器切连朋、吹管乐器竖笛等。

第四类，双面长鼓：通常为大小两个鼓，小鼓的声音高于大鼓。大鼓担任主奏，小鼓担任助奏。

在上述乐器中，第一类中的前五种为节奏性乐器，第一类的第六种乐器和第二、三类中的乐器均为旋律性乐器。有一些大乐队和民间乐队偶尔还加入一些助奏乐器，如各种碰铃、铙钹、竹木或金属拍子板等。通常一支佳美兰的乐队有 20 余种乐器。

佳美兰音乐分两种音阶，即斯仑特罗和培罗格两种音阶。斯仑特罗音阶主要在爪哇用于印度史诗《摩诃婆罗多》和《罗摩衍那》的演出，培罗格音阶则主要用于巴厘的有关印尼本土的神话和民间故事的表演。在西爪哇巽他族的音乐中，也有斯仑特罗和培罗格两种音阶的乐谱，由女伶在佳美兰伴奏下演唱。

佳美兰既不是齐奏，也不是简单的和声，乐队演奏时，音色多样，变化无常，清脆的竹板和响亮的金属板，嘹亮的高音和深沉的低音，低沉的鼓声和柔和的笛声，威严的锣声与纤细的女声唱，此起彼伏，构成了鲜明的对比。演奏时还带有一定的即兴性，即在核心旋律的基础上进行即兴演奏。佳美兰的乐队没有指挥，其表演气势、起承转合、乐章的快慢节奏，完全由鼓手掌控，鼓手成为全队的灵魂，鼓手多由队长或资深队员担任。佳美兰乐队队员多半是男性，有一女声或男声齐唱声部，他们的歌声与各种乐器的声音自然地融合在一起。佳美兰音乐有多层的音响，有多条独立的旋律线和各种交错有序的节奏。其另一特点是乐曲核心旋律几乎固定不变，不断循环，每一音乐段落可以不断反复，大吊锣声音的出现标志着前一个循环反复段落终止与下一个的开始，乐队鼓手具有指挥和转换乐段的作用。

爪哇岛和巴厘岛的佳美兰音乐最具代表性，但有差异。佳美兰音乐采用 2 的倍数式节拍，每首佳美兰乐曲都有一段序奏，把乐曲的中心内容显示出来，并带有一定的即兴性，序奏的长短没有规定。通常爪哇岛佳美兰的序奏短，巴厘岛的佳美兰序奏较长。爪哇岛的佳美兰乐队虽然也以敲击乐器为主，但管弦乐器所起的作用要比巴厘岛的大些，管弦乐演奏的作用极为突出，有些乐曲还以管弦乐器独奏为序曲，整个音乐听起来有柔美细腻之感。巴厘岛佳美兰音乐的演奏带有村社群体文化的特征。巴厘佳美兰乐队以两面鼓为主，男性操控的鼓比女性操控的稍小，高音域乐器演奏的频率比低音域的乐器高，锣鼓定出乐曲的基调，其他乐器再以昂扬的乐声加入，二者产生共鸣。爪哇佳美兰乐曲的题材多来自印度两大史诗《罗摩衍那》和《摩诃婆罗多》。巴厘岛的佳美兰乐队演奏的快、慢、强、弱转换突然，时而快，时而慢，极富戏剧性。乐队中的金属或竹制打击乐器占主导地位，有的乐队甚至没有管弦乐器，即便有，其声音在合奏中也不引人注意。乐队的许多乐器成双成对，两件相同的乐器在定音上又略有差异，合奏时，音响颤抖和音色富于变化，听起来颇有壮观之感。在创作上，它多用培罗格音阶，采用声部镶嵌重合的手法来构成旋律。它演奏的题材多来自民间和宗教故事。演奏时，乐对成员一律身着巴厘民族服装。

印尼大的宾馆饭店大堂陈设佳美兰乐器，佳美兰乐队定期到饭店练习和演奏。目前，在荷兰、美国、加拿大、英国、瑞典、德国、法国、以色列、澳大利亚、新西兰、日本、菲律宾、马来西亚等国都有佳美兰乐队，许多国家最熟悉的东方音乐当属印尼的佳美兰。

（2）昂格隆（Angklung）

昂格隆是仅次于佳美兰乐器的印尼特色乐器，在中文有如下称谓：昂格隆、安克隆、竹筒琴、竹管乐器、摇竹乐器、筒琴、竹竖琴等。该乐器是由长短不一的竹筒做成的乐器，主体用五根细竹棍作支撑，下部是一根横置的竹筒，在竹筒面上开有五个长方形的孔，在每个孔中都插入一个上端修削成半圆形的竹筒，固定在框架上，竹筒上部被削成槽状，底端分别嵌入另一根较粗竹管的切槽。演奏时轻轻摇动框架，两只竹筒撞击后发出清脆悦耳的颤音。每个昂格隆代表一个音高，演奏时每人手执一件，按照乐曲旋律，各人摇动自己所执的昂格隆，串成旋律。其高、中、低音取决于竹筒的长短、厚薄和竹子的老嫩。竹筒长发音低，竹筒短发音高，一个昂格隆上两根竹筒的发音一般相差八度。演奏人数从十几人至上千人不等。也可悬挂在竹架上，由一人摇动。印尼民间艺人常把 5—6 个昂格隆吊在一个架子上面，在街头巷尾演奏。

昂格隆制作过程复杂，首先要挑选竹龄在 5 年左右的竹子，选材要在旱季，具体时间以上午 9 时至下午 3 时为宜。竹子选好后，将根部砍掉，然后储藏一周，自然风干。然后将竹子砍成所需要的形状，埋在泥土里一年左右，以保持湿度和防蚁。做一套较好的昂格隆需费时半年左右。印尼艺人根据十二平均律定音，按半音排列。全套昂格隆共由 31 根长短不一的单件竹器构成，音域近三个八度。改进的昂格隆乐队在突出主要旋律的同时又能奏出丰满的和声，还可自由转调，极大地丰富了乐器的表现力，可以用来演奏世界上所有的流行音乐，包括各种大型的、现代的、独特的乐曲。

印尼人将昂格隆视为国乐。演奏昂格隆是爪哇乐队的保留节目，也是招待外宾的压轴节目。一般情况下，一台晚会进行到后半段的时候，有人会走到观众席向客人分发昂格隆，每个昂格隆都标着号码（音高），分发完毕，一指挥上台，教授演奏方法，并指挥大家一起演练和演奏，指挥先喊口令，并配合事先告知的固定手势，提醒大家记住自己的音高和指挥的手势，只要跟着口令，摇动手中的昂格隆就可以完成演奏。台上乐队则为观众伴奏。它常用来为舞蹈和戏剧伴奏，并成为印尼中小学音乐课的主要内容。如今昂格隆的演奏已不再单一，增加了一些民族器乐和西洋乐器，如佳美兰、大提琴、架子鼓等。

在万隆有一所莎翁昂格隆学校，学校免费教授传统乐器和民族舞蹈。学生从 6 岁到 14 岁不等。该校同时是一家竹乐器制造厂，每月可制作 2 万件昂格隆。昂格隆目前已经出口到 20 多个国家，成为维持学校发展的重要经济来源。目前，该校已成为知名的旅游景点，每天都有数百名来自国内外的游客前来参观。

昂格隆演奏凝聚着团队精神，突出的是和谐美。每位演奏者都是一个重要的"音符"，一场成功的昂格隆演奏，突出了人与人之间的合作精神与和谐观念。昂格隆，不仅是印尼爪哇人的文化符号之一，而且被视为印尼民族团结的象征。2010 年 11 月，昂格隆被列入联合国教科文组织非物质文化遗产名录。2013 年 6 月 30 日下午，5393 名来自世界各地的观众齐聚北京工人体育馆，共同演奏昂格隆，创造了新的吉尼斯纪录。

二、舞蹈

印尼人能歌善舞，民间舞蹈各具特色，丰富多彩。

舞蹈类别

印尼部族众多，地理特殊，其舞蹈种类繁多，大体可分为以下七种：

交际舞（约占 23%）。其多为男女青年交际和表达爱意的舞蹈，如雅加达的跷跷板舞，北苏门答腊的十二段舞，北苏拉威西的芒盖特舞和西加里曼丹的登蓬舞，东加里曼丹描述两个小伙子争夺一位美丽姑娘的搏斗舞等。

迎宾或送客舞（约占 22%）。如南加里曼丹向贵宾献花环表示欢迎的巴克沙·根邦舞，东加里曼丹的大锣舞，中苏门答腊舞间演员们向贵宾撒花瓣的勃勒·亲特舞，东努沙登加拉向贵宾献蒌叶和槟榔的蒌叶盘舞，苏拉威西由 12 岁以下的儿童手握竹竿进行表演的、多用于欢迎客人或运动会等的开幕式的甘朗布洛舞，马鲁古身穿部族服装的男女青年送别贵宾的昂高西舞等。

宗教或习俗舞（约占 20%）。这类型不少的舞蹈富有伊斯兰文化色彩。如西努沙登加拉庆祝先知穆罕默德诞辰的姆巴·伦高舞，苏门答腊楠榜叙述当地民间故事的卷曲舞，西加里曼丹的莫侬舞和扎宾舞，南加里曼丹的西诺曼·哈特拉·罗达舞，巴厘举行宗教仪式时跳的勒裳舞、神仙舞、班台特舞和列队舞等。有些部族或地区的舞蹈保留着原始宗教和当地传统习俗的色彩。如西加里曼丹求神驱邪的莫侬舞，北苏门答腊巴达克族巫师手持拐杖在颂扬神灵的仪式上跳的手杖舞等。

英雄舞（约占 15%）。它表现的是善恶之争，最后以善胜恶，以正压邪而告终。有的则有反抗强权、争取自由的含义。如中爪哇描述斯里甘蒂与代表邪恶的巨人布托·扎基尔斗争的邦邦安·扎基尔舞，东爪哇表现英雄威武、勇猛和顽强拼搏精神的莱奥·鲍诺鲁戈舞，亚齐表现当地人民奋勇抗击殖民主义者的砍刀舞和勇士舞[1]，安汶岛歌颂当地民族英雄巴迪慕拉领导人民武装反抗荷兰殖民者的巴迪慕拉舞，龙目岛竹竿对打比赛的英雄舞[2]，中加里曼丹歌颂为

---

[1] 勇士舞的舞者为 8 名男子，他们头戴亚齐头巾，身穿白色长裤，腰部至膝围纱笼，腰插一把阔头刀。舞时一人领唱，随之大家对唱或合唱。

[2] 参赛的两位青年在低沉悠扬的佳美兰乐曲中，谁击中对方的次数多，谁便取胜。

民除害的英雄的驱逐偷谷贼舞。英雄舞充分体现了印尼民族不屈不挠的英雄气概，舞者或表演拳击动作，或表演刀法，最终把对方击倒在地。

宫廷舞（约占 8%）。中爪哇日惹和梭罗苏丹王宫的宫廷舞最著名。如日惹由 4 名女演员在佳美兰音乐伴奏下演出古爪哇故事的斯灵比舞和由 9 位女演员表演的伯达雅舞。有些舞蹈描写王族的故事，严格说不属宫廷舞。如巴厘的莱贡舞，其内容是描述拉森国王的爱情故事；又如西爪哇的面具舞，内容描述的是一位国王因求爱遭拒而懊恼的情节。

欢乐舞（约占 5%）。这种舞蹈是描写人们劳动之余的欢快心情。如西苏门答腊表现农民在白天互帮互助干农活，晚上在月光下载歌载舞，尽情欢乐的盘舞；东南苏拉威西描写村民在舂米时互助合作和咚咚的舂米声的丁古舞；流行于苏门答腊中部，描述播种时乡民聚集在一起，载歌载舞，预祝丰收季节到来的场面的马望望舞；马鲁古表现男女青年在收割丁香花之后，以民歌伴唱的交谊舞；亚齐地区由传统的斯武达迪舞、拉多舞和波舞等改编而成的兰百舞（Rampai）[1]；印尼东部偏远地区表现渔民们捕鱼场面的苏鲁布克舞等。

其他舞（约占 7%）。如西爪哇表现孔雀开屏的孔雀舞，南苏拉威西赏心悦目的扇舞等。

印尼舞蹈历史悠久，丰富多彩，各部族、各地区的舞蹈各具特色。爪哇和巴厘的舞蹈具有很高的艺术水准。以中爪哇日惹和梭罗为主的宫廷舞更是出众。从风格上看，爪哇和巴厘的舞蹈比较细腻、委婉、悠慢。苏门答腊马来族的舞蹈通常欢快、热情。加里曼丹和东部偏远省份的舞蹈相对比较简单、粗犷，且带有原始宗教色彩。

1. 爪哇舞蹈

从舞蹈的风格看，爪哇舞蹈动作主要靠两腕和手指，保持半蹲姿势，也有挺直姿势的，神情严肃单一，无喜怒哀乐的表情，演员的感情只通过手腕、手指的动作和音乐来体现。舞蹈的节奏悠然、缓慢、典雅，赋有诗意。演员腰

---

[1] 表演者跪成一排，彼此挨得很紧，少则几人，多则几十人。以拍大腿、肩部和拍掌为主，动作整齐划一，随着歌曲的快慢调整动作。该舞象征同心协力、和谐和团结，表现了亚齐人民互助合作的精神。该舞是印尼各演出团体的保留节目，很受观众欢迎。

间的丝巾，是重要的服饰，男女演员均用。表演时，演员以手指轻夹下垂的丝巾，然后往外一弹，使舞姿更为优美。表现正义与邪恶之间斗争为主题的舞蹈，其节奏稍快。以战斗故事为题材的多取自印度史诗《摩诃婆罗多》和《罗摩衍那》。

日惹和梭罗王宫，各设专司掌管宫廷舞蹈和音乐的大臣。王族后裔，自幼须学习舞蹈。此举得到苏丹们的重视，如日惹宫廷的长矛舞就是苏丹哈孟固布沃诺一世创作的。早期，宫廷舞蹈只在宫内演出，严禁外传。直至1918年第一次世界大战结束，该禁令才予以取消。梭罗宫廷舞蹈伯达雅·斯灵比舞，先前只有王族成员才有资格欣赏，如今该舞已在社会普及。

爪哇舞蹈通常以佳美兰乐器伴奏。著名的爪哇舞蹈有：斯灵比·沙娥马蒂舞，其为中爪哇宫廷舞。邦邦安·扎基尔舞，描写斯里甘蒂战胜凶残、贪婪的布托·托基尔。普拉威罗友多舞（Prawiro Yudho），舞者为男性，再现了古代武士们操练、厮杀的场面，他们手持刀、盾，表现了保家卫国的英雄气概和男子汉的刚毅。甘比容舞（Gambyong），描写印尼纯真、美丽的少女打扮自己的情景，反映了印尼少女的爱美之心。日惹特区的戈莱克·普特莉舞（Golek Putri），表现了印尼妇女打扮时的千娇百媚，舞姿优美，动作轻柔，是描写女性美的古典舞。卡比鲁达舞（Kapiluta），取材于《罗摩衍那》，描写了新达随拉玛和拉克萨玛纳外出打猎，新达在林中观赏自然美景，遇到一头金色迷人的小鹿，她为其美丽所动，尾随小鹿而去。金鹿是卡拉玛里查的化身，是拉哇纳派来抓新达的。故事告诉人们，不要只看表面现象，更不要轻易上当受骗。东爪哇的吉吉舞、勒芒舞、莱奥·鲍诺鲁戈舞等多表现英雄气概。西爪哇的舞蹈属巽他族舞蹈，以勃良安为中心。在情节、服装和演员的动作、表情方面，比中爪哇的舞蹈显得丰富多样，也比较紧凑。这与西爪哇更多地接受外来文化影响有关。其主要舞蹈有采彭安舞（Jaipongan），是西爪哇巽他族古典舞蹈，该舞吸纳了部分印尼武术动作，一般为女演员，保留了女性温柔、文雅的特点，加上武术动作，可称得上柔中有刚。巽他族也有斯灵比舞，它反映哇扬皮影戏中的故事，如卡托加查跳的古农沙里舞和阿周那跳的勒耶班舞。巽他族的交际舞"格都克·蒂罗"，是根据老调子编成舞蹈。由佳美兰乐队伴奏的达尤班舞，由一群少女表演。一些含有色情的舞蹈，一般在夜间进行，还常在备酒的舞宴上进行。但在伊斯兰教势力强大的地区，这些庸俗的舞蹈是遭到强烈反对的。基伯拉舞是爪哇民间舞蹈，盛行于日惹和梭罗一带，舞者扮作坠入情网的恋人，边舞边哼恋曲，高潮时，观众与演员同唱，现场气氛热烈。西爪哇的稻草人舞（Bebegig），生活中巽他人通常将稻草人放置在稻田中，以驱赶偷吃稻谷的鸟儿，这是村民生活中不可或缺的一种文化。表演时，部分演员身背稻草，扮演稻草人。出场时，观众被引入古老的巽他哲学中，人们要认可他人或其他生物的生存权，甚至不要消灭蚊虫。

2. 巴厘舞蹈

巴厘舞蹈，大体分为两种：一种是宗教舞，庄严肃穆，通常只在陵庙等圣地演出；另一种是民间舞，活泼灵巧。巴厘舞蹈动作偏重手腕、指头和腰肢的律动，特别强调手指动作，幅度大且夸张，眼神左顾右盼，妩媚撩人。和其他深受印度宗教文化影响的国家与地区一样，巴厘的舞蹈最初是为了酬谢和传达神的意念。据婆罗门经典教义，湿婆神以舞蹈节奏来控制世界和表达自己的旨意。巴厘的舞蹈品种繁多，不同的场合跳不同的舞蹈，大都是印度史诗《罗摩衍那》和当地流传的神话故事，因宗教情结所致，观众百看不厌。舞蹈表演作为宗教祭祀的一个重要组成部分，目的是为了酬谢神和娱乐神，只要神感到满意就行，普通民众只是借此机会自娱。舞者和观众，舞者和神灵，观众和神灵，均通过优美的舞姿和动听的音乐节奏来进行心灵的沟通，达到天人合一、人神合一的境界。最具代表性的莫过于桑扬舞的表演，舞者在表演时逐渐进入催眠状态，随着节奏的加快，舞者近乎疯狂。

巴厘舞蹈以爪哇舞为基础，又富有印度教的色彩，其舞蹈形式更为丰富多样，节奏轻重缓急有度。巴厘民间舞蹈大致可分为模仿动植物的自然性舞蹈、娱乐性舞蹈和历史体裁的舞蹈。

章格尔舞，演员阵容由 12 对男女组成，6 男 6 女面对面坐成四方形，舞时不站起，音乐很简单，主要描述《阿周那的婚姻》中主人公阿周那修行的故事；里岗舞，在巴厘南部通常由 3 人演出，北部由 2 人演出，演出者多为 7—12 岁的女孩。由佳美兰伴奏，乐曲时快时慢，舞者动作敏捷，其手部、眼部与臀部动作格外引人注意，该舞蹈一般在宗教仪式上演出，演出时间长达 2

小时。格比耶舞，是一种单人舞，表演时，舞者一直蹲坐或蹲行，以面部表达喜怒哀乐。巴隆舞（Barong），又名朗达舞，是描述代表正义的神狮巴隆与象征邪恶的巨魔朗达（Rangda）之间的争斗。巴隆面目狰狞，却是善良的化身，朗达美丽动人，却是妖魔的化身。演出至高潮时，演员个个激动地用格利斯短剑刺自己袒露的胸膛，有的流淌出鲜血。面具舞，面具多为精细的木雕，种类很多，有男、女、老、幼，残忍、仁慈之分，舞者头戴面具进行表演，舞蹈内容多来自宗教和神话。克嗟舞（又称猴舞），是无音乐伴奏的舞蹈，演出时，一群赤裸胸膛、腰围格子布的男演员围着火把堆，双手朝天举起，一边摇摆身体，一边在独特的韵律与节奏中模仿猴子发出"喳—喳—喳"的叫声。克嗟舞取材于《罗摩衍那》英雄传奇故事。祭祖舞，祭祀之日，男人建造祭台，布置祭场，女人则头顶高高的几层供品，排着整齐的行列，缓步入场，然后翩翩起舞，祈求神的庇护，抚慰祖先的亡灵。

3. 马来舞蹈

马来舞蹈热情奔放，与爪哇的宫廷舞形成鲜明的对照。如佐格·兰巴舞，是表达男女青年之间的交际和爱情的。这类主题的舞蹈很多，一般伴奏的乐器为单面鼓或双面鼓，如今还加配手风琴和小提琴等乐器。著名的马来舞有十二段舞、弄庚舞等。

《印尼百科全书》称，弄庚是指东苏门答腊和马来西亚一带流行的传统舞蹈，也指西爪哇的一种传统舞蹈的舞女或舞娘。弄庚舞历史悠久，13 世纪新柯沙里王国时期，弄庚舞已出现在宗教祭祀仪式中。16 世纪时，该舞开始风行。考古学家在立于 18 世纪的石碑上发现"弄庚"（Ronggeng）一词。据碑铭，舞娘选自众多妙龄女伶，其职责是服侍天神。19 世纪巴固布沃诺四世时代的古籍《代加尔·扎勃·朗》记载，弄庚舞舞娘是印度教神话中的人物，她是被誉为音乐和舞蹈之神湿婆纳塔拉查神之妻。此外，舞娘还分别被当作生与死、不育与多产的象征。在马来舞蹈中的弄庚舞，一对青年男女边舞边对歌。通常女青年先唱板顿诗，以欢迎男伴，舞速随音乐节拍逐渐加快。如今以小提琴、手风琴和鼓伴奏。

流行于加里曼丹的丹达克舞与马来弄庚舞相似，通常在婚礼上演出。表演时，青年们敲着铜锣和单面羊皮小鼓，并念板顿诗。老年人叙述自己的生活阅历，少女们则借机暗自选择称心的郎君。中爪哇弄庚舞的舞娘叫勒台克，它是以勒台舞、丹达克舞和甘比央舞等形式出现的。西爪哇克拉旺地区还有类似弄庚舞的杜克尔舞，其特点是，舞者连续摇臀，动作不雅。在爪哇和加里曼丹一些地区，弄庚舞被庸俗化，如出场的几位手持披巾的舞娘，边舞边将披巾挂在她们看中的男观众的肩上。该男子接过披巾，上场与之欢舞。每跳完一场，男舞伴给舞娘赏钱。有的男子把硬币或纸票衔在嘴上，让舞娘用朱唇去接。有的男子甚至故意将赏钱塞入舞娘的胸罩里。一曲舞罢，有的男子酣兴未尽，便把舞娘带出场外，寻欢作乐。

4. 米南加保舞蹈

米南加保族典型的舞蹈是盘烛舞，舞者手托上面立着点燃的蜡烛的瓷盘，身体和盘烛随着动听的音乐节拍旋转和舞动，动作轻盈柔和。舞蹈描写一位少女在黑夜中不慎将结婚戒指丢失，生怕他人知道，说她不忠于郎君。于是，她点上一支蜡烛，借着微弱的烛光四处寻找自己的戒指。

5. 亚齐舞蹈

战士舞是亚齐人所喜爱的一种民间舞蹈，属于英雄舞类别。舞者 8 人均为男子。他们头戴亚齐头巾，身穿白色长裤，腰插阔头刀，下身围纱笼。舞时一人领唱，随之大家对唱、合唱。歌词内容多与宗教、社会问题有关。

6. 加里曼丹舞蹈

加里曼丹的舞蹈与爪哇或巴厘的舞蹈相比，显得比较原始和粗犷。最著名的舞蹈是古戴面具舞。古戴是东加里曼丹的一个城市，也是印尼最古老的王国之一，5 世纪前后古戴王国曾在该市留下珍贵的石碑。该舞过去常在古戴的加达尼加拉王宫演出，现多在婚礼上表演，表演时，舞者动作时而柔和，时而急促。加里曼丹面具主要有 16 种，其中白色面具叫班齐，红白两色面具叫德孟公，红白色长牙的女性面具叫斯加达齐，青色面具叫勃南北。此外，还有贴额符等。面具舞的动作和舞步基本有 8 种，各有名称。

著名的古戴面具舞有：马蒂舞，该舞描写一位身居要位的宰相掌管国家行政大权和处理各种国事，得到国王赏识的场面。舞蹈庄重，体现一名重臣的持重和威严。格民都舞，描述的是一位公主在镜子前欣赏自己的面具，她反复查看自己的化妆是否合适，然后她兴高采烈地去花园玩耍，最后采摘了一些漂亮的鲜花，欢快地返回王宫。古农沙里舞，描述一位公主梳妆打扮的场景，然后她缓慢走近宫苑的水池，在池边悠闲垂钓。整个舞蹈优雅欢快，赏心悦目。格拉那舞，该舞描述一位名叫格拉那·斯宛多诺（又名拉登·伊努格打巴蒂）的国王，一次梦见美丽动人的公主蒂亚如露·詹德拉斯拉娜（又名德威斯加达齐），二人一见钟情，激动地幽会。国王梦醒后，方知幽会只是"南柯一梦"，十分伤心。于是他外出寻找公主，历经磨难，最终失望而归。当他从侍从口中得知自己英俊潇洒后，非常欣慰，他翩翩起舞，以美妙动人的舞姿，表达对心目中公主的爱慕，并结成伉俪，后又喜得王子，兴奋异常。舞姿生动活泼，引人入胜。荣祖龙舞，流行于东加里曼丹巴侯族，它是为死者灵魂祈祷的一种舞蹈。数对男女演员围着灵枢自右至左跳 8 圈，边跳边高唱荣祖龙歌，内容是赞扬已故者一生的荣光，8 天后再自左至右围棺跳舞 8 圈，然后遗体入土安葬。

近年来，印尼舞蹈艺术家们不断创作新的舞蹈，如雅加达创作之源芭蕾舞学校把西方的芭蕾舞与米南加保的舞蹈结合在一起，运用米南加保的传统乐器伴奏。

第二节　戏剧

印尼的戏剧，富有民族特色。最流行的戏剧形式叫哇扬戏。哇扬戏有 3 种主要类型：皮哇扬（或叫皮影戏）、人哇扬（由人扮演剧中人物）、木偶哇扬。前两种类型的哇扬戏，多流行于东爪哇和中爪哇一带，而第三种哇扬戏主要流行于西爪哇巽他地区。

1. 皮影戏

印尼皮影戏遐迩闻名，按其演出的剧目或表演方法，可分为布尔哇皮影戏、玛迪亚皮影戏、格笃皮影戏、格里迪皮影戏、古禄皮影戏、杜巴拉皮影戏、培培尔皮影戏和格林皮影戏等。

印尼最具民族特色的哇扬皮影戏源于古爪哇人的祭祖活动，人们利用皮影戏塑造傀儡形象来表达他们对精灵的崇拜和信仰，后演变成娱乐性质的影戏。早在印度文化传入印尼之前，印尼已用皮影戏来祭祀祖先。他们把那些影子看作是祖先的阴魂。公元 1 世纪，印度文化传入印尼地区。印度史诗《摩诃婆罗多》和《罗摩衍那》成了印尼皮影戏的主要剧目内容，经改造后已爪哇化。所以演这种戏时，故事中有许多关于王后、国王、古代神祇、巨人和魔鬼、神话中的动物和鸟类等。著名剧目有《阿周那的婚姻》、《婆罗多大战记》、《德哇·鲁吉》等。后来爪哇的民族传奇班基故事和爪哇的历史演义也成为重要的题材来源。麻喏巴歇王国时期，皮影戏十分流行，它在爪哇和巴厘岛为人们喜闻乐见，家喻户晓。马欢的《瀛涯胜览》爪哇国条就有 15 世纪爪哇皮影戏的生动描述："有一等人以纸画人物鸟兽鹰虫之类，如手卷样，以三尺高二木为画干，止齐一头。其人蟠膝坐于地，以图画立地，每展出一段，朝前番语高声解说此段来历。众人圜坐而听之，或笑或哭，便如说平话一般。"印尼语称它是培培尔戏，为皮影戏的一种。15 世纪后其日臻完善而定型，在爪哇、巴厘一带流传至今。伊斯兰教传入后，在一些传统剧目中又注入伊斯兰教思想，皮影戏中所体现的神灵成为一神独尊下的多神信仰。爪哇皮影戏体现了爪哇人的世界观、人生观和价值观。皮影戏不少为连台戏，连演数夜。皮影戏对其他艺术形式有深远影响，而戏中的著名人物形象也成为家喻户晓的性格典型。

印尼皮影多用水牛皮制成，制作时先把水牛皮在水里浸泡 12 小时，使其变软并呈半透明状，然后钉在一块木板上，用小刀裁出需要的形状。工匠借助锤子和刻刀在水牛皮上刻出各种花纹，然后上色，先在皮影上涂一层石灰，再根据人物需要染上相关的颜色。一般情况下，贵族是金色，正面人物是白色，而反面人物以红色居多。剪影形象各异，通常尖鼻、长臂、大头。妇女剪影腰细，发髻隆起。人物面部表情多变，眼和嘴可表示角色的善良、勇敢、胆怯、凶狠等性格。通常，正面人物鼻子较尖，眼睛细长，身材苗条；反面人物则是眼大，嘴鼻宽阔，身材粗壮。演出时，挂起一张约半人高的长方白幕布，幕后横放 2 或 4 根香蕉树干以插剪影，上挂一盏大灯作照影用。艺人坐于幕后，手操皮剪影，或道白或叙述或吟唱，同时用脚不断蹬动左右道具以配合剧情制造出各种声音效果，如前方放几块用绳子串起的铁板，艺人用右脚敲击，发出车辆和部队行走、打仗等音响。还用木棍打击木盒，模拟隆隆的响声。观众可坐于幕前或幕后观赏。艺人右侧排列各种正面角色的人物剪影，左侧的剪影是各种反面人物。皮影戏有长有短，长的可连续演出几个夜晚。皮影戏在演唱时用古爪哇语，帝王将相等贵族人物对话用爪哇宫廷语，平民百姓难以听懂。但戏中丑角用爪哇平民语，表现现代题材的皮影戏常用来针砭现实社会，用以发泄民众的不满，深受民众的欢迎。爪哇人更喜爱《摩诃婆罗多》的故事，巴厘人则对《罗摩衍那》的故事更感兴趣。皮影戏演出成功与否，关键在于操影手，印尼语为"达郎"（Dalang）。他不仅要善于操控和道白，还须精于爪哇格言的吟唱。其间佳美兰的伴奏和女伴伶的吟唱也很重要。目前，印尼皮影戏内容趋于多样化。

印尼皮影戏按其演出的剧目或表演方法，可分为以下几种：

哇扬布尔哇，或称布尔哇皮影戏。它是皮影戏中最流行的一种，一般人直接称它为哇扬或皮影戏。演出内容多为本土化了的《摩诃婆罗多》和《罗摩衍那》。

哇扬玛迪亚，或称玛迪亚皮影戏。演的是 19 世纪爪哇宫廷诗人朗加哇西达撰写的史诗。该史诗是作为给梭罗芒古尼格兰王的献礼。

哇扬格笃，或称格笃皮影戏，演的是以东爪哇第一个印度王朝班齐家族为中心的历史。

哇扬格里迪，或叫哇扬格鲁芝尔。人物由薄板锯刻而成，只是两手为皮革。演出的是有关拉登·达玛乌兰——一位反抗麻喏巴歇王朝的英雄的事迹。

哇扬古禄，又叫古禄皮影戏。它是日惹苏丹哈孟固布沃诺五世下令编写的剧目，旨在表演日惹历代王朝的事迹，通常限在宫廷内演出。

哇扬杜巴拉，或叫杜巴拉皮影戏。它是梭罗达努阿特玛渣编写的作品，叙述梭罗历代王朝历史的剧目，一般也只在宫内演出。

哇扬培培尔（意译为摊开的皮影戏）。它比哇扬布尔哇更为古老，如今只在个别地区演出，由佳美兰音乐伴奏。上文所引马欢在《瀛涯胜览》中记载的爪哇皮影戏，就是指哇扬培培尔。

哇扬格林，又叫格林皮影戏，曾流行于爪哇北部沿海，目前主要保存于中爪哇的北加浪岸。它表演的是关于神仙和帝王的故事，通常在求神保佑的仪式上演出。

2003 年，印尼皮影戏被联合国教科文组织列入"人类口头和非物质文化遗产代表作"名录。2012 年 11 月 24 日，由印尼文化与教育部主办的 2012 年世界皮影戏研讨会在雅加达摩纳斯广场举行。来自中国、美国、加拿大、法国、伊朗和印尼等 9 个国家的 30 多名皮影戏表演艺术家和相关专业人士出席了研讨会。

2. 人哇扬戏、面具哇扬戏和木偶哇扬戏

人哇扬戏，它与皮影哇扬戏演出的内容大同小异，多取自印度史诗《摩诃婆罗多》和《罗摩衍那》，但是由人来演出。人哇扬戏是从皮影戏直接发展过来的。但因它由真人表演，完全不像皮影戏那样受空间演出方式的限制，真人演出更富有感情，也更为真切动人。演员只画显得夸张的简单脸谱。面具哇扬戏流行于加里曼丹和巴厘。木偶哇扬戏，流行于爪哇。木偶是木制的，木偶着装相对统一，表演者右手插入木偶衣内，用中指扭动傀儡的头颈，再用左手拉动与肩相连的木条，木偶随之动起来。在中爪哇和东爪哇，木偶哇扬戏主要演出关于伊斯兰教阿密尔·汉姆沙传教的故事，故事出自《阿密尔·汉姆沙传记》，一部源自波斯、经改编的爪哇文学作品。这一题材的木偶哇扬又叫哇扬顿兀尔。

3. 列农戏

列农戏流行于雅加达以及附近的茂物和文登一带。早期的列农戏团，常被请去参加堂会。演出前，演员唱传统的波斯歌，介绍该剧团并向堂会的主人表示感谢，接着由丑角介绍剧情。列农戏的演员分为男女两组，男组除男演员外还有一些乐器的演奏者，女组为弄庚，即舞娘。列农戏的音乐具有中国风格的旋律，乐曲中有深受中国影响的甘邦·格罗蒙。所用的乐器除木琴外，还有中国的胡琴和鼓等。列农戏中歌唱的成分较重，其形式以马来民歌板顿为主。该戏获雅加达式歌剧的美名，唱词和对话都用雅加达方言，剧情多为民间流传的英雄故事。观众多来自平民百姓。

4. 克托伯拉戏

克托伯拉原是指演戏配乐中木板敲击声。19世纪90年代，克托伯拉戏就出现在中爪哇的农村。20世纪20年代随着民族运动的兴起，这一地方剧种从梭罗迅速传至中爪哇各地。它是在人民群众中产生和发展起来的，富有生活气息。人物对话使用的是爪哇日常流行的平民语，道具简单，流动方便。因此，它深受群众特别是广大农民的喜爱。

克托伯拉戏最初是以木杵和石臼等为乐器。1925—1927年，它以一种叫勒巴那的单面鼓、小提琴和佳美兰来配乐。1927年后，这种戏剧就以佳美兰为主要乐器了。克托伯拉戏与宫廷戏剧不同。前者的题材十分广泛，既演历史故事和民间传说，又演现代生活；既以爪哇为背景，又演外国剧。例如，将中国剧目《薛仁贵》印尼化，将薛仁贵改名为苏迪罗普罗诺。1991年9月，日惹市公演克托伯拉剧《梁山伯与祝英台》。梭罗市的克托伯拉剧还演出过莎士比亚的《哈姆雷特》。

初期的克托伯拉戏，以歌舞为主，后来才逐渐有戏剧内容。20世纪30年代起，中爪哇农村克托伯拉剧团如雨后春笋般出现。其中不少剧目体现了对劳苦大众的深切同情，对压迫和剥削人民的暴虐者的讽刺和揭露。在荷兰殖民统治时期，当局勾结当地的封建势力对这些剧团进行刁难，甚至下令强行解散。

印尼独立后，克托伯拉戏逐渐向话剧的形式发展，过去由男演员表演的女角色，逐渐由女演员来担任。这与妇女社会地位的提高直接有关。在克托伯拉戏演出过程中，常穿插一些与剧情无直接关系的滑稽节目，插科打诨，使演出更加风趣、生动，不时引起阵阵笑声。

5. 鲁德鹿克 (Ludruk) 戏

鲁德鹿克戏流行于民间，常见于东爪哇，由演员自编自演，道具非常单调，只需临时搭起的戏台、一张幕布、两盏汽灯，由佳美兰打击乐伴奏。该戏情节生动，语言幽默、诙谐，内容丰富，大都是反映现实社会状况的题材。表演者为男性，用地方语演出。

在所有的哇扬戏中，除了描绘诸神之间的爱与恨、婚嫁、打斗、征服和主持正义外，也叙述一般平民的故事。除皮影哇扬戏外，先后出现有木偶哇扬戏、面具哇扬戏等，19 世纪出现了人哇扬戏。爪哇岛尚有几种地方戏剧，其中较重要的有假面戏、格多柏拉戏、勒囊戏等。假面戏在 16 世纪末至 17 世纪中叶已广泛流传。格多柏拉戏据传产生于 1885 年，流行于日惹南部的农村，以演农村题材的戏为主，后来一度衰落。1926 年它东山再起，1945 年印尼独立后日益受到欢迎和重视，在日惹成立了全印尼格多柏拉戏剧联合会。勒囊戏主要流行于雅加达一带，从演出服装上可以看出葡萄牙的某些影响，而在演出方式上又可看到受中国戏曲的某些影响。鲁德鹿克戏流行于东爪哇一带，是民间喜闻乐见的一个剧种。

6. 现代戏

印尼的现代戏剧萌发于 19 世纪末 20 世纪初。在西方文化和戏剧的影响下，1891 年奥古斯·马赫尤在泗水创立了一个商业性的新剧团，上演伊斯坦布尔戏剧。伊斯坦布尔戏剧融音乐、歌舞、表演、道白为一体，推进故事的展开，演员自编台词，即兴表演。伊斯坦布尔戏剧起初多取材于阿拉伯、波斯、印度、中国和西方的著名神话传奇故事，如《一千零一夜》、《蕾莉与玛杰农》、《梁山伯与祝英台》等，后来也演莎士比亚名剧如《哈姆雷特》、《威尼斯商人》等；20 世纪后开始演出反映印尼生活的现代剧，如《达希玛姨娘》、《大盗希佐纳》等。伊斯坦布尔戏剧由于深受市民欢迎而风靡一时，各地纷纷成立类似的职业剧团，其中邦沙万歌剧团和因陀罗邦沙万剧团最负盛名，故伊斯坦布尔戏剧后来也被称为邦沙万戏剧。1926 年俄裔艺人毕叶德罗创立达达尼尔歌剧团，对伊斯坦布尔戏剧做了重大改革，使演出更趋正规化和现代化。

印尼的现代戏剧创作大约始于 20 世纪初，最初从事戏剧创作的多为华裔作家，著名的有杨众生（又名门希尔·安哇尔）、郭德怀（1880—1951）、温正兆（又名布鲁托·苏腊梭诺）等。1911 年发表的《危险的财产》是华裔作家创作的最早剧本。反映民族觉醒、与民族解放运动相联系的现代戏剧创作一般认为始于 20 世纪 20 年代，以鲁斯丹·埃芬迪的三幕诗剧《贝巴沙丽》为先导。这部诗剧通过富有浪漫主义色彩的神话故事，以象征和影射的手法，揭露和抨击殖民主义者，号召印尼青年为争取民族自由独立而斗争，但发表不久便遭到殖民当局的禁演。耶明为 1928 年印尼全国青年代表大会创作的三幕历史剧《庚·阿洛与肯·黛黛丝》，也采用借古喻今的手法表现强烈的民族主义思想。30年代"新作家"时期，戏剧创作仍以历史题材为主，婉转表达民族愿望。最主要的剧作家是诗人萨努西·巴奈，著有《克尔达查雅》（1932）、《麻喏巴歇的黄昏》（1933）等历史剧。他于1940年发表的《新人》是印尼戏剧史上第一部以工人斗争为题材的四幕现代剧。这个时期的另一个重要剧作家是尔敏·巴奈，主要剧作有《时代画像》（1937）、《楞刚·甘扎纳姨娘》（1939）等。

1942—1945年日本侵占时期，当局企图利用戏剧作为宣传工具，印尼的剧作家则利用此机会大力发展民族戏剧事业。这个时期的戏剧创作主要特点是鼓吹民族主义和爱国主义思想，但也有为宣传日本"大东亚战争"效劳的戏剧。1944年5月乌斯马尔·伊斯马义在雅加达创立玛雅剧团，这是印尼第一个戏剧社团，对后来的戏剧发展起了促进作用。当时的主要剧作家后来都出有剧作选，如尔敏·巴奈的《貌柔质刚》（1953），埃尔·哈金的《亚洲上空的风暴》（1949），乌斯马尔·伊斯马义（1921—1971）的《悲与喜》（1949）等。

1945—1949年为印尼的八月革命时期。这一时期的戏剧创作在数量上有所下降，但在思想内容上则大有提高，作品更直接地反映民族斗争和现实生活，具有较鲜明的时代感。主要剧作家有乌杜伊·达唐·宋达尼（1920—1979）、特里斯诺·苏马尔佐（1916—1969）、巴赫迪尔·赛坎等。乌杜伊于1946年发表的诗剧《笛子》用象征的手法描述了民族斗争的整个历史进程；1947年发表的话剧《饭店之花》反映了现实生活的美与丑和对自由的向往；而1951年发表的《阿瓦尔与米拉》则反映了人们对八月革命后的现实感到不满和沮丧。巴赫迪尔·赛坎的《后卷》（1950）从另一个侧面表现了革命者对斗争失败的自省。

巴赫迪尔·赛坎的《麦拉比火山下的红岩》和达丽娅根据普拉姆亚小说改编的《万登新豪杰》，都是不同时期人民斗争的真实写照。此外，代表不同思潮的戏剧也有较大发展，先后成立各种戏剧协会和剧社，如伊斯兰艺术文化协会，基督教戏剧社、茂物市戏剧联合会、日惹戏剧研究会等。1955年印尼民族戏剧学院创立，这是专门培养戏剧人才的第一所高等戏剧学院。1959年印尼成立了戏剧协会。60年代以后，戏剧创作的发展日益艰难。

第三节　美术

从广义上讲，美术包括绘画、雕塑和建筑等造型艺术。印尼的美术可追溯到公元前2500年左右，当时就有用于祭祀的石雕，该类石雕曾出土于尼亚斯岛。建于公元8世纪的婆罗浮屠佛塔是世界上最大的佛塔群，它的雄伟建筑和精美雕塑是印度造型艺术在印尼最突出的体现。印尼各地的陵庙，尤其是保存完美的巴厘岛上的印度教庙宇、佛像和遐迩闻名的雕刻，充分反映了13世纪下半叶伊斯兰教传入印尼之前，印尼的建筑、雕塑等艺术都已达到相当高的水平。伊斯兰教传入后，在印尼各地兴建的清真寺，尤其是苏门答腊一带的圆顶清真寺，反映了阿拉伯的建筑风格。爪哇淡目、三宝垄、梭罗、日惹和万丹等地的一些清真寺，寺顶是宝塔形，似佛塔塔尖，这是爪哇佛塔建筑艺术与伊斯兰建筑艺术的结合。

印尼传统的蜡染花布的图案、格利斯短剑剑柄的雕琢和镶嵌艺术、皮影戏的镂刻艺术，以及各种面具的制作艺术，异彩纷呈，这些都反映了印尼人民的智慧与创造。

1. 现代绘画

在现代绘画方面，受自然主义流派影响很深的拉登·沙勒被誉为"印尼现代绘画的先驱"。他的作品《蒂博尼哥罗亲王被捕》（1875）和《燃烧的森林》（1851）等具有很高的艺术价值。其中《林火中的野牛和猛虎》和《在爪哇捕猎小鹿》两幅画分别收藏在荷兰和法国博物馆。继拉登·沙勒之后出现的印尼现代绘画大师有苏勃鲁托·阿卜杜拉、巴苏基·阿卜杜拉，后者为前者的第二个儿子。前者的作品多半描绘爪哇农村的秀丽景色，洋溢着作者对家园的无比热爱。后者18岁就去荷兰美术学院深造，后又去巴黎和罗马写生。他的作品富有自然主义的色彩，许多以自然景色和裸体少女为主题。其中一些裸体少女像为上层人士欣赏。在日本侵占时期，他被任命为"官方画师"，后去泰国任宫廷画师。这一时期的著名画家还有苏佐约诺和阿樊迪等。1937年，在苏佐约诺的倡议下，印尼绘画史上第一个以本国画家组成的印尼画家协会在雅加达成立。参加该协会的有苏佐约诺、阿樊迪、阿古斯、查雅苏明达、巴苏基·勒梭波沃、加尔多诺·尤多古苏莫、苏第比奥、阿尔杜尔、萨拉姆、苏基尔诺、亨·岸东等著名画家。

1942 年日本侵占印尼后，其文化政策之一就是利用美术为"大东亚圣战"、"大东亚共荣圈"效劳。他们把美术家集中于"居民文化指导所"。苏佐约诺、阿樊迪等民族主义画家利用日本占领军控制的"居民文化指导所"，与民族主义者苏加诺、哈达等领导的"人民力量总会"合作，经常举行画展，培养绘画人才。现实主义画家亨·岸东是这一时期崭露头角的画家之一。他的作品《黎明》描绘了印尼人民对黑暗统治的憎恨和对黎明即将来临的欢欣鼓舞。印尼美术工作者积极投身于争取和捍卫印尼独立的斗争。1945 年 8 月 17 日，印尼宣布独立。几天后，苏加诺总统就召见画家苏佐约诺，鼓励他组织画家创作革命宣传画。后经阿樊迪设计，杜拉执笔，印尼独立后的第一幅宣传画诞生。画面上是一个义愤填膺、高呼口号的印尼男子，他双手掐断铁链，右手紧握印尼国旗，左手攥紧拳头。画面下方是著名诗人哈里尔·安哇尔的诗句"弟兄们，起来斗争"几个大字。整个画面正气凛然，气势磅礴。它反映了印尼人民粉碎殖民主义枷锁、高举民族独立旗帜的英勇气概。这幅宣传画，有力地鼓舞了印尼人民捍卫独立的斗争。

1947 年 7 月和 1948 年 12 月，荷兰殖民者先后两次向印尼共和国控制地区发动军事进攻。当时首都雅加达处于危险状态。为了更好地开展斗争，许多艺术家纷纷迁至临时首都日惹以及梭罗、玛琅和茉莉芬等城市。1946 年由苏佐约诺发起的印尼青年艺术家协会，和由阿樊迪、亨德拉等人倡导的人民美术家协会成立，这期间出现了不少反映人民武装抗击殖民者入侵的绘画。其中著名的作品有：阿樊迪的《民兵》、《机关枪库》、《民兵布置战略》，亨·岸东的《逃难》，哈里雅第的《来自马鲁古的朋友》，苏鲁诺的《民族团结的象征》，苏佐约诺的《游击队的头兵》、《战友》和《墓碑》，苏达尔梭的《前线司令部》，沙松高的《青年》，杜拉的《加诺兄在为独立而战的民兵中》、《外国占领军的暴行》、《游击队的准备》等。

在日惹，以杜拉为首的印尼青年艺术家协会的创作十分活跃。至 1949 年底，他们创作了 71 幅有关争取和捍卫印尼独立的绘画。正当他们准备将这些美术作品运往印度展出时，荷兰殖民主义者于 1948 年 12 月 19 日重新侵占日惹，那些具有历史意义的作品有的遭荷军烧毁，有的下落不明。留在日惹占领区的一些少年画家，冒着生命危险，克服重重困难，以 1949 年重遭荷兰殖民军铁蹄蹂躏的日惹为对象，创作了 80 余幅画。这些画中有的描绘荷兰殖民军在郊区农村的血腥扫荡，有的揭露荷兰飞机对日惹居民的野蛮轰炸，有的展示荷兰巡逻队骑着摩托车抢掠居民家禽的强盗行径。上述作品中，最令人注目的是年仅 11 岁的穆罕默德·托哈的作品。他描绘的是 1949 年 3 月 1 日晨 6 时，正当占领日惹的荷军鸣笛解除宵禁之时，印尼游击队从四面八方向日惹市中心发动攻击。画面上有市民在家门口张贴红白旗标志的情景。它生动体现了游击队和人民共同反击荷兰侵略军的历史事实。

1949 年 12 月，荷兰殖民者被迫将印尼主权移交给当时的印尼联邦共和国。于是，参加游击队的美术师们又回到画室。他们将自己在捍卫独立斗争中耳闻目睹的情景，凝聚在画布上。其中著名的作品有：苏佐约诺的《侦察兵》、卡托诺·尤多古苏莫的《沃诺沙里游击战场》、苏第比奥的《日惹居民》、苏鲁诺的《扫荡》、亨特拉的《苏迪尔曼将军坐在担架上》、苏米特罗的《人民游击队》、哈里雅第的《第二部传记》、鲁斯里的《加里乌浪》等。

1950 年 5 月 10 日，印尼宣传部在雅加达展出 1945 年独立革命时期的优秀美术作品。参展的部分作品后来移至国家宫收藏。印尼政府出版了《艺术手册》，刊载了文化界人士对上述美术作品展的高度评价。20 世纪 50 年代后，美术领域的斗争十分激烈。西方的表现主义、印象主义、抽象主义等流派和色情艺术冲击印尼。在这种情况下，仍有三分之二的画家保持本色，深入生活，为印尼民众服务。例如：亨特拉反映农村生活的《捉蜻蜓》、哈迪的《收获》和《女子与伞》、巴达拉·鲁比斯的《牛车》、苏塔托的《农家》、亨·岸东的《三轮车夫》、约斯·苏巴迪约歌颂英雄人物的《苏迪尔曼将军像》，以及亨·岸东描绘历史上杰出人物的《卡查玛达》和《胡斯尼·达姆林》等油画。

20 世纪 70 年代后，一些年迈画家仍继续创作，如阿樊迪的《饮椰子酒》（1979）、依达·哈加尔的《忧伤》、依尔沙姆的《与鸟说笑》等。还出现了不少新画家，他们以印尼现实生活为题材，创作了不少绘画，并陆续向公众展出。例如 1991 年 3 月在雅加达举办八人画展，展出黄丰的《巴厘猪肉集市》、阿进·迪斯那的《列队舞》、阿第·苏达莫的《巴厘火葬仪式》等。

1991年6月，雅加达又展出了布迪·赫托约、维约诺和苏纳什托三位画家的40幅作品。这些作品有明显的自然主义倾向，其内容主要是印尼的秀丽风光和各种动、植物等。苏纳什托在1957年还给苏加诺总统画过肖像。青年画家玛特·杜波在首都举行过个人画展，他的出色作品有《巴达维亚》、《巴厘家庭》和《割稻》等。另一位青年画家哇梭的《串花姑娘》也获好评。

在这期间还出现不少近乎抽象的或晦涩难懂的画作。如穆纳第的《身躯》，画的是一个半躺着的人，面庞和胸部朝内，人们从画上见到的是他的背和后脑勺。

2. 雕刻艺术

印尼民间神话传说、宗教信仰和古典史诗，是其古代艺术创作的主要源泉。陵庙建筑是建筑艺术的主要形式。雕刻家在佛教和婆罗门教的神话题材中，创造了美丽的富有印尼色彩的雕刻，反映了当时的现实生活。这种建筑古迹，在爪哇最多，在苏门答腊、巴厘岛、龙目岛等地也不少。关于现代雕塑，1947年，人民美术家协会曾举办过全国首次现代雕塑展览，展品包括石雕、石膏像、水泥塑像等。亨德拉和特罗布斯等艺术家分别雕塑了《苏迪尔曼将军》、《乌里勃·苏莫哈尔佐将军》和《人民游击战士》等优秀作品。其中亨德拉的《苏迪尔曼将军》雕像，至今还屹立在日惹前中央国民委员会大楼前的广场上。

20世纪60年代起，印尼建立了许多雄伟、精美的纪念碑和塑像。在首都缩影公园的勇士博物馆中，展出近20尊印尼各历史时期民族英雄的青铜塑像，以及独立广场上19世纪爪哇人民起义领袖蒂博尼哥罗挥剑策马的雕像。这些雕像各具特色，令人叹为观止。

在木雕方面，1990年巴厘雕刻家依·玛特·惠达、依格多特·摩登、依·哇扬和丹特拉曾将他们的作品在雅加达展出。这些作品在一定程度上反映了巴厘高超的传统雕刻艺术。在爪哇岛，扎巴拉的木雕有悠久的历史。该市还建立了木雕工业中心，创作了大量制作玲珑剔透的木雕艺术品。在巴布亚中部的阿斯玛特（Asmat）人，特别善于雕刻木质面具。

巴厘雕塑是一种传统工艺品，它最初与巴厘人的宗教信仰息息相关。人们把自己崇拜的印度教诸神用石头或木头雕刻出来，供奉在庙宇、庭院、堂室内。在巴厘岛，精美的雕刻艺术品到处可见。巴厘人喜欢雕刻家具、用具和房屋，甚至把洗澡间的水管也雕饰起来。很多雕刻品以古印度神话为题材，常刻有梵天神、毗湿奴神和湿婆神雕像，也有栩栩如生的神鹰、神牛、雄狮、公牛等雕像。雕刻家所创作的青蛙、鸟类、鱼类、兽类等动物，形态活泼，形象逼真，工艺精湛，很富于表现力。雕刻材料有质地坚硬的花岗岩、象牙、骨头、木头等。巴厘木雕大都用质地坚硬、花纹细密的乌木、柚木等木料雕刻而成，有惟妙惟肖的巴厘渔夫、少女，有民间故事中脍炙人口的传奇人物，也有当代各种抽象艺术形象。在巴厘人心目中，神的形象来自个人的想象和喜好，可以是老虎、大象、猴子等动物，也可以是人与动物的结合体，因此巴厘岛的神像雕塑神态各异，体现了巴厘人的丰富想象力和艺术创造力。

巴厘雕刻家十分重视寺庙雕刻，寺庙建成后，往往等待几个月甚至几年，待产生灵感后才开始创作，有的大型雕塑需要几代人来完成。因此，经常见到雕刻了一半的作品待后人完成，故而长满青苔的雕像在巴厘岛居民的庭院里和道路旁比比皆是。雕刻家习惯在寺庙大门两侧放置两尊猛兽雕像，院中放一尊狮子雕像作装饰。近来，巴厘雕刻艺术家别出心裁，将废炮弹壳雕刻成大花瓶在市场出售。爪哇的早期雕塑主要依附于宗教建筑物，如婆罗浮屠佛塔的佛像和普兰巴南陵庙的三神像等。上述雕塑，形象逼真，立体感强。

3. 面具

印尼的面具异彩纷呈，有悠久的历史。从印尼出土的史前文物看，古墓中有金箔制成的人鼻、眉、嘴等，用于盖住尸首面部的某些部分。据说这样能使死者的整个躯体长期不腐烂，这与原始的宗教信仰有关。后来面具逐渐用于舞蹈和戏剧等。面具作为一种精美的雕刻和绘画艺术的珍品，为博物馆和个人收藏。加里曼丹、巴厘、爪哇和苏门答腊一带的面具受印度文化影响。而巴布亚一带的面具受太平洋地区，特别是巴布亚新几内亚的影响。爪哇的面具以哇扬戏中的面具为代表，这些面具可代表各种角色，还可显示人物的喜、怒、哀、乐。西爪哇和马都拉面具色彩鲜艳，马都拉的面具基本可以分为两种：一种是格尔德面具，另一种是什班齐面具。中爪哇面具则简洁朴素。梭罗王宫在巴固布沃诺五世大婚时曾将当地的面具与马都拉岛的面具结合起来，上演了一场精彩的面具戏。梭罗的芒库尼加兰王宫收藏的各种面具十分齐全；巴厘、雅加达和井里汶等地的面具也各具特色，引人入胜。

印尼的面具广为大众喜爱。表现历史故事和民间传说的人物面具，具有各自特征，观众一看面具就知道代表什么角色。1990 年 12 月，雅加达中央博物馆举办印尼和东盟传统面具展览会，各种面具五彩缤纷，令参观者目不暇接。

4. 美术

印尼艺术形式受到印度、波斯、中国和西方艺术形式的影响，尤其受到外来宗教文化的影响，印尼民众的审美情趣呈多元化特点，这与国内不同族群、不同宗教、不同地域人的日常生活密切相关。公元 11 世纪后，巴厘与东爪哇保持密切关系，其绘画和手工艺品精湛优美，庙宇的墙壁、神龛、横梁、石基上，有各种神像、飞禽走兽、奇花异草等浮雕，令人目不暇接，因此又有"艺术之岛"的称号。巴厘岛首府登巴萨市内的艺术中心，陈列着许多不同凡响的绘画作品。巴厘岛还流行着各种各样的民间工艺美术和装饰美术作品，包括首饰、陶器、编织品、金属和骨制工艺品。苏门答腊在印尼美术史上占有重要地位，在古国室利佛逝地界出土了与中爪哇样式相通的美术作品，多为佛教遗迹和雕像。

1972 年，伊斯麦尔·马祖吉文化公园在雅加达建立，现已成为各领域艺术家们交流的场所，其中设有表演中心、画廊、电影院等。公园由雅加达艺术委员会管理。继日惹和万隆的艺术机构之后，雅加达建立了艺术学院。民间艺术团体和机构纷纷建立，如雅加达"镜头 6"（Cemara 6）画廊和"贝叶"（Lontar）画廊、万隆的"稻子"（Padi）画廊等，上述画廊为艺术家们提供了展示风格各异的艺术作品的空间。由于受西方文化的影响，印尼自 20 世纪 70 年代出现了器材美术，如 1991 年 7 月，雅加达文教部大楼展出了苏纳里约等 3 人的作品，它们由油漆、木头和铁块组成。如苏纳里约的《成长者与倒毙者》，展出的是一段圆木，木柱上有钢筋混凝土。据称这是绘画与雕刻的结合，这种作品如同抽象画一样，令人感到费解。印尼的当代艺术作为世界艺术发展的一部分，有自己独有的特点，得益于印尼人民的民主和经济建设。

5.织物图案纹路

印尼各地具有各自独特的染织技术和纹样，民间艺人至今还在使用原始的织机，用木兰、苏木、茜草、郁金等植物染料着色。色织上的纹样，并非依靠草图，而是代代口传，凭记忆完成。各地形成自己的特色，如松巴的动物纹样、加里曼丹的人像纹样、苏门答腊巨港的花卉纹样、巴厘的经纬纹样等。印尼的染物，有巴迪、印金和绞染等染整技法。巴迪是蜡染制成的纹样染布。巴迪纹样中，几何纹样使人想到青铜器纹样，菱形、星形花样随印度文化而传入，树纹、孔雀纹从中国和印度传入，它们都被简化和装饰，成为爪哇风格。印金是将金箔或金粉用蛋清、胶等黏合剂附着于布上，主要产于巴厘、爪哇、巨港、占碑等地。在巴提克上印金的称为卡因普拉丹，主要用于结婚礼服、祭祀礼服。绞染是通过拧结布地来表现纹样。它作为纹样染中最古朴的技术，自古出现在世界各地。印尼的绞染以爪哇、巴厘及苏门答腊的巨港为主要产地。它以赤、紫、浅黄、绿色染制各种花纹和几何纹样。

第四节　建筑艺术

因受到信仰和外来文化的影响，印尼各地的建筑艺术和风格不一。牛角屋顶，是西苏门答腊省的特色，一直保留至今。连巴东市（Padang）的机场都是牛角屋顶的风格。

巴厘岛的建筑艺术诠释了热带生活的建筑特征，主要体现在传统材料与现代技术的结合、传统建筑形式与现代观念的结合、干栏式建筑和院落式建筑的结合、现代形式的创新造型等方面。大量独特的天然材料是巴厘岛建筑师和艺术家取之不尽的创作源泉。各种形式、纹理和色彩的材料都有其使用方法，建筑师们则致力于以各种手法来使用这些天然的传统材料，如大理石碎片铺地、鹅卵石铺地、水磨石铺地、椰子壳天花板、海贝壳天花板、珍珠嵌饰等。建筑师和景观设计师都在他们的设计中结合了某种形式的水景，巴厘岛有许多现代水景形式，如花园水景、游泳池、瀑布、喷泉，还有大小不一的百合花池和莲花池等。水是人类的生命源泉，也是热带地区湿热气候最好的调温剂。巴厘岛的庭院景观都有着各自鲜明的主题，如雕塑花园、鲜花水院等。巴厘人相信他们的国王是神的化身，王宫是宇宙和神圣的象征。巴厘的宫殿多为方形，围墙套着庭院，庭院里面又有庭院。在巴厘式建筑中，最常见的一种建筑叫作"巴勒"（Bale），又称巴厘亭，简单的茅草屋顶遮盖着一个方形的木平台，四周无墙壁。这种形如帐篷的亭是巴厘岛古老的传统建筑，描绘了巴厘印度教的天地万物。屋顶是"神"的部分，木柱是"人类"的部分，地基是"魔鬼"的部分。最初的亭是建在庙宇附近以辅助宗教仪式用的，后来只有社会高层人士才允许在家里建这种亭。目前，各村都有这种亭子，它是全开敞的，非常适合热带气候，人们聚集在这里聊天、纳凉甚至睡觉。该亭被戏称为"发呆亭"。巴厘岛的浴室、浴盆、浴池常常位于庭院中，界于室内与室外之间，室内与室外相连，即能保护个人隐私，又能欣赏外边景色。

巴厘建筑在审美上给人的深刻印象是那些木制的雕刻、雄伟威严的石门，以及具有印度风格的雕像。此外，巴厘建筑还具有极强的精神信仰象征。巴厘人认为所有的建材都有生命，新建筑必须在举行"梅拉斯帕斯"（Melaspas）仪式杀死它们并赋予其新生命后才可居住和使用。所以，参加这个仪式的信徒们会提供许多祭祀物品用以感谢神灵的庇护。

在印尼宗教建筑中，既有历史悠久的佛教和印度教的陵庙，又有处处可见的雄伟壮观的清真寺，还有高耸的天主教或基督教教堂。印度宗教文化的影响可以从印尼神庙的建筑特色、神像的雕刻风格、梵文的碑铭得到体现。"印度教寺庙外表美观复杂，其基本样式却十分简朴，系由原始的圣徒之地（即圣地）自然演化而成。在围墙或居室内放置着祭祀的神物，它常常是湿婆的林伽（男性生殖器的象征）；也可能是雕像。"[1] 印尼陵庙雕像的特点之一是体现了"神王合一"的思想，在印度教和佛教盛行时期，国王驾崩后人们会按照其生前所信宗教中的主神的特征来为其建造雕像，人们相信国王驾崩后会化身为他所信奉的神灵或认为国王是某位大神的化身，如果这个国王是印度教徒，其雕像便是印度教神灵的模样；如果是佛教徒，那么其雕像便是佛教神灵的模样。

---

① A. L. 巴沙姆主编：《印度文化史》，闵光沛等译，商务印书馆，1997 年，第 299 页。

当印度教和佛教在某一王国并行时，在神王合一的基础上，会出现二神合一的现象，如麻喏巴歇创始人拉登·维加亚（Raden Wijaya）国王[①]，他有两处陵庙：在苏姆泊尔加蒂陵庙（Candi Sumberjati），他的雕像是以湿婆（Siwa）神的形态出现的；而在安塔布拉陵庙（Candi Antahpura），他又是以佛祖释迦牟尼的形态出现的。这说明他既信奉印度教又信奉佛教。在印尼古代，这一现象并不奇怪，印尼人把印度教与佛教的主要特征融合到一起，出现了二神合一的现象，印尼人称之为"神—佛"（Bhatara-Buddha）一体的特征。人们经常举行隆重的祭奠仪式，祈求神和亡故的国王福佑他们的子孙。陵庙中供奉的已不再是纯粹的宗教神祇，宗教仪式转向祖先崇拜。

9 世纪前后诃陵王国（640—750）在中爪哇迪延（Dieng）山区修建了 40 余座印度教陵庙，其中 8 座至今尚存，较有名的有比玛（Bima）、斯里甘蒂（Srigandi）、加托卡查（Gatutkaca）、阿佐那（Arjuna）、什玛尔（Semar）、本达迪哇（Puntadewa）、苏巴特拉（Subadra）等陵庙，这些陵庙的命名都取材于印度史诗《摩诃婆罗多》。

1. 印度教建筑艺术

印尼最大的印度教陵庙普兰巴南陵庙群（Prambanan，又称 Candi Loro Jonggrang），位于日惹特区和中爪哇省的交界处，距梭罗市 53 千米，建于 856 年。它是一座复合式结构的陵庙群，分为两个大院，主院地势较高，院内有三座高高耸立的饰有《罗摩衍那》史诗浮雕的石砌塔形陵庙，分别供奉着印度教三位主神，该陵庙群雄伟瑰丽，是印尼建筑、雕刻和绘画艺术史上一颗璀璨的明珠。庙内壁画内容大都取材于印度史诗《罗摩衍那》，画法具有印尼民族风格。该陵庙建于 856 年，由珊查亚王朝的国王拉卡伊·比卡丹下令修建，用于供奉湿婆神，后用于埋葬巴里通（Balitong）国王和王后骨灰。巴里通国王在位期间（898—910），陵庙未完工，是在达克萨（Daksa）在位期间（910—919）完工的。

主塔群有大小陵庙 224 座，每个高 14 米，基座为 6 平方米，顶部另有

---

① 也可以译成"威加亚殿下"或"威加亚王子"，取决于对"Raden"一词的理解。"Raden"是爪哇语种对王族后裔，如王子、殿下或公主的尊称。——笔者注

16 座大小佛塔。主塔群分成相对的两排，中间以地沟为界，周围分散着许多小塔。主塔是湿婆塔，边长 34 米，塔高 47 米。塔内有面向东南西北的 4 个厅，分别放置 4 个神像，即：湿婆、妻子难近母（Durga）、导师阿嘉斯提亚（Agastya）和儿子加内什（Ganesha）。湿婆神像高 3 米，站在巨大的莲花座上，据传是国王的化身；难近母为女神，有 8 只握着各种武器的手臂，被称作死神，据传说是巴里通王后的化身，原型来自"窈窕淑女"（拉拉·拉拉·戎戈琅，Loro Jongrang）[①]；象头神像为人身，有 4 只手臂，呈坐姿，象征智慧，据传是王子的化身。湿婆陵庙位于陵庙群的中央，由此可见，对印尼的印度教教徒来说，湿婆是处于中心地位的。

9 世纪前后诃陵王国建于中爪哇迪延（Dieng）山区的印度教陵庙群中，有比玛（Bima）的陵庙、斯里甘蒂（Srigandi）陵庙、加托卡查（Gatutkaca）陵庙、阿周那（Arjuna）陵庙、什玛尔（Semar）陵庙、本达迪哇（Puntadewa）陵庙和苏巴特拉（Subadra）陵庙，这些陵庙的命名都取材于印度史诗《摩诃婆罗多》。这里也可看出，印度教在印尼的传播，借助于脍炙人口的《罗摩衍那》和《摩诃婆罗多》这两大印度史诗的宣传。普兰巴南陵庙群的创建基本上是模仿了神话中描述的众神居住的马哈穆罗山。因此，各种雕刻和装潢都是按照神仙境界模样完成的。例如，装饰的图案取材于山川、莲花、奇异的动物和人物、仙女等，叶片和枝条弯曲缠绕于各种图案之间，整个图案营造出一个梦幻般的神仙世界。在每一个庙宇中都有雕像。从外观上判断，这些庙宇具有印度教的特征。爪哇的印度教会通常在该陵庙庆祝每年的静居日。该塔群游览范围为 80 公顷，有演出场地，每年 8、9、10 月，于月圆之夜演

---

① 历史上，印尼人通常将湿婆神妻子难近母称为拉拉·拉拉·戎戈琅，是"窈窕淑女"的意思。关于庙内那座拉拉·戎戈琅的雕像，中爪哇民间流传着一个悲惨动人的故事：当时普兰巴南地区的包高（Boko）国有一位漂亮的公主，名叫拉拉·戎戈琅。一年，一位名叫班栋·保多沃索（Bandung Bondowoso）的敌国王子率兵入侵，大败包高国，班栋王子要强行与拉拉·戎戈琅公主结婚。国王和公主都不愿意，但又不敢公开拒绝，只得以智取胜。公主向班栋提出，假如他能在一夜之间建起 1000 座神庙，她便答应婚事。班栋自以为神通广大，能够如期完成，便满口答应。他当即施展法术召集众精灵不停地工作，果真一座座陵庙如雨后春笋般地矗立起来。公主见状又生一计，天还没亮，她便吩咐宫女和村姑一齐舂米，并在东边点亮火把，使东边一片明亮。精灵们听到舂米和鸡鸣声，以为天亮了，便扔下未完工的神庙纷纷逃走。天亮时班栋清点神庙数目，发现只有 999 座，与公主提出的条件只差一座。班栋的努力失败，与公主结婚的美梦破灭，当他得知是公主的计谋后勃然大怒，他用咒语将公主变成一尊石像。

出文艺节目。

普兰巴南陵庙是陵墓和庙宇合二为一的宗教建筑，陵庙的结构基本相同，建筑材料都是石块，造型美观，统一中又有所变化，陵庙群浑然一体。然而，在同一地区的一些庙宇却有着佛教建筑的特征，如塞武（Sewu）神殿等。

自新柯沙里王国时期起，印尼的印度教寺院由原来的瘦高形发展成四方形，陵庙化的寺院多为浴场样式，其代表性建筑是建于东爪哇的勃拉汗陵庙。新柯沙里国王爱尔朗卡葬于博拉汗村的加拉敦达（Djalatunda）沐浴地，该地有天然泉水，据传能够治愈疾病和有益于健康。位于吉祥仙女和拉克斯米两位女神之间的毗湿奴雕像神情庄重，其坐骑伽鲁达（Garuda）神鹰高大、凶猛、张牙舞爪，雕刻手法脱离了印度的影响。东爪哇后期的陵庙基本上保持了独具特色的前探、方尖塔式的巨大屋顶，该建筑形式一直延续到15世纪。中爪哇寺庙的建材多用河石，东爪哇寺庙建材多用砖，在东爪哇发现的河石寺庙成为爪哇王国中心从中爪哇向东爪哇转移的佐证。

麻喏巴歇时期，陵庙的建筑风格趋于民族化，不同地区的宗教建筑风格亦不同。如中爪哇与东爪哇的陵庙建筑风格有明显的不同，大体上讲，中爪哇陵庙形体较宽阔，塔顶呈葫芦形，陵庙浮雕较突出，着重自然的刻画；而东爪哇陵庙形体细长，塔顶呈方形，陵庙浮雕不突出，着力于象征手法的表现，所刻人物酷似皮影戏中人物，奇形怪状，脸谱色彩缤纷，突出人物的性格。中爪哇的神庙追求对称，神灵的塑像处于神庙的中心。东爪哇的神庙处于靠近整个建筑群后门的地方，距离前门较远。他们的共同点是神灵雕像离不开印度教和佛教中的神灵。

位于东爪哇巴苏鲁安（Pasuruan）县的加维陵庙（Candi Jawi），始建于公元1300年左右。这座陵庙是埋葬新柯沙里国王克尔塔纳加拉（Kertanagara）的两座陵庙中的一座，另一座是位于东爪哇玛琅市北郊的新柯沙里陵庙（Candi Singosari）。加维陵庙长14.29米，宽9.55米，高24.5米，门朝东。陵庙的屋顶分成3层，屋顶是白色的石块，为舍利塔，底部为安山石。加维陵庙的外部构造整体来看带有典型的印度教特点，即以方形轮廓为主，顶部呈阶梯状金字塔形，塔身塑有印度教神像，以及在门拱雕有魔兽卡拉（Kala）的头像等。该塔冠状庙顶是一呈古钟形扣置的圆顶，这是佛教建筑中常见的佛龛形状。可见，加维陵庙并不是一座单一的印度教陵塔，而是印度教、佛教两大宗教建筑特征相结合的产物，是印尼人所称的"湿婆—佛陀"风格的建筑。

东爪哇的新柯沙里神庙结合了早期和晚期神庙建筑风格的对称神庙，在中爪哇的神庙中，佛龛是在主殿的内部，凹陷在主殿的墙壁上，而新柯沙里神庙的佛龛则是直接凹陷在基座上。在新柯沙里陵庙建筑群中，建有达拉（Tara）女神的神像。[1]因此，新柯沙里建筑群也被认为带有"湿婆—佛陀"一体的特点。"从印度教神庙在爪哇岛的分布情况看，在苏门答腊的分布较少，而在东爪哇的分布较多，也更为集中，在巴厘岛的分布则更为密集。"[2]

"爪哇的古代艺术家们在采用印度宗教建筑形式时已经对其进行了根本性的改造，他们的发型、面部、服饰、背景图案已不是印度式了，很大程度上具有当地当时特征的爪哇式的。"[3]印尼古代的宗教建筑物是由石匠和雕工所建造的，并同本地的宗教思想和仪式有着密切的联系。当一个统治者将自己的统治扩展到一个新近征服的地区时，便建立一座陵庙，在陵庙内供奉他生前被认为与之同一，而他死后与之合为一体的某神灵。

印度教盛行时期，印尼陵庙雕像的特点之一是体现了"神王一体"的思想，国王驾崩后，其骨灰葬于专门修建的陵庙中，供后人祭拜。国王被崇拜为某神的化身，故而印度教中的神被雕刻成国王模样。

2. 佛教建筑艺术

（1）婆罗浮屠佛塔（Candi Borobudur）

前马达兰王国于公元 8 世纪下半叶在中爪哇日惹附近兴建了著名的婆罗浮屠佛塔，佛塔是为收藏释迦牟尼一部分骨灰而建造的，它是迄今世界上最大的佛塔群。公元初至 15 世纪，印尼古代用于埋葬国王骨灰的宗教建筑，不论其形式是塔还是庙，一律被称作"旃迪"（candi）。据考证，"旃迪"源于印

---

① 达拉（Tara）女神，是佛教众神中的一员，被认为是观世音（Avalokitecvara）的妻子。

② Chalid Latif, *Atlas Indonesia dan Dunia*, P. T. Pembina Peraga, 1991, p.40bc.

③ Jack Hinton, *Papers on Early South-East Asian History*, London, 1993. 转引自陈康：《试析西方学者的"东南亚古代文明印度化"观点》，载《焦作工学院学报（社会科学版）》，2000 年第 1 期。

度 "Chandigriha" 一词, 词义是 "死 (女) 神之家"[1], 即陵庙。婆罗浮屠在构造上并无佛堂祭室, 而是一座巨大的坛场。佛塔上面的佛像排列成行, 分布于佛塔周身, 所以又被称作 "千佛塔"。其建筑形式体现大乘和密宗教义的结合, 整个建筑物犹如一个巨大的坛场。印尼人对于 "佛塔" 或 "陵庙" 的解释并不像印度人或中国人所认为的那样是专门用来拜佛的场所, 而更多地被认为是活着的人与祖先灵魂会面的地方。"婆罗浮屠" 是印度梵文, 意为 "山丘上的佛塔"。该佛塔建在日惹西北 39 千米处的丘陵上。这座宏伟壮观的宗教建筑与中国的万里长城、埃及的金字塔和柬埔寨的吴哥古迹齐名, 被世人誉为古代东方的四大奇迹之一。联合国教科文组织将它列入世界文化遗产名录。当时动用 10 万农民和奴隶, 花了 10 余年时间才建成。后来, 随着印度教中心的转移, 佛塔逐渐荒凉并埋入地下。英国殖民印尼时期, 副总督莱佛士派人寻找并把它挖掘出来。由于种种原因, 直至 1873 年才公布于世, 几经修缮后恢复了原样。该佛塔为实心塔, 无门窗、梁柱, 全部用石块砌成。塔的底座呈四方形, 每边各长 110 米; 塔的高度原为 42 米, 后因塔顶遭雷击而毁坏, 高度降至 31.5 米, 佛塔共分 10 层, 底座四周各有一条笔直的石阶通道, 直达顶层。佛塔第 6 层以下呈四方形; 第 7—9 层呈圆形; 第 10 层为钟形大塔, 直径 9.9 米。据佛教解释, 底部四方形台坪代表 "地界", 上部圆形台坪代表 "天界"。"地界" 各层建有石壁佛龛共 432 个, 每一佛龛内设置一尊佛像; "天界" 各层建有钟形小塔共 72 个, 塔内各置一尊佛像, 佛像按照东、南、西、北不同方向各有自己的名称, 佛像的面部神情和举止各异, 千姿百态、活灵活现。来到这里的游客, 争相把手臂伸入钟形塔。据说, 谁能触摸到里面的佛像, 就会得到佛祖的保佑, 平安幸福。据传, 位于东边通道右手的佛像最为灵验。塔内各层设有回廊, 两侧的石壁上刻有各种浮雕, 其中含有故事情节的 1460 幅, 装饰性的 1212 幅, 构成了一部 "石块史诗"。每层浮雕的内容不同, 多取材于佛典故事: 有的再现了佛祖的生前事迹及佛史, 有的是描述神话故事和宗教仪式, 有的记述了当时人民的生活习俗和生活片断, 有的是各种动物、器皿和水果。浮雕的人物十分逼真, 大小近似真人。塔座周围建有 1.5 米

---

① 王任叔:《印度尼西亚古代史》上册, 中国社会科学出版社, 1983 年, 第 441 页。

高的护基墙，四角有兽头排水孔，整个建筑用石约 6 万块，全塔共计 100 余万块。1973 年，在联合国教科文组织资助和专家的协助下，印尼政府利用先进技术对佛塔进行大规模修缮，于 1983 年完工。1985 年 2 月，佛塔基座被伊斯兰教狂热分子炸坏，现已修复如初。婆罗浮屠佛塔附近还有满都特和帕万两座小佛塔。它是一座大乘佛教庙宇，在形式上体现了密宗教义。在印尼，祭拜祖先的一种方式是建造层层叠叠的金字塔，以此表示后人对先祖灵魂的崇拜和纪念。所以在印尼古代传统信仰里，角锥塔是祖先灵魂寄托的象征，把它们筑在"无欲界"里，佛教与印尼祖宗崇拜的原始信仰达到和谐的统一。婆罗浮屠佛塔在集成了印度古典主义的建筑风格基础上融入了印尼本土整齐匀称的风格。婆罗浮屠佛塔成为信徒们参拜神灵的圣地，婆罗浮屠佛塔融入了古代婆罗门教的形式、印度教的概念、佛教的哲理和当地祖先崇拜的理念。5—7 世纪的爪哇岛神庙成为印尼的古典建筑；8—9 世纪，爪哇岛上的神庙尽管其借用了印度的精神文化内涵，但显示出印尼习俗与传统相结合的特征。

除婆罗浮屠外，爪哇著名的佛教陵庙还有：中爪哇的卡拉珊陵庙（Candi Kalasan）、萨里陵庙（Candi Sari）、湿雾陵庙（Candi Sewu）、巴旺陵庙（Candi Pawon）以及东爪哇的加高陵庙（Candi Jago）、宋勃拉宛陵庙（Candi Sumberawan）等。苏门答腊的著名佛教遗址是位于该岛北部的巴东拉瓦斯（Padang Lawas）陵庙群，它建于 11—14 世纪期间。印尼古代佛教陵庙主要集中于中爪哇。

（2）金德院（Wihara Dharma Bhakti）

位于雅加达市区的佛寺金德院，建于 1650 年前后，它是印尼首都四大佛寺中规模最大的一座。另三座佛寺是大伯公巷的完劫寺、安恤的土地庙和红溪的玄天上帝庙。3 个多世纪来，金德院几经修葺。据考证，在华侨李子风先生任玛腰时，金德院首次整修，但具体年份不详。第二次修葺是在清光绪十六年，即公元 1809 年，出资修葺者之一是当时任玛腰的赵德和。

金德院佛寺飞檐斗拱，雕梁画栋，明显地体现中国传统庙宇建筑的特色。整个金德院，除主庙外，还有两个附属庙宇，即地藏王庙和玄坛宫。主庙供奉观音菩萨，地藏王庙供奉地藏菩萨，玄坛宫则供奉赵公元帅（《封神演义》中的赵公明）。此外，金德院内还有关帝、十八罗汉、土地神、天后等神像。神像前，特别是观音塑像前，终日香火缭绕，烟雾弥漫，每天都有善男信女前来烧香拜佛，尤其是农历初一、十五，善男信女更是络绎不绝。他们几乎都是华人，以中、老年和妇女居多。

金德院还经常向贫民施米，举办义诊，为当地劳苦百姓治病送药，受到公众的赞扬。金德院内还有不少对联和碑铭，是研究雅加达华人文化和历史的珍贵资料。在正殿壁上嵌有一碑，是清朝道光二十六年（1846）华侨陈一誉所立。陈一誉是巴达维亚 1837—1864 年间的玛腰，其碑铭记述了早期巴达维亚华侨创立金德院和明诚书院、筑桥铺路、造福民众等事件，体现了华侨热心公益、造福后人的传统美德。

3. 伊斯兰教建筑艺术

印尼的清真寺与中东地区的清真寺在建筑风格上有所不同。由于印尼属于热带地区，在农村地区的清真寺大都是高脚屋。屋顶多为圆拱顶或平顶式建筑。在印尼，最古老的清真寺神塔清真寺（Mesjid Menara Kudus），其建筑风格"是印尼的原始艺术、佛教艺术和伊斯兰艺术的结晶"。它的圆拱顶与印度建筑风格相似。虽然建筑风格、布局、装饰等具有当地文化的特点，但其核心仍然体现了伊斯兰教的原则。如礼拜大殿朝向麦加，四壁饰以阿拉伯经文，寺内建有宣礼楼和望月楼等。

（1）伊斯蒂赫拉尔清真寺（Mesjid Istiglal）

这是东南亚最大的清真寺，它位于雅加达市中心民族纪念碑广场东北边，是一件伊斯兰建筑艺术品。它可同时容纳 10 万人在此举行会礼。该寺由前总统苏加诺创议修建的，建成于 1979 年。其占地面积 93.5 万平方米，建筑面积 9.34 万平方米，高 66.6 米，有内柱 4400 根。该寺主体建筑分为白色半圆形屋顶、尖塔和附属建筑三部分，结合了印度教和佛教的意涵，体现了特色的传统建筑。日惹地区清真寺三层屋顶，就是来自婆罗浮屠佛塔上部三层平台的概念，被伊斯兰教重新做了一番解释：第一层出生、第二层人世间、第三层去世。寺内主体大殿宽敞明亮，庄严精美，四壁的装饰充分体现了阿拉伯伊斯兰艺术对印尼的影响及印尼伊斯兰教艺术的特色。该寺平时对外开放，每年在寺内举办为期一个月的伊斯兰文化节，展出印尼各地主要清真寺的建筑模型、伊斯兰教书籍和各种版本的《古兰经》、传统和现代伊斯兰绘画艺术，演出伊斯兰教歌舞，放映有关伊斯兰教的电影，举行诵读和书写《古兰经》经文的比赛，吸引了数百万国内外伊斯兰教徒和游客。

（2）郑和清真寺（Masjid Muhammad Cheng Hoo）

具有中国建筑风格的郑和清真寺位于泗水市戛丁街 2 号，该寺是一幢 5 层楼宇，飞檐画栋，红墙碧瓦，赤柱镂窗，装修堂皇，左前方矗立着一座色彩鲜艳的八卦亭，雄伟壮丽。清真寺的建筑模式，以绿、红、黄为主色调，体现华人伊斯兰教建筑特点。清真寺右侧绘有郑和宝船和郑和下西洋的巨幅浮雕像，寺内主建筑屋顶呈八角形，长 11 米，系天房最初的长度和宽度，进深 9 米，象征印尼 9 位伊斯兰教圣哲。清真寺一楼刻有碑铭，碑文分别用印尼文、华文、英文镌刻于花岗石上，碑文歌颂郑和七下西洋亲善万国，传播伊斯兰教，开展中外文化经贸交流的丰功伟绩。郑和清真寺，奇特处在于三教合一，融佛教、伊斯兰教、天主教于一体，它不仅是印尼华人信奉伊斯兰教的启蒙圣地，也是印尼华族与其他族群交流、沟通并促进相互了解的桥梁。它成为印尼各族融为一体的象征，促进了中国和印尼文化的交流与融合。继泗水建成郑和清真寺之后，在数年的时间里，巨港、锡江、班达安、占碑、任抹、婆约拉里、三马林达等地，也先后共建成 7 座"郑和清真寺"。

4. "竹子教堂"

在一次地震后，日惹市民用当地的竹子以传统的方法建造了一座半永久性的基督教教堂，它的主要框架是系列三角形和网状，形成一个复杂多变的竹制网状结构。该教堂与周围的环境融为一体。建造这座教堂的初衷是为了建立一个临时的祈祷场所。由于该教堂整体牢固和通风，至今仍在使用，每次可容纳 200 余教徒同时祷告。

第七章　风俗习惯

所谓风俗，作为一种文化特征，是指某一国家或地区、某一民族在某一特定的历史时期所流行的风尚习俗。它有严格的地理、种族和时间上的界限。不同地区有不同的风俗；不同民族有各自不同的风俗；同一民族在不同历史时期亦有不同的风俗等。风俗的重要性在于它反映了当时的社会状况和政治、经济、文化的发展水平。

印尼是一个多民族、多宗教、多元文化的国家，有着淳朴的民俗。五花八门的民俗受到民族经济生活、社会变革、民族心理、信仰、语言、艺术等因素的制约，加之岛国的地理特点，各地和各部族形成并保留了自己的习俗。上述习俗同国家的政治、经济和文化交织在一起，对印尼社会发展产生巨大影响。了解和研究印尼不同的习俗，对于了解印尼民族乃至不同部族的特性有很大帮助，有利于同印尼人的交往，在处理相关事务中，有时会取得事半功倍的效果。

第一节　礼仪

待人接物习俗作为文化的一种表现形式，由政治经济所决定。印尼300多个部族在长期以来的经济生产实践中，存在着许多共性，这就决定了它们反映到习俗上必然也具有某些相似性。

1. 交际礼仪

印尼是个注重礼仪的国家，在日常生活中，人们经常使用"谢谢"、"对不起"、"你好"等敬语。印尼人友善，易接近。他们在社交场合与人见面时，一般以握手为礼,与熟人或朋友相遇,传统礼节是用右手按住胸口互相问好。正式介绍时,注重称谓和职务。印尼人一个显著的特点就是重深交,讲旧情,老朋友在一起可以推心置腹,若是一般交情的朋友,虽然也客客气气,甚至谈得相当投机,但那只是表面形式,真正的心里话是不轻易掏出来的。所以与印尼人交往,应充分表现出你的真诚,才能获得他的信赖。印尼人不讲别人的坏话,也不喜欢那些讲别人坏话的人。印尼人喜欢客人到其家中做客,他们对来访的客人并不一定要求非送礼不可。但出于礼节,可以送给主人一束鲜花,或说上几句感谢的话等。主人对客人送的礼物会欣然接受,但不当面打开包装。印尼人注重交换名片,初次相识,客人应把自己的名片先行送给主人,否则将会受到主人长时间的冷遇。

在印尼,伊斯兰教徒注重见面礼节,除互致问候外,还念诵祝辞"愿真主保佑你"。文雅、谦恭、和蔼是伊斯兰教徒公认的美德。注重礼节是印尼各部族待人接物的共性之一。绝大多数印尼人都喜欢笑,心情舒坦就笑,顺利完成某件事就笑,笑是他们的另一种语言。他们也喜欢开玩笑,他们甚至认为"笑口常开"是社交上的一种礼貌。爪哇人热情爱笑的习俗习惯在待人接物中也表现得淋漓尽致。乐观开朗是印尼人最朴素的生活态度。他们认为,生活中所有的酸甜苦辣均是上天的恩赐和考验,要坦然接受。知书达理是印尼民族世代传承的美德。在家族里,印尼人严格遵循长幼尊卑之序。儿女在结婚或父母庆生时要向父母跪拜行礼,晚辈遇到长辈要停下脚步问候,表示敬意。从长辈、上司和平辈面前经过时,则会放慢脚步,弯腰侧身以示敬意。在公共场合,印尼人一贯衣着得体,举止谈吐斯文,绝不会大声喧哗或喜怒形于色。

印尼人习惯以右方为上,左方为下。印尼人鞠躬时,立正,双目视受礼者,上身不可过于前倾,以30度为宜。介绍男子与女子时,女子应先作鞠躬状表示礼貌。青年女子相遇时,应同时鞠躬。青年男子见面,应待年龄稍长者有鞠躬表示时,幼者才行鞠躬礼。男子与熟悉的女子相遇,则应候女方有鞠躬表示时,男方才向女方鞠躬。印尼人行坐次序应视地位高低、年纪、性别而定。与女士同行进门时,男士上前一步,为女士开房门。下车或走暗路时,男士先行。进娱乐场所时,男士也要先行,以便验票和寻找座位。印尼人说话总是轻声细语,走路总是慢慢悠悠,无论做什么事都不紧不慢,无论什么时候都不温不火。印尼人办事拖拉，但多数总能在最后一刻把事情办妥。在公共汽车上，坐着的人要为站着的人拿东西，男人要为妇女让座，年轻人要为老年人让座已习以为常。印尼人敬烟时，总是将烟盒先磕一下，使几支烟露出烟盒，然后再递到客人面前。客人取烟时，一般先将露出烟盒最长的那支烟按进烟盒，然后取露出烟盒最短的一支，以示谦虚。从烟盒中取一支递给客人，或远抛给客人被认为是对人不敬。

印尼人重视亲戚、邻里和同事的关系，朋友间经常互帮互助，体现了互助精神。特别在农村，耕种、收割、建桥、造屋、割礼、红白喜事、兴建清真寺或教堂等等，都提倡群策群力，同舟共济。甚至伊斯兰教徒帮助基督教徒建教堂，基督教徒帮助伊斯兰教徒造清真寺。当有人向自己借钱时，只要有钱就不会拒绝，还钱日期双方商定，一般不让第三者知道。到期时，债权人一般不催要，否则是无礼的举动。一般情况下，借债人是会按期还钱的，可谓好借好还，再借不难。有时，借债人以物作抵押，小至衣物，大到房屋和土地。如到期无力偿还，债权人可以取走抵押物，或借债人主动卖掉抵押物还钱。很少有人赖账，否则失去对方和人们的信任，不会有人再与其打交道。在印尼人看来，见面即朋友，来的都是客。即便是陌生人，他们也会热情招待和帮助。印尼人绝大多数遵守公德，邻里关系和睦。那些不认错、道德败坏者定会受到人们的指责，轻者不被信任或被处以罚款，重者会被赶出村子，甚至会被众人打死。

2. 待客

马来人待客，如客人谦和、彬彬有礼，会被视作上宾加以款待；如客人傲慢、不尊重主人或言行有失检点，会被慢待，甚至被逐出门。

爪哇人待客，客人入门后，按主人相让的地方坐下，在主人让座前不能先自行坐下。主人一般用咖啡和糕点待客，如用茶水待客，只倒一杯，客人喝光后不再续茶。爪哇人还喜欢留客人在家过夜。

亚齐人待客，来访者要在台阶下用伊斯兰教用语问候，待主人回答后方可入屋，进屋前要洗脚。主人面对门而坐，客人则背朝门坐，一般是盘腿席地而坐。赶上吃饭时，如主人发出邀请，客人不能回绝，否则主人会猜疑客人担心饭里有毒而产生误解。

尼亚斯人待客很奇特，在欢迎贵客时，把一头肥猪绑在两根木杠上，由 4 个小伙子用肩抬着从客人面前经过。后面紧跟着身穿部族服装的队列，然后把猪放到"迎客台"上，猪越肥表示对贵客越尊敬。

总体上讲，爪哇人性情温和、彬彬有礼，巽他人乐观开朗、传统虔诚，米南加保人学识渊博、能言善辩，巴达人性格豪爽、英勇忠诚，巴厘人能歌善舞、和善娴静。他们的共同点是：注重礼节，谦和，以诚待人，互帮互助，勤劳勇敢（广义），时间观念不强，不善理财，满足于现状，有从众心理。

第二节　婚姻习俗

婚姻是构成家庭、家族和人类繁衍的基础，研究不同时代、社会、部族的婚姻习俗，对进一步了解和认识其历史、社会有着重要作用。1973 年 12 月 1 日，印尼政府正式颁布了《婚姻法》。其中规定，实行一夫一妻制。如多娶须经法院裁决。结婚年龄为：男 19 岁，女 16 岁。严禁童婚和近亲结婚。由于《婚姻法》有关内容与一些宗教教义发生矛盾，该法于 1975 年 10 月 1 日才正式实行。根据有关规定，国家公务员结婚须经其上级主管部门批准，并备案。女公务员不得成为男公务员的第二三个妻子，可成为非公务员的第二三个妻子，但须符合下列条件：经上司批准；不违反教义；男方证明自己有能力养活新妻子，保证平等对待新妻子和孩子；男方已娶的妻子也须出具保证书，保证平等对待后来者等。依据当地的婚礼习俗，结婚不仅要依照政府规定的婚姻法，而且要遵守各地独特的传统婚礼习惯。

婚礼在人的一生中是非常重要的大礼，是得到社会承认的一种行为。它明确标志着一个人进入了建立个体家庭、发展家族的重要阶段，是社会发展必需的礼仪。印尼是一个多部族多宗教的国家，各族婚俗既有相似之处，又都各异，有自己的特点。印尼人的婚礼普遍隆重，或在教堂举行，或由长老主持在家举行。婚礼上，新郎、新娘都穿本部族服装，大城市也不例外；除巴厘等族外，婚礼一般都在女方家举行，且都要举办婚宴。一般情况下，大都经过求婚、订婚、结婚三个阶段，在部分地区至今还流行着"抢婚"的习俗。

1. 婚礼

（1）爪哇族婚礼

爪哇族的婚礼较为复杂，定亲后第七天举行婚礼，在仪式举行前要进行"求安仪式"、"沐浴仪式"和"天使仪式"。其中沐浴仪式很特别，姑娘们在出嫁数日前，要由老妇人在她们的身上涂抹香脂，使姑娘的皮肤更加细腻白嫩。婚礼前一天，姑娘要坐在铺满花布片的浴室里洗澡，家里的老妇人从一个预先放着花瓣的罐子里舀水浇到姑娘的身上。洗完澡，由村里德高望重的妇人把罐子摔碎。然后，姑娘就一直待在自己的房间里，让别人给自己梳妆打扮，直至婚礼后，才能从镜子里瞧一下自己的模样。

婚礼当天晚上，新娘身穿美丽的"卡巴雅"服装，上身裹着鲜艳的花布。新郎头戴黑礼帽，身着漂亮的衣裳，腰间佩带格利斯短剑。在新娘家，新郎要行入门礼，即踩鸡蛋。此前，女方家门前刚刚泼洒过清水，湿淋淋的地上摆放着几只生鸡蛋。新郎从湿地上走过，将生鸡蛋踩得粉碎。当新郎走过湿地，进入新娘家门之前，新娘迎上前来，用一块新布将新郎一双湿透的鞋擦得干干净净，以表示妻子至死伴随丈夫，同甘共苦。目前，踩鸡蛋习俗有所改进，当新郎到新娘家迎亲时，新娘的家人会在地上摆一只放有一个生鸡蛋的银盘，新郎当众赤脚踩破鸡蛋。这表示新郎将永远爱新娘，哪怕粉身碎骨也不变心。

随后，新娘面带笑容，取水跪地，为新郎洗脚，以表示感激、服从和至死伴随丈夫。进屋后，新郎、新娘女左男右落座，新郎捏一团饭送入新娘口中。接着，新郎从小袋子里倒出花生、大米、黄豆和硬币等"礼品"。此时，新娘要用大红手帕来接。要求所倒的东西不能掉在地上，此举表示两人要勤俭持家。最后，新郎、新娘要分坐在新娘父亲的左右腿上，新娘的母亲便问这两个孩子哪个重，父亲必须大声回答"一样重"，表示双方家长要对新人一视同仁。这时，满室宾客致辞祝贺，屋外鼓乐齐鸣，婚礼仪式达到高潮。接着，两人同入洞房，新郎把自己的礼物送给新娘。婚后，双方家长要互访，看望自己的孩子。婚后 10 天，新娘要喝特制爪哇草药，以便早日怀孕。

在中爪哇一些地区，婚礼仪式的主要内容是跳"抢新郎"舞蹈。婚礼在女方家举行，新郎的亲朋好友参加婚礼时要带一只公鸡，作为新郎的象征。公鸡交给一名动作敏捷、擅长印尼拳术的小伙子。新娘家的亲友也要选出一个可与之抗衡的年轻人。双方观众在新娘家摆开阵势，或站成两排相互对峙，或围成一圈观看。对抗开始时，"新娘代表"一边跳舞，一边把大米和玉米撒在地上，以显示娘家的富有。同时他要寻找时机，趁对方不注意时，突然冲到拿公鸡的"新郎代表"面前，用手去摸公鸡的头。新郎代表则时时提高警觉，用拳术实行有效的防卫，设法使对方的企图落空，但不能伤害对方。倘若"新娘代表"的进攻屡遭失败，那么，"新郎代表"就要巧妙地露出破绽，让对方摸到公鸡的头。跳完舞蹈，新娘家便大摆宴席，宴请宾客。

东爪哇外南梦的奥辛人，如新郎、新娘有一方是家中的幼子或幼女，迎亲时通常举行斗剑仪式。迎亲当日，新郎家按习俗组成欢送新郎的队伍，其中须有斗剑能手参加，新郎也要带上一把利剑。送亲的人们手持稻穗、带叶的甘蔗、椰子和餐具等，象征着新人婚后生活美满和富裕。送亲队伍在优美的乐曲声中热热闹闹地向新娘家进发。途中，新娘家属突然展开大幅白布，挡住送亲队伍的去路，于是双方便展开一场有趣的斗剑表演，直至新郎趁机用剑将白布斩断，斗剑仪式才告结束。接着，新娘家属将新郎和送亲队伍迎回家中款待。

爪哇岛北部地区，人们以子女早婚为荣。孩子年满 10 岁时，便由父母包办成婚。彩礼是重头戏，婚礼十分讲究，婚庆当日，新郎、新娘身穿华贵的部族服装，头戴琳琅满目的珠宝饰物，在优美动听的音乐伴奏下，绕村行进一圈。童婚以父母包办为主，但由于现代思想的影响，故而离婚现象较普遍，离婚多次者有之。

（2）马来族婚礼

马来族对婚姻大事更为慎重，订婚前，父母同时出面，对姑娘进行全面的"考察"。内容包括家世、品德、文化程度、持家能力、身体健康程度、长相和言谈举止等。经过详细的调查，如认为合适，便正式请媒人前往女方家提亲。女方家长即便同意，也要拖几日方给予答复。南苏门答腊巨港地区的马来族的婚礼仪式别具特色。婚礼前夜，男女两家开始为新人精心打扮，将他们的手掌、脚掌及指甲用凤仙花汁染红。然后，男家的亲友们手擎火把，携带送给新娘家的各种礼品，簇拥着新郎，游行到新娘家中。这时，新娘家中载歌载舞，打击乐声不断，但新娘在闺房中，不得与任何人见面。巨港曾是室利佛逝王朝的国都，老百姓害怕自己的女儿入选王宫，便将女儿幽禁在闺房之中，不接触外人。久而久之，这成为婚俗的一部分，一直延续至今。

次日，新郎再次举行盛大游行，游行队伍里的人们带着稻米、水果、给新娘的嫁妆等礼品穿街走巷，最后回到新娘家。这时，新娘家门前，拳术师们表演起精彩的印尼拳术，迎接新郎。一位长者向新郎撒播稻谷、钱币和纸花，围观的人们争先恐后地抢夺这些象征吉祥的物品。新郎进大门前，首先要和岳父母对颂板顿诗，直至说明来意，证明已为姑娘带来珍贵礼物，岳父母才肯开启门帘让女婿进屋。接着，一位妇女领着新郎来到新娘闺房门口，新郎仍用板顿诗与姑娘对答，最后得到新娘允许才步入闺房。新郎、新娘见面之后，要为宾客表演象征性节目，如"夫妻坐船"，新郎、新娘以木板当"船"，妻子坐在"船头"，丈夫坐在"船尾""掌舵"，象征丈夫当家，妻子也有重要地位。还有"夫妻逛街"节目，新郎、新娘各用一只手，压在一杆大秤的同一端，另一端挂着"三件财宝"（三种不同质地的金丝纺织品），表示夫妻共持家务，权利平等。

接着举行喂饭仪式，双方母亲先后为新郎、新娘喂饭，岳母喂女婿，婆婆喂儿媳，象征亲家之间和睦友好，做事首先考虑对方。最后举行象征性的洗澡仪式，有时新郎、新娘自己洗澡，有时由家人陪伴。有些巨港人的婚礼以诵读《古兰经》开始，新郎、新娘同时参加两次游行。

（3）巴达维族婚礼

雅加达巴达维人多信奉伊斯兰教，婚礼多按伊斯兰教教规举行，其中融合了当地的传统习俗。一般男方向女方求婚。求婚前，先请媒人牵线搭桥，征得双方同意。求婚时须商量彩礼、婚礼日期等事宜。双方谈妥后，即算订婚。从订婚到结婚期间，男女两家要常来常往，互送礼品，以密切两家的关系。为加深了解，未婚夫妻经常见面谈心。婚礼前一周，男方举行送彩礼仪式。彩礼通常是家具、炊具、床上用品等。送彩礼的队伍有固定形式：11 人手端大托盘，盘上放有礼品盒，另有 30 个陪同，其中一人为男方代表，一人作领队兼发言人。女方家须专门准备展示彩礼的地方。彩礼送到后，男方家逐一唱读彩礼的价格，以显示男方家的经济实力和所尽义务程度。这时须有女方亲戚 3 人和作为女方代表的 5 名中年男子在场。结婚前 3 天，男方家给女方家送生、熟食品，如大米、蔬菜、水果、点心、鸡、羊等。数量不限，也不举行任何仪式，以减轻女方家操办婚礼的经济负担。婚礼前一天在清真寺或女方家举行签订婚约仪式。

举行婚礼的当天，新郎由 54 人组成的队伍陪同，一路敲敲打打地向新娘家进发。陪伴者各有分工：一人为新郎代表，一人为领队兼发言人，一人专门诵读《古兰经》，还有一位身强力壮的男子负责陪送队伍的安全保卫，其余 50 人，有的敲打，有的准备在紧急情况下充当"保镖"。他们分工不同，服装也各有讲究：新郎穿长袍，裹头巾，腰佩格利斯短剑，新郎代表身着巴达维传统服装，领队兼发言人穿哈吉服，诵读《古兰经》的人身穿去麦加朝圣时的马甲，负责安全的勇士们和其他随从者都穿黑色的贾瓦拉式服装。现在，送新郎的"保镖"与过去作用不同，过去该地区居民之间矛盾较深，姑娘嫁到外村会引起本村小伙子们的恼怒，他们总是想方设法把婚礼搅散。那时安排"保镖"是为确保婚礼安全进行。后来虽然安全已不成问题，但是"保镖"护送新郎渐渐成为习俗保留下来，其作用只为仪式增添乐趣。陪送新郎的队伍快到新娘家时，有几个身穿功夫衫的小伙子突然跳出来，挡住了队伍的去路。新郎队伍的代表与拦路者交涉，双方各不相让，便开始"对打"起来。其实他们是在表演拳术，不会有任何伤亡。片刻，双方息鼓休战，各自收兵。接着陪送新郎的队伍继续赶路。离新娘家几十步远时，以爆竹声告知新郎的到来。队伍在新娘家屋檐下停住脚步后，首先由领队说明来意，然后诵经人高声吟诵《古兰经》，女方家也随之对诵，直至感到满意时，女方家才开始款待客人。这时，新郎被带到新人席上与新娘并肩而坐。接着众人轮流向新郎、新娘祝贺，同时，娱乐活动开始。节目种类取决于各家爱好，通常表演勒囊戏和吟诵阿拉伯诗歌等。

（4）达雅族婚礼

加里曼丹达雅族的求婚方式别致。该族每年放火烧荒后都要举行下田仪式，人们将当场宰杀的公鸡血涂在食品及农具上，表示驱邪和获得丰收。仪式完毕后，男青年便趁机向女青年求爱。他们拾起地上烧焦的木炭往意中人的脸上涂抹，如果被涂抹的姑娘反过来也向那个小伙子的脸上涂抹，则表示她接受了对方的求爱。反之，如姑娘无动于衷，则表示她拒绝了对方的求爱。一旦确定恋爱关系，男方父母便委托家族中最年长的人去女方家里定亲，长者一般带着铜锣、剑、毯子、项链等物各两份送给女方家，双方商定婚礼日期。准备婚礼的一项重要内容是即将成为夫妻的男女青年在夜间舂碎糯米，并用猪油炒熟，以便在婚礼上招待宾客。同是达雅族，其婚俗亦有区别，如东加里曼丹的普南人，他们一般不举行结婚典礼，男女之间的结合和离异也不通过任何仪式。女孩年满 12 岁时，家长便设法物色一个既能干又帅气的小伙子与女儿同居，从此全家便靠这位小伙子供养。如果发现有更能干更帅的小伙子，便把原来的男友打发走，让女儿与新来的小伙子重组家庭。

在达雅人家庭中，女人居于主导地位，因而生女孩是一件十分自豪和荣幸的事情。达雅人在森林里生活，条件艰苦，所以女人生过一个孩子以后，都自觉采取绝育措施。多数女人吃过一种草药后，永远失去生育能力。根据当地习俗，女青年年满 16 岁，男青年年满 20 岁才可以结婚。达雅族要按照宗教信仰和传统习俗举行两次婚礼，也有二者结合在一起的。举行婚礼的那一天，新郎、新娘穿着部族盛装坐在铜锣上，也有按女左男右的位置站在一块磨刀石上，并一起握住"结亲网"的。同时由长者主持宰猪仪式，八个屠夫杀死一头肥猪，将猪血洒在木屑上，并在上面放一把剑。婚礼主持人用满是猪血的手握住两位新人的右手，嘴里念念有词地为他们祈祷、祝福。宗教仪式结束后，接着举行传统习俗的婚礼。达雅族少女身穿饰有珠宝、背部开口的部族长袍，戴着用藤条编织的便帽，男子身上插着稀有鸟类的羽毛，跳着轻快的舞蹈。为了表示对客人的尊重，主人还邀请来宾跳集体舞，同时准备了丰盛的喜宴招待参加婚礼的来宾。当客人离开时，主人要向客人身上泼水，以示吉祥和平安的祝福。

（5）巴厘族婚礼

巴厘族求婚一般是由父亲出面。前去求婚时，随身需带些蒌叶、槟榔，表明来意后即可返回，数日后再去拜访，目的是讨回音。巴厘族女孩年满 14 岁时，家人要为其举行成人仪式。这一天，请来僧人，点燃香，庆贺女孩长大成人。在仪式上，母亲把一块精致的缠胸布亲手交给女儿，僧人在布上洒"圣水"，以示祝福，并嘱咐女孩好好地珍藏这块布，待日后有了意中人，就把这块布当作信物交给他，该意中人就可拿着这块布向女孩的父母提亲了。一般情况下，女孩的父母见到信物后都会愉快地答应这门亲事。

巴厘土著青年既不用家长提亲、中间人说媒，也不约会，而是以投花定终身。即青年分男女分坐在一间大屋子的两头，中间用东西隔开，双方互不相见，但上方相通，以便投花。在主持人的监督下，男青年分别将花抛向另一边，花投中哪个姑娘，那个姑娘便成了投花者的未婚妻，而不管他们是否相爱和性格合拍。

巴厘贵族与平民的婚礼仪式大不相同。平民在婚前要举行"静心"和"祈祷"仪式，目的是使头脑清醒，以便接受神的意旨，揭开生活的新篇章。婚礼前一天，新郎身穿传统部族服装，在家人的陪伴下，前去女方家接新娘。新郎一到新娘家，随行的高僧便连敲三下女家门，新娘闻声出来开门，与未婚夫互致敬意。然后，随同新郎去男方家举行婚礼。贵族结婚，新郎、新娘须穿巴厘贵族盛装，由男女仆各一人陪伴步出庭院，然后各自上轿，新娘在前，新郎紧随其后，径直被抬到礼仪厅。沿途白布铺地，两旁有长矛队夹道助兴。婚礼开始，新郎、新娘并坐在专设的新人席上，两位高僧主持拜神仪式，祈求神降福于他们。此时 24 名老者不停地唱赞歌和祝福歌，一位身着白衣的老艺人表演面具舞。拜神完毕，新人接受圣水洗礼。

目前，多数婚礼在印度教寺庙举行。婚礼那天，新郎在亲友们簇拥下来到新娘家，一对新人在双方亲友陪同下来到村中寺庙举行婚礼。新郎、新娘盘腿坐在主持婚礼的僧侣面前。僧侣手摇铜铃，口念经文，随后交给新郎、新娘一个椰子和一个鸡蛋，新郎、新娘接过后须将其摔碎，并将碎片拾起扔到寺庙外。接着新郎、新娘步出庙门，绕着庙外广场上的火堆走一圈后重新回到庙里，跪在僧侣面前。僧侣往他们身上洒圣水，祝愿他们婚后生活幸福、美满。僧侣洒完圣水，拿出一盒饭，让新郎、新娘当众互相喂食，称作合婚饭。吃完合婚饭，新郎、新娘从僧侣手中接过两棵椰树苗，在双方父母陪同下，栽种在庙外专门的地方。种完椰树，婚礼即告结束。婚礼通常进行 10 多个小时，被称为"马拉松"婚礼。寺庙里的婚礼仪式结束后，双方亲朋好友来到男方家参加婚宴，并为新人祝福。信奉基督教的巴厘人通常在教堂举行婚礼，根据不同规格，其费用亦不同，大都明码标价。

（6）萨萨克族婚礼

努沙登加拉省龙目县的萨萨克族有着传统的求婚方式。小伙子往往利用在海上举行联欢之际向自己的意中人求爱，这种联欢会每年都在当地人们认为爱神降临的吉日举行。男女青年各划一船。联欢会正式开始后，小伙子便摇橹追逐他所爱的姑娘，待两船靠近时，小伙子将事先备好的香蕉、糯米糕等食物投至姑娘所在的船上，如果姑娘对此毫无反应，则表示她接受了小伙子的求爱；如果姑娘又把食物投回到小伙子的船上，则表示她回绝了小伙子的求爱。

居住在南龙目岛海滨的萨萨克人，每年于萨萨克年历的 10 月 22 日都要去海边捕捉年乐鱼。年乐鱼生活在海边的珊瑚洞里，每年交配一次。交配时雌雄年乐鱼均将生殖器露出海面，五颜六色，十分美丽。年乐鱼总是在黎明和日出之间出现在海面，居民们一般在捕捉前一两天便成群结队地来到海边，进行多种娱乐活动。其中最有趣的是青年男女举行的赛诗会。赛前，五六个姑娘一组，由她们的母亲或其他女性长辈亲戚陪同和帮助，在海边用树枝、塑料布、树叶等材料造起一座座“宫殿”。她们前一天下午便赶到海边，刚刚吃过晚饭，许多小伙子和参观者便把姑娘们围在中间，于是青年男女们开始朗诵起爱情和谜语板顿诗。当小伙子看中了某个姑娘，便从人群中走出，盘腿坐在姑娘们面前。此时喜欢他的姑娘应尽快走到小伙子身边，把一个嫩椰、一盘槟榔、烟丝和蒌叶送给他。此后一对情人便可借此机会施展作诗才能，自由倾吐对对方的爱慕之情。在赛诗会上，情人不许直接接触。

居住在龙目等岛上的萨萨克人在订婚后，要举行隆重的彩礼仪式。仪式由男女双方派代表参加。仪式由女方村长主持。参加者有女方的家庭成员和亲戚、村里的伊斯兰教长老、风俗监督人以及男方的代表。仪式开始，先由男方代表向女方亲族们说明来意，女方在听完男方代表的说明并表示同意后，即向男方表明应准备的彩礼。彩礼一般有牛、珍珠、椰子、香蕉、白布、大米及铜钱等。送彩礼这天，男方家要先举行庆宴，款待前来祝福的村中长老，同时宰鸡祭祀前辈的亡灵。女方家在等待男方家送彩礼队伍的时候，要用茶点招待亲友、村中长老和风俗监督人等。男方送彩礼队伍一般于下午 3 时出发，队伍一般由 12 人组成，携带着上述彩礼。女方也组成队伍迎接男方队伍的到来。见面后，男女双方的父亲互赠槟榔，热情握手，表示亲家之间愿意永远和睦相处。当日下午，男女两家各派一名家庭成员，一同去拜访村中风俗监督人，请他批准这门婚事。送彩礼之后，未婚夫妻须一同去女方家探望。男方通过这一礼节，熟习和问候未来的岳父母和其他家庭成员以及当地村民。临行前男女双方要巧妆打扮，穿上部族服装，一路上有多人相随，并吹打乐器，招来许多人看热闹。到达女方家后，未婚夫妻即向双亲问候，姑娘在父母面前痛哭流涕表示即将分别的难过心情。姑娘家以茶点热情招待男方家的来客。招待完毕，未婚夫妻由众人陪同，于当日返回男方家。

洗头是萨萨克人婚前最后一个小仪式。由男方家村长夫人主持，婚前回门之后立即举行。"洗头膏"用椰子、黄姜和大米混在一起制成，事先请宗教长老念过驱邪咒语。村长夫人为一对青年象征性洗过头，便让他们自己将头冲洗干净。回来后，即为他们穿上漂亮的结婚礼服，准备参加结婚典礼。萨萨克人的正式婚礼比婚前仪式简单得多。一般在婚前回门归来后立即举行，地点或在男方家，或在村里的清真寺。婚礼由区宗教事务办公室主任亲自主持，主婚词用阿拉伯语宣读。婚约书由新娘父亲担任的证婚人以和新郎对话的方式用阿拉伯语宣读，证婚人拉着新郎的手，两人一问一答，每句话双方均须重复两遍。接着，新郎蹲下，向宗教事务办公室主任、宗教长老及风俗监督人行礼致谢，最后在婚约书上签字或按手印。仪式结束后，以食品招待前来参加婚礼的宾客。此时，新郎可去洞房看望他的新娘。洞房是新婚夫妇暂时居住地，3 天后迁至永久住处。婚后第二天下午或晚上，新郎由家人陪同再次去女方家探望岳父母，同时举行互赠蒌叶盘仪式。个别地方，女婿须在女方家住一夜，第二天返回，以加深同岳父母的感情。部分萨萨克人有婚后扫墓的风俗。即在婚礼结束后几天之内为过世的前辈举行扫墓仪式。仪式须有村里宗教长老参加。新婚夫妇扫墓时，长老为他们祈祷，请求他们的前辈保佑他们婚后幸福美满。如不举行扫墓仪式，新婚夫妇及其后代将会多灾多难。

（7）米南加保族婚礼

米南加保族仍然保持着男嫁女娶的传统婚俗，由女方舅父出面，主动登门向男方求婚，如果男方同意，女方就送给男方一枚戒指作为订亲信物。婚事决定权在双方母亲手中，如果婚事成功，男方要重谢女方舅父，一般是送礼。婚前，女方要筹集一笔可观的礼金送给男方，而男方只需回聘一把缝纫尺。女方用这把尺子量布，制作几套新衣和鞋子回送男方，以示对未来丈夫的体贴。在举行婚礼的前几天，女方要单独举行一种特殊仪式，称为"凤仙花会"。花会上，新娘的手指甲要染成红色，所戴的头冠要先送到男方家，由男方家长祝福后再送回来，然后用一块绣着金银丝的绸缎盖住，放在漂亮的花篮里，待结婚之日备用。婚前两三天，新郎和新娘不可出家门，以避邪祸，求得平安。婚礼当天，女方代表身着华丽的服装把新郎接到女方家。随后一对新人共同坐在客厅的一张桌子上，亲友们向他们祝贺。一般情况下，女宾带蒌叶，男宾带香烟。接着宾客们席地而坐，婚宴开始。结束时，新娘送一条新纱笼给新郎，并携带一些礼品陪新郎到男方家，俗称"送礼饭"。第二天晚上，新郎又被迎回女方家。第八天，新婚夫妇再回男家居住。在此 3 天后，新郎送一些布和饰品给新娘。然后，新郎和新娘才正式回到女方家，从此长住女家，成为合法夫妇。按当地习俗，夫妻婚后应分居一段时间。在此期间，丈夫可以"拜访"妻子。

（8）巽他族婚礼

居住在西爪哇的巽他族的婚礼，混杂着伊斯兰教和当地风俗。洗礼和婚礼在新郎家里举行。婚礼前 3 天，为准新娘举行洗礼仪式。仪式开始前，女孩沐浴更衣，化简妆。参加仪式的只有女方家庭成员，仪式由专门司仪主持。女孩依照程序，跪在父母面前，洗净并亲吻父母的双脚，以谢养育之恩。其后父母将女儿带到前院，让女孩坐好，用玫瑰花水为女孩浸礼，女孩的其余亲人也逐一舀水，分别淋在女孩头上，并亲吻离别，女孩与家人哭别。其间女孩不得与准新郎会面。婚礼程序与雅加达巴达维人的近似。

（9）古布族婚礼

苏门答腊岛占碑省古布族青年男女相爱后，要告知自己的双亲，然后男方父母去女方家求亲。这时，女方家不能马上答应男方的请求，因为必须要对小伙子进行一种特殊的"考试"，方法是，在高处架起一座独木桥，桥上涂抹猪油，桥下燃起明火，让姑娘在独木桥的终点等候。如果小伙子能在滑溜溜的独木桥上顺利通过，下来后便可立即与姑娘成婚，通常以宴席、载歌载舞的方式完婚。假如小伙子从桥上掉下，则必须再练一年，"补考"通过后方可与姑娘结合。林区古布族小伙子求婚须通过媒人，女方家长在媒人面前直接问女儿是否同意。如女儿开口回答，便表示拒绝；若姑娘沉默不语，则意味着接受男方的求婚。女方同意之后，向男方提出彩礼的种类和数量，一般是 100 块布和一根藤条。送彩礼时确定婚礼日期。此外，男方家要送给女方家几头猪及海龟、蛇等，准备婚宴时宰杀。

婚礼当日，男方家人和亲属们陪着新郎来到女方家。新娘见到新郎后，立即跑到附近树林里躲藏起来，新郎及其家人、亲属随后追赶和寻找。找到新娘后，大家陪着新郎、新娘一起回女方家。一路上敲鼓唱歌，热闹非凡。到家后，新郎、新娘面对面坐在高高的高脚小茅屋里，两人须一丝不挂，膝盖压膝盖，而且一天一夜不许吃饭。此间，新郎与新娘家的家人和亲属却在下面大吃大喝，纵情歌唱。次日清晨，家长吩咐新郎、新娘带上长矛，外出抓鱼。新娘在河边一边生火，一边等待。抓到鱼后，由两个小孩负责烤鱼。新娘这时又跑入林中，去寻找倒地的大树。新郎在后面紧追不舍。待找到倒地的大树后，两人便可随意接触，直到双方满足后，便一同走出树林，与两个小孩一块品尝烤好的鲜鱼。经过上述程序，二人便正式结为夫妻，开始新的生活。

（10）班加尔族婚礼

加里曼丹的班加尔族，为男孩找对象，不仅是其父母的事，也是整个家族所关心和乐于参与的事。当有合适的人选后，男方提前通知女方家里，告知派"代表团"求亲的时间。如女方家里表示同意，男方便请村里有名望和善谈的人组成求亲代表团，届时到女方家商讨求婚之事。求婚一般安排在晚上，女方须设宴款待代表团，双方商议、商定、介绍情况均以诗歌、谚语形式问答。双方同意后，便谈及聘礼数额。男方求亲团的主要任务便是讨价还价，尽量压低聘金数额。求亲成败关键在此，聘金太少，女方不同意；聘金太多，男方承受不了。聘礼谈妥后，代表团便把带去的衣料、首饰等留给女方家人，作为嫁妆。有时，嫁妆里还夹带些钱币。最后，商定结婚日期。到此，求婚、订婚一并完成。婚前，该男女青年禁止见面。按班加尔族习俗，女孩结婚越早，家人脸上越有光彩，反之，家人脸上无光。因此，求婚成功率极高。有钱人家的女孩，往往更容易招到女婿。在选妻时，对方的品德、贞洁更为重要。班加尔人的婚礼极为隆重，男女方家人分别大摆宴席，招待亲朋好友。婚礼当日下午 2 点后，男方组成游行队伍，在音乐的伴奏下来到女方家。游行队伍一般以已婚妇女和寡妇为开路先锋，未婚女子不得加入游行队伍。如新娘是再婚寡妇，游行时间则在晚上进行。到女方家后，新娘等候在门口，待祈祷仪式后，手牵新郎入屋。新郎的父亲代表全家问候女方家人，并说："我儿子虽然长得高，但知识、本领有限，有失礼的地方望指教。如我本人有过失，也请指正和原谅。"此时，女方家人代表也要讲些自谦的话，并表示欢迎和接受新郎，婚礼即告完毕。一对新人共入新房，床上摆放着专为新人准备的彩色糕点。由于新娘、新郎害羞，糕点大都被伴郎、伴娘吃掉。3 天后，新娘随新郎到婆家，男方家摆宴席欢迎，目的是把新娘介绍给亲朋好友。此后新娘住在男方家，两人生儿育女，白头到老。

（11）望加锡族婚礼

望家锡人不同家族之间结亲，男方须请亲属到女方家或女方亲戚、朋友家了解相关情况。第一次去通常以办其他事为借口，尽量不暴露真实来意。如女方情况令人满意，则托近亲或男女双方的朋友做中间人，非正式地探询女方的双亲，若对方有接受求婚的可能，便进一步了解姑娘家境，并可直接提亲，不必拐弯抹角。待认为求婚条件成熟后，男方家请几位有地位、有经验的已婚男子当媒人，前往姑娘家正式求婚。通常由姑娘的父亲接待媒人。一般女方家不立即给予答复，需先和亲友们商量。一两周后，男方再托媒人拜访女方家，听取姑娘双亲的意见。这时，如女方家以水果和糕点款待媒人，表示接受求婚；否则婉言谢绝，表示不同意。望加锡人的结婚彩礼有三种：第一种是订婚礼。

女方接受求婚后 3—7 天，男方派代表将金戒指、水果和点心等送往女方家。第二种是婚礼费。数额依男方经济条件和女方要求而定，于婚礼当日上午 8—10 时由男方家属用铜制容器装好，连同新娘的结婚礼服、12 种点心、数种水果、象征多子的蜗牛和一块布料等一起送至女方家。第三种是结婚用品。种类和数量不等。不同家族之间结亲，彩礼一般由男方全部承担；同族之间结亲也可由男女双方各出一半。

望加锡青年男女在婚礼前一周被家人分别幽禁起来，并在各自房中举行熏浴仪式，即在床下放置一口装满水的大缸，内置 7 种植物叶子，盖上缸盖，在缸口安装一根直通床底的竹筒，然后将缸水用火加热。加热后产生的蒸汽沿竹管直接熏到床上。被幽禁者在床上接受熏蒸，待全身大汗淋漓后进行沐浴。接着反复熏蒸 3 天。目前，这种习俗已不多见。望加锡人在婚礼前日举行驱邪仪式。婚礼前日黄昏时分，在准新郎床前摆上 4 只盘子，盘中分别盛着油、水、面粉和一种磨碎的植物叶子。准新郎身穿结婚礼服，坐在床上，将胳膊伸出，手掌向上。参加仪式的人一起诵读《古兰经》，然后自伊斯兰教长老开始，按社会地位高低依次将少许油、水、面粉和植物叶碎末放在手中，混合后，涂抹在准新郎的额头、手掌和胳膊处。同一天夜里，在女方家也举行类似的驱邪仪式。准新娘在一位老妇的监督下用力向瓶中吹一口气，老人立即边念咒语边把瓶盖塞紧，然后将瓶子放在姑娘屋内保存。婚后第四日清晨，老妇把瓶子带到野外，寻到无人处，将瓶盖打开，放出气体，以示驱邪。望加锡人的婚礼一般在夜里举行，婚礼之日上午 8—10 时，新郎家把彩礼放在竹制架上，由男方家族的亲友抬送到新娘家。现在，越来越多的家庭改用汽车运送。

同日下午，男方数名亲友护送新郎去新娘家。有一位年长者手持盛有钱币的铜器随行。新郎乘坐吊筐于日落前被抬到新娘家。送亲队伍接近新娘家时，新娘家的迎亲队伍开始高声诵读《古兰经》。新郎若是外村人，还必须送喜钱给"门卫"，才可进入院内。接着，女方一位老人唱起夸新郎、请新郎入室的喜歌。新郎进屋后，与两家男性亲属聚在一起。此时，司礼官清点新郎带来的礼品，并登记造册。新郎与司礼官握手致谢后，跟随司仪诵读《古兰经》，并在婚姻证书上签字。然后，新郎由岳母或新娘的婶婶、舅母领进新娘房间。这时新娘背向新郎而坐。新郎走过去，坐在新娘后面，用手指轻触新娘的颈部和肩部，告知他的到来。日落后，宾客们在大厅开始欢宴。新娘和新郎按左右次序坐好，两位傧相分坐两旁，陪伴宾客们欢宴。宴罢，宾客告辞，新郎拉客人衣襟作挽留状。来宾离去后，新婚夫妇方可入洞房休息。婚后第四天早晨，新婚夫妇先举行婚后沐浴仪式，然后与拿着礼物的代表一同去男方家拜见长辈和亲友。20世纪50年代前，小两口乘坐的是女婿进门时坐过的抬筐，现在一般改乘汽车。到男方家后，男方的母亲和其他亲属出来迎接。这时，小伙子立即从筐上（或车上）下来，而新娘却坐着不动，待迎亲人答应赠礼后才肯下来进入房间。新婚夫妇在男方家住一夜，次日同回女方家。3—7天后，新人须第二次回门，看望新郎长辈及亲友。多数新婚夫妇在有能力盖新房之前，暂住女方家。只有个别人婚后到男方家居住。多数新人婚后的大事是筹建自己的新房，用于长久居住。

（12）萨凯族婚礼

居住在苏门答腊岛廖内的萨凯人一般是男方向女方求婚。如果小伙子看中了某位姑娘，便求一位可靠的年长妇人做媒人，去姑娘家提亲。媒人须携带少许蒌叶、一副银手镯、一些布料、一把斧头和一把长刀，提亲时通过女方家的族长送给姑娘的父母。族长在定亲中起相当重要的作用，订婚批准权在族长手中。批准的标志是，族长把男方送来的蒌叶放在嘴里咀嚼。族长同意后，男女双方随即商量婚礼日期和彩礼等事宜。通常女方家长提出的要求，男方家很少拒绝。按规定，婚礼日期一旦确定，双方不得反悔。否则，如男方违约，彩礼将全部归女方所有；若女方不守诺言，必须向男方赔偿相当于彩礼两倍的东西。假如女方家破坏协定，族长将判该家伤风败俗，并开除出族，赶出村外。送不起彩礼的小伙子一般通过抢婚得到所爱的姑娘。姑娘失踪3天后，家长要报告族长，然后族长派人寻找。找到后，把一对年轻人送到族长面前。族长当即"审问"，最后判他们为正式夫妻。

（13）古拉威族婚礼

中苏拉威西的古拉威族，如果小伙子看上一位姑娘，不必事先打听其情况，可只身到女方家求婚，当地人称此举为"引火烧身"。如果女方家长看中了小伙子，便留下他一同进餐，否则无需招待；假如姑娘已有人家或已订婚，姑娘须在小伙子面前走过，无需家长再进一步说明，小伙子便领会其意自动离去。

（14）瑟拉威族婚礼

居住在苏门答腊明古鲁省南明古鲁县的瑟拉威族，如小伙子看中一位姑娘，他只能向姑娘的母亲表示，说他爱上了她的女儿，然后再由母亲转告女儿，如姑娘情愿，母亲便开始为女儿梳洗打扮，以讨小伙子的喜欢。姑娘家要专门准备一间房子，里面铺张宽席，点上一盏幽暗的油灯，为孩子谈情说爱提供必要的方便。其过程要始终对父亲保密。该族与众不同的特点是：一个姑娘可同时与五个小伙子幽会，小伙子之间既不忌恨，也不打架，而是以文明竞争方式博取姑娘的爱情。夜里，小伙子们聚在一起，谈天说地，竭力表现自己，接着纷纷向姑娘递情书，打起"书信战"。姑娘一一看过情书后，做出最后抉择，待姑娘选中一人后，其余四人便知趣而退，从此与这个姑娘再无联系。定下后告知父亲，接着就要选定良辰吉日，举行订婚仪式。

订婚仪式必须有村里风俗监督人和地方上有名望的人参加，男方家长要带一些竹筒糯米饭，表示求婚；女方家长也要带一种风俗食品，表示接受求婚。两家的证婚人须公开出面，坐在众人当中，互对板顿诗，表达男女双方的意愿和要求。对诗顺利结束，二人的婚姻才正式得到批准和承认。订婚仪式举行后，双方再择日完婚。订婚仪式前，男女双方不得一起在公众场合露面，否则将受到村里风俗监督人的处罚。瑟拉威族的婚礼体现了互助、节俭和平等的精神。当有人结婚时，村里有专人把婚期提前传达给其他村民。婚前一周内，村里人便自动捐款和赠实物。为节省费用，村里的青年经常集体举行婚礼，同时还约定，参加集体婚礼的新人要穿一样的婚礼服，以消除他们之间的贫富差别。

（15）托拉查族婚礼

居住在苏拉威西岛的托拉查人一般是男方向女方求婚，求婚时小伙子首先向姑娘赠送一头水牛。姑娘接受与否须等教士召集双方家长商量后决定。如姑娘拒绝男方的请求，则须将水牛牵回，归还原主。如姑娘接受求婚，便正式举行求婚仪式。仪式上，教士问："是谁送的牛？"小伙子回答后，教士转问姑娘："你愿意接受吗？"如被问者回答愿意接受，便可举行订婚仪式。订婚仪式上，男方向女方馈赠彩礼。彩礼通常是女方向男方索要近百种日常生活用品，其中水牛是不可缺少的一种。

（16）巴达克族婚礼

居住在西苏门答腊的巴达克族男女青年在节日狂欢的月夜利用情歌寻找对象。主要是男青年唱，如姑娘看中一位小伙子，可同其约定下次见面地点及时间，双方进一步相互了解。婚姻须经族人和家长认可，否则无效。巴达克族新婚夫妇在婚后 4 天或 7 天被关在屋内，不得见客。

（17）马布尔族婚礼

邦加岛上的马布尔人青年男女的婚事一般建立在自由恋爱的基础上。恋人情投意合，便私下订立婚约，女子按约定日期逃往男方家。过 3 天或更长的时间，男方派人去女方家求婚，与女方家定下聘金数目和婚礼日期。婚前，须将这对青年男女送到女方家。马布尔人结婚年龄一般为男性年满 16 岁，女性年满 15 岁。由于受伊斯兰教的影响，该族规定男性结婚前必须行过割礼。婚礼由巫师主持，男女双方的家人和亲属均在场。新郎、新娘先读结婚誓言，新郎的誓言中有"妻子怀孕或病重，丈夫不远离及不娶妾"等内容。新娘的誓言中有"尽到妻子义务，如果婚后一个月内不能与丈夫和睦相处，愿以丈夫聘金的 3 倍加上婚礼费用作为赔偿，并与丈夫离婚"等内容。二人发誓后互碰额头，以示相亲相爱。仪式结束后，婚宴开始，宾客品尝上好佳肴。自结婚之日起，新婚夫妇住在女方家，直到有自己的房屋为止。

近年，举办集体婚礼的风气在邦加岛形成。每年 8 月底或 9 月初，当结束农事后，邻近几个村落便联合举办婚礼，其地点每年轮换。举行婚礼的当天，村民们从城里请来乐队，众人载歌载舞，气氛热烈。当地的州长、县长、区长等行政官员都赶来祝贺，祝福一对对新人白头偕老。电视台的记者们也应邀前往采访，把婚礼的场面拍成电视新闻播放。马布尔人禁止一夫多妻，至今保持着本族的传统婚俗。

（18）锡博尔加族婚礼

居住在苏门答腊岛的锡博尔加人一般在订婚两三个月后才举行婚礼，以便使男女双方有更多的时间互相了解，尤其使男方熟悉女方家的风俗、习惯和家规，避免入赘后引起家庭矛盾。婚礼在女方家举行。婚宴之前，即将出嫁的姑娘要拜见双亲和村长，同时在众人面前宣布所得宰牲钱和婚礼费的数目。最后女方家宴请客人，并为姑娘祈祷平安。婚礼之日，新郎去新娘家要有众人陪送，一路上敲鼓拉琴，歌声不断。走在队伍最前面的是一群衣着华丽、年轻貌美的女子，中间是用两把黄伞遮护着的新郎官，男性随从和鼓队跟在最后。队伍来到新娘家附近时，欢迎新郎的队伍出来迎亲。这时从双方队伍中走出几人，在热烈的鼓声中打起印尼拳术。他们各显身手，赢得观众阵阵喝彩。

随后，风俗监督人手捧用黄布包裹的蒌叶盒，出现在现场，此时拳术表演立即停止。在结婚典礼上，新郎和新娘通常要进行一次"抽鸡大腿"比赛。即把熟鸡埋在黄粘米饭中，看谁能把鸡大腿先从饭中抓出，谁便获胜。通常新郎、新娘抽出的不是鸡大腿，而是鸡头和小腿，引起众人的哄笑。婚礼的最后一个节目是新人沐浴仪式。新人的亲属们手握长布围成一个圆圈，让新郎、新娘在圆圈内用嘴喷水，互相进攻。新娘的花裙围至胸部，新郎只穿一件纱笼。每当新郎被新娘喷中眼睛，场外便传来一阵哄笑。参加婚礼的客人们退席后，鼓手和琴手们轮流演奏、歌唱和朗诵板顿诗，越到深夜，歌声和乐声越是悦耳动听。有时这种欢庆活动持续 3 个夜晚。

（19）卡罗族婚礼

居住在苏门答腊岛的卡罗人的婚礼较简单。结婚那日，新郎在几位伴郎陪同下来到女方家，交付聘礼后，把新娘接到婆家或男方亲属家。新郎和新娘要同吃一盘黄姜鸡肉米饭和鸡蛋，否则婚姻不合法。除聘礼外，有的地方婚礼费用由男方出，有的地方由女方和男方共同支付。

（20）亚齐族婚礼

苏门答腊岛的亚齐族流行"男嫁女娶"，婚后男方到女方家落户的风俗。当女儿成人后，父亲就要给她盖一间房，作为她的婚房。一般情况下，婚事要事先经过双方家长的同意。然后，男方向女方赠送订婚礼品，多是赠送金银首饰和布匹等，并举行订婚仪式和宴会。此后，再选择良辰吉日举行婚礼。按照当地习俗，婚前 3 日，准新娘手掌和指端要涂上红颜色，并宴请村人。婚后，男方到女方家居住。婚礼当天，新娘穿上该族传统服装，等待新郎的到来，新郎也要穿上部族服装，在亲朋好友的陪同下，骑马前往新娘家。一路上，人们吹吹打打，很是热闹。当新郎步入新娘家中时，女方家人按习俗向新郎身上撒米粒，表示多产。新郎步入新娘房间后，新娘要坐在新郎的腿上，同碟而食，表示亲热和不分彼此。

印尼各族的订婚仪式大都比较简单，除宗教仪式、互赠礼品、举行小宴外，订婚戒指是必不可少的。除巴达克、米南加保、达雅、托拉查等族双方交换订婚戒指外，大都是男青年赠送戒指，作为订婚的信物。婚礼上，新娘通常会佩戴最喜欢的首饰，如头饰、耳环、手镯、戒指、项链等。由于印尼人视黄色为吉祥的象征，故黄米饭成为印尼的礼饭，在婚礼上必不可少。爪哇族婚礼中的新人在接受来宾祝福时，新人坐在中间，新人的父母坐在两侧，有女歌手在佳美兰的伴奏下演唱助兴，来宾可自由品尝自助餐食物。

近年，参加集体结婚的新人越来越多。2011 年 7 月 19 日，雅加达有4541 对新人参加了集体婚礼。他们依次在伊斯兰教长老和民政官员的见证下领取了结婚证。

2. 抢婚

抢婚是古代氏族部落利用战争手段俘获妇女的一种非文明的强制婚姻形式，该形式在印尼许多部族生活中由习俗转为遗风，在现代婚礼中还保留了某些残留的仪式。加之印尼古代等级森严，在婚姻方面强调门当户对。若女方出身名门大户，而男方出身贫贱，即使二人相爱，也很难得到女方父母的同意。于是男方便采取抢婚方式，强行完婚。"抢婚"的习俗延续至今，但性质发生了变化。这里的"抢"字，在印尼语中有词根与派生词之分，词义亦不同，一为"跑、逃"（lari），另一为"拐"（melarikan）。在婚姻上，前者为逃婚，即男方由于付不起聘金或女方父母不同意而采取的一种行动。这种抢婚都是同姑娘共谋的，丝毫没有不同意的意思，通过既成事实的途径达到结婚的目的。而后者带有拐骗的行为，即便女方同意，这种行为也是违背社会道德的。我们所讲的抢婚是指前者。虽然各地的抢婚习俗有着许多共同点，但也分别有自己的特点。

（1）巴厘族抢婚

一对青年男女相爱，遭到女方家长反对，小伙子便约姑娘离家出走。姑娘带着简单的行装在预定的时间、地点等候，以自己恋人为首的一伙青年便按时来"抢"。此时，姑娘必须假意抗争，而旁观者不必搭救。按习俗，二人藏身的地方必须在双方居住地以外的地区，一般是在男方的邻村朋友家。当姑娘的父亲得知女儿被抢后，便用铜锣召集众邻随其"追踪"，在寻找过程中，姑娘的父亲往往已被告知其女儿的下落。数日后，该男青年写信给女方的父母或兄弟，说明他们相爱的情况，请求对方答应他们的婚事。男方父母随即托人带着礼物到女方家道歉。女方家长通常是无可奈何地表示同意，因为对方是女儿自己所钟爱的人。女方家开始筹办婚礼，一对恋人返回家里后便按照传统习俗举行婚礼。

（2）达雅族抢婚

男方把姑娘抢走后，留下明显的标记，姑娘的父母率众持械沿标记追赶。男方事先在住处附近筑一道象征性的防线，并在追赶队伍必经的路上拴上一些家畜，然后躲起来。追赶队伍到时便向家畜冲杀，并跃过防线。此时，男方队伍冲出迎战。双方对峙时，从各自队伍中走出一长者，二人一唱一和，口念祝词。双方队伍便偃旗息鼓表示和好。接着男方家人就用被杀的家畜做成饭菜款待对方。而后，婚礼在女方家里举行。

（3）萨萨克族抢婚

萨萨克族有两种抢婚方式：一种是不征得女方同意，强行抢婚；另一种是男女双方暗中事先约好，一同逃走，因此也叫逃婚。

前一种抢婚一般由于姑娘长相出众，向她求婚的小伙子很多，某青年担心姑娘被他人抢走，便"先下手为强"。或者因为男方在求婚过程中，女方长期犹豫不决，或以种种借口推迟互订的婚期。强行抢婚要在白天进行，趁姑娘去市场或到田里等时机，突然把姑娘劫走。通常姑娘要极力反抗，但最后终因弱不胜强，被男方带走，藏在家里。如此时恰好被姑娘家成员看见，一场冲突便不可避免。女方父母发现女儿失踪，便派人四处寻找。找到后，先问女儿是否同意嫁给抢婚的男青年，若女儿不反对，立刻开始筹办婚事。若女儿坚决反对，便把女儿领回，并按习俗，向抢婚者索要相当数量的赔偿费。

后一种抢婚则不同了。抢婚之前，男女双方已有很多接触。产生爱慕之情后，男方便可主动去女方家拜访。女方父母及其他成员见此情景，故意回避，为青年人谈情说爱提供方便。男女双方不必告诉各自的父母，便可私下订婚。订婚不举行任何仪式，也不交换戒指，但可相互赠送信物。订婚后双方暗中约定抢婚日期和地点。一般抢婚最迟不能超过订婚后一年，有的订婚后几天便开始行动。抢婚通常在傍晚 6 点钟左右，这时村民们正在清真寺做礼拜或在家里做饭，因此"抢"姑娘不会引人注意，姑娘也容易找借口离开家。约定时间一到，男女双方便一同逃走。通常男方把姑娘藏在自己家或亲戚家，男方可借宿别人家中，也可住在自己家里，但不能与姑娘同住一个房间。女方父母发现女儿丢失，便可断定已被某人"抢"走。但女方家长并不着急，因为按规定，抢婚后 3 天之内男方必须请本村村长通知女方家。随后男女两家便开始商谈举行婚礼的具体事宜。姑娘在男方家躲藏期间，不许在公众场合露面，否则会被认为伤风败俗，为女方家抹黑。在此期间，姑娘和小伙子都不能干活，事事均由家人侍候。此外，在一个家族内，如几位表兄同时爱上一位表妹，其中与表妹感情最深者最先下手抢婚，并随时准备与"情敌"决一高低，其结果是勇者胜出。

（4）苏拉威西南部地区的抢婚

男女私奔时，双方先秘密约定见面的时间和地点，女方携带简单的衣物，然后由男方偷偷地把女方带到自己的家或亲戚家。私奔有一定期限，在这个期限内，如果女方的家人见到男方，可殴打甚至刺死对方，所以男方要尽量避开女方的家人。但超过一定的期限，男方可以请媒人到女方家说情，进行调解并赠送礼品。一般情况下，女方家里会表示同意，这门亲事就此定下，两家恢复正常的姻亲关系。这种情况的发生，往往是由于女方家长不同意这门婚事，或者是由于经济困难，没有财力支付正常的订婚和结婚费用。

3. 其他婚俗

印尼部分地区还有一些其他的婚姻习俗，如续婚，即妻子去世后，娶妻妹，这种续婚不必送彩礼；换婚，即丈夫死后，如有子女，妻子应嫁给亡夫家里的其他成员；服婚役，即男方付不起聘金，婚后须在女方家服劳役，子女归女方所有，如还清聘金，子女改归男方。在婚恋方面，巴布亚人的婚恋非常自由。依照当地的习俗，男女之间当产生相爱之情后，不用口头语言或书面语言，男女双方各自吹起一种类似卡琳丁的竹制乐器，时缓时急、时高时低的优美乐曲，道出他们的心声。之后，二人便可发展恋情。居住在加里曼丹岛的波鲁苏青年男女只要相互爱慕，便可自由来往，按规定，情人在热恋期间可以同居 3 夜以上，以加深相互了解。此外，恋人须一同去森林中游玩，一为加深感情，二为寻找一种鸟，倾听这种鸟儿的叫声，以断定他们结合的吉凶。回来后他们向双亲汇报。如果听到预示吉利的鸟叫，则立刻开始操办婚事。假如鸟儿的叫声是不祥之兆，这对情人须分手。加里曼丹的拉旺安族有独特的婚俗。婚后，新娘视新郎所送聘礼的种类和数量决定不出门的天数：鸡 1 天，猪 3 天，黄牛 5 天，水牛 7 天。待新娘出门后，夫妻同植香蕉树，否则生活不幸福。有的地方，获得结婚证的前提是植树或提交捕捉的老鼠。如哥伦打洛省政府规定，年轻人结婚前须栽种 10 棵政府提供的树苗，其中有柚木、棕榈、果树苗和花苗。只有种完树，才能获得结婚证。

第三节　家庭习俗

1. 印尼人的姓名和称谓

一般情况下，印尼人多用父名为姓，排列顺序为名字在前，姓在后，如拉赫马特·萨勒（Rachmat Saleh），"拉赫马特"是名字，"萨勒"是姓。在非正式场合，一般只写或称呼名字。在爪哇等地，妇女婚后在自己的名字后加上丈夫的名字，如前总统苏哈托夫人，称为殿·苏哈托（Tien Soeharto）。爪哇族男人婚后有加名号的习俗，名号一般取自梵文或古爪哇文，如帕罗维拉内戈罗

（Prowiranegoro）等。巴达族男人婚后，均用婚后名号而不用原名。如婚前名叫帕朗（Palang），婚后名号为苏丹·纳泊索（Sutan Naposo），姓为希勒噶尔（Siregar），人们需称他苏丹·纳泊索，或称他的姓。他的全名则写成帕朗·苏丹·纳泊索·希勒噶尔（Palang Sutan Naposo Siregar）。居住在苏门答腊北部内地的加遥族，男人婚后要几次更换名号。结婚后加一个名号，婚后有子女后更换一次，老年时再更换一次。

印尼人取名有一定含义，有的是为了纪念祖先、民族英雄、某一重大历史事件，有的是为了纪念出生地。更多的名字中则寄托着父母、家庭对子女的期望和祝福，如希望子女出类拔萃，成为英雄豪杰，就取相应的名字，如：苏拉（Sura），源自梵文，意为英雄、豪杰；希望子女忠诚，男的取名瑟提亚万（Setiawan），女的取名瑟提亚瓦提（Setiawati）；希望儿子日后兴旺发达，取名苏哈尔塔（Suharta），意为财富。普通老百姓取名随意性较强，如孩子出生时辰、天气状况、母亲分娩时第一眼见到的东西、大自然景物、家中器皿、蔬菜瓜果名称等都可能成为孩子的名字。巴厘人一般在小孩 1 岁时举行由高僧主持的取名仪式，请现场德高望重者在若干纸条上写下不同的名字，然后让小孩自己抓，抓到哪个纸条，就叫上面写好的名字。

印尼各个部族取名都有各自的特点，从一个人的名字一般可辨别出他属于哪个部族。如爪哇族男人名字的开头音节大都用 su（苏），意为"好"、"佳"，尾音用 o，组成 no（诺）、to（托）、yo（约）等，表示男性。女性名字尾音用 i，组成 ni（妮）、ti（蒂）、wi（薇）等，表示女性。巴厘人的小名有的按出生先后序列排，老大叫 Wayan（哇彦），老二叫 Made（玛德），老三叫 Nyoman（约曼），老四叫 Ketut（格都特）等。巴达克族的望族大姓有 Tobing（托宾）、Situmorang（西都莫朗）、Simatupang（西玛都邦）、Siregar（希勒噶尔）、Lubis（卢比斯）、Harahap（哈拉哈普）、Nasution（纳苏蒂安）、Tanjung（丹绒）等。如果一个人的名字中带有上述这些姓氏，便可知道他一定是巴达克人。

居住在印尼的欧裔和印巴裔人的名字，都保留了原部族的特色，一般比较容易区别。如有人名叫 Sigh（辛格），便可知道他是印度后裔。阿拉伯裔人虽也保留了原民族名字的特点，但不少信伊斯兰教的印尼人也用阿拉伯词语取名，因而不易分别。印尼伊斯兰教徒不少人采用伊斯兰教先知、领袖、弟子及《古兰经》中名人如穆罕默德（Muhammad）、阿哈默德（Ahamad）、阿里（A1i）、易卜拉欣（Ibrahim）、优素福（Yusuf）、法蒂玛（Fatima）等人的名字取名。华人在改用印尼文名字后，一些人仍在名字中保留有原姓氏的音节，例如陈姓人名字中含 tan 音节，如 Tandiono、Tanjungng 等；林姓人名字中含 Lim 或 Lin 音节，如 Salim、Nursalin 等；李姓人名字中含 li、ly 或 lie 音节，如 Lydiah、Liano 等。

在巴布亚、马鲁古、东努沙登加拉、北苏拉威西、加里曼丹等地区，不少居民信仰基督教，他们的名字往往带有基督教色彩。如有人名叫 Henry（亨利）、John（约翰）、Paul（保罗）、Maria（玛丽亚）和 David（大卫）等。

印尼人取名字受时代发展的影响，出现了一些新趋势。自 20 世纪中期以来，印尼的上层社会逐渐打破原来的取名传统，力求新意，如印尼前总统苏加诺与其第二位妻子法特玛瓦蒂生有两子三女，两个儿子的名号都为 Soekarno Putra，由 Soekarno 和 Putra 合成，意为苏加诺之子；三个女儿的名号都为 Soekarnoputri，由 Soekarno 和 Putri 合成，意为苏加诺之女。苏加诺长女的全名是 Megawati Soekarnoputri（梅加瓦蒂·苏加诺布德丽），其中 Megawati 是两个梵文词的组合，意为"天上的云彩"，表达了父母的良好祝愿，给人一种全新的感觉。

历史上的爪哇日惹和梭罗两个苏丹国，都以荷兰保护国的地位保留至印尼独立前。独立后，印尼政府允许原苏丹保留其称号，并与亲属继续住在日惹和梭罗的原王宫内。他们至今保留着过去的封号，如封嫡生王子为奔多罗·拉登·玛斯（Bendoro Raden Mas，简称 B·R·M），婚后称古斯帝·巴奈兰·哈尔约（Gusti Pangeran Haryo，简称 G·P·H）；庶出王子则称奔多罗·巴奈兰·哈尔约（Bendoro Pangeran Haryo，简称 B·P·H），无婚后称号；公主称奔多罗·拉登·阿承（Bendoro Raden Ajeng，简称 B·R·A），婚后称号为奔多罗·拉登·阿尤（Ayu），简称仍为 B·R·A；国王的侄子称拉登·玛斯（Raden Mas），侄女称拉登·阿承（Raden Ajeng），婚后侄女改称拉登·阿尤。在当今印尼社会，除极少数人外，该两王室的后裔中绝大多数人都已超过第五六代，因此他们拥有的贵族称号就都只有拉登这个称号了。尽管上述这些称号不赋予拥有称号者任何特权，然而他们仍以拥有它而感到自豪。自20世纪70年代起，日惹和梭罗两王宫内都设有办理登记和签发贵族称号证书的机构，每年都有不少王室后裔前来登记办证。

巴厘人受印度婆罗门教影响很深，将人分为4个种姓，即：婆罗门（Brahmana），僧侣贵族阶层；刹帝利（Ksatria），为武士贵族阶层（包括国王）；吠舍（Waisa），工农商阶层；首陀罗（Sudra），为奴隶阶层。前三个种姓为高种姓，出身在这三个种姓的人都拥有相应的称号，其后代可以传承。婆罗门种姓后裔的名字前一般加伊达·巴古斯（Ida Bagus，男）或伊达·阿尤（Ida Ayu，女），刹帝利种姓一般加佐高尔达（Cokorda），吠舍种姓加古斯蒂（Gusti）、阿纳阿贡（Anak Agung）或戴瓦（Dewa）等。首陀罗种姓则无任何称号。巴厘人的名字，只要看其名字前的称号，就能判别其祖上的种姓。近来，有的人为了摆脱种姓的束缚，或更名，或皈依基督教，另取教名。

印尼人的名字还有一个特点，即除信仰基督教的一些部族外，一般都只有名字而无姓氏。以印尼前总统苏加诺（Sukarno 或 Soekarno）为例，他没有姓，苏加诺是他的名。有些印尼人的名字很长，译成中文时中间加点，但不同于西方人的名字加姓氏，大多数是由多个名字组成而已。为了方便称呼，一般取其中容易上口的一个名字用于直接称呼。

印尼人习惯称呼官衔、军衔、宗教头衔、职称、学位、名号等。在印尼文中，绝大部分称呼写在名字前面，个别写在名字后面，其顺序无统一格式，均为约定俗成。除法学士、文学硕士外，其余大都列在名字前面。译成汉语后，称呼多在名字后面，如 Prof. Dr. Ali Wardhana（阿里·瓦尔达哈纳教授、博士）；极个别的列在名字前面，如 H. Munawir Sjadzali MA（哈只·穆纳维尔·夏查利文学硕士）。印尼人习惯上只是在间接提到某人时才用头衔来称呼，当面不直接用头衔称呼某人。如一位叫哈尔约诺（Haryono）的将军（Jenderal），在提到他时可称他为 Jenderal Sujono，但当面称呼他时应称他为 Pak Haryono。这与中国的习惯不同。中国人喜欢用官衔、职称、学术头衔来当面称呼某人，以示尊敬，如赵总（经理）、张经理、王主任、李教授、周团长、孙厂长等，而印尼人对这样的称呼会感到不亲切、不自然。

印尼的一般称呼与我国的称呼大致相同，但没有我国分得那么细，如伯伯和叔叔、大妈和婶子，印尼人分别用一个词表示；哥哥和姐姐、弟弟和妹妹也分别用一个词表示，如区别性别，可视上下文判断或加上性别词。印尼语中的人称代词无性别之分，但有尊称，如"本人"（aku），指地位高、长者，而"saya"指地位低下，晚辈或自谦用语；又如"您"（saudara，或面称"先生"、"夫人"等）、"他老人家"（beliau，或指地位高、受尊敬的"他"）。

在印尼，"你"、"我"、"他"三个人称代词都不止一个，而是有两个或两个以上。如表示"你"有 kamu、engkau、anda 和 saudara，表示"他"有 dia、ia 和 beliau。尽管几个词表示的是同一人称概念，但却各有不同的含义，不能混用。如长辈对晚辈，地位高的人对地位低的人，可自称 aku，称对方 kamu 或 engkau，但晚辈对长辈或地位低的人对地位高的人就不可自称 aku，也不可称对方 kamu 或 engkau，因为这是极不礼貌的。他必须自称 saya 或自己的名字，称对方男的为 bapak（先生），女的为 ibu（夫人）。

也有一词多能的称呼，如 saudara，既指"兄弟姐妹"又指"您"。如改变词尾，可区分性别，如 saudara 指"男性"，saudari 指"女性"。类似的词还有 Pemuda（男青年）、Pemudi（女青年），Mahasiswa（男大学生）、Mahasiswi（女大学生），Olahragawan（男运动员）、Olahragawati（女运动员），Peragawan（男时装模特）、Peragawati（女时装模特），Pramugara（空中先生）、Pramugari（空中小姐）等。这类词十分有限，不能随意改变词尾。

此外，不同时代和时期有不同的称呼。独立初期，印尼人彼此称"同志"（kawan）、兄弟（saudara）、先生（tuan）、夫人（nyonya）、姐妹（zus）。独立后，苏加诺总统在一次大会上自称"加诺兄"（Bung Karno，有人译成"朋加诺"），自此，社会上开始流行"兄"的男性称呼。现在 kawan 和 bung 这两个称呼已基本不用，saudara 也已较少使用，而 tuan、nyonya 的称呼则早分别被 bapak（Pak）和 ibu（Bu）所取代，前者用于男性，后者用于女性。现用于称呼"您"，在学校用于老师，在工厂用于师傅，在公司用于经理，在部队用于首长或长官，或用于平级和平辈之间的相互称呼。甚至年岁大的人在路上问路，对比自己年轻的人，也常以 pak、bu 相称。

关系更密的人，如父母对子女、兄妹之间以及挚友之间，互相称呼时则往往用昵称。昵称一般取自名字中的部分音节，如 Megawati，昵称为"Mega"；

Rusdam，昵称为"Rus"等。也有一些人的昵称来自其小名，如前总统苏哈托的长女，家里从小称她的小名杜杜（Tutut）而不称正式名字，后来成了昵称，就连报纸杂志也经常使用她的这个昵称。

平时在路上问路，称呼视对方年龄而定，年长者用 Pak 和 Bu 即可，如与自己年龄相仿，男性称"Mas"（相当于"先生"的称呼，妻子称呼自己的丈夫也用"Mas"，译成"夫君"）；女性可根据年龄称其为"Kak"（姐）或"Dik"（妹）。"Anda"（您）常用于各类广告中的"您、阁下"等。目前，"Anda"在印尼使用广泛，甚至教授称谓学生也用"Anda"。[①]

2. 成年礼

印尼多数地区至今保留着少男、少女成年的仪式。尤其是少女的成年礼，更加隆重和复杂，如东苏拉威西省穆纳岛上的邦卡里村，参加成年礼的少女须被幽禁 3 天 4 夜。少女进入禁室前，先由一位被称为"波玛托托"的老妇主持，举行沐浴仪式。沐浴用的两瓮水是老妇事先亲自从河里取来的，取水时不能让任何人看到，而且瓮口要朝顺流方向。幽禁之前，老妇要将穗状槟榔花放在禁室的 4 个角落。幽禁的前一天，少女只许吃半个粽子和半个鸡蛋。进入禁室那天，少女身穿传统服装，由其女亲属或长辈亲属背着，走出家门，送入一间黑暗禁室。此间，有乐队伴奏而行，姑娘不可用脚踏地。到禁室门前时，由老妇主持举行"转粽子"仪式。老妇双手托着一盘粽子，从少女左边腰际，朝着逆时针方向连转三圈，而少女可用右手伸到后面取粽子。受禁的头两天，少女睡觉只准向右侧，后两天则要向左侧，并且只许睡硬板，用铁块当枕头，以示意志坚强。幽禁期间，老妇波玛托托每天进来为少女梳洗打扮。

期满后，波玛托托再为少女沐浴更衣，然后由波玛托托领着少女到一间大屋里，为少女举行象征性的剃眉间毫毛仪式。少女换上传统服装后，便踏着铺有白布的路，走到用嫩椰子叶及花纸点缀装饰的座台上，跪膝而坐。这时，在少女面前点上一支蜡烛，身边放一碟泥土，由宗教长老为少女诵经祝福，举行"卡坦达维特"仪式，即在少女的额、颈、肩、双手、双膝、双脚底上涂抹泥土。然后，少女双脚着地，在众人面前跳传统舞蹈。此时，来宾们将带来的礼

---

① 书面语中"Anda"的第一个字母须大写。随着网络用语的简化，目前也出现了小写的现象。

物投向少女身旁。幽禁结束后，须将放在幽禁室四角的槟榔花收起，放入船形的槟榔花鞘里，再放入些蒌叶及配料。最后将这些花放到河面上，任其随河水漂流。花鞘顺利漂流或沉没，分别预示少女的婚事顺利与不顺利，这是姑娘及家人最重视，也是最担心的。举行完仪式，姑娘便被视为长大成人，可以参与成人事务。

　　爪哇、巽他、马来、巴厘等族的姑娘到了成年或结婚年龄，都要举行隆重的锉牙仪式，最有特色的当数巴厘族。在巴厘，锉牙仪式同结婚、生育、丧葬举行的仪式同等重要。巴厘人认为，人的 6 颗门牙和犬牙分别代表着懒惰、不信教、不坚强等 6 种罪恶，如不锉平，则无法摆脱邪恶成为大智大勇者。所以，女孩 15 岁的时候将举行锉牙仪式。所谓锉牙仪式，就是将门牙和犬牙锉平，它是巴厘等部族儿童进入成年期不可缺少的礼仪之一。举行仪式前，待锉牙的姑娘不许外出，也不能做活，有的要身着传统服装在家里被隔离 3 天，成为全村人关注的对象。举行仪式的房间要打扫得干干净净，屋顶的一侧横挂一幅黑、红、白三色长布，这三种颜色分别象征印度教的三大神。布上悬吊各种水果，以示繁荣兴旺。柱子用各种植物的叶子打扮起来，美丽的环形饰物垂挂在房屋的角落。姑娘的床用五颜六色的地道巴厘布装饰得漂漂亮亮。床头整齐地放着一摞抱枕，抱枕枕套的两头颜色各异，上面是金、银线刺绣，令人眼花缭乱。床头左侧用各色花布遮挡起来，花布的下边花穗垂悬，十分悦目。一张小桌上摆着各种食品，锉牙师盘腿坐在桌前。

　　仪式开始时，僧侣一边口念咒语，一边摇铃伴奏。此时，香烟缭绕，身穿素衣的姑娘躺卧在床上，姑娘的枕上铺着一小块布，锉牙师已对这块布念过驱邪咒语，求神保佑姑娘平安幸福、纯洁美丽。接着，锉牙师让姑娘张口，把她的上牙和下牙支开，用柄上嵌有红色珠宝的工具在姑娘要锉的牙上画符。这时锉牙仪式才正式开始。每锉一下，稍停一会儿，让姑娘向装饰得非常漂亮的椰壳里吐出口水和牙末，以缓解疼痛。仪式进行时，始终有佳美兰乐器轻声伴奏，美丽的姑娘们在一旁低声吟唱，声音悦耳动听。此间，还有专人站在一旁，用檀香扇缓缓地为姑娘驱走炎热。锉牙师小心翼翼地把姑娘的牙齿一个个锉平，看起来非常整齐、迷人。锉下的残牙要装进染黄的椰壳里，埋在祖宗的神龛旁。巴厘的锉牙风俗与宗教信仰密切相关，据说，不锉牙的女人死后将会多灾多难，来世会变成野兽。锉牙仪式结束后，姑娘须到神龛前祈祷，祈祷完毕，穿上最漂亮的衣服，头发打上巴厘式的发髻，鬓角齐至脸颊中间，并在两眉中间点上一颗吉祥痣表示已长大成人。

（1）少女初潮净身仪式

净身仪式是在女孩子月经初潮时举行，是巴厘岛女孩子一生中最为重要的仪式之一。少女在月经初潮时都必须被幽禁在自己的卧室里，房门前悬挂着鲜嫩的椰叶。任何男人和外人在此期间都不得进入甚至靠近少女的卧室。贵族富人少女家，还要为她在村里敲响梆子，宣告姑娘已到花季，可以婚配了。初潮结束后，其家人将在公共宗教场所举行热闹的净身仪式。净身后的少女身穿金线绣花绸衣，头戴鲜花编织的桂冠，坐在一个身强力壮小伙的肩上被扛进仪式大厅。在喜庆冗长的仪式后，少女还要由家人陪同乘坐彩车前往庙宇拜神谢恩，并在家中设宴祭祀神灵，款待宾客。

（2）男孩割礼（Khatnah，Sunat）

中国伊斯兰教徒俗称其为"做逊奈提"，也叫"行割礼"或"成丁礼"。伊斯兰教规定男孩到 5 岁或 7 岁（须为奇数），已经懂事，应开始承担宗教义务，履行"天命"和"逊奈"的宗教功课，因此要割包皮，开始他的宗教生活。同时，也表示他已成人。

割礼由有经验的宗教人士主持，进行庄严的祈祷，履行一整套严格的程序。亲友们还会为割礼送上一些贵重的礼物。举行割礼的头天下午和晚上，行割礼的孩子要理发、洗澡，然后穿上特制的礼服，如同新郎一样在众人的簇拥下端坐在椅子上，向来宾一一致敬，家人用食品和饮料招待来宾。第二天清晨，割礼师到来之前，要准备好两米长的白布、一只大公鸡、一罐水、一根香蕉枝、一盘蒌叶和槟榔、一个红包。行割礼的孩子起床后先洗澡，然后割礼师用念过驱邪咒语的罐中之水往孩子身上浇，行割礼时孩子坐在香蕉枝上，上过自制麻药后，割礼师以娴熟的动作用刀将孩子的阴茎包皮割掉。然后，割礼师抱起大公鸡，对着男孩流血的阴茎，引逗公鸡，如公鸡脖子上的羽毛竖起，则预示着男孩将成为真正的男子汉，能娶好几个妻子。割礼结束后，白布、公鸡、蒌叶、槟榔、盘子、瓦罐、红包都要送给割礼师。一周内，行割礼的孩子受到"国王"般的待遇，有求必应。由于条件有限、消毒不够，有的孩子在行割礼后，阴茎感染、发炎，影响孩子的身体健康。目前，有条件的地方，父母大都把孩子送到医院动手术。手术后，家人要为他举行隆重的仪式，孩子穿上新衣服，骑着大马，或者坐着轿，敲锣打鼓地在村子里转一圈，表示他已经行割礼了，成为正式的伊斯兰教徒了。

（3）女孩割礼

女孩子割礼于 4 岁至 8 岁间（须为偶数）进行，目的是割除一部分性器官，以免除其性快感，此举确保女孩在结婚前仍是处女，即使结婚后也会对丈夫忠贞。各家女孩子的割礼，都是自家人知道，不往外说。在割礼盛行的地方，女孩没有进行割礼会嫁不出去。割除的程度从只切除阴蒂到切除整个器官都有，其中还有不少人甚至连内阴唇也切除，而且还缝合整个外部生殖器，只留下极小的开口以便排泄尿液或经血。早期割礼由女孩的母亲及女性亲戚操刀，父亲须站在门外象征性地守护这项工作的顺利进行。少女坐在椅子上，有多位妇女按住她。接着一位老妇将她的阴唇打开，用针固定在一旁，让阴蒂整个露出来。然后用厨房里的菜刀将阴蒂头切掉，并且将剩余的阴蒂纵切开来。其间会有一名妇人不断地擦掉血液，女孩的母亲将手指伸进切开的阴蒂，将组织整个挖出来。之后，女孩的母亲还会将整个内阴唇切掉，也会切除属于外阴唇的肉和皮肤。当手术完成后，母亲会用刺槐的针状物将外阴部的两侧缝合起来，只留下一个很小的开口。这个人工洞口愈小，女孩的价值就愈高。现代，女孩割礼多在医院、卫生所或礼堂集体进行，医护人员使用手术刀或激光刀操作，卫生条件大大改善。

（4）文身

苏门答腊岛部分地区的居民有文身习俗，孩子长到 10 岁左右，便举行文身仪式，表示文身者已进入成年期。明达威人把文身看成是一种装饰，认为文身越多越好，不文身便不是真正的明达威人，得不到社会的尊重，甚至找不到对象。为别人文身的须是巫师、村中长老或风俗监督人。按规定，身体各部位都要用针刺到，肉最少的面部和额头也不例外。文身的基本方法是，将烧热的针刺进皮肤，然后在留下的痕迹上涂抹烧焦的灯芯灰，使刺出的痕迹显现出悦目的颜色。仪式完毕，文身者的家长须举行庆宴。文身后，要付巫师一定报酬。文身较痛苦，一般分多次完成，有人甚至连续文身数年才完成。苏门答腊明达威人的文身图案不是花鸟鱼兽，而是纵横交错的直线和曲线。有从面部经过颈部，直至全身的曲线，也有从额头中间，经过肚脐，直至接近会阴的直线。从左手指尖到右手指尖要横刺 3 根纬线，环绕于腕和腰部刺出两头相接的直线。目前，明达威岛的沿海和内地仍然保持文身习俗。

3. 遗产继承

在印尼，父亲去世后，遗产一般由长子继承，长子则须负担家庭成员的生活，包括婚丧嫁娶。在爪哇，遗产由长子和寡母共同继承，继承人要负担死者生前债务。在此情况下，债权人一般不索要全部债务，往往要减免一些。在多数成员同意下，也可分掉遗产。在爪哇多数地区，儿女均有继承权，但女儿分得的数额要少于儿子；巴达克的男孩才有继承权；米南加保族和安汶族，小儿子分得的部分最多，因为他要和寡母生活在一起，并为老母送终。如死者生前立下遗嘱，遗产则按死者生前愿望分配。

遗产分为"祖传"和"共有"两种，继承祖传遗产者系嫡子，如死者无继承人，祖传部分应退还死者父母家；共有部分是夫妻双方劳动所得，可留给现家庭。在苏门答腊一些地区，遗产中的生活品分给女儿，船只等海上用具则分给儿子。养子有继承权，但分得的部分少于嫡子。

4. 卫生习惯

印尼人一天至少要冲 3 次澡，早上起床后一次，中午一次，晚上睡觉前一次。前两次主要是冲洗汗水，最后一次是洗掉灰尘和解乏。家家都有洗澡间，公众场合的厕所内大都设有洗澡间，人们可用自来水或井水冲洗。靠近河边的居民在河水中洗澡，洗时分男、女区。在接待印尼客人时，安排的住处如无卫生间或洗澡间，客人是不会满意的。

马鲁古群岛锡里毛山下的索亚乡，每年公历 12 月的第二个星期举行全乡大清扫仪式，有驱除邪恶、祈求平安、增进邻里团结等多重意义。每年 12 月 1 日定期召开成年男子参加的乡代表会议，商量和布置有关清扫仪式的事宜。当月第二周的星期三，全乡居民出动，由司礼官监督，从教堂开始，依次清扫巨石群、圣墓和仪式厅。清扫中充分体现各村居民的团结互助精神。新婚夫妇也必须尊重当地风俗，作为大家庭的新成员，积极参加清扫仪式。星期四晚上，由数家户主组成男子队伍，在祭台石边集合，然后敲锣打鼓，吹着海螺，登上锡里毛山峰，把山顶四周打扫干净。星期五下午，全乡各村居民在乡仪式厅聚会。当家庭主妇们把乡长请来时，会场锣鼓齐鸣，一片欢腾。全乡集体仪式正式开始后，家庭主妇们手执椰梗扫帚，象征性地打扫仪式厅的庭院。而后乡长向全乡居民进行一年一度的训示，教士宣讲教义，一位长者解释褯裸的特殊含义。

接着，司礼官为村民祈祷，求上帝保佑人丁兴旺，再获丰收。祈祷完毕，锣鼓声四起，全体合唱祭祖歌，回忆祖先创业的艰难，表示对祖先的怀念和崇敬。然后村民们分成两路，分头向沃尔哈罗河和乌奴威河进发。他们在河边洗净手脚后，在预定的村子会合，举行象征全乡大团结的特殊仪式。即由两位年长的家庭主妇握住褯裸的两端，让褯裸下垂，形成 U 形，游行队伍依次从中穿过。然后这两位家庭主妇手持 U 形褯裸，绕游行队伍走三周。随后大家一起去拜见乡长，并抬着乡长、乡长夫人和乡中其他长者再次通过 U 形褯裸。游行结束后，将褯裸放在乡长家中保存。

第四节　生育习俗

印尼不同地区、不同部族有着不同的生育习俗。

巴厘族多数妇女在感到有了身孕时，须举行怀孕仪式，诵读著名的《罗摩衍那》、《摩诃婆罗多》史诗中的英雄故事，祝愿宝宝将来出类拔萃，出人头地。

马来族妇女怀胎 2 个月时的仪式很隆重。仪式前，先请接生员检查胎儿的健康状况。若情况正常，就准备 7 块各色花布以及大米、椰子等物品。孕妇平卧在这 7 层布上，接生员用椰油涂抹孕妇腹部，用椰子轻轻按摩孕妇头至脚 7 次。然后将椰子放开，若椰蒂向上，预测为男孩，反之为女孩。最后将孕妇抬起轻轻摇晃，将布抽出，与备好的物品一起送给接生员。

古拉族的怀孕仪式在娘家举行。女婿要赠给岳父母一匹马（或一头牛）、一只狗和一杆长矛。岳父母回赠物为一头猪、一块布和一条纱笼。仪式上，人们在孕妇肩膀、手腕处铺上嫩叶，由娘家的女人用利刃将嫩叶轻轻割开，预示顺产。

马都拉族多数采用家庭便宴的形式。宴前孕妇浴身，换 7 次服装，亲朋好友围坐一圈，品尝美味佳肴。宴毕，孩子们抢夺盛菜肴用的香蕉叶下的硬币，给喜庆日增添欢乐气氛。

爪哇人从胎儿时期直至成年要举行许多不同的仪式。如怀孕 7 个月的妇女要举行穿衣仪式。仪式开始时，给刚洗过澡的孕妇递衣服，这时孕妇要说"衣服不合身，我不穿"，或者说"我的孩子不喜欢这件衣服"。这样连续拒绝 6 次。当递上第七件衣服时，孕妇便高高兴兴地穿上。妇女怀孕到第九个月时，要喝一种草药，目的是防止难产。婴儿出生后，须由父亲掩埋胎盘。如果生的是女孩，胎盘应埋在家门的左侧；如果生的是男孩，胎盘则埋在右侧。婴儿出生后，要先交给爸爸抱，爸爸会温柔地对着婴儿右耳轻声祝福，希望婴儿健康成长、愉快生活。如果是女婴，接生员还会询问父母要不要穿耳朵眼。印尼的女孩很小就戴耳环，直至上学。上学后，学校不容许佩戴任何饰物。婴儿满 35 天或 40 天时，父母要为孩子举行剃胎发仪式，届时孩子的父母要准备羊肉大餐宴请亲朋好友。如婴儿剃胎发前生病，要延期举行仪式。如 70 天后婴儿仍未痊愈，父母便认为孩子已被神仙相中。父母须向神仙许愿，求神仙保佑孩子平安，并放弃剃胎发的仪式。自此，孩子的头发不梳不理，任其生长，这样才能健康。人们经常见到长发、脏发的孩子，这种孩子通常被称为"小辫"、"胎毛"等。

孩子满 8 岁开始换牙时，父母举行庆宴向神还愿，同时请德高望重的老者或宗教界知名人士为孩子剃头。这种特殊的剃发仪式异常隆重，讲究颇多。仪式进行前，须为孩子准备好一个祈祷席垫、21 枚硬币和一枚戒指。剃头前用戒指来量头发的长度，并把额发穿进戒指，然后把头发剃光，还要准备一个大碗，里面装满混有红色和白色玫瑰花以及刺桐树叶的清水。玫瑰花象征勇敢和纯洁，刺桐的谐音字有"退烧"、"痊愈"的意思，即盼望孩子剃头后不再生病，平平安安。此外，还要祭祀，用点心、锥形饭菜、鸡、水果等供奉神仙，以上必备程序和条件缺一不可，否则该户人家便会遭受天灾人祸。其他剃过胎发的孩子满 7 个月要举行另一种仪式，即让孩子第一次脚着地，然后把孩子放进一个笼子里。

印尼孕妇还有一些相关看法，如怀孕时喜欢打扮的人生女孩，肚子尖尖的可能怀的是男孩。

布鲁岛的孕妇在临产前须搬进专门为她准备好的一间屋子里去。这间屋子又小又暗。孕妇住进小黑屋后不得同外界接触，婴儿出生后数天（有的长达 30 天），不准任何人进去陪伴或服侍产妇和婴儿，即使是丈夫进去与母子会上一面，也要经过当地长者批准。甚至连给产妇送衣送食，也不能像平常一样开门，而要从门缝递进去。禁闭期满，须为新生儿举行"血浴"仪式。这一天，全村人都聚集在祭神的寺院内。当众杀一头猪，然后分发猪血。每人先喝一口猪血，随后仪式主持人一声令下，众人便用猪血涂抹自己身体的各个部位。与此同时，主持人派人给仍关在禁闭室内的母子送去猪血，让他们也用猪血涂身。血浴仪式完毕后，产妇才允许抱着婴儿离开小屋，从此结束难熬的禁闭生活。按布鲁岛的风俗，新生儿经过血浴仪式才能得到社会的承认，才能有生存的自由和权利。

马布尔孕妇分娩前，丈夫必须预备一支蜡烛、一只鸡、一根针和一轴白线，接生时送给巫师。婴儿出生后，须用一种树皮制成的线系在肚脐上，然后以木刀割断脐带。接生完毕，要把胎盘、木刀和一根铁钉装在用阿檀叶织的小口袋中，悬挂在一棵高树上。产妇在产后 40 天内严禁干重体力活。

在苏门答腊的北部地区，新生儿满月后，必须由 4 名妇女把婴儿带到屋后的庭院，或带到河边，举行沐浴礼。到达预定地点后，4 名妇女将一块长布铺开，每人各执布的一角。在长布的一方放一个水桶。父母将婴儿放进水桶后，一名妇女用刀劈开事先准备好的一个椰子，使椰汁透过长布滴在婴儿头上。随后，另一名妇女将一把梳子和一个干净的椰壳放在婴儿的面前，然后对婴儿说："孩子，这就是你的斗和你的梳子！"当地人认为，斗用来量东西，是实实在在的，把它送给婴儿，是希望婴儿能成为一个诚实、正直、善良的人；而送梳子则表示希望婴儿将来善于适应社会环境，在人生的道路上畅行无阻。

北苏门答腊地区，当客人见到主人的新生婴儿胖乎乎的十分可爱，想夸几句。但他不说"这孩子真胖",而说"这孩子身体真槽"。因为直说孩子胖,会引起鬼怪的嫉妒,他们会使用魔力让孩子变瘦或遭难。

巴布亚达尼部落的生育习俗非常奇特,如孩子出生时,母亲会亲自咬掉孩子的小指尖,他们认为这样能让孩子活得更长。

巴厘人在孩子出生 6 个月内,不让他们碰触地面,因为新生婴儿被视为上天派来的神,不该让神在满是指甲屑和烟屁股的地板上爬来爬去。因此巴厘人在婴儿头 6 个月时抱着他,尊他为小小神明。倘若孩子在 6 个月内夭折,便举办特殊的火葬仪式,骨灰不放在人类的墓园,因为这小娃不曾是人类,一直都是神明。孩子活到 6 个月,即举办盛大的落地仪式,准许孩子的脚碰触地面,欢迎孩子加入人类的行列。礼仪主持人上身着带有金色纽扣及圆领的白色长袖外衣,下身着镶有金边的白色丝绸纱笼,头上裹一条白色头巾。通常还带着祖传的铜铃,用来召唤神灵。家庭祭坛堆满一个个装满供品的棕榈篮,贡品多为大米、鲜花、檀香、烤猪、鹅、鸡、椰子等。父亲在第一轮的祈福中抱着孩子,母亲则抱着一个褴褛,褴褛中模拟孩子的椰子看起来就像婴儿。这椰子像真正的婴儿般受到祝福、以圣水浸洗,而后在孩子的脚首次碰触地面之前放在地上,这是为了骗过恶魔,让恶魔侵袭假娃儿,放过真娃儿。在孩子的脚碰触地面之前,必须进行数小时的吟唱。主持人摇铃,不断面对孩子诵唱咒语。主持人在孩子面前挥动一样样食物和水果、鲜花、饮料、铃铛、烤鸡翅、猪肉、剖开的椰子等,他随着挥动的不同食物和物品,为孩子吟唱一段祝福语。大致内容如下:"喔……孩子,这是给你吃的烤鸡!往后你会喜欢烤鸡,我们愿你吃很多烤鸡!喔……孩子,这是米饭,愿你永远可以随心所欲地吃饭,愿你永远有许多米饭可以吃!喔……孩子,这是椰子,椰子的样子是不是很逗趣,往后你会有许多椰子吃!喔……孩子,这是铃铛,你可尽情地玩!喔……孩子,你是开心果,你是我们的一切。……"所念内容随心所欲,没有固定格式。此后,全家人轮流传递孩子,对他轻柔低语。吟唱结束后,孩子被裹在一条干净的白床单里,床单垂在其小腿底下,使其看起来高大。主持人在一只陶碗底部画上宇宙的 4 个方向,然后盛满圣水,将陶碗置于地上,标示出孩子的脚首次碰触地面的神圣地点。而后全家人聚集在孩子身边,簇拥着母亲把孩子的脚浸入盛满圣水的陶碗中,然后让孩子的脚跟首次碰触地面。他们将其抬回空中时，沾湿的小脚印留在其下方的土地上，人们为这个孩子在巴厘岛定了位，确立了其立足点和身份。

巴达克人有"借夫"生子习俗，该族男女之间有明确的界限，私通要受到严惩。但对不育夫妇的规定却有一定的灵活性。如女方不育，丈夫可另娶一妻。如丈夫不育，妻子则可在丈夫家族中寻找借用的对象，但妻子借用男人有严格的规定：第一，丈夫不育症必须取得族长的确认。第二，"借夫"时，必须由男方的母亲带着夫妇俩，3人同时向女方的母亲痛哭流涕，苦苦哀求。两位亲家通过协商，取得一致意见后，妻子才可在丈夫的家族中寻找所借对象。第三，所借对象的范围必须是丈夫的兄长或丈夫的堂兄弟家的长辈，不能找小叔子或自己的公公，其原因是避免这种关系继续下去。巴达克人并不认为这种"借夫"是光彩的事，所以他们用"借衣"说法来取代。第四，同意被"借衣"的男子还必须征得自己妻子的同意，并要得到妻子的配合。此外还有一些细微规定：一般应在月初商量"借衣"事宜；履行"借衣"不许在家里，只准在树林里或野外。届时，"借衣者"与"被借衣者"的夫妇俩人带着鱼、鸡、米饭和其他菜肴去野外或树林。找到僻静处以后，被借男子的妻子推说回家有事，故意回避。此时，女方便利用机会向男方提出要求。如果两家相距较远，"借衣"的女方可在"被借衣"者家里住10天至半个月。如仍不见成功，两人便可去野外活动，直至女方有怀孕迹象后，立即返回家里。目前，这一风俗已引起伊斯兰教界的争论。尽管有些人反对，但由于当地人觉得这种做法更符合本族的心理和习惯，这种现象依然存在。

印尼各地对于孕妇有各种禁忌。马都拉族孕妇不许摸猴子，不许用手系纽扣，不许将手伸进洞内掏东西等等；孕妇的丈夫不许杀鸡，以免孩子脖子上有刀痕；晚上出门要带利器，避鬼怪的骚扰。分娩时，婴儿不能产在卧室。要在床下系一把植物叶，或在枕边放一把剪刀避灾祛邪。在北苏拉威西，孕妇不能吃鲨鱼肉，否则生下的孩子会变斜眼。这是因为鲨鱼头大，两眼距离远，似斜眼状。明达诺的孕妇，不能戴项链，以免腹中的胎儿被脐带绕脖而窒息。另外，有些地区的孕妇不能打绳结，见到绳结要解开，这样才不会难产。马布尔孕妇妊娠期间不可坐在门槛上，洗澡后不能把头发缠卷起来，不许有不道德的行为，严禁丈夫宰杀和虐待牲畜，忌讳爆粗口。与马都拉族相似，巽他族的妇女生育时，家里不能宰鸡，否则生下的婴儿脖子上会有刀痕。印尼产妇不能吃鸡鸭鱼肉，只能吃玉米，因为玉米能催乳。很多产妇喝当地草药来帮助美容并调养身体。印尼人给初生婴儿的"礼包"只能在产妇住院时送，印尼人装有礼金的信封一般为白色。

第五节　丧葬风俗

丧葬文化在世界各民族的文化体系中均占据着重要的地位。丧葬仪式是一个民族的哲学、经济、宗教、文学、艺术、民族心理等各个方面的集中体现，是"探讨民族文化的一个重要而独特的角度"[1]。在原始社会，人们在梦中梦到自己死去的亲人，便认为死者的灵魂依然留在世上，从而产生了灵魂观念，由于这种观念的形成，"人们便臆造出一个虚构的冥界，认为人死了以后，灵魂不散，在冥界仍和生前一样生活"[2]。人们开始认识到要举行必要的仪式用以安抚亡灵。正如雷蒙德·弗思所说的："葬礼的安排，很大程度上是源于对死后的灵魂和另一个世界的想象，但葬礼并不只是一个死亡的仪式，反而更多的是一个生的仪式。"[3]丧葬仪式与"祖先崇拜"有着紧密的关系。人们认为祖先灵魂和其他神灵一样，拥有超自然的能力。如果对死者加以厚葬，经常进行祭祀，便能取悦亡灵，得到祖先灵魂的庇护。反之，则会招致亡灵的不悦，导致灾难降临。在丧葬习俗中还显示着人的社会关系。为个体死亡所举行的丧葬礼，都是直系血亲关系的联络和加固，同时也是旁系血亲及乡邻友朋之间关系的联络和认同[4]。从而加强了家族内部及与社区的交流，提高了族群的凝聚力，在某种意义上提高了该家族在社区中的地位。

丧葬风俗是人类社会发展中的产物，它和其他的一些民俗事象一样，产生和发展以后不是凝固不变的，而是随社会的发展而传承着、发展着、变化

---

① 郭于华：《死的困扰与生的执著——中国民间丧葬仪礼与传统生死观》，中国人民大学出版社，1992 年，第 19 页。

② 宋德胤：《丧葬仪观》，中国青年出版社，1991 年，第 3 页。

③ 雷蒙德·弗思：《人文类型》，费孝通译，商务印书馆，1991 年，第 139 页。

④ 宋德胤：《丧葬仪观》，中国青年出版社，1991 年，第 1 页。

着①。从丧葬文化的历史变迁，能够很好地折射出相关民族文化的变迁过程。葬礼是人结束了一生后，由亲属、邻里、友人、同事等进行哀悼、纪念、评价的重要仪式，既有社会性质，又有信仰性质。

丧葬文化涵盖了诸如死亡观念、死亡教育、临终关怀、遗嘱、殡仪、丧仪、葬仪、祭祀以及其他有关事项。印尼民族众多，宗教不同，因而葬俗各异。

1. 土葬

(1) 伊斯兰教葬礼

伊斯兰教葬礼的特点是速葬、简葬和土葬。一旦有教徒去世，家人立即前往附近清真寺报丧，护寺人当即将噩耗公布在布告牌上告知众人。根据伊斯兰教的相关规定，对死者的安葬有4件事情要做，即用水净身、缠上裹尸布、为亡者举行站礼和下葬。死者应在两日内下葬，具体时间是：下午或晚上死亡的人应于次日中午或下午入葬；清晨或上午死亡的人应在当天下午入葬，葬前举行宗教仪式。先将死者置于灵堂正中，上盖长布。死者肚子上放着一把大剪刀。用以"驱魔"。灵堂前点燃沉香，四周保持肃静。人们为死者诵读《古兰经》第一章"法帝哈"，为死者"超度亡灵"，同时有秩序地向遗体告别。当灵柩、裹尸布准备就绪后，人们开始洗尸，给亡人净身最好是亲近的人，一般男性洗男子，女性洗女子，但是配偶或子女可以不受限制。如果亲近的人不知怎样洗尸，可以请人代理，洗尸者必须是敬畏真主的虔诚伊斯兰教徒，人品可靠，受人尊敬。擦洗干净后，在上面撒樟脑或檀香粉，在腋下等凹处垫上棉花，然后用白布把尸体缠紧，男性用3片布，女性用5片布，最多缠7层，在脚部或颈部打结，露出面部。待撒上香料后，再将面部缠上布入棺。棺内垫白布，死者头下放一香料枕。入棺后，在尸体上再蒙一层白布，盖上棺盖后，再在上面盖数层白布，并在表层写上《古兰经》有关章节。

然后把棺柩抬至清真寺，请长老为死者的亡灵祈祷。为死者举行站礼，可以在清真寺中举行，也可以在其他地方举行。站礼时，死者安放在前，众人面向"克尔白"（意为"方形房屋"，或称卡巴天房、天房），仪式由一人主持。

───────────────

① 宋德胤：《丧葬仪观》，中国青年出版社，1991年，第9页。

参加站礼仪式的人，类同于礼拜，但只站立而无鞠躬和跪叩。站礼中，主持仪式的人向真主祈祷，内容有赞颂真主和穆圣及其家属，也向真主祈求饶恕和恩赐亡故者和所有活着的人。这些都是传统的念词。站礼仪式之后，尸体应当立即运往墓地安葬。跟随送葬的人，以沉默为高尚，送葬过程是每个人为亡者祈祷和致以敬意、沉思死亡意义的时刻。棺柩被抬至墓地后直接放入墓穴，中途不能落地。埋土之前，死者家属请哈只或护寺人跳入墓穴，打开棺盖，把一团泥土放入棺中，并贴在死者的耳部念经。最后盖棺，埋土和立碑石。更多的是把亡人的尸架抬到墓穴旁，轻轻把死者的身体托起，面朝"克尔白"方向放入墓穴中。每个参加送葬的人，都从地上拾起一小块土，投入墓穴中。墓中禁止放置任何纪念物或陪葬品。

埋葬完毕后，主持葬礼的哈只或护寺人在墓前展席跪坐，带领送葬人为死者亡灵诵读赞美诗。诵罢，人们往墓上洒浸花的香水和鲜花花瓣。整个葬礼期间，在场的人不能哭泣和落泪。葬礼结束时，参加送葬的人必须向埋入坟墓中的亡者默默道声"萨拉姆"（Salam，意为平安），表示告别。临别时，死者家属向主葬人馈赠礼品，以示酬谢。死者亡后的 3、7、14、40、100 及 1000天，家人分别为死者举办规模不等的祭宴，每年开斋节时要扫墓和撒鲜花。伊斯兰教徒为死者举行葬礼，是为死者送行，对其遗体表示尊敬，也是面对死亡的人联想自己的生命价值，思考生命的意义，珍惜宝贵时间，提高人的生存质量。伊斯兰教徒纪念已故亲人的方式很多，子女亲自诵经是高品位的悼念，真主高兴，亡灵喜悦。亲人可以以亡者的名义朝觐、施舍、募捐和宣教。

（2）达雅人葬礼

加里曼丹内地的达雅人习惯实行土葬，有些地区的达雅人也有先土葬、后火葬的风俗。人死后，其家庭成员和亲友们一起去林中伐木，制作船形棺材。普通人的棺材很简陋，一般只需三四天时间就能做成。为地位较高的人做棺材需选上等木料，棺木上还要雕刻几十种动物形象，因此需要较长时间。达雅人相信，人死后会进入风景秀丽、湖水清澈的天堂，每天在湖上无忧无虑地乘船荡漾，所以为死者制作的棺材必须坚固耐用，不可漏水。制作棺材的同时，要用香料涂抹死者的尸体，以免腐臭难闻。入葬时，将死者生前喜爱的东西放入棺材,有钱人还用金币和贵重首饰殉葬。尸体一般埋在森林中。

入葬前举行解牛分肉仪式,以祭奠亡灵。这种耗资巨大的仪式场面十分热烈,常有几百人在场围观。仪式开始时,将拴在柱子上的一头又肥又壮的牛放开,三四个身强力壮的男人手持长矛进入场地,一齐抛掷长矛,射杀东奔西跑的黄牛。最后遍体鳞伤的黄牛倒在血泊中死去。接着,走进一群姑娘,手持快刀,动作敏捷地将牛皮剥下,然后把牛肉分给在场的观众。接着,又一群姑娘进入场地,一边在木杆上行走,一边跳起迷魂舞,其意是将死者的灵魂送到最后安息地。与此同时,还要举行祭祖活动。通常葬前仪式要持续十天十夜。入葬若干月或若干年后,如果死者家属有了钱,还要再次举行同样程序的解牛分肉仪式。

(3) 马布尔人葬礼

邦加岛马布尔人死后,应于当天安葬,但不能在夜间进行。如来不及,可延至第二天。尸体停在室内,全家人暂去别处借宿。入葬前,用清水将尸体冲洗干净,再浇上 3 椰壳黄姜水,然后用白布或香蕉叶包扎,以草席或树皮缠裹 3 层、5 层或 7 层。出殡时,须将尸体从后门抬出,或者在墙壁或板壁处凿洞,从中穿过。尸体捆在一块木头上,由两人抬着。一路上死者家属一边敲打椰壳,一边撒稻谷。一般以长刀、盘子、砂锅、茶杯等日常用具作为陪葬品,不举行任何仪式。

(4) 尼亚斯人葬礼

尼亚斯人的葬礼与石头有关。尼亚斯人去世后,人们要为他制作一种船形的棺材,因为他们的祖先是坐船从海上来的,人死后把棺材做成船形则表示他的"最后旅行"也要乘船而去。葬礼由一位外来的牧师主持。在葬礼举行之前,男人们将一块巨石绑在类似雪橇的架子上,拉到放着死者棺材的墓地处。当棺材入土后,这块巨石被横放在死者坟前,象征着墓中的死者。如果死者是妻子,那么她坟前除了横放一块巨石,还要竖几根长石来表示她丈夫和其他男亲属。这个古老的习俗一直流传至今。死者去世后的第一天,家属和近亲要为死者举行祭礼。他们先去墓地将死者生前用过的最好的盘子打碎,把碎片撒在坟墓上。回家后,至少宰一头猪,用于祭宴。第二天,再次去死者墓地,此次不举行碎盘仪式。但返回后，须再宰一头猪，大摆祭宴。按照传统信仰，送餐盘意在告诉死者，其餐具已全部送来，让死者在另一个世界安心生活，不要回家扰乱家人的安宁。

（5）松巴人葬礼

松巴岛东部的松巴人去世后，家人首先举行"唤尸"仪式，即面对死者叫4声或8声"喂，喂……"，同时摇铃。如死者毫无反应，证明确已离开人世，便向外人正式公布死亡消息。然后为死者穿上传统的部族寿衣，用上等土布缠裹，下面垫上牛皮。先以坐姿停放在房屋的第一层，待家庭经济情况许可时，将尸骨移入宅旁墓地。松巴人常将金银器皿、珠宝、布匹等随尸骨一起下葬，同时为死者宰杀尽量多的牲畜，以使死者获得新生活，丰衣足食，享受荣华富贵，并给活着的亲人赐福。

（6）古拉人葬礼

松巴岛西部的古拉人去世后，亲朋好友一齐鸣锣，送死者亡灵归天。人们为死者涂椰油，冲洗尸体，穿寿衣。而后将其四肢折起，用布缠好，放在指定地点。然后亲属们在祭坛上摆设供品，举行3—10天的祭奠仪式。祭奠后，把尸体放入保存在集体墓地的自家石棺里。随后以棺盖为祭坛，摆上入葬仪式所需的器皿和祭品。入葬仪式开始时，先把一个椰果切成两半，一半连同一把勺子扔在东边，另一半同砂锅里的水，往参加葬礼者身上点洒，以驱赶死者的邪气。最后宰杀牲畜，包括宰杀死者生前骑过的马，把肉分给参加葬礼的人。

次日清晨，死者家属去墓地为死者送嫩香蕉、嫩甘蔗等祭品，如此时看见蝙蝠飞过，说明死者已把祭品收下。第四天，家人为死者送饭、猪肉和椰浆，以祭奠亡灵。第五天，举行打狗送亡灵仪式。须将狗一棍子打死，然后丧家共餐狗肉，以示吊丧结束。死者去世一周年，家属须举行宰牲祭奠仪式；去世两周年举行纪念仪式，死者亲属向亡灵祈求恩赐和保佑。

（7）阿斯玛特人葬礼

巴布亚的阿斯玛特人处理亲人的尸体很简单，把尸体放在平台上任其腐烂，到时亲人取回其头颅就可以了。近年来他们才逐渐开始实行土葬。与此相比，丈夫死后妻子的悲痛就显得有些夸张。她们要在烂泥里打滚，大哭大叫，还要用匕首扎地，显得悲痛欲绝。据说这样可以使鬼魂闻不见她们身上的气味，避免日后死者鬼魂的打扰。

（8）其他土葬

部分靠打鱼为生的部族，如巴瑶族等，终年在海上漂流。如有人死于海上，其尸体也要运到陆地埋葬。

东加里曼丹布兰麻托族的土葬极其简单。把尸体洗净后，选一块地挖坑放尸埋土即可。坟上无任何标记，不举行任何葬礼，亲人也不必为死者祭奠和扫墓。

2. 火葬

（1）巴厘人葬礼

巴厘人信奉印度教，认为人死后可以超脱凡俗，升入天国，火葬是使死者灵魂升入"极乐世界"的阶梯。他们把丧事看成喜事，故火葬仪式非常隆重。葬前要做大量的准备工作，包括制作木牛、木狮、木象、火葬塔和死者的模拟头像或画像等。火葬塔代表宇宙，底部要制成龟形，由两条龙缠绕，塔基上是一平台，代表天地间的空间，用以置放尸体，平台上是多级宝塔。塔的大小、高低、装饰，视死者的身份、地位不同而异。塔级有差别，贵族的火葬塔高达20米，分9—12层，缠着彩带，十分华丽。一般人的火葬塔不超过一米高，最多三层，装饰物也很少。死者模拟头像一般用椰叶纺织而成，也可用木板代替，但都称作"阿代干"。木棺要雕成各种兽形，如僧侣和富人雕成牛形，普通人则雕成半象半鱼形。火葬的前一天，要把尸体洗净，用白布裹好，然后安放在特设的走廊里，周围放满祭品。前来看望死者的亲友们，通常要带一块白布作为礼品。

人死后一般停尸于家中某一房间或暂时埋入地下，待准备工作就绪后再举行火葬。祭奠仪式十分繁杂，通常在人死后第十个月的初一至十五举行，由已故者的长子主祭。也有的从焚尸前一天举行，连办10天或11天，最后一天，父母辈的亲戚上下三代都要来参加仪式。木牛、木象、木狮等是火葬时用于装尸体的，它们的性别要与死者相同。火葬仪式举行前，死者家属带着"阿代干"和装着槟榔、鲜花的银器及祭品先到火葬场为死者举行"洁身"仪式，后将"脱俗"的"阿代干"带回家中供奉，待火葬时连同尸体一同焚烧。火葬的前一天晚上，死者的所有亲属都身穿华丽的民族服装集合在一起，他们挥动彩旗和长矛，以"阿代干"为先导，在歌舞队伍的伴随下列队拜见当地权力最高的僧人，求神护佑。此时，高僧念经为死者亡灵超度，并往"阿代干"上洒香水。当天晚上，死者家张灯结彩，演出歌舞、皮影戏，还朗诵古典文诗词，通宵达旦，热闹非凡。

次日清晨，死者一家庭成员爬上高树敲木梆，向周围邻居宣告火葬仪式开始。接着，人们抬起木牛、火葬塔等在庭院里慢跑三圈，抬木塔的人要走弯曲的路线，使死者迷失方向，以后找不到回家的路。送葬的妇女们，带着祭品和圣水排成一行走在队伍当中，死者的亲属则手执白布，在木塔前引导。送葬队伍多达几百人，一路上吹吹打打，载歌载舞，气氛热烈。乐队走在队伍的前面，其次是舞蹈队，再后是"阿代干"、火葬塔和所有的祭物。到火葬场时，就把尸体从木塔移至木棺，割开尸布使尸体暴露出来。这时僧侣们走上放置木棺的平台上诵读祷词，把圣水洒在尸体上，并把水罐摔破，然后把死者模拟像放在尸体上，接着背诵祷词，仪式完毕，在乐声中点燃木棺和祭品，大家欢呼，围坐起来喝酒，直到烧成灰为止。而后到海边举行撒骨灰仪式，骨灰用贮器盛好，抛入海中，如果离海太远，就抛入河中，表示洗净了一切污浊。最后，所有参加葬礼的人要跳入大海洗澡，以便去邪，带着"圣洁"之身回家。尸体火化后，在 12 天或 42 天后，再举行一个仪式，使死者的灵魂"神化"，并把灵位供奉在家庙里，让它每逢节日前来享受祭品。以后，还要为亡灵做功德，每月一次，连做一年。使死者灵魂最后解脱出来，进入"极乐世界"。至此整个火葬仪式才宣告结束。

举行这种火葬要花费大量的钱财，那些无力负担的平民只好暂先把尸体埋起来。尸体用盐、米粉、醋、香料和檀香粉的混合液浸泡，眼睛上放一块小镜子，鼻孔里放香花，用白布包头，有钱人还要在嘴里放一只宝石戒指，据说这样尸体才不会腐烂。然后用草席包裹起来，暂时埋在地下，等一切筹备就绪，再将尸体挖出进行火化。尸体焚化后，骨灰被装入椰子壳里，最后放入大海。

为了满足那些没有能力火葬的人们的愿望，每一百年左右就要举行一次集体火葬。这是巴厘岛间隔时间最长的节日，即巴厘人的埃卡·达萨·鲁德拉节。它每隔一百年举行一次。送葬时，人们争相抬尸以示虔诚。妇女们带着祭品和圣水，死者的亲戚执长白布走在木塔旁。关于该习俗，有一个传说：巴厘人的祖先是一位下凡的仙女，自她来后，巴厘岛香气四溢，终年不散。爪哇岛的一位王子闻香而至，为了使本岛不被外人占领，该岛居民决定用腐尸的气味冲淡香气。人们把尸体集中摆放到岸边，尸臭味随风飘到海上。因此，巴厘岛避免了被外岛人侵占的命运。这种做法一直沿袭至今。最近一次集体火葬仪式于 1963 年在钵萨给寺庙举行，举行仪式之时，阿贡火山突然爆发。由于该寺庙坐落在阿贡火山山坡上，故有 10 万人丧生，仪式被迫中止。后于 1979 年重新举行了一次。

（2）达雅族葬礼

加里曼丹南部西翁县达雅族的传统火葬别具一格。他们火化的不是刚死去不久的尸体，而是已入土多年的尸骨。达雅族将这种葬礼仪式称为"伊参伯"，词义为"取骨"。按照该族传统习惯，他们认为人死后，亡灵仍不能回到天堂去，必须有人引路将其灵魂带到天堂。进行一次"伊参伯"葬礼往往要历时七天七夜。首先，人们从死者的墓地里挖出尸骨，将它装入 2 米长用树枝编织成的棺材里。如内装女尸骨，棺材的顶端须编织成鹰形，若装男尸骨，则编成龙形。然后将棺材整齐地排列在似船的木棚内，木棚架上刻有各种花纹，并涂上不同颜色的油漆。葬礼的一个重要环节是宰牛。仪式举行之前一周，将一头水牛禁闭在狭窄的牛棚内，牛棚用黄、绿椰叶各扎成牛角状。仪式开始，由 4 位壮汉将牛从牛棚牵出，从四面拉紧事先绑好在牛头上的绳子，紧接着用一把锋利的长矛刺向牛颈，因疼痛，水牛在原地打转。死者的家属则把大米洒在牛身上，葬礼主持人开始祈祷："请死者们将这头水牛带到天国去喂养吧！"在水牛打了 7 圈转后，这 4 位壮汉手持长矛、棍棒向水牛的腹部、背部、颈部猛刺猛打，在场的人们喝彩和呐喊，直到水牛倒地死去为止。

烧骨仪式开始，4 位壮汉按传统仪式抬着装有尸骨的棺材，死者亲属们紧随其后，他们手中提着用藤条织成的篮子，篮内装有衣服、食物、水果和甘蔗、红毛丹、椰子等。此外，还有用香蕉叶编织成的厨房用具，用树枝制作的弹弓等，篮子盖上写有亡者的名字。篮子被摆放在木棚内待烧。在主持人的祈祷声中，死者的家属们盘膝围坐在棺材周围边洒米粒边哭泣，与死去的亲人告别。然后 4 位壮汉点燃木棚。死者生前亲朋好友向火堆中扔布料、模拟生活用品等，以示怀念。该仪式历时 6 天，第 7 天便是护送亡灵前往天堂的仪式，人们将亡者骨灰安放在当地居民称之为"丹巴克"的灵堂内，死者家属再次祈祷和哭泣，与亡者做最后告别。

（3）卡罗人葬礼

北苏门答腊的卡罗人对不同的死者有不同的葬法。未长牙齿的婴儿要秘密埋葬，如被人看见或发现，则马上将尸体挖出火化；暴死及无病死亡的人必须当天焚尸。按当地习俗，这种死者的亡灵会长期留在人间，并附在活人身上。因此，在去焚烧的途中须将棺柩落地 4 处，使那些想登丧家房顶的妖怪摔下来。焚尸时，人们按次序跳舞，向死者告别。一位长者边念咒边嚼蒌叶，并往尸体上喷吐，然后在尸体上来回踩 4 遍，使亡灵不要再缠其亲人。一般因病正常死亡者，有的直接焚尸，有的先掩埋起来，日后再挖出尸骨焚烧，后者较为常见。死者如是产妇，一般直接火葬，死婴的尸体要系在母亲背上一同焚烧。点火前，巫师先敲打死者的腿部，意为不让其日后回家纠缠。点火后，主葬人要精心守护不准再点第二次。而后把骨灰撒到河里。葬后数日，家人举办祭宴，招回亡灵共欢宴。宴毕，亡灵归，不再回来纠缠。

对于正常死亡的人，先由跟死者住在同一屋子的人用柠檬蘸水，擦他的脚趾甲，并向柠檬连唾 4 次，再将尸体抬出门外。这时死者的亲属按照亲疏关系，轮流在死者跟前跳舞，最后合舞，边跳边哭，将死者的灵魂送出家庭。在将死者抬往火葬场或坟场时，尸体必须仰面斜躺，头在后，脚在前，意在使死者不要再返回自己的家园。送葬的路上要停 4 次，以断绝死者对家人的怀念。抬尸的人一路默祷，不要把他们的灵魂也勾进坟墓。到达目的地后，所有送葬者要再跳一次舞，并最后一次给死者用"根唐"鼓奏七首曲子，死者的灵魂就在这音乐声中升入天国。最后由死者最亲的人用左手握一把嚼碎的西里叶子在尸体上挥动 4 次，再狠狠唾 4 次，然后将它洒在尸体胸口上，以断绝死者和家中的一切关系。

（4）巴布亚人葬礼

巴布亚人的丧俗极有特色。有人去世，人们便把死者从茅屋中抬出，让他"坐"在乡村广场中间扎有草束的木椅上。死者的近亲在死者旁边席地而坐，大声哭泣，同时还用右手不断揉搓右脚。村中的男女分别坐在两边，死者的脸上、身上被抹上褐色或黑色的黏土，以示人们对死者的哀悼。巴布亚人实行火化。火化一般在傍晚举行。广场中央事先准备好一大堆木柴，先给死者的遗体抹上猪油，仰面朝天放在木柴上，然后点燃木柴。稍后，氏族首领向天空放出一箭，象征死者灵魂升天。火化的骨灰就埋在村外。如果死者是男人，为表示哀悼，要砍掉亲属中一个姑娘左手的半个手指头，给死者陪葬。根据巴布亚人的观念，这样做才能保证死者的灵魂不作怪。目前，这一习俗已不再流行，但仍然可以见到为此断指的人。除了断指，达尼部落的女人还要在自己脸上涂满黄黏土或者骨灰表示悲痛。传统的巴布亚达尼人当德高望重的酋长死后，把他的尸体用火熏烤成木乃伊，供奉在酋长的住房里，他们认为祖先的灵魂可以保佑后人。

3. 天葬

巴厘原住民，他们自称"巴厘阿嘎"（Bali Aga），他们的风俗是死后不火化，把尸体放在村外不远的火山湖畔，自然风干。他们把不同年龄的死者置于不同的地点存放、晾晒。晾尸场占地 20 余平方米，已婚者的晾尸地可供游客参观；儿童和未婚青年的晾尸地一般为森林空地，他们被认为纯洁无瑕，死后可以直接升入天堂，故禁止外人观看。新的尸体被运到后，旧尸体便被移到晾尸场外围。由于当地气候干燥凉爽，加上受火山散发出来的硫黄气体的熏蒸，尸体长久不会腐烂。巴厘土著人确信，清白之尸是不会发臭的，尸体若发出臭味，死者一定是罪人，并认为能闻到臭味者，也一定有罪。其实，晾尸场臭味不大，是因为海风随时将尸臭味带走的缘故。这种葬法又被称作"天葬"。它只适用于那些寿终正寝者，其他死于谋杀、自杀和非正常死亡者不能天葬。

4. 树葬

龙目岛上的德班果族有着独特的晾尸习俗，又称"束尸"，即把死者尸体运到森林，束在选定的大树上，任凭风吹雨打，野兽撕咬，家人不再理会。

5. 悬棺葬

居住在苏拉威西岛中南部的托拉查人认为，他们是下凡神灵的后代，死后灵魂要回到灵界，因此将墓地建在高处可以帮助亡灵返回灵界。这也是希望祖先的灵魂能够眺望托拉查美丽的山川田园，监督和庇护后代子孙。所以，托拉查人将棺木放在峭壁上的洞穴里，小的洞穴可放 1—3 床棺木，大的洞穴往往有数百床棺木。有的山洞墓地已有几百年甚至上千年的历史。同一个崖洞内往往具有不同时期的安葬风格，如在勒莫（Lemo）附近的崖洞中，既有裸葬的骷髅，也有传统的船形棺和家畜形棺，还有受西方宗教文化影响后的长方形棺木，上面饰有十字架的图案，并摆放花圈和鲜花。托拉查现存的悬棺葬类型大体分为崖壁式、岩缝式和木架式三大类。豪华的崖壁墓穴在墓门外用木板围成阳台形状，并放置死者的陶乌陶乌（Tau-Tau）人像，此类悬棺多见于勒莫遗址。低崖壁式悬棺葬多见于山间道路两旁的崖壁上，一般高 2—10 米，洞口大多有木制墓门。其中插棺无墓门，棺木大部分置于石洞内，外面露出一截。

陶乌（Tau）在托拉查语中是"人"的意思。陶乌陶乌则特指依照死者生前的形象用菠萝蜜树木或竹子刻制的真人大小的人像，其眼睛用珍贵的白色贝壳镶嵌。低阶层亡者亲属不雕刻陶乌陶乌人像。近年，随着基督教的传入，陶乌陶乌人像的制作也随之减少，但陶乌陶乌人像的制作传统依然保留了下来。陶乌陶乌人像的制作过程复杂但有序，大致分为 4 个步骤：砍伐一段合适的菠萝蜜木，在砍伐树木时，须宰杀一只狗，用以驱散依附在树木上的灵魂；在雕刻陶乌陶乌时，须举行砍伐幼竹的仪式，用于献祭；雕刻生殖器时，须宰杀一头猪，把猪血洒在竹子上；陶乌陶乌人像雕刻完成后，须再宰杀一头猪，给予雕像以神力。雕像根据亡者实际身高雕刻而成，大小不一。有的雕像一只手平伸，表示在造物主面前无所隐瞒，另一只手侧立，表示阻挡魔鬼。目前，陶乌陶乌已被制成手工艺品，在旅游市场销售。

托拉查船棺多用长 2—5 米、直径 1 米左右的独木凿成，也有用木头拼接而成的。船头船尾分别翘起，中部为置放尸体的船舱。棺身饰有独特的花纹，棺身下方有木架。整个棺木犹如一座迷你型的"东格南"。悬崖葬的棺木形状不一，有猪形、牛形和船形等，亡者家属多选用船形棺。传说中，托拉查人的祖先是坐着木船从圣岛朋科来到当地的，因此死后亦须乘坐木船回到那里。亡者灵魂在灵界享受的待遇如何，取决于葬礼规模的大小和宰牲的多少。因此，葬礼异常隆重。托拉查人的葬礼规模按死者的社会地位大体可分为 4 等，并分别举行相应的葬礼：在政府任职的贵族，其葬礼须持续 14 天，宰牛至少 24 头，有条件的甚至宰杀数百头，此外还要宰杀其他牲畜；非任职贵族死后，葬礼进行 7 天，宰牛 12 头；非贵族出身的社会名人，其葬礼要举行 5 天，宰牛数量视家中经济条件而定，一般宰牛 6 头；一般平民的葬礼为期 3 天，极为简单，宰牛数量根据财力而定。早先，托拉查族葬礼的等级色彩十分强烈，越级操办是被禁止的。托拉查族饲养的水牛主要用于祭祀仪式。水牛的年龄、体色、斑点和牛角形状等因素决定献祭时间和规格。一种黑白相间被称作特东·波阿（Tedong Bonga）的水牛最为珍贵，是丧葬仪式的宝贝，每头价值约 10 万元人民币。由于葬礼的需求不断攀升，而本身又比较罕见，特东·波阿牛的数量锐减。除了水牛外，猪肉也是葬礼不可缺少的祭品。猪肉和其他禽肉既可用于祭祀，也可用于日常食用。宰杀牲畜和现场向村民分发牛肉、猪肉，是托拉查葬礼的重要内容之一。在分发畜肉时，也要严格按照客人的身份等级进行。一般来说，身份越是高贵的客人，所分得的肉就越多。此外所分肉的部位也有具体的规定：牛头专为任职贵族和尊贵的客人预留。此外，尊贵的来宾还可分得肝和肺。肝肺和牛头一样，是对贵族和贵客表示敬意的象征；后臀肉和大腿肉是为非任职贵族和嘉宾准备的；腹部的肉一般分给普通村民以及葬礼上的雇工。葬礼祭司被称为托·马巴伦（To Mabalun），意为裹尸者，在托拉查一些地区，托·马巴伦依然由前奴隶阶层的后代担任，他们甚至须避居村外。随着托拉查地区的不断开放，在经济、宗教、教育和收入等因素的作用下，等级制度逐渐淡薄，但依然或多或少地影响着丧葬仪式的规格。

托拉查语"东格南"（Tongkonan）的词义是家人"坐在一起的地方"，音译为"东格南"。托拉查人又称之为"伊南·拉姆南·罗罗"（Inan Lamunan Lolo），意为"脐带掩埋处"。根据托拉查族的传统，新生儿的脐带要掩埋在东格南以东的土里，象征着婴儿已经深深地扎根于此。东格南在结构上可分为上、中、下三层，分别代表天、地、水下。屋顶两端高跷，似牛角又似巨舟。

屋身为长方形，门开在两侧。下方为木柱支脚，是圈养牲畜家禽的地方。东格南的屋身刻满了各式各样的方形图案。图案多为太阳、稻谷、牛角、昆虫、流水、几何图案等，色调以红、白、黑、棕四色为主。屋子的正南方象征着先人法则，是东格南的正面。中间的巨型木柱称为"根"，上面挂满祭祀时所用的水牛牛角，牛角的多少代表该东格南的历史与价值，同时也是该家族的一种炫耀。葬礼大部分仪式是在东格南内外举行的。在托拉查人看来，葬礼仪式期间的东格南是神圣的象征。东格南周围一般建有谷仓，数量不等，谷仓外观与东格南相似，只是规模较小。

按规定，贵族举办丧事，要为死者建造一间灵堂。为死者制作的棺架和灵柩也十分考究。棺架雕满传统的图案，分上下两层，上层做成托拉查人传统的房屋式样，仅作为装饰，下层放灵柩。贵族的棺材外面须缠上红色或黑红两色布，布上贴有金星。托拉查人死后并不立即下葬，须召集全体族人回到祖屋参加葬礼，葬礼大多集中在每年的一二月份或七八月份举行。这个阶段有时可达数年之久。此外，死者家属还要为远近亲友盖足够间数的客房，为参加葬礼的人准备一间大客厅。为了防止尸身腐烂，家人会用特别的香料涂抹尸身，并用土布包裹尸体。尸身多年都不会腐烂或散发异味。福尔马林传入后，托拉查人也用它来保存尸体。在这段短则数日，长则数年的时间里，死者与家人同处一个屋檐之下。当死者去世后，托拉查人并不认为他已经死去，而是称其"生病"了，并正"卧病在床"。家人往往将死者头朝西放置于床上。在正式举行葬礼之前，死者都一直被委婉地称为"托马古拉"，即"抱病之人"。此时，在家人眼中，死者仍与在世时一样，只是躺在床上处于沉睡的状态中。在正式举办葬礼之前，家人依然会按时为死者端上饭菜与茶水，以对待病人的方式服侍死者。按当地习俗，死者在入殓之前，其家人不得吃米饭。托拉查人不认为生死是无休止的轮回，而是"向一个纯净清明的归宿"进发，葬礼仪式是开启"灵界"大门所必需的一把钥匙。只有热闹隆重、合乎习俗的葬礼，才能令神灵以喜悦的心情将亡灵迎入灵界的大门。如果一位托拉查族成员去世后未举行葬礼，其亡灵便无法进入灵界。直到其家人为其补办葬礼，灵界的大门才对该亡灵敞开。因此，举行葬礼是托拉查人对去世的家人的一种义务和责任。在葬礼举行过程中，亡者家人部分男女，均佩带格利斯短剑。托拉查族是印尼唯一允许女性在重要场合佩带格利斯短剑的部族。这和家族姓氏以及家族财产的双边继承一样，体现了托拉查男女地位的平等。葬礼还是托拉查青年男女相识的重要场合。现如今，托拉查人多在外地工作和生活，青年人难以寻找同族的异性进行婚配。因此，他们利用返乡参加葬礼的机会寻觅生活伴侣。

曼希尔（Menhir）巨石是托拉查族特殊的祭祀符号。在当地举行葬礼的兰岱场，竖立着很多直径 1 米左右、高矮不等的圆柱形巨石，巨石顶端一般呈半椭球状。年代久远的石柱，由于风吹雨淋，其表面已经坑洼不平，并长有青苔。新近竖立的巨石，其表面光滑鲜亮。按当地风俗，举行葬礼时，要选取一块巨石，并加工成圆柱形，将其移至葬礼广场，其竖立点便成为葬礼仪式的中心点。葬礼结束后，该巨石永远保留在原地。每举行一次葬礼仪式便在广场竖立一块巨石，仪式越隆重其石头越大，久而久之便形成独特的巨石阵和巨石文化。托拉查人认为巨石可以保护亡灵不受伤害，平安回归灵界，还可以佑护亡者家族。巨石的竖立和陶乌陶乌人像的安放一度是贵族阶层的专利，其规格与安放地点也因氏族、身份的差异而有所区别。一般高 1—2 米的石群是身份较低的托拉查人竖立的。而在著名的波利（Bori）兰岱场遗址，巨石则高达6—7 米。曼希尔巨石文化时至今日依然在托拉查的丧葬仪式中占据着重要的位置。

在托拉查丧葬文化中，还有一种独特的风俗。即在 3 年一次的"马乃奈"（Ma'nene）传统活动中，托拉查人会把其有名望的祖先从棺木中抬出来，重新妆扮这些遗体，清理棺木和墓穴，用以缅怀他们已故的祖先。仪式结束后，经过装饰的遗体被重新放置在棺木里，抬回墓穴。

由于地理限制，人们也开始建造现代墓室和墓地。墓室多呈船形，类似托拉查人居住的船屋，用以存放棺木。

6. 其他葬俗

苏门答腊占碑地区的一些偏远部族有着与亡者有关的迁徙的习俗，他们多居住在林区。按照他们的宗教信仰，部落里有人去世，所居住的地方便不吉利了，全村落的人都要迁移，到另外一块选中的地方居住。但是，死人的事经常发生，这给整个村落的迁移带来很多困难。于是，后来规定，死者的家族迁走便可。全家族搬走仍然是很麻烦的事情，尤其人们舍不得离开居住条件好的地方。于是，后来又规定，死者的家人可暂时迁到别处，住上一段时间后还可回到原地居住。现在，这种规矩又简化到死者的家人只需到邻居或亲朋好友家住几天，避避邪就可以了。

第八章 文化节会（节庆习俗）

印尼全国性放假的公众节假日有 13 个，包括公历新年、国庆节、春节及 10 个重要宗教节日。另有纪念政治、历史事件、历史名人等的节日及纪念日，这些节假日、纪念日在日历上都用红字体标出。每逢节假日和纪念日，印尼各地都要举行相关的庆祝和纪念活动。

第一节　印尼节假日

1. 法定节假日（Hari Libur Resmi）

新年（Tahun Baru），1 月 1 日

春节（Tahun Baru Imlek），中国阴历正月初一

登霄节（Isra' Miraj Nabi Muhammad S. A. W.），伊斯兰教历 7 月 7 日

静居日（Hari Raya Nyepi），3 月 5 日印度教历元旦

开斋节（Idul Fitri），伊斯兰教历 10 月 1—2 日

耶稣受难日（Wafat Isa Al Masih），4 月 17 日

吠舍佉节（Hari Raya Waisak），5 月 16 日

耶稣升天节（Kenaikan Isa Almasih），5 月 28 日

宰牲节／古尔邦节（Idul Adha），伊斯兰教历 12 月 10 日

伊斯兰教新年（Tahun Baru Hijriyah），伊斯兰教历 1 月 1 日

印尼共和国独立节（Proklamasi Kemerdekaan RI），8 月 17 日

先知穆罕默德诞辰日（Maulid Nabi Muhammad S. A. W.），伊斯兰教历 3 月 12 日

圣诞节（Hari Natal），12 月 25 日

2. 印尼国家纪念日（Hari Peringatan Nasional）

蒂博尼哥罗纪念日（Hari Diponegoro），1 月 5 日

国家营养日（Hari Gizi Nasional），1 月 25 日

国家新闻日（Hari Pers Nasional），2 月 9 日

国家电影节（Hari Film Nasional），3 月 10 日

渔民节（Hari Nelayan），4 月 6 日

航空节（Hari Penerbangan），4 月 9 日

卡尔蒂妮纪念日（Hari Kartini），4 月 12 日

健康日（Hari Kesehatan），4 月 21 日

国家教育节（Hari Pendidikan Nasional），5 月 2 日

民族觉醒日（Hari Kebangkitan Nasional），5 月 20 日

图书节（Hari Buku），5 月 21 日

潘查希拉诞生日（Hari Lahirnya Pancasila），6 月 1 日

儿童节（Hari Kanak-kanak），6 月 23 日

警察节（Hari Kepolisian），7 月 1 日

银行节（Hari Bank），7 月 5 日

合作社节（Hari Koperasi），7 月 12 日

工业节（Hari Industri），7 月 18 日

检察官节（Hari Kejaksaan），7 月 22 日

国家退伍军人节（Hari Veteran Nasional），8 月 10 日

童子军节（Hari Pramuka），8 月 14 日

独立节（Hari Proklamasi），8 月 17 日

电视节（Hari TVRI），8 月 24 日

体育节（Hari Olah Raga），9 月 9 日

广播节（Hari Radio），9 月 11 日

武装部队退休军人节（Hari Purnawirawan ABRI），9 月 12 日

衣食日（Hari Sandang），9 月 16 日

交通节（Hari Perhubungan），9 月 17 日

印尼红十字会纪念日（Hari Palang Merah Indonesia），9 月 17 日

航海节（Hari Bahari），9 月 23 日

农民节（Hari Tani），9 月 24 日

邮电节（Hari Postel），9 月 27 日

铁路节（Hari Kereta Api），9 月 28 日

科学家节（Hari Sarjana），9 月 28 日

潘查希拉威力日（Hari Kesaktian Pancasila），10 月 1 日

建军节（Hari Angkatan Bersenjata R.I），10 月 5 日

财政节（Hari Keuangan），10 月 26 日

青年誓词纪念日（Hari Sumpah Pemuda），10 月 28 日

英雄节（Hari Pahlawan），11 月 10 日

健康日（Hari Kesehatan），11 月 12 日

炮兵节（Hari Artileri），12 月 4 日

海军节（Hari Angkatan Laut），12 月 5 日

陆军节（Hari Angkatan Darat），12 月 15 日

社会服务日（Hari Kebaktian Sosial），12 月 20 日

母亲节（Hari Ibu），12 月 22 日

3. 法定公众假日庆祝活动

（1）元旦

元旦，元月一日，印尼与其他国家一样，庆祝新年的到来。这一日，家人聚在一起举行宴会或歌舞会，欢庆新一年的到来。

（2）国庆节

国庆节，又名"独立日"。1945 年 8 月 17 日是印尼宣告独立的日子，每年这一天都要在总统府前广场上举行隆重的庆祝仪式，总统把保存的印尼共和国首任总统苏加诺的夫人缝制的第一面国旗交予升旗手。各地也要举行升国旗仪式，全国各地悬挂国旗和横幅，除官方庆祝活动外，民间开展各种庆祝活动。爬槟榔树是雅加达地区庆祝独立日的传统方式，赛前将 5 米高的槟榔树

树皮刨光，然后涂上厚厚一层油脂，顶端插着国旗，挂着各种奖品，奖品大到自行车，小到手包等。爬到顶端的人可以摘取奖品。有的地方为增加难度，把椰树倒挂，即上粗下细，加上涂抹油脂，很难爬上去。为了获取奖品，参赛者往往进行合作，以类似叠罗汉的方式攀到杆顶。此外，许多年轻人在公园参加"叠罗汉"比赛，跳伞爱好者在百米大厦顶部进行跳伞活动，以此庆祝国家独立日。

（3）春节

印尼华侨华人的生活习惯和文化传统仍然保留着浓郁的中国特色，他们除了庆祝印尼节日外，依然庆祝每一个中国传统节日，其中最隆重的是春节。1967年，印尼政府颁布限制华人公开欢度春节的禁令，直到瓦希德执政后，才于2000年公开废除了这一禁令。2002年2月17日，梅加瓦蒂总统在当地的春节庆祝会上宣布春节为印尼全国公共假日。每逢春节，分布在各地的寺庙便举办盛大的庙会，华侨华人社团、佛教和孔教组织、民间慈善机构和各种宗族同乡组织等，纷纷以各自的方式欢度春节，如组织捐赠活动，资助生活困难的人们，发红包，组织医务人员进行义诊等。有的华人社团还举办专家讲座，探讨政治、经济和社会等问题。节前华侨华人家家清扫庭院，筹办年货，其中年糕和海鲢鱼是年夜饭不可缺少的食物。除夕夜家家户户门前张灯结彩，鞭炮声不绝于耳。祭大伯公、祭祖、晚辈给长辈磕头、长辈给晚辈压岁钱等是除夕夜的重要活动内容。从初一到初三，人们尊重传统习俗，不扫地，担心会把福气和财气扫出家门。正月初一，华人社团举行舞狮、舞龙和其他文艺表演，亲朋及邻里间作揖拜年，互道祝福语。印尼国家领导人在春节期间通过媒体向华人祝福，近年，印尼共和国总统亲自出席春节联欢会并致辞。

（4）伊斯兰教节日

古尔邦节，又称宰牲节，在伊斯兰教历每年的12月10日，是伊斯兰教的重要节日之一，在麦加朝圣过后进行庆祝。该节日是为了纪念先知易卜拉欣忠实执行真主命令，向安拉献祭自己的儿子伊希梅尔的事迹。据《古兰经》记载，真主为了考验阿拉伯人和以色列人的祖先易卜拉欣，命令他把儿子杀死献祭，他把儿子带到耶路撒冷现在岩石清真寺内的一块石头上，准备将儿子杀死并焚烧，用以献祭。真主达到考验他的目的，便命令天使及时地送来一只黑羊代替。教徒们根据这一传说，每年的这一天便宰杀牛羊向真主献祭。在印尼，宰牲节是除开斋节之外的伊斯兰教第二大节日。节前，各地各级政府大力组织安排调运牛羊，以保证节日期间有充足的牛羊可供宰杀以便敬献真主。节日当天，伊斯兰教徒们要沐浴盛装，参加会礼，颂赞真主并相互拜贺。富裕家庭要屠宰牛羊，将部分鲜肉分送给穷人，清真寺也分发牛肉，确保教徒们节日有肉吃，届时现场混乱，出现拥挤不堪的场面。有的地方也将生鱼作为祭品和赠物。

开斋节，也叫肉孜节，是全球伊斯兰教徒庆祝斋月结束的节日。开斋节是印尼最重要的节日，就像中国人的春节、西方人的圣诞节，是令所有印尼伊斯兰教徒企盼的盛大节日。每年伊斯兰教历9月，全国伊斯兰教徒把斋，斋月后第一天便是开斋节。开斋节前夕，伊斯兰教徒要进行慈善捐赠活动。该节日法定只放假1天，但实际上一般都要3天以上，有的甚至1周以上。外出工作的人都赶在开斋节前返回老家与亲人团聚。在印尼，开斋节的确切日期，是由宗教部通过组织政府部门和主要宗教团体的专家共同观看月相来确定的。印尼开斋节的前一天晚上也是个不眠之夜。上至总统下至普通百姓都要到清真寺通宵举行会礼，赞颂真主的仁慈，祈求真主的宽恕，动情处往往哽咽难语甚至泪流满面。

开斋节这天，教徒们一般很早起床，家家户户打扫得干干净净，门前挂着用嫩椰叶制作的装饰物。人们早礼拜后便可以吃东西，象征斋月结束。然后出去团拜，互相拥抱问候，除了相互祝贺开斋节外，人们还不忘向对方道歉，希望对方原谅自己过去一年来的过失。一些政府高官则在家中接受亲朋好友和普通百姓的祝贺，并准备丰盛的食物招待来客。印尼伊斯兰教徒要去扫墓，祭奠圣人及祖先亡灵。开斋节不仅意味着斋月结束，还是教徒感谢真主使他们信仰更加坚定的日子。从有伊斯兰教历就有开斋节，第一次肉孜节是先知穆罕默德和他的家人朋友庆祝的。开斋节那天，人们身着盛装，互相拜访，有的机关团体还搞团拜，气氛热烈。在雅加达，当晚要在广场举行有成千上万人参加的庆祝典礼。电台、电视台当晚都会播放精彩的文艺演出。当天，家家户户吃什锦黄姜饭及各种丰盛的菜肴和水果，香蕉是必不可少的食品。几日期间，印尼处处都是一片喜庆景象。

印尼许多伊斯兰教徒在开斋节后第二天至第七天还要再次把斋，然后在第八天再行开斋，人们称其为第二开斋节。在爪哇岛北海岸，尤其是淡目、古突斯、哲巴拉、巴帝、根达尔、北加浪岸、杜班等地，这已成为一种传统。在这一天，人们除进行扫墓、慰灵等宗教活动外，还要举办各种传统庆祝活动。有的地方将第二开斋节亦称为"粽子节"，因为这一天不仅家家户户都要吃粽子，而且还开展各种庆祝活动。粽子在印尼的传统文化中占有特殊地位，它是开斋节后的主要食品，因而也就成为开斋节的象征。印尼的粽子称为"克都巴"（ketupat），其外形、包叶与我国的粽子不同，它是扁平菱形的。包叶不用芦叶，而是用经过编织的椰叶。有的地方这一天也吃用香蕉叶包的饭团和糯米粉粽子。这些食品在开斋节期间除供自己食用外，还是亲友和邻里间礼尚往来的赠品。在第二开斋节期间，沿岸各地还组织皮划艇、帆船、赶鸭子等水上比赛，演出皮影戏、放映电影、举办卡拉 OK 大赛等。马鲁古地区有着独特的"殴打扫帚条"（Pukul Sapu）庆祝方式，来自莫勒拉（Morella）和马马拉（Mamala）两个村庄的男性，在斋月结束后的第七天要用制作扫帚的植物条互相抽打对方裸露的后背。开始之前，这些男性聚集在村庄长老跟前接受他的祝福，了解相关的防护措施，以免在抽打过程中严重受伤。然后，勇敢的男人们全身上下仅着头巾和短裤进入场地，并被分为面对面的两队。之后他们轮流用植物条抽打对方的背部和胸部，被打的一方则会扬起手臂，骄傲地展示身上的伤痕。这不是集体斗殴，他们身上的每一道鞭痕都是见证，因为参与者们都不会畏缩或者痛得大哭。这是两村庄长期以来的独特习俗。鞭打一结束，这些年轻人受伤的部位会被涂擦一种神奇的油膏，使伤口快速愈合不留疤痕。据说，没有什么可比一场痛抽更能加强两村之间的和睦。上述活动一般延续数天，吸引了众多民众。

先知穆罕默德诞辰日，又称圣纪节。该节是伊斯兰教的重要节日，逊尼派和什叶派纪念该节的日期不同。逊尼派于伊斯兰教历 3 月 12 日，什叶派于 3 月 17 日。据说当年穆罕默德经常在自己出生的日子进行斋戒，现在的伊斯兰教徒过圣纪节并不把斋。庆祝方式主要是讲述穆罕默德生前的事迹等。

伊斯兰教（纪元）新年，在伊斯兰教历 1 月 1 日。当日，印尼伊斯兰教徒举行庆祝活动，到清真寺做礼拜，举行家宴等。

登霄节，指伊斯兰教《古兰经》中记载的先知穆罕默德显现的一次神迹。根据记载，在伊斯兰教历 7 月 17 日的夜晚，穆罕默德 52 岁时，真主命令天仙哲伯勒依来带着神兽布拉克来麦加迎接穆罕默德。在哲伯勒依来的陪伴下，穆罕默德遂乘布拉克赶到耶路撒冷，此行为"夜行"。穆罕默德登上登霄石从耶路撒冷的阿克萨清真寺登上七重天。穆罕默德登上第六层时，见到了古代先知穆撒；遨游到第七层时，见到了天堂和炼狱等，并且见到了真主，真主指示说今后所有伊斯兰教徒每天必须礼拜 50 次。穆罕默德返回到第六层重新遇见穆撒时，穆撒提醒其一日 50 拜远远超过了伊斯兰教徒的承受能力。穆罕默德于是连续 9 次求真主减少礼拜次数，直至减到一日五拜。黎明时分，穆罕默德即重返麦加。根据这一说法，耶路撒冷成为伊斯兰教继麦加和麦地那之后的第三圣城，而登霄节也成为伊斯兰教的重要节日之一。印尼伊斯兰教徒庆祝登霄节活动通常在夜间进行，教徒们到清真寺举行会礼，诵经礼拜。这一天，教徒们大都举行家庭聚餐。

（5）天主教和基督教

圣诞节，在每年 12 月 25 日。印尼基督教、天主教徒都要过圣诞节，其中亦有信奉其他宗教的年轻人。圣诞节前夕，各大商场和饭店装饰圣诞树等，用以招揽顾客和进行庆祝活动。印尼当局也会在圣诞节特赦一批在押犯人。

复活节，是基督教徒的重大节日。按《圣经·马太福音》的说法，耶稣基督在十字架上受刑死后的第三天复活。复活节的时间大致在 3 月 22 日至 4 月 25 日之间。复活节当日，印尼基督教教堂举行祷告会，由牧师布道讲演，教徒们在钢琴声中举行圣餐仪式。圣餐中撕碎的面包代表耶稣的躯体，红酒代表他的血液，耶稣为了人类的罪恶而献身，教徒们以此纪念他，并唱着《十架故事》进行祷告。之后，在《免再悲伤》的歌声中庆祝耶稣复活。最后，在《只有神的爱》的歌声中完成祷告会。一些教堂还举行狂欢舞会，邀请艺人到场演出。教会和相关学校也举行相关活动，最快乐的当属幼儿园的孩子们。一大早，孩子们便身着新装来到幼儿园，老师们事先把彩蛋藏到园内的各个角落，如花盆里、草丛中、花木后、水池边。一声令下，小朋友们便开始四处寻找，看谁找得多。之后，孩子们到教室里享用由学校提供的丰盛早餐。放学时，孩子们还可领到一个装有鸡蛋、巧克力饼干和蛋卷的精致礼包。复活节期间，教徒们彻底打扫自己的住处，表示新生活的开始。

（6）巴厘印度教

静居日，又称安宁日，为巴厘印度教历元旦，时间在巴厘历十月初一，是巴厘印度教徒的新年。自 1983 年起，这一天被政府定为全国公众假日。该节日庆祝方式独特。节日前几天，人们便都忙碌起来为过节做准备。首先全巴厘要进行三净：一是在节前将宗教用器具抬至河里或海中清洗干净；二是打扫卫生，把全巴厘的庭院、街道和所有村子打扫得干干净净；三是在节前三天把将要宰杀作为牺牲的猪、鸡等牲畜洗刷干净，洗刷时要举行专门仪式。然后举行宰牲仪式，宰杀用作牺牲的牲畜。政府部门对此十分重视，各级行政长官常亲临现场观看和指导。按照传统习惯，不同级别的行政区所杀牲畜的品种和数量也不同，如省里要杀一头牛（在巴厘不能随便宰牛），县府要在东西南北中 5 个方位宰杀 5 种不同的牲畜，每个自然村宰杀一只鸡。各家各户也常宰鸡作为祭品。与此同时，男人打扫庭院，制作木偶，常见的是恶魔、巨龙、雄狮、飞鸟、蝎子等传统型木偶。也有非传统型的，其形态各异，任凭制作者尽情发挥其想象力和创造力。近年为了吸引游客，又出现了美人鱼、仙女、皮影戏中的人物比玛、神猴哈努曼以及骨瘦如柴的艾滋病患者等造型。木偶一般用竹木扎成架子，然后糊上纸，再涂上各种颜色。木偶的尺寸，大的可达 3 米多高，小的亦有 1 米多高。女人赶做新衣及节日祭祀用的糕点和菜肴。

节日前一天，人们要举行祭祀活动，并上街游行和狂欢，称作欢庆日。一大早，各家各户都在家庙前举行祭礼，然后人们身穿艳丽民族服装兴高采烈地去参加欢庆活动。上午，鼓乐齐鸣，人们载歌载舞，带着供品去庙宇举行隆重的祭祀仪式；下午，男人们敲锣打鼓，抬着 3—4 米高的大型木偶绕村、绕家游行。女人们头顶祭品走在游行队伍里，场面热烈。傍晚时便举行"驱鬼"仪式，男人们敲锣打鼓，演奏佳美兰等乐器，肩抬各种木偶，手举火把，绕村游行。巴厘人认为，在自然界中，在各家田园中，恶鬼无处不在。为制止它们兴妖作怪，保障人们的正常生活和求得风调雨顺、人畜兴旺，他们常在家门口地上摆放祭品以安抚鬼魂，另一方面则用游行、敲打梆子、锣鼓等方式将它们驱走。傍晚，村民们全部走出家门举行火把游行。人们手持火把、鼓、罐头盒子等可以敲响的物品，先环绕自家住宅走 3 圈，意在驱鬼避邪，免遭天灾人祸。这时庙中的敲梆子声与游行队伍的敲击声相呼应，叮叮当当，响成一片。然后各家游行队伍在指定地点会合，绕着村子继续游行。游行一直到半夜，最后人们将代表恶魔的傀儡付之一炬，送它们回到阴界。其间举行各种庆祝活动，其中一项比较特别。参加者均为男性，他们半裸着上身，将燃烧着的椰壳投在他人身上，以驱赶恶魔，净化彼此身体。尽管这种活动给身体带来疼痛，但巴厘人认为火焰可以净化自己和宇宙。

节日当天，从早上 6 点至次日 6 点，巴厘岛一改前一夜的欢乐气氛，出现另一番完全不同的景象，街上除值勤警察、警车、救护车、旅游车辆外，没有任何其他行人和车辆，所有店铺都大门紧闭，停止营业。入夜后，家家都不点灯，整个巴厘岛一片漆黑，没有一丝亮光，所有娱乐场所都停止活动，没有一点响声。从黎明到第二天清晨，教民们一直待在家中，既不举行庆祝仪式也不品尝美味佳肴，既不欢乐也不悲伤。人人停止思想，停止活动，巴厘岛到处如死一般沉寂。按照巴厘印度教教义，教徒们新年伊始必须严守四忌：一忌生火，二忌做活，三忌出门，四忌情欲。这种特殊的过年方式有其独特的宗教含义，使教徒们暂时忘掉人间的一切，静静地思过，以求内心的安宁，净化自己的灵魂，达到空寂明净的境界，以便在新的一年里一切从零开始，更好地接受神的启示和意旨。次日 6 时许开始开斋，一切日常活动恢复正常，人们以新的精神面貌互相拜访，致礼道歉。这种特殊庆祝方式每年都会吸引大批外国游客前来观赏。他们往往提前预订床位，在节日前就住进饭店。他们中有人亦穿上当地服装，与当地人一起过节，亲身感受巴厘人的传统风俗。

（7）佛教

卫塞节，又称吠舍佉节，在 4 月和 5 月期间的某一个月圆日。该日是世界各国佛教徒共同庆祝的节日，1954 年在缅甸仰光召开的世界佛教联谊会第三次大会将此节日规定为世界佛教徒的共同节日。印尼是继泰国、缅甸、斯里兰卡、尼泊尔、马来西亚、新加坡之后第七个将吠舍佉节确定为全国性节日的国家。印尼佛教徒，不论大乘、上座部或密宗派，都庆祝这一节日，并将佛祖的 3 个圣纪日，即佛诞辰、佛成道日及佛涅槃日合在一起加以庆祝。庆祝活动一般持续 3 天，以节日当天最为隆重，主要活动是举行法会。

爪哇的婆罗浮屠佛塔和其附近的门突、巴旺等寺庙是众僧举行法会的主要场所，每年都有数以万计的僧人及普通信徒、居士从爪哇和外岛涌到这里，各国到印尼观光旅游的佛教徒也同当地佛教徒一起参加法会，盛况空前。法会内容包括用浸泡过香花的圣水擦洗佛像并挥洒在其周围；在佛像前供奉灯烛、果品，和尚尼姑进行坐禅拜佛、讲经布道、为民祈福等。由于受各种条件限制，绝大多数教徒不可能前往上述圣地参加盛大法会，但这不会减弱他们对佛祖的虔诚之心。他们会在家吃斋诵经，或去当地寺庙进香拜佛，然后再向双亲及亲属中的长者跪拜祝福。节日当天，信徒们除做佛事敬拜佛祖、净心修炼外，还常常做各种善事，如献血，带着礼物拜访孤儿院和教养院，清扫市场，义务治病和提供相关咨询等。

第二节　非国家公众假日的宗教节日和庆祝活动

1. 斋月（Bulan Puasa）

伊斯兰教历 9 月（Ramadan）是斋月。对于伊斯兰教徒来说，斋月是磨炼意志和净化心灵的机会，为一年中最吉祥和高贵的月份。伊斯兰教法规定，斋月期间，凡男 11 岁以上、女 9 岁以上教徒必须履行斋戒义务，即每天拂晓前至日落期间，禁止饮食、抽烟，戒绝丑行秽语并克制欲念，以进入全身心的静修状态。老人、儿童、病人，怀孕、哺乳期的妇女以及重体力劳动者则可以免除斋戒。斋与念、礼、课、朝等其他宗教活动一同组成伊斯兰"五功"，是伊斯兰教徒必须履行的基本义务。随着一弯新月出现在星空，斋月正式宣告开始。印尼社会仿佛在一夜之间切换到了另外一种形态，人们的工作和生活节奏放慢了好几拍，整个社会弥漫着庄严、肃穆与平和的氛围。平日里车水马龙的城市街道冷清了许多，人们的步频与语调变得缓慢和轻柔，朋友间的问候和祝福也令人倍感真诚与温馨。斋月期间，人们每天早晨 4 点之前就早早起床，沐浴祈祷，开始一天的斋戒。傍晚 6 点左右，随着清真寺、电视机和收音机里同时响起洪亮的宣礼声，宣布当日斋戒结束和开斋到来。这时，人们往往会以饮料和甜食开斋，然后进行礼拜，之后才正式用晚餐。

近年，随着现代社会的发展，每日的开斋逐渐有了浓浓的社交和商业色彩。一到傍晚，人们都会约上亲朋好友、同事、同学一起开斋，分享感悟，畅叙情谊。大量的开斋聚会也导致了市场上大米、糖、鸡肉、饮料等生活必需品销量剧增，形成斋月特有的"通货膨胀"现象。开斋结束后，一些有条件的家庭还会燃放烟花爆竹，以示庆祝。斋月期间，印尼的一些企业家和慈善机构会举办各种慈善活动，接济社会弱势群体。虽然大多数餐厅和咖啡馆会在白天正常营业，为其他宗教信仰的民众提供服务。但为了表示对斋戒中的伊斯兰教徒的尊重，经营者会用白布遮挡餐厅门窗，点燃蜡烛，象征夜晚。这一切使得印尼的斋月充满了温馨与和谐的氛围。

中爪哇三宝垄、古突斯等城市的伊斯兰教徒，在斋月第一天的夜晚聚集到清真寺广场聆听宣布斋月开始的鼓声，或亲自聆听教长的宣告，而小贩们则乘机在此时云集，向众教徒们兜售礼拜用品、小工艺品、玩具、食品、饮料等。久而久之，这种聚会就变成了夜市。现在，随着现代科技的发展，教徒们从电视或无线电广播中就能得知把斋的确切时间，再也不必到清真寺广场去听鼓声，但这一天夜里举办夜市的传统却不但未变，而且规模越来越大，成为集宗教、商业和文化于一体的盛会。在三宝垄市，这种夜市多则 7 天，少则 3 天。举办夜市期间，常有大规模的彩车及巨型傀儡"瓦拉克"游行。"瓦拉克"形状怪异，其头似巨龙，身子像长颈鹿，尾巴上翘，特别引人注目。全市各乡的鼓队也前来表演或参加比赛，摊位上商品琳琅满目，其中最吸引顾客的是三宝垄市独有且只有此时才有出售的"瓦拉克"微型傀儡。在古突斯市，乡下人在斋月前一夜都纷纷进城等待次日晨争吃由清真寺或伊斯兰教团体分发的饭包。人们相信，这种饭包中的饭菜是吉祥食品，能免灾祛病。为使广大伊斯兰教徒能吃上饭包，宗教团体往往要动员数百上千人赶做饭包。

梭罗市是爪哇文化的两大中心之一，这里的伊斯兰教徒历来将斋月 21 日夜作为大赦之夜，将这天夜里的纪念活动称作"色利古兰"，在爪哇语中意为"第二十一日"。最初的纪念活动以诵念经文为主，后来渐渐发展成夜市。节日之夜，各界人士包括远道而来的外地人都来到市内的斯威达丽公园，参加一年一度的纪念仪式。人们在这里不仅可以看电影、皮影戏及其他文艺表演，还可观赏公园饲养的各种动物。

西苏门答腊地区的米南加保人有以举行集体宰牛仪式来迎接斋月的传统。宰牛仪式的时间无统一规定，因此有早有晚，但一般都选在斋月前一周。所宰的牛由同村、同族或近亲凑份子集体购买，宰后按出份子多少分配牛肉。其组织筹办者往往是一村、一族之长或亲戚中的长者，由他召集众人商议有关事宜，如买牛费用、各户所出金额、宰牛及迎斋聚餐时间等，并推选宰牛仪式筹委会。一切商定后，筹委会成员便按分工各负其责，包括收取份子钱、买牛、宰牛及分肉等。牛被宰之前要先洗净，然后举行宰牛仪式，由宗教长老诵念《古兰经》。仪式后，人们将自己分得的牛肉加工成牛肉干等食品，作为斋月第一个黎明前封斋饭的菜肴。这种集体宰牛仪式体现了伊斯兰教徒所推崇的团结友爱精神。仪式的筹办者或领导人及家境富裕的人，在凑份子时往往会慷慨解囊多出钱，但在分肉时并不多要，而是将属于自己的那一份分出一部分作为施舍，送给无钱买肉的穷苦人家。宰牛当晚或次日中午要举行规模不等的聚餐，这是宰牛仪式的最后一个内容。聚餐不只是为了吃饭，而是通过这种形式增进彼此交流，相互请求谅解，以达到从里到外净化身心的目的。

西苏门答腊巴厘阿曼地区的米南加保人在斋月前 10 天内还要进行一种特殊的迎斋活动，即由已婚妇女向婆家敬赠斋月食品。所赠食品以用糯米粉、大米粉、面粉等加椰汁、糖制作成的糕点为主，加上糯米酒、粽子、琼脂、大米及鸡、鱼、蛋、牛肉干等。非新婚妇女只需给公婆及丈夫的兄弟姐妹送礼，因此所送食品数量及所耗开销不多。而新婚妇女除此之外还要给丈夫的叔叔、大爷以及其他近亲送礼，而且赠品中还要包括施舍给穷苦伊斯兰教徒的若干千克大米，其所赠礼品数量较多，少则 25 大盘，多则 50 大盘，有的有钱人家甚至多达 250 盘。所有赠品都送至公婆氏族或社区的小清真寺分发。在斋月前的最后一天，她们还要再送一次礼，礼品以牛肉为主，新婚妇女一般送 25 千克左右。不过这一次新娘从公婆处也会得到回赠，回赠礼品多为衣服、布料，也有较昂贵的金首饰等。

苏门答腊岛北端的亚齐特区是印尼伊斯兰教气氛最浓厚的地区，素有"麦加走廊"之称。这里的伊斯兰教徒在斋月前一周或更早的时间便开始准备斋月所需的食品和饮料。在农村地区，一般由主妇负责加工米粉，以用于做每晚开斋时吃的糕点，姑娘们负责去林中拾柴，男人们则负责准备牛羊肉和鱼干。在这段时间里，将有大量牛羊肉上市，有钱有地位的男人往往要买回数十千克牛羊肉，一般人家也要买回几千克。在亚齐人眼里，此时谁买的牛羊肉越多就越受人尊敬；反之，如一个男人买不起牛羊肉，将会被人瞧不起。在做好物质准备之后，人们便选择某些休闲活动来放松自己，以便能以充沛的体力和精力进入斋月。近二三十年来，在斋月前几日到海滨旅游、野餐成了亚齐人的一种时尚，并渐渐演变成为旅游节。此时到海滨的游客往往比平时增加 1—2 倍，成双成对的青年男女、老少几代的大家庭或几十人组成的社会团体，纷纷涌向各处海滨。在一些著名的海滩，这几天总有几百口大锅在岸边摆开，给游人提供鲜美可口的牛羊肉，海滩上处处呈现出轻松悠闲的气氛。随着社会的发展和进步，印尼伊斯兰教文化逐步同印尼传统文化和现代文化融为一体，影响着印尼政治、经济、教育、道德规范和习俗。

苏门答腊廖内省是马来人、米南加保人、华人、阿拉伯人、巴达克人、爪哇人、布吉斯人等多部族聚居的地区，居民大多数为伊斯兰教徒。在斋月前一天下午，当地伊斯兰教徒都要在卡巴尔河中沐浴，以便能以清洁之身进入斋月把斋。沐浴的方法是：事先用山奈及各种香花制成香粉，并备好柠檬。到斋月前一天的下午，人们或以家庭为单位，或几家亲朋好友相聚至河边相互往脸上及身上各部位挤柠檬汁、抹香粉，或将柠檬汁和香粉混合后往脸上和身上擦拭，然后下河痛痛快快地洗澡。这一河中洁身习俗始于 20 世纪 30 年代，自 60 年代起进一步推广普及，现在已发展成节庆活动，当地称之为"河上盛会"。这一天，沿河各地的人们往往扶老携幼，全家出动，甚至省府北干巴鲁的人也从 30 千米以外赶到最热闹的巴杜·勃拉村河边参加洁身浴盛会，各县及各乡镇长官也亲临河上与民同乐。整个下午，河里河外人们艳丽的服饰与精心装扮的彩船、竹筏及各色遮阳伞交织在一起，构成一幅五彩缤纷的画面，年轻人的欢声笑语不时在河面上荡漾。直到天黑，人们才带着洁净的身躯和欢快的心情返家，准备迎接第二天开始的斋月的考验。

2. 阿舒拉节

阿舒拉节在伊斯兰教历 1 月 10 日，是伊斯兰教第四大哈里发阿里的儿子侯赛因被害的日子，世界各国的伊斯兰教徒都纪念这一节日。在阿拉伯世界，什叶派伊斯兰教徒在这一天要举行号丧会，吃悲痛饭。印尼伊斯兰教徒的纪念方式不同于阿拉伯世界的其他地区，在阿舒拉节这一天，教徒们不举行号丧会，不吃悲痛饭，也不吃特殊的甜食，而是吃一种用大米、花生、嫩玉米、椰浆煮的杂粥，爪哇人称之为"苏罗粥"。吃粥时，往往有十分丰盛的佐食，如烤鸡、炒牛肉丝、炸丸子等。除吃粥外，印尼不同地区的伊斯兰教徒还要举行形式各不相同的纪念仪式。

3. "塔布伊"盛会

西苏门答腊地区历史上曾受印度南部传来的伊斯兰教什叶派影响，近 200 年来他们也一直纪念阿舒拉这一节日，其方式是举行"塔布伊"游行。"塔布伊"源自古阿拉伯语，意为箱子或棺材。相传侯赛因遇害时被斩成数段，其遗体被装进棺材，由天马护送至天堂。"塔布伊"游行实际就是抬棺材游行。在阿舒拉节这一天，西苏门答腊巴东及巴厘阿曼一带热闹非凡，各路人马抬着 6—8 个高大的"塔布伊"在市内巡行。每个"塔布伊"重达 1 吨，各由 40 个壮汉扛抬。它一般由三部分组成：最底层是 1 米高的木制底座；中间是用竹木、彩纸、彩绸扎制的面似美女、插着双翼的天马，这是"塔布伊"的核心部分，代表着侯赛因乘坐天马升天；上层是由五颜六色的纸花组成的大花台。"塔布伊"一般由当地艺术匠人制作，他们每年都要大显身手，翻新花样，因此"塔布伊"游行往往也是当地彩扎和绘画艺术的大展示。

游行一般从上午或午间开始，每个"塔布伊"后面都跟着各自的锣鼓队及游行队伍，所经之处都会受到民众的夹道欢迎，孩子们更是兴高采烈，欢呼雀跃地尾随着队伍行进。"塔布伊"游行与其他地方的彩车等游行最不相同的精彩之处，是各游行队伍之间开展的打舌仗表演。若是两支队伍相遇，双方相互视对方为"仇敌"，展开唇枪舌剑的对骂，无所不用其极地奚落、责骂对方"杀害了侯赛因"。米南加保人一般都能言善辩，此时正是他们施展各自才能的好机会。未参战者都为自己的队伍助威打气，锣鼓声、呼叫声不绝于耳，气氛紧张热烈。在过去殖民时代，因受殖民主义者挑拨，这种"塔布伊"游行时的嘴仗有时也会变成真战，以至造成人员伤亡。当边走边"战"的队伍到达海滨时，往往已是夕阳西下时分。这时在司仪主持下，在诵经声中将"塔布伊"推入大海，象征着侯赛因已骑马升至天上。与此同时，人们纷纷跳入海中撕取"塔布伊"的任何一部分，以便带回家留作纪念。

"塔布伊"仪式虽只在阿舒拉节这一天举行，但是其准备工作，包括修建"陵墓"和制作"塔布伊"，却早在伊斯兰教新年那一天就已开始。伊斯兰教历1月1日黄昏或夜晚，先选派专人头戴白头巾去河滩取泥土，它象征侯赛因的遗体，取回泥土即表示他的遗体已被从战场领回。接下来便为侯赛因修"陵墓"，在选好的"墓地"上搭起一个顶部呈半圆形的架子，上面盖上4层白布，然后把从河滩取回的泥土做成半圆状置于架子下面，至此"陵墓"即告修成。伊斯兰教历1月4日为制作"塔布伊"日。5日是"杀敌复仇"之日，人们趁夜黑去偷袭"敌营"，即一片事先选好的蕉林，用利刀砍下"敌人的头颅"——蕉叶，并将"敌人的尸体"（蕉杆）带回。6日和7日举行"收尸"和慰灵仪式。"收尸"即是在哀乐声中将砍回的蕉杆收集在一起，用以祭奠侯赛因。慰灵仪式进行时，一般父老乡亲都要到侯赛因"墓"前祈拜痛哭。8日，村民抬着侯赛因"遗体"走街串巷地巡游，向人们展示敌人的残酷。9日，人们高举"侯赛因的缠头巾"游行，要求伸张正义，谴责暴行。当晚，人们必须赶在10日凌晨4时前扎好"塔布伊"。10日的"塔布伊"游行即是整个纪念活动的高潮。

4. 白拉台之夜

伊斯兰教历8月15日晚上被世界伊斯兰教徒称为"白拉台之夜"，也称"换文卷夜"。"白拉台"意为"忏悔"。相传在白拉台之夜，真主将决定人们一年的生死祸福，又传真主在该夜会赦免亡人之罪。印尼的伊斯兰教徒在这一天都要前往已故亲人的墓地扫墓凭吊，并诵经祈求真主赦免他们的罪过，保佑他们的在天之灵安宁。有的伊斯兰教徒在这一天白天封斋，晚上家人团聚一起举行小规模祭宴，再为亲人的亡灵祈祷。还有的伊斯兰教徒家庭在该月的29日或30日要再次举行祭宴，喝糖水，吃米糕、香蕉等甜食，以此慰藉所有已故亲人的亡灵，请求祖先的亡灵保佑和庇护其子孙。

5. 古突斯的换圣墓罩仪式

中爪哇北部沿海的古突斯地区是爪哇岛历史上最早传入伊斯兰教的地区，被印尼人称为"九大圣贤"之一的伊斯兰教早期传播者苏南古突斯死后就被埋葬在离古突斯最古老的清真寺不远的地方。在阿拉伯世界，阿舒拉节这一天有给麦加的天房换天房罩的仪式，古突斯伊斯兰教徒效仿这一传统，也为苏南古突斯墓举行换圣墓罩仪式。由于苏南古突斯逝世的日子不详，因此当地人便将他的忌日定在阿舒拉节这一天与侯赛因被害日一起加以纪念，为其墓举行的换墓罩仪式也在这一天举行。纪念仪式主要有两大内容：一是在伊斯兰教历 1 月 9 日晚由著名教长领念《古兰经》并做布道演讲，二是在伊斯兰教历 1 月 10 日清晨在教长主持下更换苏南古突斯圣墓墓罩。教长先把旧墓罩取下，然后剪成许多小块儿分发给前来参加仪式的众教徒。教徒们相信，圣墓罩布附有圣人的灵气，将它作为护身符带在身上，能庇佑他们无灾无难、五谷丰登、生意兴隆，因此将其视为至宝。每年举行此仪式所用的新布达千余米。仪式毕，清真寺长老将在全城 20 个居民点向伊斯兰教徒公众发放用柏树叶包裹、内装米饭和牛羊肉的饭包，凡伊斯兰教徒人人有份。为做这种饭包，往往要用去数吨大米、数十头牛羊，其所耗费用多来自捐献。

6. 基督受难日

基督受难日又称耶稣受难节，是基督教信徒纪念耶稣基督被钉在十字架上受难的日子，日期为复活节前一个星期五。据《圣经》记载，耶稣于公元 33 年犹太历尼散月 14 日上午 9 时左右被钉在十字架上，于下午 3 时左右去世。耶稣临终前吩咐门徒要纪念他的死亡。

7. 基督升天日

基督升天日是纪念耶稣基督在复活 40 日后升天一事的节日。教徒们当日到教堂参加祷告。

8. 加龙安节与古宁安节

巴厘岛实行的是宗教历法，宗教节日和庆典特别多。政府为了表示对宗教信仰的尊重和对各种宗教一视同仁，凡属重大的宗教节日都规定为全民的公假。所以，巴厘大概是世界上放假最多的地方。印度教徒除了重大的宗教节日外，还有许多属于私人的祭祀活动。例如，从母亲怀孕到孩子出生、满月、剃度、成人、结婚、生育等人生各阶段都要举行祭祀仪式。其中人死后的奠祭、火化和撒骨灰仪式是人生终点的重要祭祀活动。在巴厘岛，不同种姓的人有不同的拜神仪式等，但加龙安节与古宁安节是各种姓共同庆祝的节日。

加龙安节与古宁安节是巴厘人的重要节日。由于巴厘历一年为 210 天，所以这两个节日在公历上无固定日子。两个节日相差 10 天，加龙安节在前，古宁安节在后，如加龙安节在公历 11 月 21 日，古宁安节便在 12 月 1 日。巴厘人通常将两个节日连在一起加以庆祝。庆祝这两个节的目的是赞美神灵、驱赶邪恶、净化心灵。印度教认为，社会上充满了秽语、谎言、诽谤、骚扰、盗窃、暗害、盲从、贪欲、恶意等罪恶，人们只有通过宗教仪式才能净化自己的心灵。因此，巴厘人都极其虔诚地参加这两个节日的庆祝活动。

节日前夕，大街小巷、家家户户都打扫得干干净净，街上搭起精美的牌楼，道路两旁竖起高高的彩竿，各色风幡与彩旗在竿顶迎风飘扬，到处呈现出一派浓厚的节日气氛。各家各户杀猪宰鸡，备好敬神供品。加龙安节当天，女人们身穿盛装，头顶糕点、水果等供品，在男吹鼓手及其他男子组成的佳美兰乐队陪伴下，浩浩荡荡地走街串巷游行，然后前往村中最大的神庙举行集体祈祷、祭神、祭祖等宗教仪式。举行仪式时，由高僧讲经布道、祈求和平与安宁是必不可少的礼仪。在被称为"甘甜日"的第二天，人们尽情欢乐，表演各种民间文体节目。此节日之后的 3 天，人们再次庆祝，其形式与加龙安节相似。在加龙安节和古宁安节前后 10 余天的时间里，人们为体现慈悲胸怀及奉献大众的精神，常举办各种慈善活动，如义诊、捐款、成立教育及福利基金会等，以帮助穷人、失学儿童及孤残人员。

9. 乩童

在加里曼丹北部著名华人城市山口洋（Singkawang），到了中国传统元宵节，人们一早就涌上街头，进行传统的"乩童"巡游。当地华人笃信"乩童"。200 多年前，初到山口洋的华人祖先就遭遇瘟疫，无法医治，只能通过"扶乩"来度过灾难，元宵节"乩童"游行逐渐成为当地最重要的民俗之一。"乩童"是华人的古老民俗，类似西方的灵媒，是道教仪式中"神明"与人或鬼魂与人之间的媒介。"神明上身"称为"起乩"，而整个过程则被称为"扶乩"。

乩童可以分为文乩与武乩："文乩"起乩大致以吟唱、口述的方式，帮信众解惑和治病。"武乩"主要帮信徒镇鬼安宅，手执五宝（七星剑、鲨鱼剑、月斧、铜棍、刺球）巡游。他们足踏利刃、钢钎贯口却不流血、不受伤，令人称奇。虽然这是华人的风俗，但山口洋当地的原住民达雅人也接受了这种仪式，并且把本族的巫术元素融合进来，形成独特的风格。"乩童"大部分是普通人，不是专门的宗教从业者。山口洋总人口约 20 万，其中华人约占 62%，是印尼华人比例最高的城市，马来人、达雅人是该市的另外两大族群。城里有数百座华人兴建的大小庙宇，山口洋故而被称作"千庙之城"。

10. "端午节"，印尼人称作"粽子节"

早在端午节前几周，雅加达华人超市显眼位置已摆上粽叶、粽线、艾蒿、黄酒、肉粽和豆沙粽等各色粽子，商场里贴满"端午粽香"的广告标语。端午节当天，当地华人在芝沙达尼河举办盛大的龙舟比赛，除了赛龙舟，当地华人还举办龙舟模型和粽子展览，举行吃粽子、竖鸡蛋和制作灯笼比赛，在庙宇中用粽子祭拜祖先，举办端午文化研讨会和交流等活动。印尼人对粽子馅要求特别讲究，有牛肉馅、鸡肉馅、腊肉馅、火腿馅、广味香肠馅、虾肉馅、鱼肉馅、豆沙馅、咸鸭蛋馅等。印尼粽子是用粳米制作，较之糯米容易消化，加上竹叶或棕榈叶诱人的香气，受到食客的青睐。

在爪哇扎巴拉（Jepara）县，粽子节这一天人们除吃粽子外，还将它编成串挂在家畜的脖子上、农具上、渔船上、房门口以及其他被认为"神圣"的地方。这里的人们相信，这会给他们带来好运，能确保人畜两旺、五谷丰登、鱼满船舱。同时，他们在这一天还要举行一种称为"罗班"的节日盛会。"罗班"之名是从印尼语"lomba"一词演化而来的，其意为竞赛。参加这种竞赛的是驾船的渔民，所用武器不是真刀真枪，而是粽子，因此"罗班"实际上就是在海上两队对垒打粽子仗。过去"罗班"由渔民自发举办，近 20 年来，县政府及县旅游局十分重视此项活动，官员们积极参与其中，县长常亲临指挥"作战"。每年这天都有附近区县的 10 多万人慕名前来观"战","作战指挥部"所在的扎巴拉海滨卡蒂妮公园内人头攒动，人声鼎沸，海岸上彩旗飘扬，锣鼓喧天。

"罗班"的前奏是举行海祭，渔民们驾船载着牛头及内装祭品的船形祭盒驶向海上，环绕近海小岛到长岛游行数圈。与此同时，县长、当地伊斯兰教长老及渔民代表在渔市举行祈祷并聚餐。接着，县长一行人登上代表正义方的船只"卡丽娘玛女王号战舰"，待渔民将牛头、祭盒移至"战舰"并巡游数圈之后，县长便将祭品抛入大海。此时，数十艘渔船便始争抢祭品，人人都以捞到祭品为荣，因为他们相信它会给人带来好运。海祭结束后便开始进行具有象征意义的"海战"，"参战"的两艘船，一艘船上的渔民代表卡丽娘玛女王及其臣民，另一艘船上的渔民扮演葡萄牙侵略者和海盗。历史上，葡萄牙人曾入侵该地，海盗也曾在这一带沿海猖獗肆虐，卡丽娘玛女王曾率领民众奋起反抗，这在当地已成为千古流传的佳话。开战后，双方渔船互相追逐，以粽子为武器向对方发起猛烈进攻，双方一面拼命向对方掷粽子，一面尽力巧妙地躲闪，避免被对方击中。岸上的人则摇旗呐喊，为"卡丽娘玛女王"号助威。最后以"卡丽娘玛女王"号获胜告终。这一活动寓教于乐，深受当地群众尤其是青少年的欢迎。不过，出于节约和安全考虑，粽子大战现在也常常以乘船游览和参观以前葡萄牙人修建的城堡来替代。

在北加浪岸地区，这一天的传统活动则是抢"罗比斯"糕。此糕是印尼的一种传统小吃，用糯米粉蒸制而成，有的用蕉叶包裹，有的不加包装，为三角形或椭圆形。这种糕平时没什么特别，主妇们几乎人人都会做，市场上也有出售。但是到这一天，它便具有了特别的意义，成为吉祥幸运的象征，谁在抢糕比赛中抢得越多意味着谁将会吉星高照。以往举办抢"罗比斯"糕盛会时，所用"罗比斯"与平时人们吃的并无不同，但近些年里，在政府和旅游部门参与下，为吸引更多游客，将要被争抢的"罗比斯"糕越做越大，往往高达 1—2米，重达 200 千克，而且县长等地方长官还要亲临现场切糕，然后向在场的人们分发。

第三节 农事（生产）节会

1. 达雅人的播种仪式

居住在加里曼丹岛上的达雅人，每年年初都要举行播种仪式。他们认为，稻子也和人一样，有出生（播种），有成年（收获），也有死亡（封仓）。因此，必须为它举行 3 次仪式。其中播种仪式和劳动同时进行。男人用削尖的木棍挖坑，女人和孩子拿篮子在后面点种，每个坑放 7—8 粒稻谷。他们一边劳动，一边祈祷。男人挖坑，女人撒种，这是达雅人具有宗教含义的劳动分工，绝不可改变，否则就会违反"自然规律"，种子便不会发芽。在达雅人看来，男女青年一块播种，也是一种具有特殊意义的娱乐活动。播种时男女之间产生的爱情最纯洁，这种结合最完美。所以即便再忙，达雅人也不雇用外村人帮助播种。

播种前一天，土地的主人便用甘蔗秧在地里搭起祭祀台，祭台周围种上黄花和红花，祭台上的供品很多，有 10 多个盛着红白两色江米饭的竹筒，有稻种、咸鱼、嫩椰、鸡蛋，有象征今世与来世之间联系的棉线，还有三只鸡。其中两只灰色豹花点公鸡在举行祈祷仪式时杀掉，剩下的白鸡作为祭祀。宰杀后的公鸡血必须滴在所有的供品上，搭祭台的甘蔗秧也涂上鸡血。达雅人认为，鸡血象征人血，洒了鸡血，就能保证全年平安，不致出现伤亡流血事故。

2. 巽他人庆丰收仪式

每年巽他年历 12 月 22 日，都有成千上万的巽他人从四面八方汇集到西爪哇苦宁岸县吉古古尔村，举行传统的庆丰收仪式，以表达他们对真主的感激之情。这里是昔日西利万吉王朝的中心，也是曾流行一时的爪哇巽他教的诞生地。庆祝仪式在一座古老的殿堂举行。每一个参加者都要带来一些当年收获的稻谷、水果和蔬菜等。按规定必须备齐稻谷 22 公担（与庆丰收日期的数字相同），在 18 日堆放在庆祝场地的东、西、南、北 4 个方向，这象征着真主的八种恩赐来自四面八方。往庆丰收场地运送稻子时，11 对男女青年身穿节日盛装，头顶稻谷，走在队伍的最前面，这象征着新生活充满朝气和希望。后面跟着的是一群头顶稻谷的已婚妇女，表示母亲们在为儿女祈求幸福。最后是一群已婚男子，他们肩挑稻谷，象征父亲们应该担起抚养家庭、教育后代的重任。

稻谷在预定地点堆放完毕，仪式主持人登上讲台，背对丰收的果实，面向参加仪式的群众。然后一对夫妇走出群众队伍，用巽他语高声朗诵吉冬诗，感谢真主的恩赐，祈求来年获得更大的丰收。接着，举行春米仪式。参加春米的小伙子们必须身穿妇女服装，因为妇女是文雅和善良的象征。此外，也意味着男女具有同等地位，负有同样的权利和义务，去实现美好友爱的新生活。按当地习俗，须春米20公担，余下的两公担作为种子。春过的稻米连同种子全部分发给参加仪式的群众。最后进行传统的巽他民间表演，如话剧、小品、舞蹈和乐器演奏等。

3. 爪哇的榨蔗仪式

每到甘蔗收获季节，爪哇的井里汶便举行隆重的榨蔗仪式。榨蔗前一周，在蔗园和糖厂经理的宽敞庭院里挤满了出售各种食品的小贩和围观的人群，蔗农们在这里进行节日般的狂欢。一周的夜市解散后便开始别开生面的大游行。大清早，一群身着黑色服装的蔗农和一队手持长矛的儿童，尾随经理走向甘蔗园的一个角落。在那里，他们向真主祈祷。一辆孔雀花车已在那里等候。车上放置一对穿巽他服饰的"无头新人"。

祈祷完毕，经理挥刀砍下几根甘蔗，并把甘蔗插入"新郎"与"新娘"的颈部，随即宣布游行正式开始。浩浩荡荡的游行队伍从甘蔗园向经理庭院缓缓行进。前面以孔雀花车开路，接着是一群携带大刀、水盆、锄头及各种农具的蔗农，其后是手持长矛的儿童，最后是吹打各类乐器的人群。游行队伍中有跳巽他舞的，有打印尼拳的，还有舞动印尼民间兽头的。最后，孔雀花车在经理庭院前停住。这时，悦耳动听的巽他民歌此起彼伏，儿童们一边喊叫一边争相拣拾散落满地的硬币。歌声与喧叫声交织在一起。待"甘蔗新人"获准进入糖厂时，榨蔗机便开始启动，轰鸣声不绝于耳。

4. 拉马勒拉地区的新渔船下水仪式

在东佛罗勒斯的拉马勒拉地区，渔民打造一条新船期间须举行几次传统仪式。最隆重、最有趣的是新船下水仪式。该仪式通常在赶集日举行，地点在与拉马勒拉相距 8 千米的乌兰道尼集市。每逢新船下水，邻近得知消息的村民便带着白薯、玉米、稻谷、水果、果酒等食物和饮料，前来赶集。他们把带来的东西放在即将下水的新船内。然后船员们兴高采烈地把满载食品的新船划向拉马勒拉海滩。那里，男女老少正在焦急地等待新船到来。新船靠岸后，船员们立即把船内食品撒在海滩上，随即一场争抢食品的搏斗开始。

人们先是抢夺食物，继而发展成互相对打，老人和老人打斗，小孩同小孩打斗，年轻人与年轻人较量，个个主动进攻，毫不退让。有人受伤，也有人致残。但搏斗一旦结束，争夺者之间的对立情绪便烟消云散，一如往常。此后，老人们还要单独表演格斗。使用的武器是一种织布工具，形状如长砍刀，胜负以击中对方多少点而定。格斗时，双方互为仇敌，过后又友好如初。当地人认为，为新船送食品，表示农民和渔民之间的友谊，也是对渔民的感谢和慰问。海滩搏斗造成的流血和伤残则象征渔民生活的艰难，表达渔民即使流尽鲜血也毫不灰心气馁的决心。渔民们认为，他们的伤口流血越多，新船下水就越安全，收获就越多。

5. 捞鱼比赛和抢"饭山"活动

西爪哇省府万隆附近，有一个名叫苏墨郎的山城，这里的居民大多数是农民，他们的房前屋后有很多鱼塘。每到捕鱼季节，都要举行热闹喜庆的捞鱼比赛。在选定的一个鱼塘前，几十名选手依次排开，每人手里拿着一个规格相同的竹筛。随着一声发令枪响，这些跃跃欲试的选手便纷纷跳入水塘，表演"浑水摸鱼"的功夫，顿时水花四溅，人声鼎沸。鱼塘里事先放有 5 条身上缚有特别标志的鱼，并标明第一等奖至第五等奖。这 5 条鱼与许多大大小小的"无奖之鱼"混杂在一起，在偌大的池塘里非常难于捕获。

有时，选手们在水中捞了一两个小时，依然是一无所获；一旦有人发现了目标，其余的选手便你推我挤地去抢捞那条大鱼，其结果往往使鱼在混战中逃掉。选手们捞得兴起，往往乐得在池塘里打滚，逗得村民们哈哈大笑。那些看得入神的观众，偶然一个不小心，也可能一脚踏入水里，变成了落汤鸡，可是他们反而乐不可支，因为他们认为这样可以带来好运。一场混战之后，选手们总会捞到缚有标志的鱼，他们可以凭鱼身上的得奖号码领得奖品。奖品通常是纱笼花裙或布料一类的用品。在获奖者和观众们的欢声笑语中，一年一度的捞鱼比赛即告结束。

东爪哇北海岸渔民的捕鱼期通常在 7—12 月，高潮为 9—11 月，11 月后便进入尾声。为庆祝一年的收获，感谢真主的施恩，渔民们在每年的 1 月中旬都要在海边举行庆丰收仪式。这种仪式每年举行一次，世代相传，成为当地渔民同庆的节日。仪式由渔民邻里委员会筹办组织，集体出资。仪式前，家家户户把渔船装饰一新，插上红白国旗及各色彩旗，挂上五颜六色的彩带，所有船只都一字排开停泊在码头边。同时，渔民们还要准备两堆"饭山"及用嫩椰叶装饰起来的土特产品。

仪式以年轻人表演文艺节目开始，随后人们抬着"饭山"和土特产品游行，"饭山"后跟随着身穿当地特色服装的歌舞队及鼓乐队。游行队伍行至码头集合，然后在鼓乐声中登上渔船，并将"饭山"和土特产品移至船上。接着，数十艘彩船齐发，离岸驶向海上，大约在离岸 200 米处将"饭山"等物品推入海中。此时是仪式的高潮，船上的人开始争相抢夺"饭山"，有的年轻人干脆跳到海中去抢，霎时间船只互相碰撞，锣鼓声、欢呼喝彩声响成一片。岸上的妇女、儿童、老人及外来游客也开始争抢组委会准备的黄米饭等吉祥食品。无论海中还是岸上，谁抢到的食品越多，象征着谁在新的一年内运气越好。

6. 求雨仪式

爪哇谏义里地区流行一种残酷的祈雨方式，人们在旱季为了祈求雨水，通常举行用粗绳用力抽打赤裸上身的残酷仪式，希望通过人们在仪式中受伤流血的身体来感动上天，以赐给他们雨水。这种仪式名为"乌炯安"（Ujungan），村民们将棕榈叶的筋捻到一起做成绳子，在证明人和兴奋不已的民众见证下，互相鞭笞 5 下，但不能抽打腹部以下和脖颈部分。仪式进行时，有音乐和鼓声相伴，而鞭笞导致流血被视为祈雨恳求获得恩准的标志。这种仪式最初是年轻牧羊人在干旱季节举行的活动，他们经常祈雨，希望牲畜能获得更多水。鞭笞被视为对降雨的"血祭"，这种仪式并非每年都举行，只有极度缺雨时才会进行。尽管鞭笞令参加者痛苦不堪，但他们绝不会退缩，一些人甚至兴奋地跳起舞来。

第四节　社交娱乐性节会

印尼由于岛屿分散，过去历史上又未建立过如今这样统一的国家，因此未形成全国同庆的民间传统节日。现有的民间传统节日都是只在一地甚至一村庆祝的节日，这是印尼民间传统节日的一大特点。

1. 爬棕榈树比赛

爬棕榈树比赛是印尼人最喜爱的体育活动之一，通常在节庆日举行。主办方准备的棕榈树干多少不一，有的多达数百根，树干高 7 米左右，参赛人数多则数千人，少则几十人。奖品均挂在树干顶部，供参赛者拿取。人们甚至把山地自行车作为大奖挂在树顶上，也有把装有现金的红包悬挂在树上的。参赛者要把树顶的奖品揽入怀中并非易事。因为整个棕榈树被剥去树皮，光滑的树干上还涂抹了润滑油，一不留神就会滑下来。难度最大的莫过于倒立的棕榈树，上粗下细，加之涂上油，很难攀爬。参赛选手唯一能用的工具是绳索或布条，用来缠绕极为光滑的树干，因此他们要有力量和技巧。该项活动往往吸引众多观众，他们为选手呐喊加油，现场气氛热烈。

2. 马都拉人的赛牛习俗

自古以来，马都拉人就喜爱赛牛，相沿成习，流传至今。这种游戏是从劳动中发展起来的。在农业生产中，马都拉人用两头牛来犁地，农夫为多打粮食，常鞭打耕牛，让其快跑多干活。久而久之，他们便产生了进行犁地竞赛的兴趣。大家都希望自己的牛能最先从这边的田畦到达另一边的田畦，那对跑得快的牛因获得胜利而得到大家的喝彩，拥有这对牛的农民也引以为荣。后来，农民们嫌田间太狭窄，竞赛不够味，于是便利用闲暇时间，将牛带到旷地上比赛，渐渐地发展为村与村、区与区之间的比赛，于是赛牛便成为马都拉人的一种独特风俗。

参加比赛的牛都是公牛，这些牛必须是褐黄色的，身高最少要达到 1.2 米，年龄最小三岁半。它们都经过牛主的一番苦心喂养，不需要犁田；每天由主人替它们洗澡、按摩、捉虱子等；尾巴长了，主人还给它修剪；每天还要进行 4 小时的日光浴；它们的食物也非常考究，除草料外，还有鸡蛋、啤酒、咖啡和胡椒等，以增强体力，使精神亢奋。比赛开始前，必须举行一种仪式，那就是给所有参加比赛的牛穿上"礼服"，绕场一周，"礼服"随牛主所好，有不同的款式。牛主在牛腰、颈项间系两三块缀有无数小铜铃的漂亮带子；在牛面牛角上分别佩戴一个缀上银花的面罩和绒布角套，并在刻上各种各样花纹的竹制牛轭上，竖立三条彩色的小木柱，中间一条的上端插着一把特制的美丽纱伞，左右两条则结上各种花纸等，颈下悬挂巨铃。一场赛牛，不仅是力量、速度的角逐，同时也是装饰艺术的比赛。

这些牛在绕场时，有佳美兰乐队在前面演奏助兴，而牛主、助手与骑士则跟随在后面。参赛的两头公牛背上装上轭梁，梁中间设有骑师鞍座。一次比赛分若干组，每组由两三对公牛参加。比赛通常在八月举行。古时都在田边或草地举行，现今则在村镇的体育场内举行。岛上的赛牛场比比皆是。参赛的都是精心挑选的良种公牛，它们粗壮有力，性善迅跑。赛场上锣鼓喧天，与清脆的牛铃声、商贩们嘈杂的叫卖声交织在一起，热闹非凡。赛牛排成纵队绕场一周，观众报以热烈的掌声。赛牛时往往伴随着赌博，牛队绕场与观众见面时是下赌注的最佳时刻。

比赛开始时，牛身上的全套"礼服"必须除下，并在每一头牛的身上佩带一个号码，骑士们身穿马都拉民族服装，头缠红色或黑色头巾。随着裁判员一声喇叭吹响，一对对牛奋力向终点冲去。骑手不停地边吆喝边用尖棍敲击牛的臀部，牛飞速奔跑，观众们高声呼喊着赛牛的名字，赛场始终充满紧张热烈的气氛，景象颇为壮观。赛牛场的面积有不同标准，区际赛地是 100 米 ×40 米，县际赛地是 120 米 ×40 米，州际赛地是 130 米 ×40 米，至于比赛距离全长皆是 110 米。比赛结束，优胜者获重奖。回到村上，载誉而归的勇士还要受到隆重欢迎，有的甚至举行全村盛宴。根据传统，获胜的牛从此受到特殊保护，不许宰杀或出售。按迷信说法，谁不珍视获胜的赛牛，谁就会遭遇厄运。

1965 年，时任印尼总统的苏加诺曾捐赠一座银杯，作为一年一度在马都拉首府巴默卡山举行赛牛盛会中夺取的锦标。而每逢赛牛期间，它都吸引许多来自印尼各地的参赛者、参观者和外国游客。

3. 马都拉人的斗牛习俗

这里的斗牛与西班牙的斗牛不同，西班牙是人与牛斗，这里则是以牛斗牛，可以说是真正的斗牛了。村民在庆祝节日来临时，经常举行斗牛活动。有关斗牛的一切筹备工作，全由一个特别委员会负责料理。用来斗牛的牛是经过精心挑选的，全都膘肥体圆，十分健壮，这是村民饲养专供斗牛之用的。为了使自己的牛有胜利的把握，在斗牛那天，牛主先给牛灌药酒，然后牵到阳光下曝晒。牛在出赛前，还要经过一番打扮，牛鼻子穿上美丽的彩绳，额上戴着镀金的链子，链子下挂着小铃铛，十分漂亮、威风。斗牛的角都被削得十分尖利。

首先，牵来一头母牛，参加斗牛的公牛便马上扑上去，但同时，这头母牛却被主人立即牵出赛场。这时两头公牛便互相怒视，一场凶猛的决斗便开始了。两牛斗至精疲力竭，败者往往皮破血流，伤痕满身，有气无力地在场中徘徊，被人咒骂；牛主也垂头丧气，悄悄地溜之大吉。而胜者则备受欢迎，牛主急忙把饰物挂在牛头上，把它打扮得格外光彩；牛主脸上也露出得意洋洋的神色。

这里的斗牛并非纯粹为了娱乐，有时是为了赌钱。虽然政府禁止斗牛时赌博，但是每一场斗牛，都有许多人下注，有些赌注下得很大的人，往往连田地房产都输光。斗牛场的赌徒们都很迷信，斗牛要选择吉利的日子，请巫师作法以保佑自己押注的牛必胜。参加斗牛和下赌注的人，还禁止自己的妻女在斗牛那天沐浴和梳发，有些人甚至不许家人洗衣服和打扫房屋，因为这些都含有干干净净之意，而赌徒是很忌讳"干净"的，"干净"被他们认为会把自己的赌注输得精光。

4. 斗鸡

印尼乡村流行着斗鸡习俗，巴厘岛最为突出，每逢节假日，斗鸡是必不可少的。斗鸡也是一种赌博，鸡的主人并不亲自下场，而是把鸡交由斗鸡师，斗鸡师用手掂量鸡的重量，并选择重量相等的鸡作为对手。选中后两名斗鸡师让两只要相斗的鸡互相啄一口对方的头部，以示相认。斗鸡前，斗鸡师将一把锋利的小刀用红线系在鸡的爪子上，刀尖向后。斗鸡开始前的几分钟内，围观者边叫喊边同对面的人用手比划着赌注的数量，少则数千盾，多则上万盾。

斗鸡场面非常残酷，快的时候十几秒钟便结束搏斗，也有搏斗几分钟才结束的。下赌者当场兑现，然后参加下一轮的赌博。斗败的鸡有时当场毙命，受伤后没死的当场屠宰，斗鸡场旁设有灶台，上置大铁锅，用树墩做的案台立在锅旁，有专人负责屠宰，鸡肉归胜方的主人，也就是说，无论如何，斗败的鸡都要被处死；胜方如伤势不重，可参加下一轮的搏斗，如伤势较重，则被带回，养好伤后继续参加斗鸡；如丧失了搏斗能力，则自由放养，直至老死。在巴厘城市和农村，到处可见饲养的斗鸡，一般都用大眼竹筐扣着，训练时才放出。而筐外一瘸一拐正在寻食的鸡多为立功而又丧失拼杀能力的斗鸡。

5. 鞭击比赛

每当爪哇历虾月时，印尼布窝克多镇的居民都要举行传统的鞭击比赛。"鞭击"在爪哇语中称为"克迪曼"（kadimang），是挨打的意思。这是一种由两个人用特制的鞭子对击的娱乐活动。比赛一开始，竞赛者在当地特有的打击乐器佳美兰的伴奏下，光着膀子，跳着舞步进入赛场。一位长者对他们训完话后，递给每人一根特制的鞭子。这种鞭子长约125厘米，柄部刚够用手握紧，鞭梢则有食指那么粗。鞭击比赛的选手通常都是身强力壮、机智勇敢的人。比赛时先由防守者用两手抓着鞭子的两端，肩膀上下摇摆，诱"敌"抽打。进攻者则伸出左手抓住对方的围腰，右手紧握着鞭子，不时往左右放空鞭，虚张声势，以便乘虚进攻。而防守者则百般躲闪和抵御，不让鞭子抽到自己身上。等到进攻者抽打了10下，双方就交换位置，防守者变为进攻者，继续比赛下去。比赛只许向胸部和背部抽打，颈部以上和肚子以下部位严禁鞭打。谁要是失手或故意犯规，观战的人们会毫不留情地警告他，甚至把他赶出赛场。有趣的是，这些比赛者即使疼痛难忍，也要始终保持着微笑的面容，而且毫无敌视的情绪，一般人很难做到。据传说，这种鞭击活动和布窝克多人民善于饲养水牛有密切关系，是由养牛人在劳动中互相用鞭子抽打娱乐而发展起来的。

6. 放舟求安仪式

勿里洞岛上的居民多为尼亚斯人和巴召人，在信奉伊斯兰教的同时，仍保留了自己的信仰习俗。每年西风来临之际，该岛居民便举行求平安仪式。他们把一条糊有彩纸、装有各种已被巫师念过咒语食物的小舟放入大海，以求神保佑。放舟前夜要举行隆重的仪式。首先由事先挑选出来的男子表演木桩舞，即在 5—7 米高的木桩上跳舞，舞毕要头朝地翻下。接着，人们开始载歌载舞，尽情欢乐，直至太阳升起。天亮后，人们开始吟唱自编的诗歌。诗歌多为叙事诗，内容广泛，大都是关于岛屿、海湾、航海、村庄、个人经历等的故事或传说。老年人多回忆往事，含泪而唱。青年人喜欢甜蜜的回忆和美好的憧憬。

与此同时，孕妇们举行避灾仪式。她们坐在簸箕上，头顶席子，巫师口念咒语并用水从其头上浇下。下午举行"骑马"仪式，由裸身小孩表演。他们身上涂满炭灰，作骑马状进行游戏。游戏时捉自己喜欢的人，捉到后交给巫师。被捉的人被认为"罪过深重"，会影响人们的安宁。巫师用水浇他们的头，以冲洗掉他们的"罪过"，并让他们忏悔。此后，巫师开始挑选担任"船长"和"水手"的"鬼"，在挑选时巫师频频与之对话，所用语言别人无法听懂。然后巫师喊口令和点头，表示"船长"和"水手"已经选好。放舟前，巫师要下海游泳或潜水，有时长达 2 个小时。上岸后，口念咒语，一会儿便"晕倒"在地，醒来时，人们把小舟推入大海。人们散去后留下几个巫师继续驱邪。

7. 松巴人的掷矛战

东努沙登加拉省西松巴县每年举行三次别开生面的"掷矛战"。第三次是专门为了欢迎和感谢"丰收女王"年乐鱼的到来，时间在公历 2 月或 3 月，地点是科地、瓦拉卡卡或瓦诺卡卡。松巴人崇拜莫拉布神，他们认为，丰收是莫拉布神的恩赐，歉收是莫拉布神对当地人无情的惩罚。每年雨季，莫拉布神把一些"丰收女王"放出海面，报告当年的收成情况。届时，村民们赶到海边，把槟榔、水果、鸡肉等抛入大海，并举行欢迎年乐鱼仪式。

仪式完毕，"掷矛战"随即开始。参加这种游戏的一次多达百余人，分两方对抗。参赛者骑马，使用直径为 3—5 厘米的长矛，不得削尖，以免伤人。当裁判驱马进入赛场，将竹矛无目标地抛出手时，两队人马从场地两端纵马飞驰，向对方冲去，同时伺机抛掷竹矛，进攻对象可以自由选择，抛掷距离远近皆可。一人可向多人投掷，也可几人甚至几十人同时进攻一人。而松巴人认为，游戏中人马伤亡是罪有应得，是对伤亡者过去一年不良行为的报应。如在游戏中双方发生摩擦，由裁判调解，他人不可插手，否则会遭到群体攻击。

第九章　影视文化

影视文化是指通过电影、电视和网络等方式进行的文化创造，它具有可视性、直观性、及时性、传播性、广泛性等特征。其文化特征主要表现在地域性、时代性、民族性、国际性、商业性、群众性等方面。它通过反映生活、事例、事态、人类想象、历史等真实内容，使观众从视听说中得到真实的认知、感受、思考和借鉴。随着电影、电视和网络制作技术的逐渐成熟，影视文化发展迅速，对人们的日常生活及社会的发展产生重要影响。影视文化为人们提供了消遣娱乐的多种选择，进一步丰富了人们的文化生活。

第一节　电影

一、印尼电影业的发展进程

印尼的影视文化从无到有，经历了漫长的发展过程。在影响人们生活的大众传媒中，电影是最重要的媒介之一。荷兰殖民印尼时期，主要进口欧美电影，由于进口影片多为凶杀和色情镜头，荷兰殖民当局担心上述影片损害包括他们在内的白种人的形象，便于1916年建立了电影审查委员会。印尼摄制的第一部影片是《忠心的猴子》（*Loeteong Kasaroeng*）[①]。它是爪哇电影公司于1926年在万隆摄制的。该片是无声电影，取材于西爪哇巽他地区的民间故事。1928年华侨林源良（Lim Oan Lian）领导的商行拍摄了影片《爪哇茉莉

[①] 印尼电影片名的中文译名不一，如"Belenggu"，意为"枷锁"，与印尼小说《枷锁》同名。但其中文译名《杀人兔魔》则是根据片中内容翻译的，根据中文译名很难找到该片。为了准确起见，笔者谈到中文片名时尽量附有印尼文原名，便于查找。

花》(*Melati van Java*)，该片演员均来自华侨界。当时在印尼陆续出现的电影公司有：格罗赫电影公司、南兴电影公司和陈氏电影公司。华侨商人摄制的影片大多取材于中国封建时代的古典小说。

1929 年拍摄的《婆罗浮屠的秘密》(*Misteri di Borobudur*)，特地从上海聘来了一位女演员，技术人员也来自中国。1933 年，印尼人巴什蒂亚尔·埃芬迪 (Bastiar Efendi) 与中国人一起导演了印尼第一部有声电影《安佳·达西玛》(*Anja Dasima*)。1934 年，荷兰人 M. 弗兰肯 (Manus Franken) 在印尼自编自导了一部表现爪哇农村生活的半纪录片《稻米之歌》(*Nyanyian Padi*)，第一次起用印尼人担任演员。同年，一家荷兰企业从荷兰聘来电影工作者曼努斯·弗兰根 (Manus Frangen)，摄制了类似新闻纪录片的《巴勒》(*Pareh*)，影片主要描述印尼的风俗习惯和村落之争，带有传奇色彩。1942—1945 年间，日本侵占印尼。印尼商业片停止生产，华侨制片商无法活动，影片产量明显下降。日本电影公司 (Nippon Eigasha) 仅拍了 4—5 部影片，旨在鼓吹"大东亚共荣圈"，动员印尼人民抵抗盟军，要求印尼民众忍饥挨饿，为日军效力。为了减少影坛的"荒凉"景象，在不损害自身利益的前提下，日本电影公司重拍荷兰殖民统治时期印尼某些影片的片段。他们组织一些印尼演员进行重拍。重要的是演员对话不再使用"混合马来语"，而用印尼语，在客观上促进了印尼语的普及。

1945 年，印尼共和国成立，印尼政府没收日本占领时期的电影公司，改名为国家电影公司 (Perusahaan Film Negara，缩写为 PFN)。由于同卷土重来的荷兰殖民军作战，电影生产几乎完全中断。1948 年，荷兰殖民军占领雅加达，为宣传其殖民主义文化，成立了南太平洋电影公司，在荷兰阿尼夫制片公司工作的安查尔·阿斯马拉拍摄了一部故事片《远在天边》(*Djauh di Mata*)。1948 年，印尼电影工作者在共和国临时首都日惹拍出了巴林狄哈 (Balindiha) 执导的《芝塔隆姆河之泪》(*Air Mata Sungai Citarum*)。之后，电影生产才开始恢复。印尼政府成立了电影戏剧学院，培养自己的电影工作者。

1949 年，荷兰被迫承认印尼共和国主权。1950 年，国家电影制片厂在万隆成立，它除自己生产纪录片和故事片外，也对私营公司提供技术支持和服务。1950 年 3 月 30 日，印尼新成立了两家私营电影公司，即印尼民族电影公司（Perusahaan Film Nasional，简称 Perfini）和印尼艺术家股份公司（Perseroan Artis Indonesia，简称 Persari）[①]。印尼民族电影公司的第一部电影是乌玛尔·伊斯梅尔（Usmar Ismail）1950 年执导的描述印尼独立后西爪哇西里旺义师官兵关系的《鲜血与祈祷》（*Darah dan Doa*）。它是印尼人出资、执导和制作的首部影片。该公司制作的影片思想性、艺术性较强，例如《日惹六小时》（*Enam Djam Di Djogja*），它描写了印尼共和国军民在艰苦的环境下，从卷土重来的荷兰殖民军手中夺回日惹。这座英雄城市回到人民手中虽然仅六小时，但具有历史意义。印尼艺术家股份公司拍摄的电影适应一般市民的趣味，票房收入较高，例如乌斯马·伊斯梅尔（Usma Ismail）执导的《不可饶恕的罪孽》（*Dosa nan Tiada Ma'af*）、《天地之间》（*Antara Bumi dan Langit*）、《危机》（*Krisis*）、《危机重现》（*Lagi-lagi Krisis*）、《三个少女》（*Tiga Dara*）、《八面风》（*Delapan Pendjoeroe Angin*）、《晨露》（*Embun Pagi*）等。

这时期，印尼有进步意义的影片是由 M. 沙依特（M. Sait）1950 年执导的《为了红白旗》（*Untuk Sang Merah Putih*），柯托特·苏卡迪（Getot Sukadi）1952 年执导的描述雅加达流浪儿童苦难生活和变化的《残疾人》（*Orang Cacad*）、《1951 年泗水之星》（*Bintang Surabaya 1951*）、《新娘的眼泪》（*Air Mata Pengantin*），巴斯基·埃芬迪（Basuki Efendi）执导的描述被强迫征募到日本当兵的印尼青年复员后生活和经历的《归来》（*Kembali*），乌斯马·伊斯梅尔 1955 年执导的《宵禁之后》（*Lewat Djam Malam*）（在当年印尼电影节上获得好评）、《塔尔米娜》（*Tarmina*），柯托特·苏卡迪 1958 年执导的《查雅普拉纳》（*Jayaprana*），乌斯玛·伊斯梅尔 1959 年执导的《战士》（*Pejuang*），巴赫迪亚·西亚吉安（Bachtiar Siagian）1961 年执导的《杜朗》（*Dulang*）（抨击当时的社会现状），巴克蒂亚尔·夏罕（Bhaktiar Syahan）执导的《皮索—苏里特》（*Piso-Sulit*），维姆·翁保合（Umboh）1963 年执导的《小星》（*Bintang Ketjil*）等。

20 世纪 70 年代以来，印尼曾提出拍摄树立自己民族形象的影片，并于 1979 年设立国家电影委员会，负责管理影片生产、发行和人才培养等。除

[①]　1962 年印尼全国电影委员会决定该日为印尼电影节。

了主流电影外，印尼开始了实验电影的制作，其中高托特·普拉考萨（Gotot Prakosa）被视为影响印尼年轻一代电影人的实验电影先驱。实验电影的生产以印尼唯一的电影学院雅加达艺术学院（Institute Kesenian Jakarta）为主。这期间，印尼著名导演有维姆·翁保合，其代表作是《妈妈》（*Ibunda*，1972）、《婚姻》（*Perkawinan*，1973）、《情夫》（*Kekasih*，1975）；T. 朱乃迪，其代表作是《幻想破灭》（*Akhir Sebuah Impian*，1973）；苏瓦尔迪·哈桑，其代表作是《义子》（*Anak Angkat*，1974）、《喊嚓》（*Chicha*，1976）、《爱情》（*Cinta*，1976）；阿米·普里约诺（Ami Priyono），其代表作是《我的爱情在蓝色校园》（*Cintaku di Kampus Biru*，1976）；堤古赫·卡拉西（Diguh Kalasi），其代表作是《1828 年 11 月》（*November 1828*，1979）；阿米·普里约诺，其代表作是《雅加达，雅加达》（*Jakarta, Jakarta*，1977）、《乞丐与三轮车夫》（*Pengemis dan Tukang Beca*，1979）、《少年狂》（*Binalnya Anak Muda*，1979）、《少妇的骚动》（*Gara-gara Istri Muda*，1979）、《西堤·珀蒂威医生回到农村》（*Dr. Siti Pertiwi Kembali ke Desa*，1980）、《乡村少女》（*Perawan Desa*，1980）、《独立的先驱们》（*Para Perintis Kemerdekaan*，1981）、《进攻在拂晓》（*Serangan Fajar*，1981）、《合约婚姻》（*Kawin Kontrak*，1983）、《卡尔蒂妮》（*R. A. Kartini*，1983）、《印尼共 9·30 运动之背叛》（*Pengkhianatan G 30 S/PKI*，1984）、《假如那一刻来临》（*Bila Saatnya Tiba*，1986）等。

目前，印尼影片中商业片数量超过艺术片。印尼实验电影制作始于 20 世纪 70 年代，以印尼唯一的电影学院雅加达艺术学院（Institute Kesenian Jakarta）为中心，其中高托特·普拉考萨（Gotot Prakosa）被视为影响年轻一代电影人的实验电影先驱。喜剧片的兴起始于 20 世纪 80 年代。为了吸引更多的观众，印尼电影公司在 80 年代末开始聘请外国演员或与外国电影公司合作拍摄影片。其中影片《子弹与女人》（*Peluru dan Wanita*）耗资达 1500 万美元。1987 年是印尼电影业空前兴旺的一年。当年火爆的影片有《前后通行》（*Depan Bisa Belakang Bisa*）、《男孩日记》[*Catatan (Harian) si Boy*]、《尼·勃劳隆的爱情冒险》（*Petualangan Cinta Nyi Blorong*）等。其中，《尼·勃劳隆的爱情冒险》是印尼参加奥斯卡电影节评选的第一部影片。20 世纪 90 年代，印尼电影生产呈下降趋势。一方面主要是随着电视的普及，电影观众不断减少；

另一方面是进口影片日益增多，观众多喜欢看外国影片，而看国产片的观众日趋减少，致使国产电影公司的票房收入不断减少，影片的生产受到影响。

1998年，苏哈托下台后，影片内容的自由度提升，加之视频录像成为一种成本不高的媒介，来自不同背景的人尝试进行电影制作，促进了印尼电影业的发展。印尼电影人在全球不同的电影节展示他们的作品。正是通过电影作品，这些电影人对印尼历史问题进行反思，对当前社会问题进行剖析，他们冷静地观察着不同地域、不同部族所具有的多元文化。同时，他们紧跟时代脉搏，推出新影片。2012年5月，印尼电影《微博共和国》（*Republik Weibo*）问世，影片讲述男女主角通过微博相识相爱的故事。上映之后成为微博迷的讨论对象，受到国内外影迷的关注。印尼鹰航空公司《找寻真我》（*Love Once More*）微电影通过印尼鹰航空官方微博上线，影片以巴厘岛和日惹为外景地，讲述了一对分手后的恋人在印尼旅行时的偶遇，他俩通过回忆和重新认识自己而找回爱情的故事。该片男主角是电视剧《甄嬛传》中"温太医"的扮演者张晓龙，女主角是知名艺人陈紫函。而男女配角陆炜和马艳是印尼鹰航于2012年的"网络征集草根演员"活动中通过网友投票选出的，影片由陆炜担任编剧和导演。

目前，印尼影视管理机构、社团和制作中心有：印尼文化旅游部电影司（Kementerian Kebudayaan dan Pariwisata/Direktorat Film）、印尼国家电影监督局（Biro Sensor Film Nasional Indonesia）、印尼电影电视局（Biro Perfilman dan Televisi Indonesia）、雅加达艺术学院电影电视系（Fakultas Film dan Televisi Institut Kesenian Jakarta）、印尼电影艺术家联合会［Persatuan Artis Film Indonesia (Parfi)］和雅加达伊斯麦尔·马祖吉电影中心（Pusat Perfilman Ismail Marzuki Jakarta）等。据印尼文化旅游部数据显示，印尼国产影片数量近年来呈上升趋势，2005—2006年为33部，2007年为53部，2008年为87部，2009年为75部。①

---

① 详见 http://www.chinaculture.org/gjdt/2010-02/23/content_371859.htm。

二、主要电影节

1. 印尼国际电影节

其前身是雅加达"印尼电影周"，分别于 1955 年、1960 年和 1967 年举办过 3 次，1973 年正式更名为"印尼国际电影节"，并设立"芝特拉"（Citra）最高奖。[①] 1973 年至 1992 年，每年举行一次。1955 年至 1984 年，印尼电影节仅颁发了 3 次最佳影片奖。自 1985 年电影界达成共识，今后印尼国际电影节一定评出最佳影片奖。后由于受到进口影片，特别是美国影片的冲击，国内影片制造业萎靡，不得不中断一年一度的电影节。2004 年印尼恢复每年举办一次的国际电影节，轮流在印尼不同城市举办，又称印尼电影节。20 世纪 80 年代"芝特拉"奖并不看中票房收入，自 21 世纪开始看中票房收入和市场效应。2013 年印尼电影节首次把动画片纳入。印尼国际电影节设立如下奖项：

"芝特拉"（形象）奖、荣誉奖、最佳女演员、最佳男演员、最佳女配角、最佳男配角、最佳影片、最佳导演、最佳剧本、最佳编剧、最佳摄影、最佳剪辑、最佳录音、最佳配音、最佳艺术和最佳音乐奖。

2. 雅加达国际电影节

雅加达国际电影节是印尼主要电影节之一，从 1998 年第一届开始，在每年的 12 月份举行。每届雅加达国际电影节都有大量的印尼电影及其他国家的电影参加展映。雅加达国际电影节为更多年轻电影人的作品提供了展示的平台，为印尼电影开拓了一条崭新的发展之路。

3. 雅加达同性恋题材电影节

印尼雅加达同性恋题材电影节始于 2002 年，由印尼本地的一些独立记者共同创立，命名为"Q!"，宗旨之一是引起人们对同性恋群体的关注和预防艾滋病。2004 年，印尼举行第三届同性恋题材电影节，印尼参展影片为民间拍摄的《阿里善》（Arisan）。同性恋题材电影节在举办初期，受到伊斯兰教组织的抗议和抵制，其成员甚至冲入电影院以阻止影片的放映。2006 年，该电影

---

① 也可译成"形象奖"。

节正式获邀成为柏林国际电影节"泰迪大家庭"的一员，被命名为"泰迪巡演"。2007 年，在第六届印尼同性恋题材电影节中，上述抗议场面不再出现，反而吸引了大批观众。该电影节已成为亚洲地区较大规模同性恋相关题材电影节，这在伊斯兰教徒众多的国家是罕见的。

2010 年第九届"Q!"电影节，有来自 20 多个国家和地区的 150 余部影片参展，影片包括日本、菲律宾等亚洲国家和欧洲、北美及拉美国家的作品，也有《无声风铃》等中国影片。放映地除了雅加达，还扩展至泗水、玛琅、日惹、巴厘岛和望加锡等地。历届展映活动对外保持低调，主办方不在主流媒体上进行宣传，但增设了艺术展和文学交流等活动，相关活动得到印尼文化研究机构、非营利组织和一些外国驻印尼使馆的大力支持。其参展影片向观众呈现不同地域、不同文化背景、不同性倾向相关的故事和影像。电影节促使许多课题浮上台面，包括探讨艾滋病问题等。印尼法律没有明文禁止同性恋，但在这个 88% 以上的人口是伊斯兰教徒的国家来说仍是禁忌。

此外，印尼还有雅加达学生电影节、雅加达舞蹈电影节、雅加达短片电影节、万隆电影节等。

印尼不同时期的电影反映了不同的社会现象和问题，随着电影业的发展和先进技术的引进，影片质量不断提高，出现了一些著名导演、编剧、演员和技师。笔者给印尼专业本科生开过几轮"印尼电影赏析"课程，搜集了很多相关资料，对印尼电影的一些情况有所了解。下面就一些影片题材和内容做一粗浅介绍，同时列举部分相关影片的片名，顾名思义，供读者根据片名进一步了解影片反映的各类问题。

三、国产电影主要题材

（一）历史题材电影

（1）《乌鲁》（Oeroeg）

该影片是 1992 年印尼与荷兰、比利时、德国三国合作拍摄的。该片以印尼独立革命时期为背景，描写印尼土著乌鲁和荷兰人乔汉自幼是好朋友，后乔汉去荷兰。当他重返印尼时，他已是荷兰殖民军的一名士兵。而乌鲁则成了一位争取民族独立的战士。乔汉发现其父被杀，便怀疑是乌鲁所为，因为乔汉之父曾迫害过乌鲁一家。最后乔汉了解到其父并非乌鲁所杀。影片展示了荷兰殖民者的种种暴行和他们所推行的种族主义政策，例如在电影院白人在银幕正面看，有色人种只能在银幕反面看。

（2）《印尼共 9·30 运动之背叛》（*Pengkhianatan G 30 S/PKI*）

该影片是印尼每年 9 月 30 日放映的关于"9·30"运动的影片之一。它提醒印尼人不要忘记印尼共产党杀害 7 名高级军官和策划政变的行为，向观众灌输反共思想，后被禁放。

此外还有《麻喏巴歇的元老》（*Sesepuh Majapahit*）、《巴达维堡垒》（*Banteng Betawi*）、《马达兰堡垒》（*Banteng Mataram*）、《万隆火海》（*Bandung Lautan Api*）。

（二）革命题材电影

印尼的革命题材电影反映印尼军民为了独立而英勇奋战的英雄事迹，如 1981 年由著名导演阿里芬·努尔（Arifin C. Noer）执导的《进攻在拂晓》（*Serangan Fajar*），描述了 1945 年日本投降前夕，日惹军民对日军司令部发动进攻并升起红白旗的场面。另外还有：《日惹六小时》（*Enam Djam Di Djogja*）、《女战俘营》（*Kamp Tawanan Wanita*）、《革命时期的回忆》（*Kenangan Masa Revolusi*）、《独立先锋》（*Para Perintis Kemerdekaan*）、《泗水1945》（*Soerabaia '45*）、《为了红白旗》（*Untuk Sang Merah Putih*）、《荣耀红白》（*Merah Putih*）、《神鹰之血，荣耀红白》（*Merah Putih, Darah Garuda*）等影片。

（三）传记题材电影

（1）《哈比比与艾侬》（*Habibie & Ainun*）

该影片于 2012 年上映，导演是法赞·利泽尔（Faozan Rizal）。该片描述了印尼第三任总统哈比比和夫人艾侬间的爱情，带有传记性。影片着重介绍了哈比比的经历，如他从贫困生到出国留学获得博士学位，回国后当上总统的经历。他取得成就的背后有妻子艾侬的默默奉献。不幸的是艾侬产后患了癌症，为了不影响丈夫的事业，她一直隐瞒自己的病情。哈比比当上总统后才意识到人追求的不止是事业和成功，还有幸福。他悔恨自己以前没能多陪伴自己的妻子。艾侬去世后，年近七十的哈比比经常独自守着妻子的墓碑。影片告诉人们，在忙碌中应与自己爱的人分享生活乐趣，不要老来后悔。

（2）《小奥巴马》（*Obama Anak Benteng*）

该影片于 2010 年上映，又名《奥巴马：孟它小孩》。影片改编自奥巴马童年时期的 30 位伙伴和邻居写成的回忆录《奥巴马：孟它小孩》，该书是出版社计划中"奥巴马传记三部曲"的第一本。第二本书重点描述奥巴马在印尼天主教学校的学习生活。第三本书主要描述童年奥巴马与母亲之间的亲情。自 2008 年成功当选美国总统后，奥巴马便成为印尼最受瞩目的国际人物。

《小奥巴马》是纪实影片，表现了多元文化的重要性。奥巴马 1967 年至 1971 年（6 岁到 10 岁）在印尼雅加达孟它地区与母亲和继父一起生活。他从母亲那里学会宽恕，从印尼籍继父那里学会果断处事。影片中的小奥巴马由 12 岁的美籍男孩哈桑·法鲁克·阿里饰演。他和奥巴马一样，父母是不同族裔，年幼时从美国迁居印尼。他的身世和经历与奥巴马相似。哈桑生于美国的新墨西哥州，2 岁之后一直生活在印尼。他能说流利的英语和印尼语，母亲是白人，父亲是非洲裔美国人。奥巴马小时喜欢打乒乓球、放风筝、拳击和玩拼图游戏。哈桑正式开拍前刻苦练习乒乓球技和拳击，以及学习左撇子的生活习惯。影片完全建立在奥巴马著作的基础上，再加上奥巴马童年时期在印尼的朋友和邻居的回忆，还原出一个真实的童年奥巴马。影片让世人了解，奥巴马之所以会成为美国领袖，与他在印尼的童年生活有关，印尼多元的宗教、种族和不同的生活经历影响了他。

（四）爱情题材电影

爱情是永恒的话题，不同恋爱观有其时代特征和社会背景，其中也反映出不同的道德观和价值观。印尼爱情题材的电影数量最多，无论历史、传记、恐怖、动作等影片，其中不乏爱情情节贯穿其中。

（1）《纯洁的爱》（*Asmara Murni*）

该影片故事情节是：女主角玛丽莎（Marisa）被动地陷入婚外恋，后杀死情夫，自己也变疯了。玛丽莎的丈夫埃莱克（Eleke）是一公司老板，年少时与其父驾车外出时发生车祸，汽车掉入山涧，其父亡，埃莱克受伤，并丧失性功能。二人为无性婚姻。玛丽莎在与前男友谭顿（Tandun）会面时，被下麻药强奸致怀孕。玛丽莎深感对不起丈夫，后告知其实情，并得到丈夫的原谅。玛丽莎产下一男孩。谭顿欺骗玛丽莎的感情，以欠债被打为由骗得玛丽莎 2000万印尼盾。谭顿继续纠缠玛丽莎，甚至到玛丽莎家中对其施暴，被埃莱克母亲撞见，致使玛丽莎被休。谭顿威逼她接客，然后不辞而别。其实，谭顿的所作所为是报复玛丽莎嫁给埃莱克。后来，谭顿到埃莱克家中以要孩子为名勒索 1亿印尼盾。此景被已变成乞丐偷偷看望儿子的玛丽莎遇见，她用刀刺伤谭顿。在埃莱克与谭顿打斗时，谭顿的手枪掉在地上，被玛丽莎捡起，然后她开枪打死了谭顿。玛丽莎最终变疯，流落街头。

（2）《紫纱雾》（*Kabut Sutera Ungu*）

该影片故事情节是：米兰蒂（Miranti）的丈夫是飞行员，在一次飞行中遇难身亡。身为寡妇的米兰蒂在生活中受到亲人、朋友的误解和指责，更受到封建思想的束缚。可谓"寡妇门前是非多"。从国外回来的小叔子迪纳斯·阿德兰托（Dinas Adranto）被她的美貌和善良所吸引，米兰蒂的小女儿误把他当成爸爸。几经周折，她和小叔子之间的恋情经受住了考验，得到亲人们的理解，二人终成眷属。

（3）《三十天寻爱》（*30 Hari Mencari Cinta*）

该影片描述三位少女寻爱的经历。凯凯（Keke）、戈雯（Gwen）、奥琳（Olin）3 个女孩租住在一起，每日欢声笑语不断。一日，她们三人观看了关于爱情的影碟，内心受到触动。她们突然意识到，生活中缺少男性。三人决定竞赛，看谁在 30 天之内先找到男友，最先找到男友的是胜利者，其他二人在租住房为其服务一年，负责打扫卫生、洗衣服、做饭等。竞赛期间她们遇到各种类型的男孩，影片中当事人的表现让观众忍不住发笑。她们的恋爱对象分别是色鬼、同性恋，以及不修边幅、邋遢、不守信的男人。她们之间还因男友问题产生隔阂，最终她们放弃各自的男友，恢复了原来的生活。影片的主题是告诉人们爱情可遇不可求，同时揭示了印尼部分年轻人的生活方式和价值取向。

（4）《云雾情路》（*Cinta Selembut Awan*）

该影片故事情节是：隐身的尼克（Nico）决定走出丛林中，恰巧遇见外出打猎意外身亡的伊斯麦尔（Ismail），二人长相相似。尼克在伊斯麦尔的背包中发现一本日记，日记详细记录了伊斯麦尔的生活情况。尼克决定装扮成伊斯麦尔回到其生活的地方。为了掩人耳目，他故意撞伤自己，造成失忆假象。茶园里的一栋别墅里居住着三姐妹，老大甘菩（Kamboja）[①]是企业家，老二玫瑰（Rose）喜欢饮酒、吸烟和跳舞，老三茉莉（Melati）喜欢画画。在回来的路上，尼克遇见茉莉，茉莉把他带到住处，热心地为他包扎伤口。事实上，伊斯麦尔是玫瑰的恋人。在后来的交往中，玫瑰和甘菩发现假伊斯麦尔身上存在许多疑点。而过去相互从不交谈的伊斯麦尔和茉莉，一反常态，走得很近，茉莉以身相许并怀孕。一天，茉莉突然听到一个消息，伊斯麦尔到警局投案自首，他向警方提出见茉莉的请求。原来，尼克深爱茉莉，他不想以伊斯麦尔的假身份继续欺骗茉莉，他要正大光明地与茉莉生活在一起。所以他投案自首。15年后，尼克出狱，找到茉莉和他们的女儿。

（5）《贞洁》（*Vir Gin*）

该影片讲述少女守护贞洁的故事，场面较开放，但点到为止。16岁的碧艳（Biyan）非常传统，一直坚守处女底线。她的父亲是花花公子，经常与不同的女人约会，她的母亲每日以泪洗面，非常痛苦。碧艳与性格开朗的丝戴拉（Stella）和卖淫女珂媞（Ketie）是无话不谈的好朋友。因生活和债务所迫，她们三人付出了沉痛的代价。丝戴拉和珂媞患上了抑郁症。碧艳也被迫卖淫，但遇到好心的嫖客，在经济上帮助了她。最后，碧艳保持住了处女之身。

（6）《爱情怎么了》（*Ada Apa Dengan Cinta*）

该影片于2002年上映，导演为鲁迪·苏达尔沃（Rudy Soedjarwo）。影片讲述一名叫瑾塔（Cinta）的高中女生的故事。该影片清新、曲折、思辨，具有新世纪印尼电影的探索风格。瑾塔是一个出身于幸福的中产阶级家庭的女孩，她与4位女同学情同姊妹，她们都是校刊社的重要成员，其中阿尔娅

---

① 印尼人称柬埔寨花。

（Alya）饱受家庭暴力，大家都为她打抱不平。当校园诗歌比赛颁奖时，素有文采的瑾塔信心十足，同学们也以为头奖非她莫属，不料一位无名的男同学琅嘎（Rangga）出乎大家的预料，竟拔得头筹。令人不解的是他没有出席颁奖典礼，独自躲在校园僻静的角落里朗读安瓦尔（Anwar）的诗集。琅嘎一贯独来独往，他唯一的朋友竟是校门的警卫伯伯，这次也是警卫伯伯偷偷替他投的稿。琅嘎的低调引起瑾塔的兴趣，于是有了采访他的念头，但被孤僻的琅嘎一口回绝。瑾塔并没放弃，往来之间，她情意萌生。与此同时，瑾塔忽略了与女友们的联系，使得 4 位女友对她产生不信任感，瑾塔（爱情）到底怎么了？

（7）《象牙的裂纹》（*Retak Gading*）

该影片于 2013 年上映，导演为巴尤·帕盟卡斯（Bayu Pamungkas）。这是一部反映印尼当代青年恋爱观的影片。影片描述一位名叫嘎丁（Gading，该词义为"象牙"）的女孩的生活，她与巴拉（Bara）结婚，婚后不愉快，她心里还想着前男友宾唐（Bintang）。原来，嘎丁在学校是校花，很多男生追求她，最后宾唐获得她的芳心。但好景不长，在一次聚餐会上，宾唐喝醉。当他清醒时，发现自己和一个陌生女人裸睡在一起。后来他得知，那个女人患有艾滋病。他非常自责，觉得对不起嘎丁，他决定断绝与嘎丁的恋爱关系。嘎丁一直不理解宾唐为何与她断绝关系。后来宾唐的朋友巴拉出现并关心着她。在双方母亲的撮合下，二人结合。嘎丁在一次与宾唐邂逅中得知了真相，她原谅了宾唐并与之保持往来。巴拉嫉妒嘎丁与宾唐的关系。在母亲的劝导下，嘎丁维系着与巴拉的婚姻，后不堪压力而精神崩溃。该片对年轻人有教育意义，即约束自己，不可放纵，否则后果不堪设想。

（8）《泥潭中的喘息》（*Bernapas Dalam Lumpur*）

该影片讲述一个妓女与一位企业家相遇、相知、相爱的过程。它不仅描绘一个妓女幸运地遇到白马王子，还证明两个不同阶层的人，通过深入沟通和互相了解，能够化解两个不同阶层的矛盾，消除隔阂。最后，不但这位妓女能从良，企业家也因为体会到贫穷阶层的痛苦生活，毅然放弃收购破落工厂地皮的计划，鼎力赞助这间工厂，助其恢复生产，使员工们回到正常的生活轨迹。

（9）《谈情不说爱》（*Yang Tidak Dibicarakan Ketika Membicarakan Cinta*）

该影片又名《当他们谈论爱情时他们不会谈论什么》，于2013年上映，导演是莫莉·苏尔亚（Mouly Surya）。影片讲述印尼雅加达的三个视障学生的生活、学习、恋爱经历。黛安娜性格开朗，一如所愿地发育为成熟的女人。费莉芝面目清秀，却是男人的肉欲玩物，听障男恋上视障女，用假身份接近费莉芝，二人打得火热。玛雅先天失明，与另一位同学形影不离，她有一个表演梦。视障学生看不清楚面前的事物，但他们从容自若，在成长的路上不断认识自我和他人，构建与外界沟通的桥梁。该片获第二十九届圣丹斯电影节评审团大奖和世界电影单元剧情片提名奖等。

（五）鬼片、恐怖片

自《活骷髅》（*Tengkorak Hidoep*）于1941年上映后，印尼电影观众逐渐接触和接受了恐怖片，虽然知道是假的，但还是从中寻求刺激。印尼人崇拜神秘主义、灵魂和万物有灵论，认为鬼片与神灵、灵魂信仰有关，故而能够接受鬼片所放情节。随着时代和科技发展，鬼片和恐怖片也在改变套路，如描述梦境和拍摄现场等。近年，鬼片和恐怖片有上升趋势。

（1）《普拉番查屋的小鬼》（*Hantu Anak Rumah Prapanca*）

该影片于2014年上映，导演是麻麻黑特·多尼（Mamahit Donie）。影片讲述迪戈（Diego）和苏占娜（Suzanna）应朋友的邀请，到普拉番查地区的一间房子居住。该房屋曾经有一小孩掉进煮土豆的锅里烫死。二人入住后受到小鬼的骚扰，房间里充满热土豆的香气。二人尝试驱鬼，但以失败而告终。

（2）《鬼电车》（*Kereta Hantu Manggarai*）

该影片的导演是纳亚托·菲奥·奴阿拉（Nayato Fio Nuala）。影片中的萝莎（Rosa）与埃米莉（Emili）是一对姐妹，一天，她们大吵了一架，萝莎把妹妹赶出家门。埃米莉愤而离家出走，从此一去不回。萝莎对此自责不已。萝莎将姊妹争执的来龙去脉告诉了闺中密友泰拉（Taila）。泰拉怀疑埃米莉是搭上了传说中的"鬼电车"，于是建议萝莎去求助灵学达人巴比（Bapi），但萝莎却始终认为这是无稽之谈，没有把泰拉的建议当回事。巴比自从女友搭上鬼电车出事后，便迷上了钻研灵异之事，他邀集几位好友在法师奇阿诺的法术相助下，亲自搭上鬼电车。顺利上车后，鬼电车上怪事接踵而来，他们看见了在翻车意外中死去的乘客来向他们索命，正当千钧一发之际，奇阿诺出现，救了他们。

（3）《致命录像带 2》（*V/H/S/2*）

该影片又名《诡异的录影带》，于 2013 年上映。影片描述了为了寻找在派对中失踪的大学生，两名携带录像设备的私家侦探闯入了一幢空房子，并在其中发现数卷神秘录影带：a. 男人米德尔顿植入了能记录影像和声音的义眼，他在家中看到恐怖的影像。b. 在国家公园丛林里骑车的麦克碰到一个满身伤痕、呕吐黑水的女人，接下来一群恐怖丧尸慢慢向他靠近。被丧尸咬了后，男子的身体渐渐发生变化。c. 某剧组造访一个神秘教派，天堂般美好的表象下，恐怖气息蔓延，他们偏偏赶上魔王降临人间。d. 父母不在的湖边住宅，孩子们放肆玩耍。夜深人静之际，强烈的光芒突然闪过，神秘生物进入屋内，意外频现。

（4）《杀人兔魔》（*Belenggu*）

该影片于 2012 年上映。影片描述厄朗（Elang）梦境里发生的事情。梦中，厄朗在原始森林里狂奔，遇到开着奔驰轿车的京嘎（Jingga），他被许多僵尸和穿一身兔服的杀手围住而惊醒。现实中，厄朗是身着兔服的杂技演员，他因杀害自己的妻儿而入住精神病院。而京嘎是一个妓女，曾经被 3 个男人强暴。厄朗爱上京嘎，并发誓为京嘎报仇，杀死强暴她的 3 个男人。一连串的凶杀案发生，厄朗被捕，不得不承认杀人，并还原了杀人过程。

印尼拍摄的鬼片和恐怖片，有的带有地域性或部族性，如《高姆博尔女鬼》（*Wewe Gombel*），于 2007 年上映，影片讲述爪哇高姆博尔地区偷盗婴儿的鬼魂故事；《朗达》（*Rangda*），影片故事发生在巴厘岛，所描述的女鬼是勒阿克鬼的女王，专吃婴儿，经常率领众妖女对抗代表正义的巴隆（Barong）；《勒阿克》（*Leak*），于 2007 年上映，在巴厘岛，传说由自己念咒语而变成的动物妖精，夜间出来吸食婴儿血，只有巫师能看见；《帕拉西克》（*Palasik*），这部鬼片描述西苏门答腊米南加保地区会妖术的异人的传说；《人形幽灵》

（*Orang Bunian*），影片描述米南加保地区，喜欢隐居在废墟的孤魂野鬼的传说。

（六）武打片、动作片

印尼早期拍摄的武打片有《巴沙龙剑》、《骷髅旗》和《血溅婆罗浮屠》等。

（1）《精武战士》（*Merantau Warrior*）

该影片又名《出走》，于 2009 年上映。该片导演为加雷斯·埃文斯（Gareth Evans），由功夫演员伊科·乌艾斯（Iko Uwais）主演。影片被视为印尼 25 年来的最佳功夫片之一。故事情节围绕英雄救美、施展拳术而展开。尤达（Yuda）是一个经验丰富的"虎头帮"成员，他生活在苏门答腊米南加保地区的一小村庄，后到雅加达谋生。在不断的挫折之后，无家可归的他感到失败和茫然。一天，他为了保护一个叫作阿斯特里（Astri）的孤儿而得罪了欧洲黑社会，从而遭到他们报复性的追杀，最终两败俱伤。影片中的打斗镜头都是真实的格斗，拳拳到位，极少有特技。影片配乐的节奏感强劲，衬托出搏斗的力度。

（2）《黑暗之城》（*Tarung: City of the Darkness*）

该影片于 2011 年上映。影片讲述了 4 个年轻人之间真正友情，以及他们面对生活困难和挑战的故事。雷诺（Reno）、曹克（Choky）、戴维德（David）和伽朗（Galang）4 人是在孤儿院从小一起长大的好朋友。雷诺刚刚从监狱获释就遭到神秘组织的追杀，戴维德经过调查确定这伙人就是之前长期与雷诺为敌的那些人。另外，伽朗与夜总会舞女阿斯特里特（Astrid）一直保持着联系，而曹克则与一个走私毒品的集团有染，他秘密地挪用该贩毒集团的钱款资助孤儿院。当弄清楚是谁在背后攻击雷诺后，他们便联手采取行动，一场不可避免的血战爆发。该片武打场面激烈。

（七）反映社会问题的影片

该类影片从反映 20 世纪 30 年代的包办婚姻到现代的宗教、情杀、仇杀、毒、赌、嫖、艾滋病等社会问题。

(1)《西蒂·努尔巴雅》(*Siti Nurbaya*)

该影片故事以艺人歌唱的方式讲述，讲到高潮时须续费。美丽的西蒂·努尔巴雅（Siti Nurbaya）是富商苏莱曼（Sulaiman）的女儿，她与巴东地方官员马哈穆德（Sutan Mahmud）的儿子萨姆苏尔巴哈里（Samsulbahri）是自小青梅竹马的表兄妹。到了情窦初开的年纪，他们坠入爱河，经常互诉衷肠。不久后，萨姆苏尔巴哈里前往巴达维亚参加荷兰殖民军，临行前，他们交换了定情信物。

达图克莫灵给（Datuk Meringgih）是一个心肠歹毒的老乡绅，拥有几个妻子，经营藤制手工艺品和放高利贷。他不仅嫉妒苏莱曼的产业，还垂涎其女儿西蒂的美貌，一心想纳西蒂为妾。在派手下人劫持未果后，他又派人烧了苏莱曼的店铺。一夜之间，苏莱曼家变得一贫如洗，再也无力偿还曾经欠下达图克莫灵给的债务。达图克莫灵给借此要挟苏莱曼把女儿嫁给他以抵消债务。万般无奈之下，西蒂只得委身嫁与年老的达图克莫灵给，每日里以泪洗面，过着煎熬的生活。接到西蒂的来信告知她已婚的消息后，萨姆苏尔巴哈里悲痛欲绝。不久后，西蒂的父亲身患重病，萨姆苏尔巴哈里回到巴东探视，在苏莱曼家中，萨姆苏尔巴哈里与来探望父亲的西蒂偶遇，旧爱相见，感慨良多。于是，他们趁着夜晚来到了附近的小树林互诉衷肠。不料这次幽会传到了达图克莫灵给的耳朵里，西蒂的父亲因听说这个消息后轰然离世。西蒂回到达图克莫灵给家中后，萨姆苏尔巴哈里曾策划带着西蒂私奔，结果被达图克莫灵给发现并追回，强行将西蒂带回家。达图克莫灵给认为西蒂不守贞洁的行为让自己受到了侮辱，于是令下人在西蒂的食物中下毒，西蒂含恨而终。

若干年后，达图克莫灵给率领当地民众展开了反抗荷兰殖民军的暴动，恰好萨姆苏尔巴哈里被派到巴东镇压这次民众起义。在战场上，二人相遇分外眼红。一番搏斗之后，萨姆苏尔巴哈里用枪击毙了达图克莫灵给，同时自己也被达图克莫灵给刺伤而最终身亡。

达图克莫灵给是电影中头号反面人物，他阴险狡诈，贪财好色。但在影片的结尾，他率领当地群众英勇地抗击荷兰殖民军，似乎一定程度上改变了这个人物的形象。如何对他做出历史评判成为一难题，如果从主观上评判，他抗击荷兰殖民军并非真正为了正义而战，仅仅是为了维护自身的利益不受侵犯。但从客观的历史角度评价这个人物，不可否认，他顺应了历史的潮流，为推动印尼民族解放事业做出了自己的努力。总的来说，达图克莫灵给个人品行恶劣至极，但在民族大义面前，他站对了立场。而萨姆苏尔巴哈里在影片中是一个用情至深的潇洒公子。他与西蒂纯真美好的爱情，却最终被达图克莫灵给所代表的黑暗势力摧毁。最后，他代表荷兰殖民军镇压群众起义，成了印尼民族运动的敌人。影片中所呈现的悲剧也是时代的悲剧。

（2）《黑白少女》（*Gadis Hitam Putih*）

该影片于 1986 年上映，由西宏平执导。它讲述一位护士，因丈夫出身贵族，比她身份高贵，导致婚姻破裂的故事。她一气之下将医院里两个初生婴儿调换，结果富人家生的女婴落入"低贱"的穷寡妇家，女婴长大后因制作淫秽录像带被控告；而那寡妇生的遗腹女进了富人家，后成长为良家妇女。电影试图说明人的品性和素质，不是取决于血统，而是取决于后天的教育和熏陶。

（3）《谁之罪》（*Dosa Siapa*）

该影片故事情节是：乌斯曼（Usman）的母亲马莉娅（Maria）未婚先育，其爷爷阿赫马特里亚夫（Ahmatriaf）拆散其父母。他自小没有父爱，好打抱不平，经常打架斗殴，后致人死亡。乌斯曼的母亲一直拒绝告知乌斯曼其父是谁。乌斯曼女友的父亲反对女儿杜蒂（Tuti）与乌斯曼交往，但她表示非乌斯曼不嫁。警长拉赫曼（Rahman）通过拾到的戒指得知乌斯曼是自己的亲生儿子，为了救他，将其放走，后经妻子警示而觉悟，在前女友马莉娅面前带走乌斯曼。

（4）《一夫多妻》（*Berbagi Suami*）

该影片于 2006 年上映。影片里的三个女人，其家庭背景、种族和性格不同，可是她们生活在同一个国家里，伊斯兰教的一夫多妻制使得她们不得不面对现实，共侍一夫。

（5）《永远》（*Selamanya*）

该影片于 2007 年上映，原为瘾君子的巴拉（Bara）成为禁毒人士，正在与漂亮的恋人南·杰莉塔（Nan Jelita）筹备婚礼。他偶遇前女友艾丽斯塔（Arista），并重新建立了联系。二人关系影响到婚礼的筹办，巴拉因此内心开始波动，因为艾丽斯塔还在吸毒，当初正是他把她引上了吸毒之路。他决定帮她戒掉毒瘾，三人因此陷入矛盾之中。

（6）《最后的狼》（*Serigala Terakhir*）

该影片由武琵（Upi）执导。影片中，一位名叫法蒂尔（Fathir）的聋哑青年，原本善良，但缺乏自信；不善交往，但善解人意。后他变成令人敬畏的冷血杀手。

（7）《仙女》（*Sang Dewi*）

该影片于 2007 年上映。影片描述妓女的生活故事。笔者观看过几部相关电影，发现印尼影片中多把妓女的形象描写为被生活所迫，富有同情心、爱心等的女人。她们属于弱势群体，被男人玩弄，但没有丧失良知。如《纯洁的爱》电影中，玛丽莎有一当妓女的挚友叫耶纳（Yena），从影片中可以看到，耶纳是一个正直善良的女人。

（八）儿童片

（1）《瑟莉娜》（*Sherinah*）

该影片讲述小主人公在处理与同学之间关系中遭遇的事情。小主人公后由雅加达迁至万隆，不幸遭绑架，她与绑匪斗智斗勇，最后脱险并把坏人绳之以法。

（2）《天虹战队小学》（*Laskar Pelangi*）

该影片于 2009 年上映，导演为利利·利扎（Riri Riza）。该片改编自同名畅销小说，小说的作者是安德烈亚·伊拉塔（Hirata Andrea）。《天虹战队小学》是根据作者本人的经历撰写的一部励志小说。小说一出版就成为印尼有史以来最畅销的小说，成为国家畅销书榜冠军。影片描述 20 世纪 70 年代，10个贫困家庭的学生在风光秀丽、因锡矿而闻名的勿里洞岛上的生活和学习的故事。他们就读于一间乡村伊斯兰小学，该校仅有一位校长、两位老师，以及简陋的校舍和不足的资金。10 名学生每天赤脚上学往返要走 80 千米的路,困难挡不住他们的求知欲。他们组成充满纯真梦想的"天虹战队"。在物质极度匮乏、条件极差的环境里,通过相互帮助,以超乎寻常的创意与毅力,为自己的人生道路增添了色彩。10 个孩子经过努力,掌握了不同的特长,有的喜欢发明,有的擅长绘画等。

在勿里洞岛的拍摄现场立着一块碑,纪念《天虹战队小学》这部电影在这个海滩取景。电影在印尼上映后,尤其是在 2009 年多次获奖后,勿里洞岛在印尼更加出名。打动人心的励志故事,快乐进取的孩子们,富有爱心的女老师,原生态的小岛风光,吸引了众多旅游爱好者。

(九)神话故事片

印尼描述神话故事的电影,如取自阿拉伯故事《一千零一夜》的《阿拉丁神灯》(*Aladin dan Lampu Wasiat*)、《阿里巴巴》(*Ali Baba*)、《美人鱼公主》(*Putri Duyung*)、《蛇公主》(*Putri Ular*)等。

(十)纪录片

(1)《虔诚的合奏曲》(*Kantata Takwa*)

该影片于 2008 年上映,导演是高托特·普拉考萨(Gotot Prakosa)。这是一部半纪录片,主题是抗议苏哈托政权。影片独立,具实验性,从 1990 年开始制作,脚本包含同年虔诚的合奏曲乐队的一次演出素材,但影片直到 2008 年才最终完成。它共获得 8 项国际大奖,先后在全球 30 多个国际电影节展映。

高托特·普拉考萨 1974 年完成了高中阶段的学业,并于次年进入雅加达艺术教育学院(现雅加达艺术学院),主修导演专业。1978 年,普拉考萨完成了三年制文凭课程,并继续进修,分别于 1982 年和 2001 年完成了实验动画专业四年制文凭课程和制片专业本科课程。此后,普拉考萨又于 2004 年获得印尼日惹市卡查玛达大学文学院硕士学位。普拉考萨自 1973 年开始制作电影。1976 年,他的首部动画电影《一对喇叭》在雅加达艺术委员会主办的"迷你电影节"中获奖。从 1976 年至 1981 年的 6 年间,普拉考萨的短片每年都在雅加达艺术委员会主办的"迷你电影节"中有所斩获。普拉考萨一人身兼编剧、制片人、摄影和导演等多种角色。

（2）《574 航班空难》（*Tragedi Penerbangan 574*）

该影片于 2012 年上映，主要记述 574 航班空难的经过。

（十一）有争议和被禁映的影片

（1）《新人类的故事》（*Bird Man Tale*）

该影片于 2003 年上映，导演是加林·努格罗（Garin Nugroho）。影片叙述西巴布亚岛独立运动的状况，因与分离运动有关，故被禁映。

（2）《苏加诺印尼独立》（*Soekarno Indonesia Merdeka!*）

该影片由哈农·布拉曼特约（Hanung Bramantyo）执导。该片颇具争议，主要是拍摄方与苏加诺家族有分歧。苏加诺女儿拉赫马娃蒂·苏加诺普特利（Rachmawati Soekarnoputri），指责哈农·布拉曼特约没有真正了解苏加诺的性格，因而在刻画人物和物色扮演苏加诺演员方面存在误区，仅是在兜售苏加诺的名义。一些民众举行示威，认为影片玷污了苏加诺的名字，要求停放该片。2013 年 12 月 11 日该影片被禁映。

哈农·布拉曼特约 1975 年出生于日惹，他是萨利姆·普尔诺莫（Salim Purnomo）和穆尔亚妮（Mulyani）夫妇的儿子。他曾在印尼伊斯兰大学经济系学习，后肄业，到雅加达艺术学院电影与电视系电影专业学习，毕业后投身电影业。这部影片是他所拍摄的影片中最难的一部，演员共计有 3000 余人。影片描述苏加诺从出生到印尼独立这段时间的经历。

（3）《吻我吧！》（*Ciumlah Aku!*）

该影片于 2004 年上映。该片在放映 80 分钟后出现了一战战兢兢接吻的镜头，受到伊斯兰教组织的质疑和抗议。尽管审查通过，但因社会反响大，影片被禁映。

（4）《苦役》（*Romusha*）

该影片于 1972 年上映，导演是赫尔曼·纳嘎拉（Herman Nagara）。该片揭露侵占印尼日军的暴行。故事情节是：罗达（Rota）是一原住民，被日军以煽动罪逮捕，关进集中营，服苦役，受尽折磨。该片后因担心影响印尼与日本的稳定关系而禁映。

（5）《带刺的铁丝网》（*Pagar Kawat Berduri*）

导演是阿斯鲁尔·萨尼（Asrul Sani）。影片讲述印尼独立前被关在荷兰集中营的爱国志士越狱的方式和过程。帕尔曼（Parman）为了获取信息，佯装与一名荷兰军官主动交友。他的做法遭到狱友们的排斥，后慢慢被理解。他帮助两位狱友剪断铁丝网越狱，一人成功逃脱，一人遭枪击。而他自己因此被荷军处决。该片被禁映，主要因为担心观众同情荷兰人。

（6）《马克斯·哈佛拉尔》（*Max Havelaar*）

该影片于 1976 年上映，导演是冯斯·罗德麦克斯（Fons Rademakers）。该片根据同名小说改编，小说作者是一位同情印尼人的荷兰人，名叫穆尔塔图里（Multatuli）。他在荷兰殖民印尼时期曾担任一州长助理，面对官僚贪污腐败的现象，他的良心受到谴责。他的抵触态度致使他被解职并遭返回国。该片拍摄初期便遭非议，历时 3 年拍成，历时 10 年通过印尼影片审查局（BSF Badan Sensor Film）的审查，在新秩序时期上映，不久便被禁映。目前其作为教学片仅在特定范围内上映。

（7）《流浪汉》（*Petualang-petualang*）

该影片于 1978 年上映，原名为《贪污者》（*Koruptor-koruptor*）。影片讲述几个人物之间的利益冲突，当事人均为贪污者。该片历时 6 年获审查通过。其间胶片被剪去 319 米，更名为现名。影片虽被禁映，但两个名字之间有何联系，为何要更名，没有得到任何说明和解释。

（8）《17805 独立》（*Merdeka 17805*）

该影片于 2001 年上映。该片为印尼与日本合作的产物，描述印尼独立的过程。一名日军上尉同印尼原住民交友，帮助印尼人解放自己。在一次执行任务时，受到当地人的欢迎，一位当地老奶奶还吻了他的脚，该情节审查时被要求减掉。由于政治问题，该片被禁映。

（9）《阿里善》（*Arisan*）

该影片于 2004 年上映，导演是妮娅·迪亚塔（Nia Dinata）。该片由民间拍摄，以同性恋为题材，讽刺富人的生活。影片出现两名男性演员接吻和一对异性演员在公厕口交的画面，受到伊斯兰教人士的抗议，后政府下令禁映。

（10）《杀戮演绎》（*The Act of Killing*）

该影片于 2012 年上映。美籍导演奥本海默（Joshua Oppenheimer）花了 6 年时间拍摄了一部有关印尼前总统苏哈托时代屠杀大批华人的纪录片《杀戮演绎》，影片证实 1965—1966 年被屠杀的人中很多是无辜的。在实景拍摄中，奥本海默采访了数十名在 1965 年大屠杀中表现突出的人物。这些人多为当地社会名流，甚至身居高位，被尊为民族英雄。该片由参与杀戮行动者现身说法，引导观众重新检视这一历史悲剧。当时的暗杀队队长安瓦尔（Anwar）在片中描述了各种杀人方式，他曾在杀人后以唱歌、跳舞的方式慰藉自己。影片还原了当时的真实场景，促使人们对印尼这段黑暗历史进行反思。同时，影片也给观众提出了令人费解的问题：曾经草菅人命、杀人如麻的暴徒为什么在 21 世纪的今天不以自己的暴虐为耻，反而以之为荣招摇过市？为什么这些杀人罪犯至今没有被绳之以法？这部超现实纪录片获 "2013 柏林影展最佳观众票选奖和基督教评审团奖"。该片入围 2014 年第 86 届奥斯卡纪录片提名。

此前，苏哈托执政时期曾拍摄有关 "9·30" 运动的一部电影，每年的 9 月 30 日都会播放。在苏哈托长达 31 年的独裁统治期间，民众了解大屠杀的唯一途径就是政府拍摄的规定印尼学生每年必看的一部电影。电影把印尼共产党描绘得非常残暴，而把杀害他们的人则描绘成民族英雄，致使几代印尼人都被洗脑。

（11）《南海女皇复仇记》和《过分卖俏》

《南海女皇复仇记》（*Pembalasan Ratu Selatan*）和《过分卖俏》（*Akibat Terlalu Genit*）于 1989 年摄制，两部影片在印尼电影审查委员会没有获得通过，理由是突出宣扬暴力和色情。

不难看出，上述电影多因政治、历史和宗教等因素而被禁映。

（十二）几部参展和获奖较多的影片

（1）《想飞的盲猪》（*Babi Buta Yang Ingin Terbang*）

该影片于 2008 年上映，导演是艾德文（Edwin）。影片的内容表面上看似是一个青梅竹马的爱情故事，但核心触及印尼的种族歧视尤其是针对华人的歧视问题，使观众重新审视印尼 1998 年 5 月震惊世界的种族暴乱。影片人物关系复杂，多线并行且交错，描述了印尼华人一家三代的生活状况。女主角琳达的母亲是一名前羽毛球世界冠军，父亲是一名失明的牙医。琳达的童年玩伴因为是华裔倍受欺辱，其父母最后带着他离开琳达的社区。影片讲述 8 位不同角色，各自沉沦于荒诞生活之中，表达时下印尼社会的种族歧视问题。导演将万花筒式的生活片段以叙事方法运用到这部影片中，故事情节在种族问题紧张的环境中展开。影片中发生的事情带有模糊的象征意义。

该片曾在以下电影节参展：韩国第 13 届釜山国际电影节，荷兰第 38 届鹿特丹电影节欧洲首映，阿根廷布宜诺斯艾利斯第 11 届阿根廷国际独立电影节，香港第 33 届国际电影节，美国第 35 届西雅图国际电影节，捷克共和国第 44 届卡罗维发利国际电影节，澳大利亚第 58 届墨尔本国际电影节等。

该片获奖情况：2009 第 38 届鹿特丹电影节国际影评人协会奖，2009 台北金马影展亚洲电影奈帕克奖，2009 新加坡国际电影节优秀奖，2009 南特三大洲电影节年轻观众奖和银热气球奖，2009 雅加达国际电影节最佳新导演奖等。

（2）《突袭》（*The Raid*）

该影片于又译《死亡突袭》，于 2012 年上映，由英国导演加雷斯·艾文斯（Gareth Evans）自编自导，由美国和印尼联合制作，耗资 110 万美元，于 2012 年 3 月 23 日在印尼上映。主演：印尼武打明星伊科·乌艾斯（Iko Uwais）饰演特警拉玛（Rama），唐尼·阿兰西亚（Doni Alamsyah）饰演安迪（Andi）。影片描述一支特警队突袭一群躲在雅加达贫民窟深处一座 30 层坚固高楼的最危险的毒贩和杀手，他们是当地的毒贩大佬和其手下一帮亡命徒。在黎明前黑暗和寂静的掩护下，一组受命的特警队员慢慢接近楼房，但被毒枭偶然发现，并切断建筑物的电源，堵死楼内所有通道，特警必须冒死攻击。影片突出的是实战场面，从动作设计到剪辑都给人无比真实的感觉。精彩刺激的近身搏斗、高空坠落缠斗、枪战及特技，加上大量专业格斗术和壮观浩大的爆破场面，让人充分领略枪械搭配匕首的高级单兵战术的威力。该片以非凡的摄影风格和绝佳场景的搭配令观众折服。全片毫无冷场，一镜到底的搏斗戏，让观众自始至终沉浸在紧张的气氛中。该片被誉为印尼 10 年来最佳动作片。它在多伦多国际影展获最佳影片奖"午夜疯狂奖"，获第六届亚洲电影节特别奖。该片在国际影坛掀起了一股印尼动作片旋风。影片还在印尼、美国、加拿大、日本和法国等地同步上映。

（3）《爱莲娜，爱莲娜》（*Eliana, Eliana*）

该影片于 2004 年上映，由里里·利扎（Riri Riza）执导。影片梗概：漂亮的女售货员爱莲娜因为在百货公司顶撞顾客被解雇，心情郁闷的她离开公司来到酒吧借酒消愁，其间遭到小流氓的骚扰。好不容易摆脱掉小流氓的爱莲娜狼狈地回到住处，母亲却突然出现并逼她去相亲。恰在此时，一个凶恶的男人前来杀害那位不告而别的室友。在这个混乱的夜里，爱莲娜和她母亲乘坐出租车在雅加达市寻找她的室友，以免其被杀害。该影片在温哥华和新加坡的国际电影节获最佳亚洲电影奖。

（4）《镜子不说谎》（*The Mirror Never Lies*）

该影片于 2011 年上映，由卡米拉·安迪妮（Kamila Andini）执导。影片讲述了 12 岁少女帕琪丝（Paqisi）的父亲在出海打鱼时失踪，父亲生前留给她一面镜子。正是这面镜子支撑着她继续生活。按岛上习俗，镜子可以找回失去的东西或人的影像。帕琪丝每天望着爸爸留下的镜子，等待奇迹的发生，她坚信父亲会回来。帕琪丝相信镜子不会说谎，可以照出真实的世界和景物。海岛是她和妈妈生活的地方，母女相依为命。母亲貌美如花，却终日将脸涂白，拒人于千里之外。她母亲接受了现实，认为镜子只是帮助化妆的工具而已，并打碎了镜子。母亲和来岛上研究鲸鱼的青年图多（Tudo）逐渐亲近，坠入爱河。帕琪丝因不解而感到绝望，她偷了岛民的镜子。无助的她终于找到克服悲伤的方法，那就是把海当作一面巨大的镜子，而她的父亲就在其中。帕琪丝后与青梅竹马的邻家男孩陷入朦胧的恋情。影片以高超的摄影技术捕捉到渔村碧海蓝天的迷人景致，借助少女成长故事，展现大自然的活力。影片提醒人们爱护大自然，提高环保意识，保护人类共同的家园。

导演卡米拉·安迪尼是印尼著名导演加林·努格罗豪（Garin Nugroho）的大女儿。该片是她的第一部长片。该片 2011 年 10 月荣获第 24 届东京国际电影节丰田地球环保单元评委会特别奖——地球贡献奖，还获第 16 届釜山国际电影节新浪潮提名奖，第 6 届亚洲电影大奖最佳新演员提名奖和 2013 年第 12 届中国国际儿童电影节最佳导演奖。

（5）《爪哇安魂曲》（*Opera Jawa*）

该影片于 2006 年上映，导演、编剧、制片人均为加林·努格罗豪一人。《爪哇安魂曲》是一部全新的音乐类型影片，它全面介绍了印尼特有的音乐文化。这部影片独特且富有诗意，给观众带来浓郁的歌剧气氛。片中既有杂技式的歌舞编排，又有人造花山和原始海滩及森林。服装设计体现了超现实主义。表演风格独特，超越了一般意义的电影音乐剧，突出了佳美兰乐曲和芭蕾舞舞姿，该片是对暴力和自然灾害受难者的一场安魂仪式。影片的内容灵感来自印度史诗《罗摩衍那》。片中人物鲁迪罗（Ludiro）是村中富翁，他迷恋上一个叫西蒂（Siti）的美女，二人交往甚密。而西蒂的丈夫瑟提奥（Setio）在当地经营着一间陶器厂，他得知内情后，开始报复不忠的妻子和勾引自己妻子的男人。影片主角们的贪婪与嫉妒促使故事情节走向悲剧的结局。加林·努格罗豪在他之前的电影作品中一直推崇爪哇传统文化和佳美兰音乐。《爪哇安魂曲》整部电影的配乐就是用佳美兰乐器演奏的印尼传统音乐，显得与众不同。

该片曾在意大利、加拿大、新加坡、波兰、英国、德国、荷兰、美国、法国等国家上映，获得好评。它分别获 2007 年亚洲太平洋银屏大奖提名和最佳电影奖，2007 年第一届亚洲电影大奖最佳电影提名奖及最佳作曲奖，2008 年布鲁塞尔国际电影节最佳女演员奖，2006 年雅加达国际电影节特别提名奖，2007 年新加坡国际电影节银屏奖最佳电影奖等。

（6）《长老》（*Sang Kyai*）

该影片于由罗考·普利延托（Roko Prijanto）执导，讲述印尼独立战争期间，一位身为伊斯兰教长老的独立战士的战斗经历。其在 2013 年印尼电影节被评为最佳影片，并获最佳导演奖、最佳男配角奖和最佳配音奖。

（7）《安二郎的旅程》（*Yasujiro's Journey*）

该影片于 2004 年上映，由法赞·利泽尔（Faozan Rizal）执导。这部影片讲述了虚构人物山田安二郎的一段旅程。山田于 2002 年来到印尼寻找和自己名字相同的祖父。他的祖父曾是一名日本士兵，据说在 1942 年在去珍珠港的途中于印尼坠机并生还，但自此再也没有回过家。影片注重对氛围的渲染，生动地描绘了这个年轻人的旅程。这表面上是一个寻找老人的过程，实质上则是一次在其父辈曾经漫步过的异域风景中寻找自我的精神之旅。

该片曾在以下电影节展映：2004 年韩国釜山国际电影节，2005 年新加坡国际电影节特别单元"法赞·利泽尔回顾展"，2005 年印尼雅加达国际电影节，2007 年国际巴黎—柏林—马德里录像节，2009 年柏林亚洲热门电影节等。

（8）《舞娘》（*Sang Penari*）

该影片于 2011 年上映，由伊法·伊斯范沙赫（Ifa Isfansyah）执导。该片是从印尼作家阿赫马德·托哈利（Ahmad Tohari）的小说《杜库赫·帕鲁克舞娘》（*Ronggeng Dukuh Paruk*）改编而成的。影片通过一对乡村青年男女的爱情故事，向人们展示了印尼 20 世纪 60 年代中爪哇偏远乡村的原汁原味的生活和丰富多彩的爪哇文化。它不仅仅是一部电影，也是反映爪哇生活的视觉大餐。故事情节是：当地发生了一件大事，一小贩售出的豆醇饼毒死了村里的灵魂人物——舞娘（Ronggeng）。为了证明无毒，小贩夫妇先后吃下了自己做的豆醇饼，当场身亡。夫妻俩留下一个幼小的女儿丝灵蒂尔（Srintil），由她的爷爷奶奶抚养。丝灵蒂尔和邻居小男孩拉苏斯（Rasus）从小青梅竹马，两小无猜。时间慢慢地过了 12 年，丝灵蒂尔 17 岁了。她和拉苏斯已长大成人，男的英俊，女的貌美，他们仍然保持一种恋人关系。

舞娘是村中的灵魂人物，受到村民们的崇拜。她可通过舞蹈同祖先的灵魂取得联系，获得神秘的魔力。丝灵蒂尔的人生最高理想，就是成为舞娘。而拉苏斯只想在种植园做工，赚取微薄的工资，过常人的平淡生活，他反对丝灵蒂尔当舞娘。根据村里长老与祖先灵魂的对话，祖先的灵魂同意让丝灵蒂尔成为舞娘。根据当地习俗，舞娘的初夜要献给出价最高的男人。之后，舞娘便成为神女，任何付得起价钱的男人，都可以与她发生性关系。舞娘成为村里最受尊敬的人，而且也非常富有，但不能结婚生子。约会时，丝灵蒂尔把自己的初夜给了忧伤的拉苏斯。就在这一夜，她痛苦地跟那个出价最高的男人也发生了性关系。拉苏斯满怀对村里所有人的憎恨离开家乡，投身军营。

　　20 世纪 60 年代，贫穷、平静的杜库赫·帕鲁克村，由于印尼共产党员巴卡尔（Bakar）的到来而发生了变化。当时的印尼共产党已发展成世界第三大共产党，有党员 300 余万人。巴卡尔向村民宣传共产主义思想，号召穷人武装起来与地主斗争。在他的劝说下，很多村民加入了共产党。杜库赫·帕鲁克成为红色革命的小乡村，共产党的标语在村内到处可见。丝灵蒂尔变成红色的舞娘，穿着代表革命的红色衣服，跟狂热的村民一起，跳起欢快的革命舞蹈。拉苏斯本来就恨村里的人，此时也反感共产党分子。革命使得丝灵蒂尔和拉苏斯站在了对立面。在 1965 年"9·30"运动中，右派军队包围了红色的杜库赫·帕鲁克村，所有村民都被抓到一个废弃的火车站内，一一进行甄别，凡确定是共产党员的，全部秘密处死。影片中出现了以下场面：将要被处死的印尼共产党人和村民们，双手被绑在身后，成排跪在河边，后面的军人用刀无声地割断他们的喉咙，然后尸体被踢入河中；有人企图跳河逃跑，立刻被射杀。这就是印尼 1965 年白色恐怖的一个缩写。影片揭示了印尼共产主义运动的兴起和失败，描述了 1965 年"9·30"运动不堪回首的血腥一幕，其伤痕至今没有完全平复。该影片具有一定的思想和政治内涵，印尼政府容许放映该影片，表现出其历史性的进步。

　　身为军人的拉苏斯没能救出丝灵蒂尔，她被送上死亡列车。多年以后，已升为军官的拉苏斯，在一市场看见丝灵蒂尔和她的瞎眼鼓手在表演。拉苏斯激动地紧握丝灵蒂尔的双手，两人含情脉脉，长久对视。对于丝灵蒂尔是如何逃离死亡的，以及拉苏斯和丝灵蒂尔日后的关系会怎样，影片没有交代。影片结尾的画面是丝灵蒂尔和她的瞎眼鼓手，行走在明媚阳光下的乡村小路上，路旁是绿色的原野，远处是高耸的火山，两人边走边舞，丝灵蒂尔的舞姿既妖艳又柔美，其舞魂与大地美景融合在一起。

　　该影片在 2011 年的印尼电影节上，一举夺得最佳影片、最佳导演和最佳男女主角 4 项大奖。

(9)《爱的诗篇》(*Ayat-Ayat Cinta*)

该影片又名《古兰经经文的爱情》和《三爱太难》，由拉特纳·沙鲁姆帕艾特（Ratna Sarumpaet）执导。该片由同名小说改编，主题是反映伊斯兰教的仁慈与善意，也涉及一些敏感话题，如伊斯兰教关于妇女和一夫多妻的问题。上演后在印尼引起轰动，创下多项票房纪录，其主题歌在印尼广泛流传。该片在全国放映 4 个星期，观众赞不绝口，就连总统苏西洛也大加赞赏。2008 年，该片在印尼、马来西亚、新加坡上映，后译成多种外语，进入国际市场。

影片描述英俊有为青年法赫理（Fahri）努力奋斗的事迹。法赫理到埃及留学，他刻苦学习，严格要求自己，成绩优秀，并获得埃及艾资哈尔大学的奖学金。他也面临诸多问题，但他通过伊斯兰教的教义解决了这些问题，他决心捍卫和发扬伊斯兰精神。法赫理信仰虔诚，支持妇女权利。男大当婚，女大当嫁，亲朋好友纷纷上门提亲。他 27 岁时，有 4 个不同类型的女子分别向他求婚。他根据《古兰经》和圣训精神，选择了其中信仰最虔诚的女孩阿依莎（Aisha）。阿依莎是混血儿，有土耳其人与德国人血统。二人结合后，开始了美满的生活。但是好景不长，之后他被其中一个因爱成恨的人陷害，被控告是一名强奸嫌疑犯，被关进了监狱，法庭准备判他绞刑。法赫理的妻子阿依莎四处奔走，千方百计证明丈夫无罪。她必须找到当事的三位姑娘为他出庭作证，证明他清白。其中一位信仰基督教的埃及姑娘玛丽亚（Maria），深深爱着法赫理。阿依莎为相思成疾的玛丽亚牵线，使其成为丈夫的第二房妻子。3 人同处之初难免出现问题，但遵循圣训终能回归和睦。阿依莎怀孕不久，玛丽亚病逝。

故事情节中有许多小插曲，每个情节都体现了伊斯兰处世原则。例如，有一天，在埃及拥挤的火车上，一名男乘客给一名刚上车的美国女游客让座，当场有人喊："她是基督教徒，他们美国人侵略阿富汗和伊拉克，正在屠杀伊斯兰教徒，不要对她客气。"法赫理当即站出来，同车厢里的人辩论，他希望他们遵循圣训，把来访者视为尊敬的客人。影片教育人们遵循伊斯兰道德准则，抨击了各种反伊斯兰教的宣传。该影片涉及一些非伊斯兰教徒对伊斯兰教的误解，如伊斯兰教徒妇女地位、自由恋爱、一夫多妻等。片中故事体现了伊斯兰精神，即诚实守信的恋爱观。向世人说明伊斯兰教是和平、人性与理性的。通过影片中的爱情故事，道出世界伊斯兰教徒是一家人的认知。影片折射了印尼的一个新社会现象，即伊斯兰教义正在通过电影、书籍和歌曲等大众文化形式传播。它所描绘的伊斯兰教是忍让和诚恳的。

（10）《杰米拉与总统》（*Jamila and the President*）

该影片又名《妓女与总统》，于 2009 年上映，耗资约 64 万美元。该片由印尼妇女活动家拉特纳·萨姆皮特（Ratna Sarumpaet）自编自导。影片获 2010 年第 16 届法国沃苏勒亚洲国际电影节两项殊荣：公众好评奖和评委会最佳印象奖；入围第 82 届奥斯卡最佳外语片评选。

（11）《遗产》（*Warisan*）

该片片长仅 15 分钟，是由一群婚礼摄影爱好者拍摄而成的。影片中在校高中生乌兰（Wulan）无钱买巴迪衫参加学校活动，她是孤儿，与患脚疾的姐姐相依为命。姐姐是乡村缝纫师。乌兰拒绝同学们的帮助，她跟车送货，辛辛苦苦，也没挣够买巴迪衫的钱。她姐姐发现了一块父母留下的蜡染布，为妹妹缝制了一件蜡染服，实现了妹妹的愿望。影片尽展印尼乡土风情，具有艺术效果。其在 2012 年东爪哇省短片电影节获 4 项殊荣：最佳影片奖、最佳导演奖、最佳主角奖和最佳编辑奖。

印尼电影题材中有个有趣的现象，体现了中国那句老话："三个女人一台戏"。这在印尼一些影片中有所证明，其故事情节主要围绕三个女主角，如《云雾情路》、《贞洁》、《一夫多妻》、《三位流浪的少女》、《三十天寻爱》等。这种文化现象值得探究。

第二节　电视

印尼共和国电视台，建于 1962 年，总部设在雅加达。初期，电视播放范围仅限于爪哇岛。20 世纪 70 年代扩大到苏门答腊、加里曼丹和苏拉威西等地。1976 年，随着国内通讯卫星"帕拉帕"的投入使用，全国许多地方都可以看到印尼共和国电视台播放的节目。1987 年印尼发射了"帕拉帕"B2 通信卫星，在全国各地建立了电视广播站，电视广播范围进一步扩大。到 1994—1995 年，全国有 343 个电视广播站，其播放半径 81.87 万平方千米，覆盖全国大部分地区，每天播放时间 11.6 小时，电视节目包括新闻、文艺、体育、教育、宗教、养生、娱乐等。从 1988 年开始，印尼政府允许开办私营商业电视台。到目前为止已建立了多家私营电视台，如雅加达拉扎瓦里电视台、泗水苏尔雅·吉特拉电视台、南榜安达拉斯电视台等。这些电视台的节目多为娱乐性内容。1991 年 1 月，由私营公司组建了一个教育电视台，由印尼文教部提供节目，让观众学习各种知识，每天播放 8 个小时。

雅加达电视塔位于雅加达市克玛约仁（Kemayoran）新城开发区，由昆宁根波萨达（pt. Kunsngan persada）私人投资有限公司进行开发建设。电视塔的建设带动克玛约仁区乃至整个雅加达北部地区的经济发展，因此该项目受到各方极大关注。鉴于建设的重要性和特殊性，业主决定进行一次有选择的国际方案设计竞标，邀请 5 个外国建筑设计公司和一个当地建筑设计公司参加。华东建筑设计研究院是中国唯一被邀请参加竞标的单位。受邀的几个单位共提供了 12 个设计方案，经过专家的评审，中国华东建筑设计研究院提供的"塔"方案中标。此方案是在面积达 4 公顷呈半圆的地基中部布置一个造型挺拔、力度感强、具有标志性形象的主塔和一个沿圆弧展开的 5 层（部分 6 层）高的裙房。主楼的塔身是由三根直径达 13 米的擎天大柱组成的空间框架。塔端转换成单筒体，其上部是电视发射天线，塔基部分是 3 层平台，内部是一个高达 15 米的共享空间。在主体结构的各个部位有着不同的使用和活动空间，达到造型和功能的结合。雅加达电视塔高达 558 米，是世界最高塔之一。人们可以在 50 千米以外从陆、海、空各个方位看到它。该塔成为科技中心，并拥有办公楼、购物中心、旋转餐厅和停车场等，成为雅加达标志性建筑和市民娱乐中心。

印尼电视连续剧的忠实观众多为家庭妇女，编剧既有专业的，也有业余的。收视率较高的电视剧有：《惩罚》（*Hukuman*，多达 62 集）、《高潮》（*Puncak Kenikmatan*）、《野性印尼》（*Wild Indonesia*，3 集纪录片）、《迷情记》（*Cecret of the Heart*）、《人鱼公主》（*Putri Duyung*）、《人鱼国度》（*Duyung*

Aridinada)、《心心相印》(*Heart*，由同名电影改编，把故事情节提前至少儿时代)、《荒野求生》(*Man vs Wild*)、《交换的公主》(*Putri Yang Ditukar*)等。

第十章　旅游文化

印尼是世界第一大群岛国家，其旅游资源极其丰富，名胜古迹和自然风光到处可见。独具特色的部族风情和多样性的旅游文化，吸引了众多国内外游客。2012 年到印尼旅游的国外游客达 804 万人次。[①]

第一节　政府发展旅游业的措施

自 20 世纪 70 年代，在政府的重视下，印尼旅游业发展迅速。自 80 年代，政府加强了对旅游部门的管理，并制定了相应的措施。在万隆建立了旅游学院，为旅游业输送和培养各种专门人才；引进外资，开辟新的旅游景点。为提高旅游服务质量，有关部门对导游、饭店服务员进行专门培训，导游须经考核后方能持证上岗；简化直至免办入境手续。印尼为更多地吸引外国游客，除对入境游客简化手续外，还对部分国家的游客实行免签制。政府有关部门对在旅游业有突出贡献者予以奖励，每年评选全国旅游建设突击手予以表彰，促进旅游服务业的发展。

1989 年印尼发布 3 号总统令，即加强旅游业的 7 个法宝："安全、秩序井然、清洁、清新、别致、热情和回味无穷。"政府一再强调加强法制，重点在移民局、交通部门和旅游服务行业进行法制建设。同时强化治安管理，让外国游客在印尼有安全感，重点是打击行窃、行骗、抢劫和乱收费等。在治理环境方面强调绿化、垃圾处理现代化，加强道路两旁、公园、庭院的卫生管理，身着整洁衣服，卫生意识从儿童抓起。政府号召旅游各部门首先装饰和美化自

---

① 详见 http://asean.gxtv.cn/201302/news_1082383581.html。

己，使游客有一种舒适感。为此，印尼在全国开展了"旅游国民觉醒运动"，各省均设旅游发展局，以旅游促进经济发展，扩大就业范围和宣传印尼民族文化。

为了满足日益发展的旅游业需要，政府不断扩大和增设旅游区，将原来的四大旅游区扩至 17 个旅游区，即雅加达、西爪哇、中爪哇、日惹、东爪哇、巴厘岛、龙目岛、北苏门答腊、南苏门答腊、中苏门答腊、西苏门答腊、北苏拉威西、南苏拉威西、马鲁古、努沙登加拉、加里曼丹、巴布亚等。每个大旅游区又分成若干个小旅游区。目前，印尼的旅游区已遍布全国各地。在旅游区中，政府重点建设的有巴厘旅游区、中爪哇旅游区、北苏门答腊旅游区以及新开辟的巴淡岛旅游区等。近年，印尼旅游业部门重点建设巴厘岛、雅加达、日惹、千岛群岛、龙目岛、东努沙登加拉科莫多岛等景点，以吸引更多的外国游客。此外，政府还推出印尼观光年，评选吉祥物，举办旅游研讨会，承办世界旅游组织大会，参加国外国际旅游博览会等，以促进旅游业的发展。

第二节　印尼各地区旅游文化特点

爪哇旅游业以介绍印尼文化和娱乐为主；苏门答腊以欣赏自然风景为主，其中亚齐地区以突出伊斯兰文化为主，旅馆房间均备有《古兰经》和做礼拜用的垫子，大街上见不到酒吧、迪斯科舞厅和妓女；巴厘以印度宗教文化、古寺庙为主；巴布亚和加里曼丹以原始森林和土著居民习俗为主；龙目岛尚处于旅游开发初始阶段，其自然景观迷人，旅游规模相当于 30 年前的巴厘岛。印尼旅游文化主要体现在旅游景点和当地部族文化方面。

1. 雅加达 (Jakarta)

雅加达的历史可追溯到公元 5 世纪。那时在芝里翁河河口处已有一个渔村，名为巽他格拉巴（Sunda Kelapa）。格拉巴意为"椰子"，这就是为什么至今仍有不少华人称雅加达为"椰城"的原因。公元 16 世纪初，渔村发展成小镇，加上附近地区，居民达 10 万之众，印尼各地和外国的商人纷纷来此经商。1522 年，葡萄牙人来到"椰城"。后来向当时西爪哇的巴查查兰王国提出要求，要在"椰城"建立贸易站。但在葡萄牙人的贸易站建成之前，中爪哇淡目王国的总司令法达希拉于 1527 年 6 月 22 日率军击败了葡萄牙人的舰队。为纪念这一胜利，法达希拉将巽他格拉巴改名为查雅加达（Jaya Karta），意为"伟大胜利之城"。1596 年，荷兰人入侵该城，建立了贸易站和堡垒，1602 年成立了东印度公司。1619 年，荷兰人的堡垒遭到当地人和英国人的袭击，荷兰人从马鲁古调集 16 艘舰船和 1000 名官兵进攻该城，城市遭到毁灭。后来荷兰人在旧城废墟上建起新城，并从此将其称为巴达维亚。

在荷兰人统治期间，城区不断向南部和东西两侧扩展，到 1945 年时人口为 75 万左右。印尼独立后，印尼政府恢复其原名，并简称为雅加达，同时将 6 月 22 日定为建城纪念日。如今的雅加达已发展成一个国际化的大都市，总面积 637 平方千米，人口 900 多万，其中华人约 100 万。市区分为老区和新区。老区位于北部，紧靠海岸。这里街道狭窄拥挤，高层建筑极少，有许多荷兰殖民时代留下的欧式建筑，其中最具代表性的是现在的总统府，原先是荷兰人的总督府。老区内还有雅加达著名的唐人街——草埔，沿街商店鳞次栉比，商品琳琅满目，应有尽有。位于南部的新街区，道路一般较宽阔，最著名的街道是谭麟大街和苏迪曼大街，这里是雅加达金融业的中心，街道两旁高楼林立，大型商厦、写字楼、星级饭店到处可见。

（1）美丽的印尼缩影公园（Taman Mini Indonesia Indah）

美丽的印尼缩影公园，又称"迷你公园"，"迷你"是译音，意为微型。这里所指的是缩影，并非公园是微型。该公园坐落在雅加达南郊 10 千米处，是介绍印尼国土知识的"缩影公园"，它将印尼全国岛屿山川、都市港口、名胜古迹、风土人情，连同各地的重要景观及风格各异的建筑都以缩影的形式艺术地展现在游客面前。其目的是以缩影的形式展示印尼文化，加强国民对祖国文化的认识和各部族彼此间的了解，促进民族团结。公园是在苏哈托总统夫人建议下于 1972 年开始兴建的，主要工作是由以苏哈托夫人为主席的"我们的希望基金会"领导的，并得到社会各界人士的支持和资助。公园于 1975 年 4 月 20 日完工，1984 年正式开放，1987 年移交给政府。苏哈托总统当即委托该基金会在政府指导下成立"美丽的印尼缩影公园"管理和发展委员会，苏哈托夫人出任该委员会主席，并委任沙姆普尔诺（Sampurno）法学士为总经理，管理该公园一切事务。

公园初期占地 250 公顷。入口处是一座巨大的火炬纪念碑，上边写有"Pancasila"（潘查希拉）字样。"潘查希拉"是印尼建国的五项基本原则，又称"建国五基"，即：信仰上帝、人道主义、民族主义、民主和生活公平。该碑由此得碑名"五基纪念碑"，碑体由五根碑柱组成，顶端呈火炬状，象征着印尼建国五项基本原则的精神永不熄灭。碑后由人工湖和人工岛组成巨大的印尼版图，岛上的城市、河流、铁路、山脉等，形象逼真，使游人对印尼国土一览无余，哪里是海，哪里是陆地，一目了然。园内建有印尼各省的传统民宅，宅内摆设均以当地传统习俗为准，服务员均穿着不同的民族服装，并以不同的习俗和活动接待游客。

园内建有各类博物馆，如邮票、军事、电讯、科技、体育运动、蜥蜴、土著民、石油及天然气、运输、历史等博物馆。园内图书馆、影像资料中心，是青年学生学习知识的场所。园内清真寺、天主教堂、基督教堂、印度教寺院、佛寺、孔教堂、神秘主义者礼拜堂等宗教建筑，代表印尼的宗教自由及和睦。动植物爱好者可在园内观赏到珍禽异鸟和奇花异草。直径 50 米的鸟笼，内有可自由飞翔的各种飞禽。植物有仙人掌园、兰花园、果园、药草园等。其金田螺花园占地 7 公顷，设计别致。为满足儿童和青少年的需要，园内建有儿童宫殿、儿童乐园等，青少年可定期到公园学习传统舞蹈和音乐。目前世界最大的金田螺立体电影院也建在园内，占地 600 平方米，内置 800 个座位，专门放映介绍印尼风俗习惯、历史地理、经济文化的纪录片。金田螺花园中的人物石像、喷水池等，富有诗情画意，是新婚夫妇、青年伴侣摄影拍照的好地方。

在武艺博物馆中央的露天剧场，矗立着印尼历史上 20 多位民族英雄的铜像。还有人工雕塑的各种野兽在"奔跑"，各种禽鸟在"飞翔"的造型。每逢星期日和节假日，游人数量剧增，也就是在这个时候，才能观看到各种文娱演出和表演。公园有自己的演出团体，除在园内演出外，还参加国内外演出活动。1991 年 10 月，该园印尼彩虹艺术团曾到我国演出，受到欢迎。为方便游客，园内备有汽车和免费电车及高空缆车。游人驾驶的汽车付费后可开入园内及乘车游览。园内青年旅馆设 420 个床位，克拉哈维沙达旅馆设 132 个床位，备有餐厅。在莎莎娜·科里雅馆和手工艺品村，游人可购买各种工艺品、纪念品、玩具等。同时还可以观看到手工艺品的制作过程，令参观者印象深刻。

目前"美丽的印尼缩影公园"已成为印尼的文化宝库和独特的文化纪念馆。近年，公园不断扩展，增建了许多游乐设施，成为印尼民众休息、娱乐、运动、增长知识的场所。在这里可以欣赏苏门答腊的热带风光，看到肃穆幽雅的白色寺庙和中爪哇岛上世界闻名的婆罗浮屠的小佛塔，也可以漫游伊里安查亚岛上的"热带原始森林"，看到古老陈旧的独木小舟，用树干搭成的高层茅草棚以及椰树丛中金碧辉煌的宫殿等。公园内每座房屋、院落，每处森林、草场之中，都有人物、鸟兽的塑像，大小比例与真的一样，栩栩如生。游览了这个公园，仿佛走遍了印尼各地，领略了各地风土人情和绮丽的景观。

（2）民族纪念碑（Monas）

民族纪念碑广场，又称为独立广场。民族纪念碑广场位于雅加达中心地区，占地面积 100 公顷。广场上的纪念碑是根据印尼共和国首任总统苏加诺 1959 年的指示修建的，1961 年 8 月 17 日举行了奠基仪式，1968 年竣工。碑高 132 米，碑身建材为大理石，顶端雕塑呈火炬状，是用 35 千克黄金制成的，象征着印尼人民取得独立的决心。火炬高 17 米，第二次修缮又用了 15 千克黄金。火炬由阳光或灯光照射出的光芒，印尼人称之为"自由之光"，象征着印尼的独立和自由。碑身上的浮雕，体现了印尼人民反抗荷兰殖民统治的斗争精神。

碑塔底层是一边长 45 米的正方形大厅，该厅被称为"自由厅"。从入口处去大厅，要下 17 级台阶，再经过 45 米的通道。大厅内播放当年苏加诺总统宣读独立宣言的原声录音。"自由厅"实为印尼历史陈列馆，在其东侧墙上嵌着一幅印尼版图的浮雕，馆内藏有一些雕塑和油画，多方面展示了 1945 年以前印尼人民争取独立的斗争过程。通过历史陈列室，游人可了解印尼的民族发展史和争取独立的斗争史。

从底层至塔顶平台有升降电梯，游人可登临平台鸟瞰雅加达市区全貌。纪念碑北边和西边分别立有印尼民族英雄蒂博尼哥罗和谭麟的雕像。广场北邻总统府，又称为独立宫；东北邻伊斯蒂赫拉尔清真寺；西邻国防部大楼和国家博物馆；东邻火车站。广场东南角有一组根据《摩诃婆罗多》史诗中故事情节塑造的群马拉车的雕像，其造型壮观。纪念碑旁还有喷泉、水池以及民族女英雄的雕像。民族纪念碑广场整洁清新，是人们休闲娱乐的好去处。每年国庆节时，游人可在广场北侧观看在总统府前举行的庆祝活动。

（3）雅加达历史博物馆（Museum Sejarah Jakarta）

雅加达历史博物馆位于老城法塔希拉广场南侧，建于 1707 年，原为荷兰东印度公司时期的市府大楼，1974 年 3 月 30 日被正式确定为现名。馆内展出各种雅加达历史图片和资料，全面介绍雅加达的发展历史。在博物馆对面，安放着一门古炮，被称为西·查古尔（Si Jagur）。该炮尾端铸有一只手的模型，呈握拳状，拇指则从食指和中指间伸出，在印尼人眼里，这是一种雅的姿势。该古炮是 16 世纪由澳门工厂铸造的，1606 年被运至马六甲，后于 1641 年被运至雅加达的前身巴达维亚。

广场西侧有皮影戏博物馆，是一座古老的荷兰式建筑物。广场东侧有建于 1870 年的艺术馆，馆内分两部分，一部分是绘画展厅，陈列着印尼当代画家的绘画作品，另一部分是陶瓷品展厅，展品多为中国、东南亚地区和印尼各地陶瓷品。

（4）安佐尔梦幻园（Taman Impian Jaya Ancol）

安佐尔梦幻园位于雅加达海湾，是著名的海滨旅游胜地。在园内人们可眺望浩瀚的大海。公园海边垂钓场的钓鱼台别具一格，它是一个用竹竿搭绑的长廊，伸入海中一百多米，并在海上形成回廊，坐在这样的钓台，面对着平静辽阔的大海挥竿垂钓，实是一种享受。园内除了自然风光外，还设有各种游乐设施，如云霄飞船、观光车、过山车和海盗船等，也有极富知识和趣味性的木偶宫、动物馆、水族馆等。在木偶宫内，游人可乘坐小船顺人工河进入迷宫一样的宫中，沿路欣赏各国木偶像。园内水族馆里除有多种海洋鱼类标本外，还有可现场观看的海豚和海狮表演。

园内还设有旅馆、饭店、夜总会、游泳池、浴池、人工河、网球场、高尔夫球场、赛马场、赛车场、电影院、露天舞台、儿童乐园等。黄昏时分露天舞台上演各种地方传统戏剧和现代歌舞。园内设有出售纪念品的商业货亭，出售印尼各地的手工艺品，如木雕、绘画、银器、格利斯短剑以及花卉、盆景等。

（5）伊斯梅尔·马尔祖基公园（Taman Ismail Marzuki）

该公园位于雅加达市中区，建于 1968 年 11 月 10 日。这里原为拉登萨勒动物园，后动物园迁至雅加达南区。公园是纪念印尼著名诗人、作曲家和歌唱家伊斯梅尔·马尔祖基而建立的。伊斯梅尔·马尔祖基于 1914 年生于雅加达，1958 年病故，他所作歌曲充满了革命斗争精神。公园面积约 8 公顷，是印尼重要的艺术中心。雅加达艺术协会就设在这里。园内除有各种剧场、舞台和展厅外，还有一个艺术研究院、一个档案馆、一些手工艺作坊及一个天文馆。展厅内展出的各种绘画作品、文艺著作、手工艺品等都属于国内外艺术佳作。公园内例行性地举办戏剧、舞蹈、皮影戏、音乐、诗朗诵、绘画等表演和展出，并常有外国艺术团体应邀来此演出，吸引了大批观众前来观赏。印尼的艺术家们也都以能在此演出或展示自己的作品为荣。

（6）雅加达小千岛（Kepulauan Seribu）

小千岛，也叫"千岛群岛"，是由雅加达湾一些分散的小岛组成的群岛，号称千岛，但实际仅 342 个小岛，自南向北分散在海湾中，近者离岸数海里，远者约 60 海里。岛上面积多数不足 1 平方千米，最大的也不过几平方千米。多数岛无人居住，只有少数几个岛有常住居民，人口最多的为 5000 余人。有的岛树木成林，鸟类繁多；有的岛猴子遍山；有的岛没于水下，但树木露出水面，犹如浮萍。其中最著名的岛是仙女岛和公主岛。仙女岛离岸 9 海里，岛上保留着 17 世纪葡萄牙人修筑的碉堡遗迹。公主岛位于群岛的北端，离岸约 60 海里，岛上郁郁葱葱，如同一座大花园。

大多数岛的四周是银色的沙滩，水清见底，水中有吸引游客观赏的五彩鱼。游人在群岛可游泳、垂钓，还可潜泳观赏海底各种热带鱼及五颜六色的珊瑚。20 世纪 60 年代以前，这些岛屿大都荒废，无人问津。如今小千岛被辟为旅游度假区。岛上建有各种生活、旅游和娱乐设施，如淡水井、码头、旅馆、餐馆、游泳场等。岛上舞厅经常举行有地方特色的草裙舞和现代化的晚会及时装表演，形成融民族传统和现代特色于一体的旅游文化。

（7）国家博物馆（Museum Nasional）

国家博物馆是东南亚最大的历史博物馆。它坐落在雅加达市中心，位于独立广场的西侧的独立西街 12 号。这是一座富有希腊建筑风格的大厦，建于1778 年，1868 年对外开放，1962 年称为中央博物馆，1979 年被正式定为国家博物馆。该博物馆是印尼最古老、收藏古文物最全的博物馆。门前有两门古炮和一尊铜铸大象，该铜像是泰国国王朱拉隆功国王拉玛五世于 1817 年访问时赠送的。因此，有人称该博物馆为"大象博物馆"。

馆内上下两层藏有各种展品约 8.5 万件，分几个展览室，主要有：史前展览室，陈列着世界闻名的爪哇直立猿人的头盖骨化石和史前石器等；青铜展览室，主要展示各地出土的青铜器物；文物展览室，大部分展示古代婆罗门教神像，其中印度教、佛教雕像和青铜像最为精致，是该馆的特色之一，另外还有古文书、碑文、古地图等；货币展览室，陈列着许多古代货币；民俗展览室，主要展示各部族的民俗；东印度公司展览室，展示东印度公司时代的桌椅等用具；金银首饰展览室，陈列着古代各种金银首饰及武器等。

通过参观该馆，游客对印尼的历史和文化将有一个形象化的了解。此外，馆内还藏有多达 70 万册的图书。

2. 茂物（Bogor）

茂物是印尼的历史名城，旧译"博果尔"，"Bogor"在古爪哇文中的词义为"棕榈树"。该城位于雅加达正南 56 千米，海拔 265 米。

（1）萨法利野生动物园（Taman Safari）

该园位于茂物境内，坐落在茂物至万隆公路一侧的山地上，是一个独特的开放式动物园，占地面积 55 公顷。园内饲养着 40 多种来自五大洲的珍奇兽类，总数约 350 头；还喂养着各种珍贵的鸟类。该园由蔡锦贤先生建立，他拥有一个大型马戏团，即东方马戏团，至今仍在印尼各地巡回演出。马戏团内人与动物有很深的感情，当动物年迈时，不能继续演出，如送到一般动物园，这些动物得不到先前的待遇，驯兽师于心不忍。当时建园的目的是为"退休"的动物提供养老的地方。建园过程中，蔡先生产生灵感，何不建一所开放式动物园？既可促进旅游业，又可以以园养园。萨法利动物园就是在这种背景下建立的。

园内放养的动物大都经过训练，很驯服，一般情况下不会伤害游人。动物是按类划分区域和饲养的，游人可乘车在园内游览，在动物之间穿行。如公园工作人员在场，游人可下车与动物拍照，甚至与狮、虎、豹、蛇在一起合影。公园有自己的马戏团，定期演出。此外，公园内还有游乐场、游泳池、植物园、旅馆、餐厅等设施。印尼同外国交换动物的交接仪式，大都在该园举行。该园是除雅加达缩影公园和安佐尔寻梦园之外的印尼第三大娱乐中心。

（2）茂物大植物园（Kebun Raya Bogor）

茂物大植物园位于茂物市中心，是世界热带植物研究中心，也是亚洲最大、最全的热带植物园。该园始建于 1817 年 5 月 10 日，主建人是荷印农业、文化调研主任莱茵瓦德特教授（Prof. G. C. C. Reinwardt）。该园占地 111 公顷。印尼独立后，总统茂物行宫设在这里。1963 年总统行宫分出后，植物园面积减少至 87 公顷。植物园由印尼国立生物学研究院在印尼自然科学协会指导下负责管理和经营。园内有各类植物 12128 种，另有 50 万种植物标本。植物园内划分为莲花池和棕榈属、蔓生植物、竹林、藤类、兰花科、仙人掌科和羊齿类等种植区。园中大部分是热带植物，所有植物均按植物学分类在其近旁竖上小木牌，注册编号和产地，附有拉丁学名。

园内池塘中有大王莲花，又称巨莲，源自巴西亚马孙河流域。该花直径 1—1.5 米，白色莲花绽开 3 日后，逐渐变成粉红色，花期长达一周。园中最老的植物是 1823 年发现的荔枝树，现在长势良好。引自苏门答腊林中的腐尸花，每 3 年开一次。有红、紫、黄、绿、褐等颜色，傍晚会发出尸臭味，故名腐尸花。蚊蝇飞虫落入花瓣后，花瓣会自动闭合，将落入的飞虫"吃掉"。腐尸花最高长至 1.5 米，每当花开时，电视台会专门进行报道，赏花的国内外游客络绎不绝。园内的棕榈树多达 600 余种。其中有一棵是亚洲最老的棕榈树。园内还开辟了一处墨西哥园，多为墨西哥盛产的仙人掌。

兰花是植物园内最绚丽多姿的花种，园艺工人通过嫁接，培育出多种新品种。1963 年，中华人民共和国主席刘少奇偕夫人王光美一行参观茂物热带植物园时，苏加诺总统曾将一个兰花新品种命名为"王光美兰花"。其中著名的巨兰"兰花皇后"又称甘蔗兰，茎高 3—5 米，每株可开 70—80 朵，有的多达 100 余朵，花朵直径 15 厘米左右，花色黄中带淡青，有棕色斑点，香味浓郁，为印尼独有。

园内还设有植物研究室，供世界各地植物学家进行长期或短期考察与研究。茂物植物园的科学图书馆建于 1842 年，藏书数十万册，多为农业、动植物和气象学方面的书籍。园内有若干公园和纪念碑。植物园大门外有一纪念碑，是莱佛士于 1814 年其妻子病逝时竖立的。大植物园环境幽雅清新，气候凉爽舒适，游客络绎不绝，节假日高峰时，日接待游客多达 4 万余人次。平日，游客在付费后可驾驶小型机动车在园内游览观光。

（3）总统茂物行宫（Istana Bogor）

总统茂物行宫与茂物大植物园隔墙毗连，占地面积 28 公顷，始建于 1745 年。在荷兰殖民时期，它是荷兰总督的行宫，印尼独立后改为印尼总统行宫，原在茂物大植物园内，1963 年分出。苏加诺总统在任时，常在这里过周末。现在的行宫成为印尼举行国内和国际重大会议的场所。行宫为白色建筑，位于宫院深处，几经战乱和地震等自然灾害破坏，多次重建和修缮。园内有多种热带树木花草，前庭是一片建有人工湖和喷水池的广阔绿草坪。前廊由 5 根巨大的圆柱支撑着。经过廊庭可进入铺着红地毯的莲花厅，该厅是迎宾处，厅的两侧各有一面高 3 米的镜子。从莲花厅穿过一走廊便进入神鹰大厅。厅内有 16 根巨大的支柱，白色的顶壁上装饰着希腊式浮雕，一侧墙上挂着印尼的神鹰国徽。神鹰厅是行宫的主厅，也是举办重大会议的场所。

从莲花厅右拐经一长廊便进入右配殿，殿内的几间卧室和餐厅是用来接待外国国家元首或政府首脑的。主大厅与左配殿之间有一电影厅。左配殿内有办公室、图书馆和餐厅，当年苏加诺总统就在这里办公。宫内收藏着 219 幅名画，其中有 60 幅裸体女人画像，画像的原型多为模特。园内还有 136 座大小不一的雕像，其中有一座半蹲半跪式的裸体少女雕像，传说少女雕像在夜间能够走动并邀请宫中之人一起散步。行宫院内建有鹿苑，饲养了 400 余头梅花鹿。总统茂物行宫现对外开放，在旅行社安排下，外国游客可入内参观游览。

（4）茂物山顶公园（Taman Puncak）

"puncak"在印尼文中意为"山顶、山峰"，山顶公园位于茂物至万隆的公路旁，距茂物市32千米。该园是当地最高处，气候凉爽，特别适于茶树生长，因而周围丘陵上到处是绿色的茶园。公路两侧建有许多避暑别墅，许多雅加达人周末都会驾车到这里度假。山顶开设了一家西爪哇风味的餐馆，游客可以在餐馆一边品尝当地菜肴，一边通过餐馆明亮的玻璃窗观赏周围风光，周围美景尽收眼底，犹如置身画中。

3. 日惹（Yogyakarta）

日惹是中爪哇的历史名城，城市宁静，富有当地民族风格。它古时曾作为马达兰王国的首都，18—19世纪是日惹苏丹王国的首都，1946—1950年曾作为印尼独立斗争时期的共和国临时首都。苏加诺在这里宣誓就任共和国首任总统，第一面共和国国旗也是在日惹升起的，日惹因此被誉为"革命之都"。它现为日惹特区的首府，特区行政首长就是世袭的苏丹。日惹是爪哇文化艺术的发源地之一，被誉为爪哇文化的摇篮。其哇扬皮影、巴迪蜡染、格利斯短剑，代表印尼跻身世界非物质文化遗产的行列。当地舞蹈艺术闻名于世，可以见到各种浮雕和雕像。

日惹拥有著名的卡查玛达大学，当地教育发达。宽广的亚伦亚伦方形广场，南面有一大清真寺，四周为水池环绕，只有一走廊与外相通。东、西、北3面建有城墙。东面为日惹古城，有外城和内城围绕。除苏丹王宫外，市郊有婆罗浮屠佛塔、普兰巴南神庙、古城遗址、王家陵墓、"斯玛基"烈士陵园等。烈士陵园安葬了许多抗击荷兰殖民统治而牺牲的烈士，其中有印尼共和国军队之父苏迪尔曼（Sudirman）将军等民族英雄。现今，日惹已发展成印尼第二大旅游城市、艺术和教育重镇。它至今还保留着爪哇人精湛的手工技术，木偶艺人、木雕匠，银匠、蜡染工匠至今活跃在各自领域。

（1）日惹王宫（Kraton Yogyakarta）

具有印尼传统建筑风格的日惹王宫位于日惹市中心，是苏丹哈孟固布沃诺一世于1755—1757年设计建造的。初建时，王宫位于湖中心水平线以下，从宫中房屋的玻璃门窗可看见水中的景物。宫殿壮观大气，屋顶为红瓦，四周围有绿色矮墙。宫内有一无墙壁空旷大厅，门框和柱子都饰以金银色浮雕。朝东的宫殿，是苏丹休息的地方，因而日惹古代城内的其他房屋均不得朝东。宫内保存着苏丹的遗物，如苏丹乘坐的车子和各种轿子。其中有一辆四轮马车，装饰着金银珠宝，故称为"金车"。还有一辆是在英国制造的，车上镶嵌着英国王冠。宫内还陈列着苏丹日用品、宗教仪式用品、历代苏丹及王族成员肖像、佳美兰乐器、皮影、木偶和中国古代瓷器等。宫中收藏的 20 余套佳美兰乐器中有两套是最古老的，一套是麻喏巴歇王朝遗物，另一套是淡目王国的遗物。

印尼独立时，政府特许王室成员继续住在宫内，并沿用旧制。尽管印尼其他地区的苏丹大多只有名号而无实权，但日惹苏丹却一直是印尼政治舞台上的重要人物，在社会上具有较大的影响力，体现了日惹政治文化的特殊地位。现住宫内的十世苏丹，其父九世苏丹曾任印尼共和国副总统。如今的王宫侍卫腰间仍佩带着格利斯短剑，身穿传统服装，王家仆佣仍身穿古时样式的蜡染服装。宫内有佳美兰乐队，乐师多为年长者，他们演技高超，恪尽职守。王宫分7 部分，大部分定期向游人开放，游人可观看王宫卫队换岗仪式。每逢星期五，一些爪哇人来到王宫奉献鲜花，有的人还睡在车房里，希望已故国王的灵魂降临，得到庇护。苏丹们乘坐过的车辆，每年都要进行一次"圣浴"，届时许多当地百姓都会到现场接取"圣浴"用过的水擦洗身体，以求好运。

（2）马里奥博罗街（Jalan Malioboro）

马里奥博罗街是日惹市最繁华的商业街。街道南北走向，全长 3 千米，路东多为写字楼、酒楼和星级饭店。路西多为商场、超市、商店及 500 余个商摊。这条街上商品种类齐全，各种手工艺品和纪念品都可买到。马里奥博罗街已成为日惹市一独特的景观，无论是随团游客、散客或背包客，大都会到这条街采购，为亲朋好友选购纪念品和礼品。具有爪哇特色的巴迪服装、格利斯短剑、银器、皮影、木偶、婆罗浮屠佛塔和普兰巴南陵庙模型等商品，深受外国游客的喜爱。晚上 9 点过后，街道两旁涌现出许多小吃摊。除游客外，当地政府官员和平民百姓都喜欢光顾这些小吃摊，品尝佳肴和风味小吃。因此，马里奥博罗街被称为"不夜街"。这条街也是背包客们集中住宿的地方。

街的北头立有一"计划生育碑",又叫"人口钟碑",当地人称之为"蓝环碑"。它是一座具有典型爪哇风格的建筑,建于 1992 年,碑座面积 100 平方米,碑高 10 米。碑面中央镶嵌着一个自动显示屏,显示着印尼和日惹的人口数量。屏幕左侧为黄色的日惹特区区徽,右侧为蓝色的印尼计划生育徽环。立此碑的目的是提醒人们加强计划生育观念,控制人口增长。

4. 三宝垄 (Semarang)

三宝垄现为中爪哇省省会,位于中爪哇北岸,邻近爪哇湾,是一重要深水商港。市区沿海岸伸展。相传 15 世纪中国明代著名航海家三保太监郑和下西洋时,在此登陆,因而得名。三宝垄地处盆地,中心地带平坦,南部多为丘陵,是避暑胜地。西南群山有温泉,适宜进行温泉浴。市内商业繁华,许多华人在此经商。

三保^①庙（Klenteng Sam Poo Kong）

三保庙位于市中心西南约 5 千米处的望安山,靠山面海,可谓依山傍水。据传这里曾是郑和登陆的地方,为纪念郑和,华侨们于 1434 年在此处修建了三保庙,自 1931 年起多次重修。该庙由三座中国式的殿宇组成,中殿供奉郑和塑像,左殿供奉一大铁锚,右殿是副使王景弘及其随从之墓。庙的建筑形式独特,庄严肃穆,庙内庭院宽敞幽静,树木葱翠。庙前的榕树盘根错节,如同一条乱成一团的船链。庙内有福德正神庙、船舡爷庙、船锚庙、纪念庙等。中殿由 4 根朱红色的圆柱支撑,殿顶呈伞状,装饰有红琉璃瓦,殿的四周有回廊环绕。殿内设有祭坛和铜香炉。一个高约 2 米的铁铸巨锚放置在庭院中一个古色古香的配亭内,传说是三保大人的船队留下的,朝观者视其为圣物,进行朝拜进香。

庭院里还有一艘石雕的大船,船体斑驳,船内生长着一棵十几米高的大树,至今枝叶繁茂。三保庙内还有个三保墩,相传为郑和一舟沉没处。最吸引

---

① "三保"与"三宝"音相同,在史籍上曾出现些互混的情况,这种互混至今存在。郑和原名马三宝。永乐二年（1404）,明成祖朱棣认为马姓不能登三宝殿,因此在南京御书"郑"字赐马三宝郑姓,改名为和,任为内官监太监,官至四品,地位仅次于司礼监。宣德六年（1431）,明宣宗钦封郑和为三保太监,又称三保公（Sam Poo Kong）。因而,三保庙又称三保公庙。

香客和游人的是充满神秘色彩的三保洞，据说该洞是当年郑和亲手挖掘的。该洞是一个圆形岩洞，约有 10 平方米，里面供奉着一尊三保大人的全身像。洞中的香案下方有一口方形井，叫"三保井"，该井又名"龙潭"，水清见底，长年不竭的井水被人们视为"圣水"，甘甜解渴。据说，喝了三保井的"圣水"，可以灭灾纳福。在老一辈华侨中有一传说，即用三保井水洗湿衣服，将来死后，这个人的亡灵就能返回唐山故土。庙里的香火常年旺盛，10 多柱圆桶般粗的巨型蜡烛终年不熄。每逢阴历初一、十五，这里便挤满人，人们到此求签问卜，祈求保佑。所抽之签虽用印尼文撰写，但所写的内容大都是中国历史典故等。

每年阴历六月三十是三保大人在三宝垄登陆的纪念日，三宝垄华侨华人倾城而出，组织盛大的纪念活动。人们抬着三保公圣像上街游行，象征着郑和重游故地。人们还簇拥着一匹精心制作的高头"骏马"在庙宇前绕行三周，然后方进入庙内。以示三保大人的亡灵骑乘"骏马"重返故地，为民消灾降福。中午时分，祭奠仪式正式开始。人们排成一条长龙，依次进香，祈求三保太监保佑他们和家人幸福安康。有些香客抓把香炉灰放入事先准备好的容器里，再装入少许三保洞内的泉水，带回家和家人服用，以求避邪驱灾。活动期间伴以舞龙、舞狮等活动。许多周边国家的华侨、华人也来此参加庙会，焚香祈祷。

三保庙带有多种宗教的痕迹，祈祷活动中有佛教、孔教和伊斯兰教等内容。如内有孔子塑像，牌楼立柱上方为蓝色，象征伊斯兰教等，因而纪念、祈祷等活动频繁，一年多达十几次。为纪念郑和下西洋 600 周年，当地华侨华人出资，在老的三保庙旁新建了一座新的三保庙，面积 3500 平方米，庙后有巨幅壁雕，记述了郑和下西洋所经历的重大事件。新三保庙主殿高 25 米，上下三层，用 90 根圆柱支撑，没有围墙，带有伊斯兰建筑风格。

5. 泗水（Surabaya）

泗水市位于东爪哇北海岸，与马都拉岛隔海相望，现为东爪哇省的省会，人口 500 余万，是印尼第二大城市。印尼最大的造船厂就设在泗水。泗水是一个古老的城市，兴起于 14 世纪前后。1945 年 11 月 10 日，泗水人民为保卫城市与入侵者进行了顽强的战斗，因而泗水被称为"英雄城市"。政府将 11

月 10 日定为"英雄节",每年加以纪念。市区有一座 41 米高的英雄碑,如同一把出鞘的利剑,直指天空,它是为了纪念泗水青年在城市保卫战中所起的先锋作用而立的。1952 年,泗水又建立了高耸入云的烈士纪念塔。泗水市徽中间是一英雄碑,碑左上方有一头朝下向内弯曲的鲨鱼,右下方一头朝上向内弯曲的鳄鱼,二者组成泗水名字的第一个字母"S"。

关于泗水名称的由来,有一传说:古时该地是 sura(鲨鱼)和 baya(鳄鱼)的栖息地,它们常为争夺食物而发生争斗。最后双方达成协议,鲨鱼活动范围在海里,鳄鱼活动范围在陆地。从此,该地便称作"苏拉巴亚"(Surabaya),华侨华人称其为泗水。市内有海滨浴场和林荫大道,市政厅位于市中心,前面建有带喷水池的广场。著名的古建筑有 1868 年建造的大清真寺和荷兰殖民统治者 1935 年建造的亨德里克古堡。

(1)泗水动物园(Kebun Binatang Surabaya)

该动物园占地 15 万平方米,饲养的动物种类齐全,其中有一大笼,内有夜间出没的珍禽。园内动物标本室陈列着印尼各地蝴蝶标本达数百种。园中还附设水族馆。其民间娱乐园(Taman Hiburan Rakyat)是专供泗水居民娱乐的场所,每日演出各种节目,以戏剧为主,主要有鲁德鹿克、人戏、面具舞、爪哇歌舞剧等。

(2)婆罗摩火山(Gunung Bromo)

婆罗摩火山位于泗水市东南约 150 千米处,高 2393 米,位于婆罗摩—腾格尔—斯摩鲁山区国家公园内,是当地腾格尔部族神圣之地,也是印尼最神秘、最有活力的一座火山。在腾格尔山周围分布着 40 多个村庄,他们有着独特的生活习俗和民族风情。山脚下有一座印度庙。婆罗摩火山位于腾格尔山山顶,腾格尔山犹如一个被削去尖顶的圆锥体,在顶部形成一个边缘高而中部低的大台地,南北宽 9 千米,东西长 10 千米,台地内是一片因火山爆发而形成的沙海。婆罗摩火山右前方是呈锥形的海拔 2440 米的巴托克火山(Batok)。其正后方是海拔 2581 米的库尔西火山(Kursi)。婆罗摩火山口边缘为直立的石壁,高 350 米。火山口发出轰轰的巨响,喷出浓浓的白色烟雾,底部有一个黝黑的洞口,硫黄烟柱从这个洞口喷出。周边的泥土有些柔软和温暖。

婆罗摩火山最富魅力的景色是日出之时，游人将一束束捆绑独特的鲜花用力抛入火山口，慰藉山神，祈祷人世间的和平美好。关于婆罗摩火山的由来，在腾格尔族人中流传着一个传说，相传他们的祖先安腾和斯格尔[1]夫妇逃进深山，他们相互恩爱，过着幸福的生活。遗憾的是，妻子久婚不孕。他们便终日修行祈祷，希望上苍赐给他们子女，并许愿说，如果他们的愿望得以实现，愿将最小的儿子献给上苍。后来他们一连生了 25 个孩子就停止了生育。最后一个儿子库苏玛（Kusuma）聪明可爱，夫妇不忍心将他交给山神。于是他们没有履行诺言，没有献出小儿子，他们全家潜逃了。山神发怒，喷发出炽热的岩浆，滚烫的火山熔浆吞噬掉了他们的小儿子。为了抚慰山神，腾格尔人便于每年的爪哇历 12 月 14 日，月圆之时，在婆罗摩火山口举行祭祀仪式。主持人由印度教长老担任，把通过抽签挑选出的婴儿投入火山口，形成当地有名的"火山祭"。印度教徒把这种祭祀仪式称作"卡索多"（Kasodo），在爪哇语中的词义为"第十二个月"。

这项习俗一直延续到 17 世纪，后因残害活婴不人道而改用牛、羊、鸡等代替。祭祀之日，腾格尔人纷纷带着羊、鸡、水果、食品和钱币等祭品前来祭拜。仪式开始后，主持人先向梵天祈祷，然后朝祭品逐一念咒，使其成为圣物。最后，祭山者登上婆罗摩火山，把各自的祭品抛入火山口，祈求火山神灵的保佑和获得大丰收。有趣的是，祭品投进火山口后，年轻力壮的青年人纷纷下到火山口边缘地带，用长柄网兜等工具争相拦截或拣回祭品。据说这些祭品已有灵性，谁吃了就会成为诚实可靠的人。婆罗摩火山祭已成为腾格尔族印度教徒每年齐聚的重要庆典。婆罗摩火山成为庇佑一方的火山神，现如今也成为东爪哇地区集自然风光和独特风情于一体的著名旅游胜地。

6. 万隆

万隆是印尼第三大城市和西爪哇省会，位于西爪哇东部，地处高原盆地，海拔 768 米，常年平均气温 24℃左右，气候宜人。面积 30 多平方千米，人口 200 多万。万隆是一座历史名城，人称"爪哇的巴黎"。1955 年 4 月 18—24 日，具有历史意义的首次亚非会议在这里举行，是"万隆精神"的发源地。

---

[1] "腾格尔"即是取两人名字的后半部组合而成的合成词。

市内绿树成荫，鲜花盛开，环境幽静，街道整洁，被誉为"花园城市"。该市工商业和文化教育事业发达，印尼的飞机厂和著名的万隆工学院就在这座城市。

（1）亚非会议大厦（Gedung Merdeka）

亚非会议大厦又名"独立大厦"，位于万隆市中心，是一幢临街的白色三层楼房，建于 1879 年，原为荷兰人的集会场所。楼内会议大厅呈长方形，第一层可容纳上千人，第二层可容纳数百人。大厦外竖立着许多旗杆，这是 1955 年 4 月举行亚非会议（又称万隆会议）用于悬挂与会国国旗的，当时来自 29 个亚非国家和地区的领导人在此举行会议，通过了著名的"亚非会议十项原则"，至今仍在处理不同社会和政治制度国家之间相互关系中发挥着积极作用。亚非会议后，大厦成为纪念馆，门前有"亚非会议旧址"牌，门前的街道也更名为亚非大道。

会议大厅保持着当年开会时的原貌，在当年举行首脑会议的主席台上，按当时座位顺序排列着参加会议的 29 个国家元首和政府首脑的蜡像和 29 个亚非会议与会国的国旗。侧厅陈列着当年开会时使用过的桌椅、摄影机、打字机等相关设备和会议文件。这里还展示了当年亚非各国报纸热烈祝贺亚非会议胜利召开的相关报道与评论。有一张照片展示了中国代表团部分团员乘坐的"克什米尔"号飞机被国民党特务在空中炸毁的残骸。馆内备有亚非会议的纪录片，参观者可以看到印尼人民载歌载舞热烈庆祝亚非会议胜利举行的场景和亚非会议开幕式的隆重场面。会议大厅外的过道陈列着当年出席会议的各国元首和政府首脑的照片，其中周恩来、陈毅等中国领导人的大幅照片位于醒目的位置。楼内设有图书馆和会议室，研究亚非会议的学者可在此查阅相关资料和举行学术研讨会。

（2）覆舟山火山口（Kawan Tangkuban Prahu）

该火山口位于万隆以北 36 千米处，覆舟山是一座活火山，海拔 2076 米。由于扁圆形的火山口宛如一叶倾覆的小舟，所以人们称它为覆舟山。山顶上共有"皇后"、"多马斯"、"朱立格"、"乌巴"等 10 个活火山口。其中设施较完备的是"皇后"火山口，此处立有铁护栏，山口底部有一清澈的小湖，有石阶可通到湖边。山顶终年青烟缭绕，寸草不生，但山下树林茂密，景色别致。

关于覆舟山的由来，当地有一个传说：早先，该地一位国王与一头野猪发生情感，生下一个漂亮的公主。公主心灵手巧，擅长织布，一天她不小心把织布木梭甩出并掉入深不可测的山谷。情急之下，公主大声喊道："谁能找到我的木梭，我就嫁给谁。"一只叫杜芒的小公狗听到后立即下到山谷，几经周折，找到了那只木梭。公主无奈，只好遵守诺言与小狗结婚，并生下一个儿子，取名桑古亮。桑古亮十几岁时便经常外出打猎，把打到的猎物带回家给母亲吃。有一天傍晚时分，他打猎遇到一头野猪，便一箭射去，野猪受伤后落荒而逃。那只野猪就是桑古亮的外婆，但他不知情。桑古亮命令随其打猎的杜芒去追那只野猪，杜芒不肯去追，桑古亮不知杜芒是他生父，便一箭把它射死。他把杜芒的心挖出带回，并谎说是颗鹿心。母亲很快发现那是自己丈夫的心，十分悲痛，盛怒之下她举起手中木梭砸向儿子的头部。

桑古亮受伤后离开母亲去山洞中修行，十几年后长成一个帅气的青年。一日，他来到一座山上，遇见一位漂亮的女人，两人一见钟情。那漂亮的女人原来是他母亲，由于她是神灵，容貌不因年龄增长而改变。结婚前夕，漂亮的女人帮未婚夫梳头，她意外地发现，未婚夫的额头有道伤痕，那是她用木梭砸的。她终于认出未婚夫原来是自己的亲生儿子桑古亮。她不能道出实情，便设法取消婚事。她向桑古亮提出了苛刻的条件，要求他在一夜之间挖出一个大湖，造出一条大船。桑古亮已修成正果，神通广大，他用法术召来众妖相助，很快挖出一大湖，船也即将造成。母亲见状，紧急求助天神把东方的天空变成红色，众妖见天亮，便纷纷消失，母亲也投入湖中消失，大船没有完工。桑古亮见状大怒，一脚将船踢翻，刹那间天崩地裂，山口喷出炽热的岩浆将他淹没，山的外形突变，恰似翻倒的大船。从此，人们便称这座山为覆舟山。

（3）朱安达森林公园（Taman Hutan Raya Ir. H. Djuanda）

该公园为典型的森林公园，海拔 1300 余米，位于万隆市郊 9 千米处，始建于 1965 年 8 月。公园初建时占地 30 公顷，现已扩建到 590 公顷。建园目的是为万隆增添新的休闲和旅游景点，同时也为纪念生于西爪哇打横的共和国历史名人朱安达（1911—1963），故公园以他的名字命名。他生前多次以印尼无党派政治家名义入阁，担任过多个部门的部长，是印尼第 17 届内阁总理，同时兼任国防部长。朱安达卸任总理后，苏加诺总统自任总理，他任苏加诺内阁首席部长直至逝世。园内有朱安达纪念碑和朱安达博物馆。园中除天然林木外，还种植了 2500 余棵全国各地 108 种名贵树木。另有还有两条隧道：一条是荷兰殖民时期修建的，用作灌溉渠道，印尼独立战争时期曾作为抗荷游击队的通讯中心；另一条是日本侵占印尼时期修建的，用作防御工事，曾被游击队作为捍卫万隆的最后据点。

7. 王后港（Pelabuhan Ratu）[①]

王后港位于西爪哇南岸，距茂物市约 100 千米，行政管辖权属于苏加武眉（Sukabumi）市。爪哇南部属高原地带，海岸多陡直，港湾很少，王后港便是为数不多的海港之一。该港得名于当地的神话传说。

传说一：从前有一位名叫黛薇的公主，美丽端庄，令邻国的国王和王子们倾倒。后来，一位西爪哇地区的国王对她一见钟情，坠入爱河，并娶她做了王后，对她疼爱有加。国王的原配王后万分嫉妒，她唆使巫师施展法术毁了黛薇的容貌。毁容后的黛薇悲痛无比，被迫离开国王投海自尽。人们把她称作南海王后。

传说二：南海王后原是个勾引男人、下身藏着毒蛇的美女，有 99 个男人曾与她做过夫妻，但都在半夜里被毒蛇咬死，唯独第一百个男人是位教长，识破其诡计，擒住了毒蛇。美女羞愧得无地自容，便跳进南海，藏身海底。后来她常常兴风作浪，发泄怨恨。当地居民为安抚她，称其为南海王后。每年 4 月 6 日，人们在海边举行海祭仪式，祭祀南海王后。

王后港港湾有多处适于游泳的海滩，其中最理想的地段位于大洋旅馆前的海滩。港湾不远处有一山谷，谷内有多处温泉，形成若干小溪流，有的适宜沐浴。泉水中含多种矿物质，可治疗关节炎和皮肤病等。

8. 巴厘岛（Pulau Bali）

巴厘岛面积为 5630 余平方千米，地势西低东高，山脉横贯，有 10 余座

---

① 又称"皇后港"，印尼古代一国之君称作"国王"，其妻应称作"王后"，而不是"皇后"。Ratu 一词在印尼古代称作国王，后指女王。

火山，其中东部的阿贡火山海拔 3140 米，是全岛最高峰。岛上百花烂漫，风景如画，名胜古迹众多。巴厘岛素有"诗之岛"、"神仙之岛"、"神明之岛"、"花之岛"、"天堂之岛"、"千寺之岛"、"恶魔之岛"、"罗曼斯岛"、"绮丽之岛"、"魔幻之岛"、"南海乐园"等美称。然而，巴厘岛真正有别于世界其他海岛的，不是大海、梯田，也不是椰子树，而是流传至今的宗教文化，以及由此衍生的生活方式。

岛上居民所信仰的印度教则是印度教湿婆教派、毗湿奴派、佛教、原始宗教以及各种巫术等的混合体，外界称之为"巴厘印度教"。巴厘人祭拜太阳神、水神、风神和火神等。家庙、神龛、村庙在岛上到处可见。当地的宗教活动非常多，统称为"拜拜"。居民家庙和所供奉的神龛里没有神像，多为水果或鲜花。在巴厘岛随地可见用棕榈叶或藤条编织成的小花篮，有的里面还装有糖果饼干等，是敬神用的，用以辟邪。岛上建有艺术中心和绘画中心，陈列了许多设计巧妙、色泽艳丽的木刻、石雕和绘画等艺术品。游人可观看鹦鹉杂技、斗鸡表演，观赏海底珊瑚、热带鱼等。海滩附近还设有音乐厅、健身房和餐厅，供游人娱乐和品尝各种美味佳肴。

2012 年 6 月，巴厘岛文化景观"苏巴克"灌溉系统入选联合国教科文组织的世界文化遗产名录。"苏巴克"灌溉系统始建于公元 11 世纪，由占地 20974 公顷的水稻梯田和水渠、水坝、印度教神庙等建筑物组成，体现了巴厘人精神信仰、物质生活和自然和谐统一的哲学思想。巴厘岛景点较多，且分散，主要划分为东部、中部、南部和西部等区，景点类型以海滩、火山等自然景观为主，以众多寺庙、公园等人文景观为辅。其中南部自然景观最为集中，游客云集。

（1）钵萨给寺庙（Pura Besakih）

钵萨给寺庙又称母庙，距登巴萨 60 千米，位于巴厘岛海拔 3142 米的阿贡火山（Gunung Agung）的山腰上，周围风景秀丽，气候凉爽。寺庙始建于公元 1007 年，是巴厘岛最古老、面积最大的印度教寺庙群，也是巴厘印度教寺庙的大本营，故被称为"母庙"和"中央寺庙"。该寺庙是由几十个寺庙组成的群体。当地人称之为"巴厘寺庙之母"。"钵萨给"的词义为"平安"。该庙分别于 1019 年和 1042 年扩建。印度教的塔称为梅鲁（Meru），造型奇特美观，重叠的塔檐用稻草铺成，渐次由大变小，塔的层数常保持奇数，层数越多越尊贵，最高 11 层。巴厘的印度教神庙不追求高大，而是以乡间庭院的样式给人以亲近感。该寺庙最高的主庙供奉湿婆神，另外两座重要的庙宇分别供奉毗湿奴神和梵天神。另有 22 座供奉其他神灵的神坛，13 座供奉祖先的神坛。

寺庙的大门是巴厘岛独有的"善恶门"，又称为坎迪·奔塔尔（Candi Bentar），呈对开式，外观像被切成两半的锥塔。这两扇门分别代表善与恶，它们完全对等的形式表达了巴厘人的观念，即认为善与恶都是客观存在的，不因人的好恶而消长，因此对善恶持同等重视的态度。这种建筑形式在巴厘岛随处可见，而母庙的大门尤其庄严宏伟，大门外有 18 尊雕像，是印度教经典《摩诃婆罗多》中的神灵形象。该庙每年要举行不计其数的祭典，祭典的日期是根据当地传统历法确定的。最盛大的祭典每百年举行一次，上次是 1963 年。当时适逢阿贡火山喷发，造成极大的人员伤亡，但庙宇竟丝毫无损，更增添其神秘色彩。巴厘岛的印度教徒，不论贫富贵贱，每年都要到这里朝拜一次。

（2）乌鲁瓦图（Uluwatu）断崖和乌鲁瓦图神庙（Pura Luhur Uluwatu）

乌鲁瓦图断崖位于巴厘岛南端，崖顶距海水约 80 米，当地人称其为"情人崖"。据传说，当地有一对相恋的青年男女，女方的父亲是村长，男方家境贫寒，在村里没有社会地位，二人的恋情遭到女方家人的反对，两位恋人走投无路，商定以死殉情，他们来到断崖相拥投海而亡；另一传说是古时有一艘船上的水手触怒了海神，海神掀起巨浪把船抛向岸边，形成了船头形状的悬崖。实际上，断崖是地球在造山运动时，地壳从海底翘起的一块大岩石。

崖上建有乌鲁瓦图神庙，建于 11 世纪，是巴厘岛的六大圣庙之一，其建材均为坚硬的花岗岩。相传乌鲁瓦图寺是由一位爪哇岛的僧侣多方化缘，才募得巨资，兴建于此的。经过 700 多年的风吹雨打，虽然陈旧，但依然完好无损。寺庙面向波涛汹涌的大海，庙门外有两尊雕塑。一般情况下，只有印度教信徒方能入内。情人崖地段有很多娱乐项目，游客可以游泳、潜水和冲浪。情人崖沿途有很多猴子，它们在乞讨食物的同时还会抢夺游人的随身物品。

（3）萨努尔海滨（Pantai Sanur）

萨努尔海滩位于登巴萨以东 8 千米处，是最早开发的海滨旅游区，占地 400 公顷，区内草木葱翠，百花争妍，配上绿茵椰林和金色沙滩，景色迷人，早在 20 世纪 50 年代已闻名于世。60 年代，政府在此修建了一座五星级海滨大饭店，为巴厘最高的建筑物，内有 500 余间面向大海的豪华客房，游客可从各自的房内观赏日出美景。洁白的细沙滩沿巴厘海滨大饭店向南延伸，面向东方，是观日出的绝好位置。该海滨还是进行海上体育运动和享受夜生活的好场所。海滨建有一座以比利时现代派画家马尤尔（1880—1958）名字命名的博物馆。马尤尔 1932 年到巴厘写生，与当地一位漂亮的女模特结婚，并定居巴厘，在萨努尔海滨建造了一座绘画馆。

（4）毗湿奴神鹰文化公园（Taman Budaya Garuda Wisnu Kencana）[①]

该公园位于巴厘南部海拔 283 米的金巴兰地区翁牙山上，占地 239 公顷，距省府登巴萨约 40 千米。它于 1993 年开始筹建，原计划于 2008 年建成，后因 1996 年东南亚经济危机和 1998 年苏哈托下台而搁浅。公园规划宏伟，主要是建造一个标志性的建筑，即印度教中的守护神毗湿奴骑坐神鹰迦鲁达的雕塑。据传一位高僧曾指点苏哈托，这座铜像铸成之后将庇佑印尼国运昌盛，人民幸福安康。在印度教中，主要突出三大神，即骑天鹅的创造神梵天（Brahma）、骑神鹰的保护神毗湿奴（Wisnu）和骑神牛的毁灭神湿婆（Surya 或 Siwa），分别用红色、黑色和白色来象征。人们可根据不同需求祭拜不同的大神，如新婚和求职等要拜创造神，祈求美满幸福、事业有成；如耕种和创业，要拜守护神，祈求五谷丰登、财源广进；若是被降职或失业，要拜毁灭神，祈求神明带走厄运。

该文化公园是苏哈托时代遗留下的半成品，只是一个雏形，并未完工。原本是私人财团计划建造一座以商业营利为目的 11 层综合型商城，配上镀金的 146 米高，重 4000 吨的毗湿奴神鹰混合铜雕像。可惜的是，毗湿奴的铜像只完成头部和胸部，两只手臂尚存放在"迪尔塔·阿贡"（Tirta Agung）区，神

---

① 简称"毗湿奴神鹰"公园（Garuda Wisnu Kencana，GWK），在印尼语中，"kencana"的词义为"金色"。

鹰雕像也只完成头部。毗湿奴铜像建成后高达 118 米，已经完成的半身像高
22 米。完工的神鹰头雕塑高 18 米。两个未完工的雕像，临时放置在不同的地
方，等待组装。在毗湿奴雕像不远处，依山凿有半个足球场般大小的石坑。待
雕像造好后，将在这个石坑中完成组装。届时，一组完整的雕像将呈现在人们
面前。

毗湿奴半身青铜像实为空心，是用直升机分体吊装的。基座前是喷泉和水
池，泉水被当地人视为圣水。目前，该雕像整体模型在园内展出。神鹰模型双
眼放光，厉喙突出，双翅乍起，尾翼高翘。端坐在鹰背上的毗湿奴大神头戴宝
冠，唇生微须，双目微闭，拈指默诵，平静的面容上露出慈悲之色。雕像下的
神鹰广场是用大型挖掘机从山上往下挖出来的，在自然的大岩石下人工开凿出
一个个断层，形成壮观的下沉式广场。岩壁如切割般平整，石壁上要雕刻印度
教铭文及神话人物故事，营造出神宇殿堂的神秘感。

除了巨像雕刻外，入口处有 25 米高天然石灰岩柱形成的 4000 平方米艺
术区，可容纳 7000 人，非常壮观。可在此举办国内外大型音乐会、演唱会、
集会和婚礼。背景是神鹰雕像。园内多为人工凿建的景点群，集旅游、购物、
娱乐于一体。园内有剧院、表演舞台、艺廊和餐饮服务，是目前乌鲁瓦图一带
最新的观光点。该公园原本是计划将整座山切割而成文化艺术区，在园内的高
处可以俯瞰整个巴厘南部直至海岸线的秀丽景色。印尼政府计划把这一景点建
成世界第八大奇迹。而这个宏伟的工程因为前总统苏哈托的倒台而流产，虽然
其子继续进行施工，但却由于经费不足而停工。如果完工，公园将成为巴厘岛
的地标。

（5）库塔海滨（Pantai Kuta）

该海滨位于巴厘机场旁的一个弦月形海湾边，自武拉哈向北延伸，面向
西，全长约 7 千米，海滩宽阔平展。这个地方过去是巴塘至布吉伯宁苏拉之
间的一个小村落，于 20 世纪 60 年代开发成旅游区。海滩由细白沙构成，海
浪较大，不宜游泳，适宜冲浪。傍晚，游人可在此观赏落日和欣赏巴厘歌舞表
演，如少女舞、猴舞、火舞和巴隆舞等。海滩上有小贩兜售各式各样的纪念
品。临近海滨有一条商业街，当地人称其为"洋人街"，街上排列着商城、餐

馆和手工艺品摊位，游人如织。该地蛇餐馆的蛇肉和蛇汤很有名。

(6) 劳特士（Tanah Lot）[①]

劳特士位于登巴萨市以西 30 千米处，始建于 16 世纪，是巴厘岛最重要的印度教庙宇之一。该庙建在海边一块巨大的礁石上，潮涨时，岩石被海水包围，与陆地分开，寺庙孤绝地矗立在海水中的岩石之上；落潮时海水退去，岩石重新与陆地相连。庙宇下有一岩洞，洞内有泉水。据说是建海神庙的那个祭师作法，感应到这个地点，然后把这个地点上的岩石凿开，一股清泉就涌了上来。神奇的是海水经过洞穴后立即转淡，被信徒们视为圣水，进庙者须饮了圣水方得登岛入庙。游人可在泉水旁拜神明，先用泉水洗净手和脸，分别用左右手捧水喝一口，向泉水拜三下，旁边的祭师会在拜者的头上洒一些圣水，在其额头粘几粒生糯米。拜者放下捐款离去，21 步内不可回头。传说额头上粘的几粒生糯米如果两小时不掉下来的话，就把它放入钱包，日后能发财。

岸边巨岩下方洞穴里有几条海蛇，据说是该庙的守护神，防止恶灵入侵。传说此庙在建之初忽逢巨浪，庙宇岌岌可危，于是建庙僧侣解下身上腰带抛入海中，腰带顿时化为两条海蛇，镇住了风浪。此后海蛇便成为这座庙的守护神。神庙的对岸陆地上有一小亭，黄昏时，站在亭中可远眺日落景致，此处景色迷人。远远望去，岛上的树木和古老小庙在碧海蓝天映衬下，如同一幅秀美的山水画。庙宇南边有一段伸向海中的平坦大岩石，游人可在那里观看排山倒海滚滚而来的海浪。波涛撞击在岩石上，浪花四溅，震耳欲聋。

(7) 月亮石（Batu Bulan）

月亮石位于登巴萨市东北 8 千米处，是一个以石刻闻名的村庄，目前已成为巴厘岛最著名的石刻艺术中心。村中叮叮当当的凿石雕刻声不绝于耳，路两旁到处摆放着各种大大小小的石像。巴厘各处著名神像及庙宇石刻浮雕大都出自该村工匠之手。除雕刻外，村中的舞蹈很有名，每天上午 8 点都有一场为时 1 个小时的巴隆舞（Barong）表演，吸引了众多游客。生活中的灵感和热带丛林中的探险故事，使村民们创作的"狮子与剑舞"颇受各种不同文化背

───────────

① 另译为"海神庙"和"丹纳乐土"。

景人们的喜爱。在"狮子与剑舞"中，代表善势力的狮怪面目狰狞、丑陋，而代表恶势力的黑寡妇却美丽动人。巴厘人善恶对立、抗衡与消长的宇宙观，通过舞蹈家传神的舞蹈语言，表现得淋漓尽致。舞蹈动作的亮点主要体现在演员的眼神和手指技巧上。

（8）玛斯（Mas）村

玛斯村位于登巴萨以北 22 千米处，是巴厘岛的木雕艺术中心。村中沿街排列着大大小小的木雕艺术品商店。木雕作坊和展销场所往往合二为一，游人可现场观摩木雕加工过程和购买木雕。该村几乎人人都擅长雕刻，有些精品木雕往往出自十多岁的孩童之手。木雕题材多取自印度教的故事，也有不少现代风格的根雕作品。制作木雕，一般没有图纸，多是木雕师根据木料和树根的形状随意而为，每件作品很少相同。

（9）乌布（Ubud）村

乌布村位于登巴萨以北 28 千米处，是巴厘著名的画家之村，也是巴厘岛绘画艺术中心。山村景致秀丽，民风淳朴，吸引了许多国内外著名画家来此寻觅绘画灵感和素材。村内有一座 20 世纪 80 年代初建立的奈卡美术馆（Museum Neka），占地 7000 余平方米，馆内收藏了很多巴厘传统绘画艺术精品和世界各地定居巴厘岛的艺术家的艺术作品。比利时著名画家马尤尔 1932年来巴厘写生，并与当地一名模特结婚，定居下来。他的一些作品是以妻子为模特的现代派人体画。当地绘画风格与西方风格结合在一起，形成独特的巴厘绘画艺术风格。

乌布村还保留着 16 世纪建造的王宫。1979 年最后一位王子去世，但王族成员尚在王宫居住。出于生计，他们把王宫前院让出来接待游客，自己住在后院。王宫建筑风格和一般民居基本相同，只不过规模较大。所不同的是，王宫内部装潢豪华，红砖、石刻、木雕、绿树和鲜花使院落显得错落有致，高贵华丽。宫内有一四面佛是用铜钱串成的，很有特色。游人还可在宫内发呆亭按照王宫的礼仪享用午餐。

（10）象窟（Goa Gajah）

象窟是巴厘岛最古老的遗迹之一，也是巴厘岛唯一的石窟寺院遗址，建于 11 世纪，1923 年被荷兰考古学家发现。象窟是一个洞穴，与大象无关。巴厘岛无象，象窟名称的由来是因为窟内供奉着象头的智慧神。象洞内光线很暗，仅靠微弱的灯光及烛光照明，洞内呈 T 字形。象洞左侧是一个象头神，洞的右侧有三个象征男性生殖器的林伽石柱。在每一个石柱旁各有一个象征女性生殖器的瑜尼小图腾。洞内还雕有栩栩如生的其他神像。这里曾经是昔日佛教高僧修行之地。除了洞穴外还有利用山体岩石雕塑的石像，在入洞口的上方雕刻有面容狰狞的巨型守护神卡拉的雕像。洞外有三个露天浴池，另有寺庙、石雕和亭阁。象窟遗址群包括三部分：象窟本身、圣泉池及佛教建筑遗迹区。圣泉池是一个印度式露天浴池，已经干涸，池两侧各有三尊手持水瓶的少女雕像，水瓶是当年的出水口。

（11）金巴兰（Jimbaran）海滩

金巴兰海滩原为一小渔村，居住着岛上最为纯朴的村民。当地渔民仍然采用古老的捕鱼方式，乘小木舟出海。欧洲人喜欢到这里度假和进行帆板运动，亚洲人喜欢围坐在沙滩上，边欣赏海边日落的美景，边享用美味的烛光晚餐。涨潮时，临海沙滩上的座椅腿会浸泡在海水里，食客的脚也在水里。月光下倾听海浪的拍打声，仰望旁边机场起降的飞机和夜空，感觉独特。上述氛围是金巴兰海滩最吸引人的地方。

（12）圣泉寺（Pura Tirta Empul）

圣泉寺位于乌布以北的塔马克·西岭（Tampak Siring），建于公元 962 年。寺庙环绕一处泉水而建。千百年来，当地人认为此庙及泉水保佑了他们的康宁和幸福。圣泉寺建筑规模宏大，具有巴厘岛庙宇传统建筑风格。据称，这里的泉水具有治疗疾病的作用。相传一位喜欢炫耀魔力的玛雅达纳瓦（Mayadanawa）王，引来了诸神的挑战。玛雅达纳瓦最终被梵天神击败，他变出一处毒泉，一些天神因喝了毒泉水或在泉水中沐浴而亡。梵天神见状，拔出宝剑插入大地，引出一股长生不老泉水，救活了中毒而亡的诸神。玛雅达纳瓦为了逃命，化作一块大石头。梵天神见状一箭射向石头，玛雅达纳瓦的血液流入了附近的帕塔努（Petanu）河。从此，人们认为帕塔努河受到诅咒，其河水不能用以灌溉，否则收割的稻梗会出血。关于圣泉的来历，还有一种传说：远古时有一个巫师在水中下毒毒害村民，梵天神以矛刺地涌出泉水，解救了村民。

圣泉寺的泉水在一个长满青苔的石壁池里，泉水涌出的场面很动人，池底布满黑色细沙，泉眼处水涌沙舞，如盛开的黑牡丹。通过雕塑龙头喷到邻池，共有十多个出水口，据说不同水口流出的泉水有着不同的功效，有消灾解祸、去病驱邪或洗涤心灵等作用。附近居民每天早、中、晚三次来此沐浴。村民们手端花盘，膜拜后在池中排队洗浴，以求神灵赐福和辟邪。多数人在参拜后，都会用大小不一的容器装些"圣水"带回家用。圣泉寺附近的小山上有一座醒目的欧式建筑，那是印尼总统的一个行宫，用以接待来访的世界各国政要。

（13）桑额猴山（Gunung Monyet Sangeh）

桑额猴山是巴厘岛的一片生态保护区，位于登巴萨以北 2 千米处，占地10 公顷，林中的豆蔻树高达 10 余米。林中栖居着上千只猴子，它们大致分为两群，各据一方。林边猴群见到游人进入林区，便纷纷从林中跳出，等候吃游人投给的食物，它们喜欢吃香蕉、花生、糖果、玉米等食物。顽皮的猴子，会突然跳上游人肩膀，抢走钢笔、眼镜、帽子等物，然后窜上树干，等待游人以食品换回被抢物品。一般情况下，它们不会伤害游客。但抢劫眼镜时，猴爪有时会抓破游人的面部。

（14）京打玛尼（Kintamani）村

京打玛尼村位于巴厘岛中部北部山区，距登巴萨 68 千米。以海拔 1717米的巴图尔山（Gunung Batur）为中心，巴图尔火山分别于 1917 年、1926年、1963 年喷发，摧毁了周边无数神社和村庄。但是，它也同样造就了肥沃的土地，火山周围一带出产柑橘、香蕉、咖啡、椰子等。这里风景优美，天气凉爽，空气清新，是著名的疗养胜地，距村 8 千米处的山上建有多家餐馆，游人可一边进餐，一边观赏周围风光。餐馆前公路一侧建有栏杆，从这里纵目眺望，可看到巴图尔火山口冒出的烟雾；俯瞰山下，可见到半月形的巴都尔湖，湖水碧蓝，波平如镜。该地区村民的葬俗有别于巴厘岛其他地区，他们不进行火葬和土葬，而是天葬。

（15）巴厘总统行宫（Istana Presiden Bali）

巴厘总统行宫建在离京达满尼村不远的中部山区，是由苏加诺于 20 世纪 60 年代提议修建的，行宫占地面积 25 公顷，内有 3 座楼房，各占地 1000 余平方米。一座称为独立宾馆（Wisma Merdeka），是总统及家人下榻之处；另一座称为国家宾馆（Wisma Negara），用于接待国宾；还有一座供工作人员留宿。独立宾馆与国家宾馆之间建有一天桥通道，宽 1 米，长 40 米，离地面 20 米。站在天桥上可观赏周围的山村景色，曾在国家宾馆下榻过的外国元首有南斯拉夫前总统铁托、前苏联首脑赫鲁晓夫、菲律宾前总统马科斯、荷兰女皇尤丽安娜、日本皇太子明仁伉俪等。现在，行宫对外开放。

（16）布拉坦湖乌伦达努寺（Pura Ulun Danau Bratan）

布拉坦湖乌伦达努寺又称水神庙，建于 17 世纪，位于黄寺（Candi Kuning）公园内布拉坦湖湖畔的湖面。湖水几乎淹没了通往寺庙的道路，游客只能在岸上观望，无法进入。该寺是巴厘岛重要的印度教—佛教寺庙。该寺庙供奉和祭奠湖泊女神（Dewi Danau），是当地人精神寄托之地。寺庙内有一棵古老的菩提树。右侧有一座佛教舍利塔，中间往里是 11 层印度教庙塔，祭拜的是湖泊女神。最里面是立于水中的 3 层印度教庙塔，祭拜的是送子女神。经典的印度式多重茅草顶庙塔，倒映在常年稳定的湖水中，云雾缭绕的大山环绕着湖水，寺庙显得既神秘又神圣。乌伦达努寺常见于印尼风景明信片或是摄影图片中，也是来到巴厘岛的大多数游客必访的一座神庙。

（17）努沙杜瓦（Nusa Dua）海滩

努沙杜瓦海滩位于巴厘岛最南端，以洁净、宁静、白沙细腻和风景秀丽而闻名，也是观赏日出的好地方。这里有漂亮的海滩和豪华的饭店，如希尔顿、凯悦、喜来登等大酒店在绿树掩映中面朝大海而立，游客在房间内就可观赏日出。酒店在所处地段拥有各自的海滩。这里的海岸属于平缓的浪区，适合风浪板、皮划艇或游泳等运动，深受欧美游客和度假者的青睐。凯悦饭店旁边是该地区夜生活中心，聚集着上百家各种商场、超市和风味餐厅。

9. 龙目岛 (Pulau Lombok)

龙目岛属于西努沙登加拉省，与巴厘岛隔海相望。天气晴朗时，从龙目岛西海岸遥望巴厘岛，阿贡火山隐约可见。龙目岛白沙海滩比巴厘岛的海滩更迷人，环境优美舒适。随着近年开发，岛的西部和南部海滨已经和临海而建的星级饭店连成一体。如得到充分开发，龙目岛可赶超巴厘岛，从其开发程度看，它的旅游业相当于 30 年前的巴厘岛，被誉为"睡美人"。岛上最壮观的景色在岛北的林查尼山（Gunung Rinjani）上。该山位于西努沙登加拉省省会马达兰市（Kota Mataram）70 千米处，山高 3726 米，是岛上的最高峰，也是印尼第三高峰。位于该山海拔 2400 米处有一火山湖，湖中矗立着一座灰中带紫的锥形小火山，高出湖面 150 米。

这种山中有湖，湖中有山，山水相连的奇景吸引了众多游客。印尼相关部门在此建立了面积约 4 万公顷的林查尼山国家公园。游人在园内还可观赏到食蚁兽、野猪、鹿、猴子等动物及各种鸟类。龙目岛有一名叫灵萨尔（Pura Lingsar）的寺庙，特别的是，不同宗教信仰的人都可到该寺庙祭拜，唯一的禁忌是刚食用过猪肉者不得入内。寺庙的建筑风格类似巴厘印度教，寺内建有三级长方形贴有白色瓷砖的台阶，最高处依台阶堆放着分别用布包裹的"神石"。院内有水池和 5 个出水口，池内藏有娃娃鱼，游人如付费，水池管理人员可用食物和口哨声将其唤出。

10. 苏门答腊岛 (Pulau Sumatera)

（1）多巴湖（Danau Toba）

多巴湖是东南亚最大的淡水湖，位于北苏门答腊棉兰市以东 174 千米处，海拔 906 米，呈椭圆形，全长 72 千米，宽 24 千米，面积为 1700 平方千米，湖中水深 450 米，是典型的火山湖，现储水约 28600 吨。多巴湖实际上是 3000 多年前火山爆发形成的，爆发后的火山口后来成了湖。该地区风景秀丽，气候宜人。清晨，湖面雾气缭绕，山头白云飘摇，水天相连，浑然一体。雾气浓重，微风习习，湖波荡漾。岸边绿树成荫，一派热带风光。身临其境，心旷神怡，仿佛置身于世外桃源。

多巴湖的形成有动人的传说。相传很久以前，多巴湖只是一个小湖，附近居民以打鱼为生。一日，一位渔民用网捕上一条大鱼，恰好一位神仙路经此地，把鱼变成漂亮的小姑娘，渔民收养了她。几年后，鱼姑长大成人，出落得更加漂亮，并同一位名叫萨摩的青年渔民喜结良缘。婚后，二人生活美满幸福。作为爱情的结晶，他们有了一个儿子，取名小萨摩。孩子聪明伶俐，是父母的掌上明珠。萨摩每日下湖捕鱼，很晚才回家，鱼姑和儿子经常先吃饭，并留出一份待萨摩回家后单独吃。一日，小萨摩由于一时贪吃，竟把母亲留给父亲的那一份鱼也吃掉了。萨摩回到家，得知详情后顺嘴说了儿子一句"真是鱼性难移"。说者无心听者有意，鱼姑以为丈夫知道了自己的身世，在指桑骂槐，便伤心地痛哭起来，丈夫怎样劝说也无济于事。鱼姑请求神仙把她变回去，她日夜哭泣，泪流成河，流入湖中。日复一日，年复一年，鱼姑不停地哭泣、流泪，直至化作石头，小湖则变成了大湖。湖心岛上有一块约 9 米高的"悬石"，犹如美女，她头朝下，脚朝上，既像投湖，又像在梳洗秀发。据传，"悬石"就是当年鱼姑的化石。

湖心岛名叫萨摩西尔（Samosir），原为火山峰，火山爆发后，山峰落入湖中，形成湖心岛，面积 630 平方千米。岛上的多洛利希山终年绿黛覆盖，与周围碧澄澄的湖水交相辉映。湖心岛上至今保留着古墓、石桌、石凳、古刑场和荷兰殖民印尼时期苏加诺被关押的楼房。岛上最著名的历史遗迹是位于托莫克（Tomok）村附近密林中葬于 200 年前的西达布塔尔王（Raja Sidabutar）的石棺，石棺正面上方雕刻着国王的头像，下方雕刻着王国军队总司令的小头像。石棺顶盖后部有国王一生爱恋而终未能与之成婚的恋人雕像。在距离托莫克村约两千米的阿姆巴里达村，游人还可参观国王后裔居住的巴达克族传统的高脚屋，观看当地传统的木偶剧表演。

多巴湖上的交通工具是当地人称呼的"梭卢博伦"船。该船可容纳 25人，4 人划船 1 人撑舵，船头悬挂石像，用以驱邪免灾，船帮绘有各种图案或画像，船尾悬挂着用棕榈纤维制作的幡子，仅作为装饰品。该船现已用作游船和摆渡船。多巴湖地区的居民为巴达克族，独特的高脚屋排列在山包上，宽大的木板墙架着高而尖的棕榈叶屋顶，是游人观赏的景物之一。孩子们在湖水中嬉戏、捉鱼；姑娘们坐在门旁织布；老人们在稻田里轰赶麻雀，构成了巴达克人生活的三部曲，为多巴湖增添了色彩。

为改善多巴湖旅游风景区的交通条件，当地政府投资修建公路，但远远满足不了需求，政府转而借助外资。1991年，韩国投资93万美元修筑多巴湖周围的公路，全长约500千米，目的是方便游客，吸引更多的游客来此游览。除了观赏湖光山色之外，游人还可进行游泳、划独木舟、滑水、踩筏子等各种水上运动。喜欢钓鱼的人可在湖边悠闲垂钓，爱好高尔夫球者则可在湖畔高尔夫球场打球。

（2）棉兰鳄鱼园（Taman Buaya Medan）

鳄鱼园位于棉兰市郊的阿萨姆库姆邦村，是一位罗姓华人于1959年创建的，1983年被省旅游局辟为公园对外开放。该园占地15公顷，有2000余条鳄鱼。最老的鳄鱼已有几十年的寿命，最重的750余千克。鳄鱼的主食为鱼、鸡肉、虾和臭蛋等。为更多地吸引游客，园内饲养了猴子、狗和蛇等，并训练鳄鱼表演节目，如猴子骑鳄鱼、从鳄鱼嘴中取物等。游人在园内可买到用鳄鱼皮制作的手工艺品。

（3）武吉丁宜（Bukit Tinggi）市

武吉丁宜市位于西苏门答腊省会巴东市92千米处，海拔927米，城市面积25平方千米，人口8万余人。"Bukit Tinggi"的印尼文词义是"高的山丘"之意。城市四面环山，日平均气温21℃。该市是一座历史名城，拥有丰富的历史文化遗产，是米南加保族文化发祥地之一。印尼现代史上的不少名人如第一任副总统哈达、总理沙里尔、外长阿古斯·萨利姆等都出生在该地。市区和近郊有许多著名的自然景观和历史遗迹。位于城西5千米的西阿奴克峡谷（Ngarai Sianok）地质构造独特，谷长6.5千米，深约300米，谷壁峻峭。峡谷内树木参天，各种野生动物如野牛、猴子等在此栖息和繁衍。白色的瀑布悬垂在峭壁上，谷底流淌着清澈的小溪，溪畔稻田成片，果树成林。

位于市中心建于1827年的钟塔称为"加当钟"（Jam Gadang），是武吉丁宜市的标志性建筑，塔身5层，塔顶采用米南加保族传统房屋的牛角形。时钟嵌在第五层。此钟与众不同的是，它的罗马数字"4"的写法不是"IV"而是"IIII"，这在世界其他地方是见不到的。站在塔楼上，全市容貌、西阿奴克峡谷等一览无遗。在市郊的一个山崖上有一个大窑洞，人称日本洞（Gua Jepang），是二战期间日本侵占印尼时开凿的。洞长 1400 米，直径 4 米，距地面 50 米。洞内有 21 个厅室，分别用作办公室、医务室、餐厅和武器弹药库。窑洞主体部分与洞口由阶梯式斜坡连接，除正面洞门外，还有多条通道与外界相连。市郊还有一个名叫"小公主"公园（Taman Putri Bungsu）的动物园。园内有一座建于 1935 年的博物馆，馆内收藏着武吉丁宜地区的各种历史文物。附近最高的山丘上有一座荷兰人于 1825 年修建的德库克地城堡（Fort de Kock），堡内有荷兰人使用过的 19 世纪大炮。

（4）克林芝国家公园（Taman Nasional Kerinci）

克林芝国家公园是苏门答腊岛最大的国家公园，地跨西苏门答腊、占碑、明古鲁三省，园内克林芝山海拔 3805 米，是苏门答腊岛最高的山峰。温泉、激流、洞穴、瀑布、火山湖等自然美景云集在这个公园。园内生长着约 4000 种野生植物，其中有世界上著名的"大王花"（Rafflesia Arnoldii）和"腐尸花"（Titan Arum）。公园的野生动物种类繁多，如犀牛、苏门答腊大象、云豹和马来貘等。此外，约有 370 种鸟类也在这里繁衍生息。

（5）巴都桑卡尔（Batu Sangkar）区

巴都桑卡尔区是米南加保族文化中心，位于西苏门答腊省首府巴东东北。这一地区的米南加保人村庄保持着原貌，传统的牛角式屋顶房屋到处可见。该地区仍保留着米南加保族的传统文化和文物古迹，刻有铭文的石碑散落在各处。米南加保族第一村位于这一地区。米南加保人村庄少不了清真寺、会议厅和公有谷仓。巴都桑卡尔区还有许多瀑布和清泉，是观光的好去处。

（6）巨港（Palembang）

巨港，又称"巴林邦"，为南苏门答腊省省会，面积 400 多平方千米，它是苏门答腊岛南部地区最大的港口城市，有水上大动脉之称的穆西河穿城而过流入大海。巨港是一座历史名城，曾作为室利佛逝王国的都城。其名"Palembang"一词，来自梵文的"Palimbang"，意为"经商之地"，华人则根据城市的地理特点，将它称为"巨港"。穆西河上的安佩拉大桥（Jembatan

Ampera）建于 1965 年，长度为 1177 米。桥上有两座高 78 米的塔，塔上的装置可从桥中间把桥面吊起，放行大型船只。

市内有几座当地的传统房屋，称为"利玛斯屋"（Rumah Limas），在当地语中词义为"尖顶屋"，其中一座位于河畔，为高脚屋，房柱取自耐水和耐腐蚀的铁木。整座房屋均为竹木结构，约 5 层楼高。屋内有众多大小房间，门窗廊柱饰有巨港典型风格的雕刻和绘画。市郊有一座建在山丘上的陵园，园内有 36 座坟墓，分别置于 8 座建筑物内。其中一座是 16 世纪巨港苏丹国首位国王的坟墓，其石棺单独放在一小型建筑物内，每天都有一位苏丹家族女后裔坐在棺前守灵。

巨港穆西河上游是一个重要的景区，游人可乘游艇观赏两岸风光，同时在船上欣赏当地的音乐舞蹈。

（7）楠榜大象训练中心（Pusat Latihan Gajah Lampung）

楠榜省位于苏门答腊岛南端，位于该省东部沿海地区的威·甘巴斯（Way Kampas）。该地自然保护区面积 13 万公顷，虽为沙质地，但绿地成荫，是苏门答腊象、苏门答腊虎及各种鸟类理想的栖息地。保护区内大象训练中心最具吸引力，现对国内外游客开放，游人抵达中心时会得到大象用鼻子献花环的礼遇，然后可观看大象的精彩表演，其中大象足球赛最为精彩。赛场大小与普通足球场相差不多，但所用足球比常规足球大得多。比赛时，大象分为两队，每队各 5 头大象，他们在骑手的驾驭下奔走拼抢，场面壮观热烈。每当一方进球，在场观众为之鼓掌和欢呼。球赛结束，游人可骑上象背前往迎宾凉亭。到目的地时，大象会自动跪在地上，让游人轻松下地。该中心还有观鸟、林中散步、河中荡舟等活动。游人还可在中心内高脚屋旅舍留宿过夜。

11. 努沙登加拉群岛 (Kepulauan Nusatenggara)

（1）梅鲁寺庙（Pura Meru）

梅鲁寺庙位于西努沙登加拉马达兰地区，是新柯沙里王朝遗留下的古迹。该寺庙建于公元 1720 年，是印度教寺庙，由 3 个寺庙塔组成。其主寺庙 11 层，另外两个分别为 9 层和 7 层。据传，梅鲁寺庙是诸神居住的地方。寺庙附近有其他古迹，如当时举行宗教活动的水池仪式厅、人工湖和其他小寺庙等。当地居民至今仍在梅鲁寺庙举行各种宗教活动。

（2）三色湖（Telaga Tiga Warna）

三色湖位于东努沙登加拉克力木图山，三个小湖相连，分左、右、后三个湖，面积约 200 平方米，但湖水颜色不同，分别为红色、蓝色和白色。它是一神奇的自然景观：因湖水含有火山岩浆的不同矿物质，艳红的湖水中含有铁矿，其他两个含有不同程度的硫黄，故而湖水颜色各异，并随晴雨而变化。自 2006 年开始，红色的湖变成了棕黑色的，蓝色的湖变成了淡绿色的，而白色的湖变成了黑色的。

关于三色湖，当地流传着一个悲情的故事：很久很久以前，火山脚下，一对年轻人坠入爱河，可是他俩的父母坚决反对。无奈之下，这对恋人跳进了三色湖中，以求解脱。当地人认为淡绿色的湖是青年男女灵魂汇集的地方，棕黑色的湖是邪恶灵魂汇集的地方，而黑色的湖则是老人灵魂汇集的地方。这里山峰重叠，湖岸绿树成荫，浅水处芦苇丛生，鱼儿游动。每到中午，湖面上便有徐徐而动的轻雾，一到下午，整个湖面乌云密布，加上刺鼻的硫黄气味，令人感到恐惧。

（3）科莫多巨蜥岛（Pulau Komodo）

该岛位于弗洛勒斯岛和松姆巴哇岛之间的东努沙登加拉岛，面积为 31000 公顷，岛上生活着世界仅存的史前动物科莫多巨蜥，与我国的大熊猫齐名。该巨蜥长达数米，以腐尸为食，其唾液可灭菌杀毒。该巨蜥可在海水里游动，可嗅到几千米之外随海风而至的腐尸味。为使巨蜥生存和繁衍下去，有关部门派专人在岛上饲养巨蜥，为它们提供食物和其他方便。岛上还建有科莫多巨蜥研究中心、国家公园等。此外，岛上还生存着野猪、鹿和其他动物。该岛向游人开放，游人可在岛上见到科莫多巨蜥吞食活羊的场面。

12. 西巴布亚岛 (Pulau Papua Barat)

（1）赤道雪山查亚维查亚山（Gunung Jayawijaya）

查亚维查亚山坐落在西巴布亚省的中部。该山有数座海拔近 5000 米的高峰，其中最高的是查亚峰，海拔 5030 米，为印尼的最高峰。该山位于南纬 5

度线上，紧挨赤道。山顶终年积雪不化，山下却一派热带风光，可谓世界奇观。近年，该山已成为一个重要的旅游景点。山中蕴藏着丰富的铜和金等矿石，附近矿山和开采地也成为游人参观的项目之一。

（2）海洋公园（Taman Laut）

海洋公园位于比亚克县境，是一座1989年新建的海上公园，是印尼目前最美丽的海上公园。水中布满了珊瑚和各种海洋植物。有关部门在新加坡订做了一艘豪华游艇，可容纳100名游客，艇上设备齐全，备有五星级客房和潜水用具。游客在艇上可尽兴游览、娱乐。

（3）日本山洞（Gua Jepang）

日本山洞位于比亚克县的阿姆布罗奔村，是新近发现的。该山洞是日军二战中的防御工事，也是武器弹药存放地。比亚克是战略要地，是印尼东部的入口处，战时日军有重兵驻守。它现已成为国外游客进入西巴布亚的门户。

13. 巴淡岛（Pulau Batam）

巴淡岛位于新加坡和苏门答腊岛之间，是新开辟的旅游区，主要由印尼和新加坡合资开发。巴淡岛面积416平方千米，地理位置和气候条件优越。这里有清澈见底的港湾和柔软的沙滩，海底生存着各种珊瑚和热带鱼。岛的西部为面积1.9万公顷的海洋旅游区。自1991年以来，地方政府动工兴建了各种旅游设施，在1800公顷的土地上兴建了数十家饭店、高尔夫球场和各种娱乐场所。巴淡旅游区已成为亚洲一个重要的旅游区，在不远的将来，可与夏威夷和加勒比海的旅游区相媲美。

印尼文化是多元的。尊重各种文化的差异，并且予以包容，才能使这个国家各族人民携手合作，学习成长，共创未来。

参考文献

一、主要中文参考书目

[1] 王爱平：《印度尼西亚孔教研究》，中国文史出版社，2012 年。

[2]［法］赛代斯：《东南亚的印度化国家》，蔡华、杨保筠译，商务印书馆，2008 年。

[3] 王受业、梁敏和、刘新生：《印度尼西亚》，"列国志"丛书，社会科学文献出版社，2006 年。

[4] 梁立基：《印度尼西亚文学史》上、下册，昆仑出版社，2003 年。

[5] 梁立基、李谋主编：《世界四大文化与东南亚文学》，经济日报出版社，2000 年。

[6] 梁敏和、孔远志：《印度尼西亚文化与社会》，北京大学出版社，2002 年。

[7] 武文侠、陆春林：《印度尼西亚》，外国习俗丛书，世界知识出版社，2001 年。

[8] 吴瑞明：《印度尼西亚语语言文化研究》，军事谊文出版社，2001 年。

[9] 孔远志：《印度尼西亚马来西亚文化探析》，南岛出版社，2000 年。

[10] 孔远志：《中国与印度尼西亚文化交流》，北京大学出版社，1999 年。

[11] 王任叔：《印度尼西亚古代史》上、下册，周南京、丘立本整理，中国社会科学出版社，1987 年。

[12] 东瑞：《象国·狮城·椰岛》，花城出版社，1985 年。

〔13〕常任侠：《印度尼西亚艺术团带来的友谊》，载常任侠《东方艺术丛谈》，上海文艺出版社，1984 年。

〔14〕萧玉灿：《殊途同归》，黄书海译，香港地平线出版社，1981 年。

〔15〕傅绍曾：《南洋见闻录》，求知学社，1923 年。

二、中文文章

〔1〕奚泰来：《竹摇神韵 鼓瑟天籁——浅谈印度尼西亚的传统音乐甘美兰》，载《合肥学院学报（自然科学版）》，2004 年第 1 期。

〔2〕《印度尼西亚妇女的服装》，载《新报》半月刊，1954-12-16。

三、主要印尼文参考书目

〔1〕Kompas, *1000 Tahun Nusantara*, Penerbit Harian Kompas, 2000.（罗盘报：《印度尼西亚 1000 年》，罗盘报发行，2000 年。）

〔2〕Denys Lombard, *Nusa Jawa: Silang Budaya*, Jilid II, Jakarta: Gramedia, 1996.（德尼斯·隆巴：《爪哇族：文化交叉》，第二册，雅加达：格拉美地亚出版社，1996 年。）

〔3〕*50 Tahun Kemerdekaan Indonesia*, Citra Media Persada, 1955.（《印度尼西亚独立 50 周年》，吉特拉·麦迪亚·佩尔萨达出版社，1995 年。）

〔4〕P. Hariyono, *Kultur Cina Dan Jawa: Pemahaman Menuju Asimilasi Kultural*, Jakarta: Pustaka Sinar Harapan.（哈里约诺：《中国文化与爪哇文化》，雅加达：希望之光出版社，1994 年。）

〔5〕Koentjaraningrat, *Kebudayaan Mentalistas dan Pembangunan*, Jakarta: Pustaka Gramedia Utama, 1992（昆扎拉宁拉特：《心态文化与建设》，第十五版，雅加达：格拉美地亚出版社，1992 年。）

〔6〕Denys Lombard & Claudine Salmon, "Islam dan Ketionghoaan", Gajah Mada, 1991.（隆巴、苏尔梦：《伊斯兰与华人问题》，载《人文学知识》论文集，卡加玛达大学出版社，1991 年。）

〔7〕Ikram, Achadiati, *Bunga Rampai Bahasa, Sastra dan Budaya*, Jakarta: Penerbit Intermasa, 1988.（伊克拉姆、阿查狄亚迪：《语言、文学、文化集锦》，雅加达：因特马萨出版社，1988 年。）

［8］Koentjaraningrat, *Manusia Dan Kebudayaan Di Indonesia*, Cetakan ke-10, Jakarta: Jambatan, 1985.（昆扎拉宁拉特：《印度尼西亚的人与文化》，第十版，雅加达：加姆巴坦出版社，1985 年。）

［9］H. Abdul Karim, *Mengabdi Agama, Nusa Dan Bangsa*, Gunung Agung, 1982.（阿布杜尔·卡里姆：《为宗教、祖国和民族服务》，雅加达：古农·阿贡书局，1982 年。）

［10］Matakin, *Sejarah Singkat Perkembangan Agama Khonghucu Di Indonesia*, 1980（印度尼西亚孔教最高理事会：《印度尼西亚孔教简史》，1980 年。）

［11］Amen Budiman, *Semarang Riwayatmu Dulu*, Semarang: Tanjung Sari, 1978.（阿孟·布迪曼：《三宝垄，你的历史》，三宝垄：丹戎·沙里出版社，1978 年。）

［12］Departemen Pendidikan dan Kebudayaan, *Sejarah Nasional Indonesia*, Balai Pustaka, 1976.（印尼文教部：《印度尼西亚民族史》，图书出版局，1976 年。）

［13］Saripin, *Sejarah Kesenian Indonesia*, Jakarta: Pratnja Paramita, 1960.（萨利品：《印度尼西亚艺术史》，雅加达：普拉特查·帕拉米塔出版社，1960 年。）

［14］Muhammad Yamin, *6000 Tahun Sang Merah Putih*, Jakarta: Balai Pustaka, 1958.（穆罕默德·亚明：《红白旗之 6000 年》，雅加达：图书出版局，1958 年。）

［15］Koentjaraningrat, *Sejarah Kebudayaan Indonesia*, I, Jogja, 1954.（昆扎拉宁拉特：《印度尼西亚文化史》，第一册，日惹，1954 年。）

［16］Soeroto, *Indonesia Di Tengah-tengah Dunia Dari Abat ke Abat*, Jilid I, Jambatan, 1954（苏罗托：《数世纪中的印度尼西亚》，第一册，加姆巴坦出版社，1954 年。）

［17］Wojowasito, *Sejarah Kebudayaan Indonesia*, jilid kedua, cetakan ke-3, Jakarta: Penerbit Siliwangi, 1953.（沃佐瓦西托：《印度尼西亚文化史》，第二册，第三版，雅加达：西里旺义出版社，1953 年。）

［18］Gadis Rashid, *Di Tengah-tengah Perjuaangan Kebudayaan Indonesia*, Jakarta: Penerbit Kebangsaan Pustaka Rakyat, 1949. （加迪斯·拉希德：《在印度尼西亚文化斗争中》，雅加达：人民图书民族出版社，1949 年。）

作者简介

梁敏和，1952 年生，教授、博导，1970—1974 年在北京大学东语系印度尼西亚语专业学习，1974 年至今在北京大学任教。长期从事相关教学和研究工作。1988—1989 年在荷兰莱顿大学进修。曾担任北京大学东方学系系主任助理、东语系系主任、中国亚非语教学研究会秘书长、北京大学东南亚学研究中心副主任、中国高等教育学会理事、教育部高校外语专业教学指导委员会委员等。现任北京大学人文学部委员、北京大学外语学院学术委员会委员、北京大学国家外语非通用语种本科人才培养基地主任等。

发表的主要科研成果

著作：《印度尼西亚文化与社会》（合著）、《印度尼西亚语三百句》。

论文：《苏加诺与孙中山思想之比较》、《苏加诺的潘查希拉与孙中山的三民主义之比较》、《东帝汶的独立进程与急待解决的问题》、《印度尼西亚亚齐问题发展趋势》、《印度尼西亚民族分离主义运动的历史背景、现状及发展趋势》、《印度尼西亚现代民族分离主义运动的特点》、《论外语教学中的文化课》、《印度尼西亚饮食文化的传承与惯制》、《印度尼西亚教育简史、现状与面临的问题》、《中国地方高校非通用语种专业布局与发展战略》、《印度尼西亚华文教育概观》、《中国对印度尼西亚研究的现状》、《印度尼西亚伊斯兰教的主要特点及其历史作用》、《印度宗教文化对印度尼西亚的输入及影响》、《印度宗教文化与印度尼西亚原始宗教文化的融合》、《中国—印度尼西亚关系 60 年回顾与展望》、《中国—印度尼西亚人文关系 60 年》等。

参编：王受业、梁敏和、刘新生《印度尼西亚》（"列国志"丛书），姜永仁主编《东南亚宗教与社会》（印度尼西亚章节），梁志明等主编《东南亚古代史》（印度尼西亚、马六甲、文莱章节）等。